U1009754

桂子山的浪漫背影

在学者、朋友们的追念中，曼君先生可敬可爱的形象一次又一次复现在脑海里。他是我们每一个人的朋友，是桂子山一个永远具有现代学者魅力的偶像，是现代文学研究领域第二代学者的优秀代表。

《黄曼君学术与人生》编辑小组

组　长　黄永林

成　员　（按姓氏笔画排名）

王泽龙　王海涛　李　勇　陈菊先

张岩泉　范　军　周晓明　胡亚敏

华大学人研究书系

本书由华中师范大学出版社提供的出版基金全额资助

黄曼君

学术与人生

◎黄永林　王泽龙　主编

在学者、朋友们的追念中，曼君先生可敬可爱的形象一次又一次浮现在脑海里，他是我们每一个人的朋友，是桂子山一个永远具有现代学者魅力的偶像，是现代文学研究领域第二代学者的优秀代表

華中師範大学出版社

CENTRAL CHINA NORMAL UNIVERSITY PRESS

新出图证(鄂)字 10 号

图书在版编目(CIP)数据

黄曼君学术与人生/黄永林,王泽龙 主编. —武汉:华中师范大学出版社,2011.12

ISBN 978-7-5622-5300-6

Ⅰ.①黄… Ⅱ.①黄…②王… Ⅲ.①黄曼君(1935～2010)—纪念文集 Ⅳ.①K825.46

中国版本图书馆 CIP 数据核字(2011)第 259479 号

黄曼君学术与人生

黄永林 王泽龙 主编

责任编辑:向 力 **责任校对**:易 雯 **封面设计**:罗明波

编辑室:文字编辑室 **电话**:027－67863220

出版发行:华中师范大学出版社

社址:湖北省武汉市珞喻路 152 号

电话:027－67863040(发行部) 027－67861321(邮购部)

传真:027－67863291

网址:http://www.ccnupress.com.cn **电子信箱**:hscbs@public.wh.hb.cn

印刷:武汉理工大印刷厂 **督印**:章光琼

字数:397 千字

开本:787mm×960mm 1/16 **印张**:28.25 **插页**:7

版次:2011 年 12 月第 1 版 **印次**:2011 年 12 月第 1 次印刷

印数:1－2000 **定价**:59.00 元

欢迎上网查询、购书

敬告读者:欢迎举报盗版,举报电话 027－67861321

賀黃曼君教授七秩華誕：

率性而行，風神何讓魏晉

從心所欲，议论不拘古今

余光中

二〇〇五年六月十八日

余光中先生为黄曼君教授 70 诞辰题词

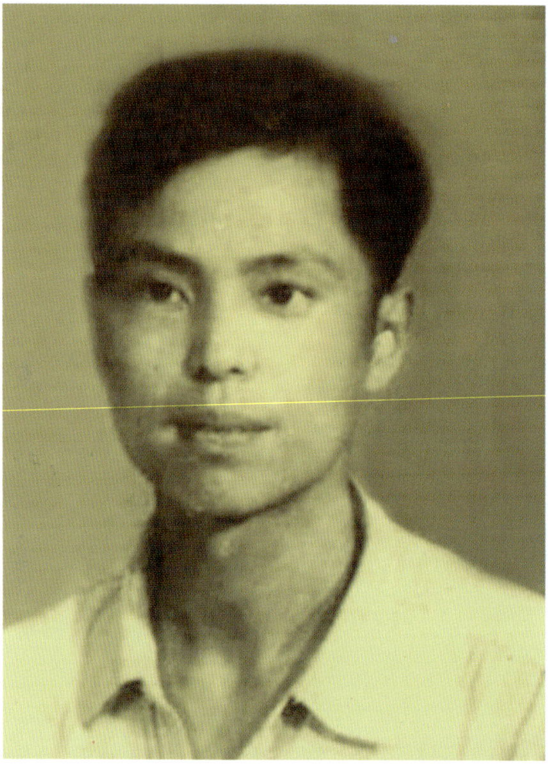

大学时期留影

一排左起:李文保　王　瑶　唐　弢　刘绶松　刘泮溪

二排左起:万平近　严家炎　樊　骏　吴子敏　许志英　黄曼君　张恩和

蔡清富　陈子艾　吕启祥(右三　人名不详)

1961 年《中国现代文学史》教材编写组成员合影

1979 年与首届硕士生合影

80 年代中期桂子山留影

2003 年在福州与余光中、范我存夫妇合影

2005 年在武汉

2005 年与家人合影

2007 年在九宫山会议上

2008 年在白洋淀会议上与凌宇(左)、杨剑龙教授合影

2009 年在北京大学中文系门前与温儒敏教授合影

黄曼君主要学术著作

MU LU

目录

一位有真性情的学者(代序) …………………………………… 严家炎(1)

一、学术风范

黄曼君的现代文学研究思想与方法 ……………………………… 王泽龙(3)

追忆诗性澎湃　天性自然的曼君师 ……………………………… 李传锋(21)

先生教我做学问

——纪念黄曼君先生逝世一周年 ……………………………… 黄永林(26)

文载道而儒雅　诗缘情而风流

——黄曼君的学术个性与文学智慧 …………………………… 王　杰(30)

学者生命的青春气象

——黄曼君先生的学术个性 …………………………………… 李俊国(36)

春华秋实

——黄曼君老师的范式论、经典论和革命文艺论 ………… 卢文芸(43)

史论研讨　讲析唱诵

——记黄曼君先生的教学思想和教学艺术 ………………… 刘永红(50)

“老去的是时间”

——黄曼君先生70寿辰暨执教50周年 ……………………… 张岩泉(65)

学者个性化的追求 …………………………………………… 李继凯(72)
把做学问当做一种生活 ………………………………………… 许祖华(76)
“教案最好背得” ……………………………………………… 曾祖荫(80)
学术创新是学术生命的活水源头 ……………………………… 沈振煜(83)
何须浅碧深红色　自是花中第一流 …………………………… 赵康太(86)
才情高卓　真实率性
——纪念黄曼君先生 ………………………………………… 董中锋(93)
追求学术至上的当代学者情怀 ………………………………… 邹建军(99)
“带有一定的开创性质”的一本创作论 ……………………… 康　泰(105)
百年文学理论的足迹
——评《中国近百年文学理论批评史》 …………………… 王岳川(108)
稳健与创新:一代学者的历史品格
——评黄曼君《中国现代文坛的“双子星座”》 ………… 吴建波(110)
评黄曼君《新文学传统与经典阐释》 ………………………… 王　进(116)
诗性的烛照与栖居
——评《新文学传统与经典阐释》 ………………………… 黄海晴(123)
“自决”、“自性”的生命之流
——评黄曼君《中国20世纪文学现代品格论》 …………… 金立群(128)

二、师生情缘

是真名士自风流 ………………………………………………… 胡亚敏(135)
我与黄老师 ……………………………………………………… 周晓明(139)
思域恢廓　不懈奋进的曼君师 ………………………………… 金宏达(143)
有容乃大 ………………………………………………………… 王海涛(145)
教师楷模　学者风范 …………………………………………… 邱铸昌(147)
他骨子里就是一个“楚时之人” ……………………………… 陈方竞(150)

我的读博三年
——忆黄曼君先生 …………………………………… 高 玉(156)
永远的黄老师 …………………………………………… 樊 星(163)
我读曼君师 ……………………………………………… 冒 键(168)
永远的导师 ……………………………………………… 周燕芬(173)
我认识的黄老师 ………………………………………… 李 蓉(176)
恩师如火 ………………………………………………… 刘永红(182)
黄曼君教授的诗性人格 ………………………………… 许正林(189)
春风雨露　润物无声 …………………………………… 张维新(193)
以学术为快乐的黄老师 ………………………………… 员怒华(197)
感恩节前忆恩师 ………………………………………… 吕 红(199)

三、性情风采

浪漫学者　余派知音 …………………………………… 黄维樑(207)
先生本色是诗人 ………………………………………… 吕 进(211)
感念曼君同志 …………………………………………… 黄济华(214)
真人　诗心　青春 ……………………………………… 何锡章(216)
明朗而天真　真诚而宽容 ……………………………… 吴建波(218)
真　人 …………………………………………………… 戴建业(223)
桂子山的黄曼君 ………………………………………… 朱寿桐(227)
活力·才情:黄曼君先生的魅力 ………………………… 陈国恩(232)
黄先生与鞋子的故事 …………………………………… 王泽龙(236)
歌　者 …………………………………………………… 普丽华(238)
来生还做您的“二公子” ………………………………… 黄念然(240)
给我无尽父爱的慈祥公公 ……………………………… 闵 青(242)
只是爷爷 ………………………………………………… 黄梦依(243)

率真吾师黄曼君 …………………………………………… 陈才俊(245)
星斗其文　赤子其人 ………………………………………… 陈桃霞(248)

四、新闻报道

率性而行,风神何让魏晋;吟诗唱曲,教学不拘古今
——著名学者黄曼君教授因病辞世 ……………………… 朱　玲(255)
学术之路的四重境界
——黄曼君教授访谈录 ……………………………………… 杜雪琴(258)
文化人写真:黄曼君的文学人生 …………………………… 韩晓玲　等(274)
黄曼君:桂子山上的浪漫背影 ………………………… 饶　超　党波涛(276)
生命永远在春天
——著名学者黄曼君因病去世 ………………… 张志峰　党波涛(281)
六十载教书育人　桃李满天下
——一代名师黄曼君谢幕 …………………………… 易　飞　等(283)
桂子山上少了一位浪漫诗人 ………………………… 张瑜琨　等(285)
浪漫的文学大师黄曼君去世
——中国现当代文学研究领域"谁人不识君" ……… 党波涛　等(286)
华中师大著名学者黄曼君教授病逝 ………………… 屈建成　等(288)
著名文学家黄曼君因病去世 ………………………… 赵　飞　等(289)
黄曼君教授遗体告别仪式举行 ……………………… 程秀莉　等(290)
送别我的老师黄曼君 ……………………………………… 王泽龙(293)
中国现代文学学科发展的缩影 ………………… 谢东升　袁　琳(296)
率真黄老师 ………………………………………………… 樊　星(299)
一个点燃智光、拨动心弦的人
——记特等教学优秀奖获得者黄曼君教授 …………… 唐　人(302)
以美引真臻于善
——记文学院黄曼君教授 …………… 李惊亚　邓　军　田　琼(305)

黄曼君:名士风度 …………………………………………… 肖 画(309)

五、纪念诗文

桂子山的思念(附一首)
——写给曼君先生 ………………………………………… 王泽龙(315)
我亲爱的老师
——写给我病中的黄曼君老师 …………………………… 王泽龙(316)
他回来了
——答泽龙君诗 ………………………………………… 陈菊先(318)
黄曼君先生墓前口占 ……………………………………… 周晓明(319)
您像一颗不灭星
——悼黄曼君教授 ……………………………………… 张永健(320)
先生走了,我心悲伤 ………………………………………… 黄永林(322)
你就是青春(附二首)
——给黄曼君先生 ……………………………………… 杨剑龙(325)
永远活在你的诗中
——写给黄曼君先生 …………………………………… 张三夕(328)
菊 诔(附二则) …………………………………………… 赵国泰(330)
凝 望
——怀念恩师 …………………………………………… 毛正天(332)
人生最贵师生情 …………………………………………… 董宏猷(335)
西行的云 …………………………………………………… 喻大翔(337)
请你转身告诉我 …………………………………………… 万琼兰(342)
悼恩师 ……………………………………………………… 梁笑梅(344)
远去的背影 ………………………………………………… 庄文永(345)
风雪夜悼黄曼君师 ………………………………………… 柳忠秧(347)
夫子风流人最爱 …………………………………………… 夏向阳(348)

如父似友诗人心 …………………………………………… 彭　立(349)
银杏飘黄送我师 …………………………………………… 扬　帆(350)
念君诗五首 ………………………………………………… 陈菊先(352)
黄曼君诗四首 ……………………………………………… 黄曼君(355)

六、挽联唁电

七、生平年表

黄曼君教授生平简介 ……………………… 华中师范大学文学院(391)
黄曼君年表 ……………………………………… 黄海晴　陈菊先(394)
后　记 ………………………………………………………… 王泽龙(441)

一位有真性情的学者(代序)

严家炎

黄曼君先生走了。他比我还小两岁,身体、心态向来都不错,却突然先我而去。闻讯后不禁黯然良久。

我与曼君最初相识,是在1961年,至今已整整五十年。当时中宣部常务副部长周扬,正主持全国两百多种高校文科教材的编写。我与曼君共同参加的《中国现代文学史》(唐弢主编),即是其中之一。那时,我们两人都还不足三十岁。由于各自的工作都相当紧张,我们之间个人的接触并不多。真正相互熟悉起来,则要到"文革"结束,《现代文学史》编写工作又上马之后。

1977年,打倒"四人帮"后第一个夏秋之交,曼君正在北京。不知他何以得悉周扬已经从被拘押的场所出来,便约我同去万寿路中组部招待所看望周扬。我们听周扬提到了"文革"中的某些经历,也谈到他今后如果出版文集,会把自己所发表的文章全收进去的打算,周还特意提到了那篇著名的《文艺战线上的一场大辩论》也必须收。从中组部招待所告辞出来,一路上曼君就向我表示,他很佩服周扬那种"一人做事一人当"的敢于负责的精神,我也深有同感。正因为这样,几年后当《周扬文集》正式出版时,同样是周扬却说"《文艺战线上的一场大辩论》由于是毛主席亲自阅改过的,所以就不收进文集",曼君就失望地表示"无法接受","没有道理";因为毛泽东所加进的那几行文字("旧基地的清除不是一年工夫可以全部完成的。但是基本的道路算是开辟了，几十路、几百路纵队的无产阶级文学艺术战士可以在这条路上纵横驰骋了”)，早在“文革”中就曾以黑体字公开发表过，绝不能成为作者自己推诿责任的理由。可见，曼君的是非感相当分明。

我也永远不会忘记曼君在饭桌上当众摇头晃脑、满怀激情地朗诵自己新诗作品的景象。虽然现在早已记不得他背诵的是哪几首诗，但在我记忆中，这样的场面至少曾出现过两次或三次，每次必是朗诵者神采飞扬，在场者则欢笑不已，一餐饭下来，每位友人都感到非常愉快。足见曼君颇有点诗人气质，而且性格相当开朗。因此，当后来有朋友传说他患了抑郁症的时候，我实不敢相信这类消息，总觉得和他的气质有点相背。

确切地说，曼君其实既有诗人的热情、浪漫、活泼，更有学者的严谨、勤奋、扎实，而且后者应该是他更为根本的特质。他早年那篇《〈创业史〉的长篇结构与人物描写》，便写得相当中肯到位。后来在沙汀研究、郭沫若研究、余光中研究等方面则更有出色的成绩。《论沙汀小说艺术再现的特征》一文，将这位作家写实主义之厚重、细密、锐利、泼辣展现得淋漓尽致。《〈女神〉创作灵感试论》、《自然科学的精神与郭沫若的泛神论思想》二文，对郭沫若的诗作灵感和泛神论思想均作了科学的颇有说服力的论析。《余光中现代诗学品格论》更是一篇有独到见解的好文章，不仅论述得全面得体，而且富有思想学理的深度；既体现出研究对象余光中诗学境界多元丰厚的特点，也显示了曼君自身学术视野的开阔和襟怀的宽广。这些都是我自己作为同行，读过他的著作后不能不一吐为快的实际感触。至于像《新文学“以美引真臻于善”教学体系刍议》这类文字，更可以说是总结了他丰富的教学经验后形成的真知灼见。

曼君是一位非常诚恳的人。有一件事使我深受感动：1989 年8 月，《中国现代小说流派史》由人民文学出版社初版印出后，我曾给曼君寄了一册，但并不敢期望他撰文评论，因为知道他很忙。过了七八个月，我却收到他寄来的一本《文艺理论与批评》杂志，上面载有曼君先生的大作《一部学术性与开拓性并重的小说史力作——评严家炎的〈中国现代小说流派史〉》,长达万余字,写得非常认真,而且极有见解。十多年后,当我想在拙著第三版(增订版)中选收几篇书评时,首先想到的就是曼君这篇,但终因其篇幅较长而不得不犹豫再三,忍痛割爱(仅在书评目录中显示)。我想,曼君自己或许是能够体谅我此番不得已而用的苦心的吧!

(作者为北京大学中文系教授,曾任中国现代文学研究会会长)

一、学术风范

黄曼君的现代文学研究思想与方法

王泽龙

伴随着新中国成长起来的中国现代文学研究学科已经走过了60年的历史。回顾现代文学研究的历史，它让我们感受到每一个不同时代的学者，在推进中国现代文学学科建设与发展中作出的富有历史性特征的探索与贡献；感受到他们中的不同人物既富有时代性烙印，又具有鲜明个体精神品格的学术魅力。黄曼君先生出生于20世纪30年代中期，是现代文学研究的第二代学者，参与见证了50余年的现代文学学科建设。他1956年留校工作，发表的第一篇论文《五四时代精神的号角：论郭沫若的诗集〈女神〉在中国新诗史上的地位》，刊登在1959年的《长江文艺》5月号上。1961年，他26岁，参加了由中宣部组织，唐弢、严家炎主编的《中国现代文学史》教材的编写工作。"文革"结束后，《中国现代文学研究丛刊》于1979年创刊，他协助王瑶、樊骏先生起草《丛刊》发刊词。从现代文学研究学会成立，他就开始担任学会理事与常务理事。直到去世的2010年11月，他发表的最后一篇论文《中国现代文学语境与古代文学资源》，刊登在2010年第1期《中国社会科学》(英文版)上。可以说，黄曼君先生是他们那一代学者中最具有代表性、又富有独特性灵与生动个性的人物之一。他的学术研究思想与方法，与他的同代人一样，是我们现代文学学科的宝贵思想财富与精神资源。我们通过他的学术思想的回顾与总结，可以看到现代文学行进的学术烙印，透视他们那一代学者的学术精神与思想品格，为当下的人文学者与学术提供一份精神的镜像。

一、现代文学经典论及其研究

新世纪以来，受后现代主义思潮的影响，挑战经典、解构经典、重构经典的思潮，成为学术研究中的一个重要现象。中国现代文学史研究在这样一个重构经典的思潮中是表现得最为敏感与活跃的领域之一。在 20 世纪 80 年代中期，上海的一家刊物就发起了重写文学史的讨论，得到了《中国现代文学研究丛刊》的及时响应与配合，在这样一个南北呼应的重写文学史学术大讨论中，开始对赵树理现象的再认识，对茅盾《子夜》的重读，对王实味批判的再认识，对别车杜及其在中国的命运的再解读等，都是这个大讨论中引人关注的文章或事件，可以说也是文学史经典的一次再解读与再建构。一部文学史就是在对文学经典的不断阐释、不断改写中发展与丰富的。而黄曼君先生先后在 2004 年第 3 期《中国社会科学》与 2004 年第 4 期《文学评论》上发表的《中国现代文学经典的诞生与延传》、《回到经典　重释经典》两篇长文，可以说是正式对中国现代文学经典作出理论探讨与历史梳理的有影响的文章之一。黄曼君先生关于经典的主要思想集中在以下几个方面：

首先，关于经典的重新定义。他认为经典是实在本体与关系本体结合的特殊本体。已有的经典概念的阐释，大都是从经典本身固有的崇高品格以及对它的阐释所造成的历史影响来看的。他认为，文学经典既是实在本体，又是关系本体，是二者结合产生的特殊本体。经典是一个被确认的过程，一种在阐释中获得的生命存在。因此，文学经典是那些能够产生持久影响力的权威性作品，它具有原创性、典范性和历史穿透性，并且含有巨大的阐释空间。经典作为实在本体，它的内涵与特征表现在三个方面：第一，在精神意蕴上，有着深广的内涵，闪耀着“思”的光芒。文学经典往往既植根时代，展示出鲜明的时代精神，具有历史的现实的品格，又概括、揭示深远丰厚的文化和人性的意蕴，具有超越的开放的品格。它常常提出诸如人与自然、人与社会、人与人、人与自我、灵与肉等人类精神生活中某种根本性的问题，这使得经典本身富有一种持久的震撼力，并能启发我们从多方面思索其思想含义，由此而形成一种重要的思想传统。第二，从艺术审美来看，是不可重复的艺术世界的创造，具有“诗性”特征。作为文学经典，应该能够提供某种前人未曾提供过的审美经验。也就是说，它是基于感性生命、精神需要乃至个人和集体无意识的一种对于世界的独特的审美把握。这种审美把握通过主题内涵、人物意象、情感心理、修辞方式等的原创性努力，涵纳丰富多彩的心灵世界与鲜活丰满的本真生命，能使人性、人心相通，文心、诗心相通，使不同时期的文化和文学得到深层的沟通。第三，从民族特色来看，具有“史”的价值。一些具有“元典”性质的经典，甚至能促使一个民族的语言和思想登上一个新的平台，正如莎士比亚之于英语和英国文学、普希金之于俄语和俄罗斯文学一样，鲁迅和五四时期的经典模式也是通过现代汉语独创的艺术世界，把我们民族的语言和思想推向了一个新的高度、新的平台。这种成果既能体现中国人特有的文化心理结构、人生观念与审美习尚，又能接受外国文学思潮的影响并进行创造性的转换。他认为：文学经典就是这样一个在特定历史时空与文化语境中思、诗、史相交融的结晶①。

经典作为关系本体，他认为应该从三个方面把握：第一，从本体特征看，经典是原创性文本与独特性阐释的结合，是阐释者与被阐释文本之间互动的结果。经典只有持续不断地被解释、接受、传播，它内在的潜力才能得以开发。对经典的独特的读解系统与阐释空间，是经典得以持续延传、变异衍生，真正成为经典的必由之路。第二，在存在形态上，经典具有开发性、超越性与多元性特征。经典作为人的精神个体和艺术世界的原创结晶，它诉诸人的主体性发挥，是公众话语与个人言说、理性与感性、意识与无意识相结合的产物，在经典的阐释中，个人的阅读、感性经验、无意识则是经典具有超越性、开放性、多元性的重要途径，从而保证了不同历史时期的文化和文学得以深层沟通，在文化与文学生命信息的传递中实现对话、互通和互动。第三，从价值定位看，经典是民族语言和思想的象征符号。经典是蕴含有古今生命体验、价值观念和审美风尚的意义场，社会

① 黄曼君：《回到经典　重释经典》，载《文学评论》2004 年第 4 期。

文化长时段的深层结构形成了经典阐释的土壤和背景，经典的阐释与再建构又反过来推动社会和文化变革①。

黄曼君先生把文学经典当作既是实在本体，又是关系本体的观点，是一种“视界融合”的经典阐释理论。它的主要意义在于，体现了从历史发展的多维视野中对文学经典进行认识和把握的文学历史发展观，要求我们不断从新的高度对经典进行历史建构。它有利于我们从社会历史文化的变动中寻求历史精神资源；有利于我们从传统中去发现与发展人生经验与审美经验；有利于阐述主体创造意识的拓新，从根本上不断地变革传统、丰富传统，不断地激活传统、发展传统。可以说这种“视界融合”的经典阐释论，是一个具有开放性观念意义与方法论意义的文学批评理论贡献。

其次，关于现代文学经典。中国现代文学经典形成了新的知识系统，体现了新的价值观。

中国现代文学有无经典，这是多年来困惑当代学术界的一个问题。从80年代中期开始，有人认为，1949年以后的30年间的文学成就，远不及1949年以前的30年，1949年以前的文学成就最重要的价值，恐怕就是充当思想史的资料。黄曼君先生认为这样一种在文学急剧转型时代的焦虑感与危机感主要是源于本体论缺失所造成的阐释性焦虑，它也迫使我们必须深入反思中国现代文学的经典问题②。新世纪以来，关于传统文化复兴的思潮中，受海外汉学的影响，存在着一股对“五四”以来新文化传统与新文学传统的解构主义倾向，用一种二元对立立场，把“五四”文学放在与古代文学的对立面，否定或消解现代文学经典。黄曼君先生认为，无论是消解大师、告别经典，还是寻找大师、重释经典，都要避免盲目性。我们必须从经典的融合视野来认识现代文学经典，建立一个全新的现代价值观。把现代文学经典放在与古代文学经典的比较与对话中来确立现代文学经典、认识现代文学经典。

黄曼君先生认为现代文学经典是在新的知识系统基础上形成的新的价

① 黄曼君：《中国现代文学经典的诞生与延传》，载《中国社会科学》2004年第3期。

② 黄曼君：《新文学经典化问题》，见《新文学传统与经典阐释》，湖北教育出版社2005年版，第41页。

值观的结晶。这个新的价值系统的核心就是人的发现与科学的发现。现代宇宙观突破了天人合一，转化为“天人相分”的凸显个性的观点；从知识论范畴突破传统的文质、道技关系；从形式上表现出重逻辑和理性化的叙事特点，形成了一个不同于中国旧学体系，又区别于西学的新型知识系统。科学在古典价值系统中，被归入从属于“道”的“技”的范畴，而在新的价值系统中，是推动社会变革与发展的“人之道”、“人性之光”。新的知识系统与新的价值观不同于旧系统的本质特征是现代性。在西方，现代性寄予“人”的启蒙理性和主体性原则，“人”成为意义的唯一来源。在中国，现代性的特殊性表现为个人主义和国民性等启蒙话语与民族国家观念相融合，由器物而制度而思想文化的现代性发展，导致“人”的发现、科学的发现与新的艺术精神的觉醒。政治经济先行，思想文化后变导致了“人”的精神价值与审美自由追求的受限、科学理性和知识系统价值中立立场的丧失。现代性是“启蒙的现代性”，它立足于社会的改造、思想的更新、新人的培养。这样一个启蒙现代性孕育了新的审美精神，即审美现代性。新的审美精神的体现，是建立在新的知识与价值背景之上的。中国现代文学经典以现代性为中心，呈现为多维度的展开与流变，这个多维向度主要体现为革命与审美的关系、民族化与现代化的关系、大众化与精英化的关系，并且在这样的流变中得到重构与延传①。

与现代性紧密结合在一起的新文学经典，作为特定时空的一种历史话语，有着被确认的权威价值与地位。以现代性为中心的价值体系与知识体系，赋予了新文学经典以特定的内涵，使其具有现实的超越品格与历史的恒久品格。

二、现代文学传统的阐释与彰显

传统与现代的对话和互动一直伴随着20世纪中国文学现代化的历程。在全球化语境中，各民族文学如何维护和更新自身的传统，成为一个十分

---

① 黄曼君：《中国现代文学经典的诞生与延传》，载《中国社会科学》2004年第3期。

尖锐的问题。中国现代文学究竟有没有传统？如果有，这种传统又是怎样从中国古代文学传统中蜕变和转换过来的？黄曼君先生在《中国现代文学何以形成新型传统》[①] 中认为，19 世纪与 20 世纪之交，随着中国人在文化上的优越感的丧失，文学在表现现代生活、揭示现代人的心灵等方面显现出很大局限，文学必须改良或革命。他把现代文学新型传统的建构过程分为：现代转型、现代构型与现代定型三个阶段。自明代中叶以后，中国文学明显地由抒情言志的文学向叙事的文学转变。在思想内容上主要是从新民入手，倡导国民群体意识，在着重文化承传的前提下调和"东"、"西"，提倡"渐变"，这是新型传统的转型期。到了"五四"时期，主张破除精神传统，以个体意识取代群体意识，追求个性自由与人性解放。并将文学内容与文学形式的革命作为一个整体，冲破了数千年传统文化深层价值观念及其文言文符号系统。"五四"文学革命与"五四"新文化运动相辅相成，形成了"五四"精神，它是中国文学新传统的构型期。"五四"精神是中国人精神文化实现现代化的标志，是几代中国人创造精神能量经过积聚以后的总爆发。它不是一种单一的精神，而是一个多面体，涵盖着哲学、社会政治思潮、文艺思潮、语言本体及符号表现系统，它包容了政治意识系统的、启蒙的、生命价值本位的、审美独立性的、文化守成的等多种文学观。这一些不同层次、不同侧面形成的"五四"精神本体以其鲜明的多元共生、互补交融的特性，体现了"五四"新传统构型中的开放性特征，获得了成为建构新传统的资格。

从 20 年代后期到 40 年代末，是中国现代文学传统的定型期。这个时期的文学对"五四"提出来的启蒙、救亡、文学的审美独立性等命题，进行着各自的发挥，现代文学传统定型于多元性的创作空间与批评视野；另一方面，又充满了反思的精神品格。总之，现代文学形成的不同于古代文学的新型传统，集中体现在两个方面：一是新传统包含着的新文化因素，包括文学语言本体的不同、文学形象体系与塑造方式的不同，由此衍生的文

① 黄曼君：《中国现代文学何以形成新型传统》，载《福建论坛》2001 年第 12 期。

学批评观念与批评方法的不同；二是体现了全新的传统观，传统不再是某种固定的模式，不再是外在于创作主体的权力中心，而是由主体通过自主反思和选择所形成的开放、多元的格局，并且指向当代与未来。黄曼君先生对新型传统阐释的主要贡献，一是把“五四”精神作为一个丰富复杂的多元与开放系统，不同时期的文学形成了对它的变革性发展或反思性改造；二是包括了创作主体精神的解放以及由此带来的文学创作观念与文学形式的整体性变革和转型。对新型文学传统的确认与阐释，对新文学价值观的坚守，对新旧传统关系的理性辨识都具有理论意义与现实意义。

如何调适古今文学传统的关系，黄曼君先生在《中国现代文学语境与古代文学资源》① 一文中提出，进入和转换中国古代文学资源是文学现代性题中的应有之义。没有古代文学资源的利用，不能从传统中吸取力量，文学的现代性就不能得到长足的发展；拒绝现代性，古代文学资源就无法激活，得以转换和重造，这是一个相辅相成的双向互动运动。他特别指出，现代性是一个富有张力的整体性概念，具有解放思想和异化的双重特性：一方面它是一个富于时代意识与理性精神的进步概念，另一方面它又是一个富于反思性的危机概念。在当今世界，人们如何诗意地栖居？人类如何保持自己本质的丰富性和全面性？人们反视传统，从传统中获取弥补人性的资源。中国的现代性有其作为后发性与外生型的特点。十九、二十世纪的中国，面对着西方殖民主义霸权威胁与文明示范同时到来的局面。因此，在每一次激进主义的改革或革命运动之后，总有文化守成主义、乡土主义甚至复古主义思潮的出现。现代性在中国是曲折迂回而又不可逆转地向前推进发展的。处于中国现代性语境中的 20 世纪中国文学，无论是文化上的激进主义，还是自由主义，或保守主义，各有其接受外来思潮的独特态度与策略，同时对本国传统采取或毁破剖析，或改良变革，或解释图新。这样决定了他们与本来就丰富复杂的古代传统资源对话时的不同观念，形成了进入古代文学资源时的不同范式。他把这种对话范式归纳为四种：在马

① 黄曼君：《中国现代文学语境与古代文学资源》，载《中国社会科学》2009 年第 4 期。

克思主义批判地继承文化遗产的思想指导下，以精华糟粕说为代表的社会政治化文学传统范式，在文学理论上建构起了审美的意识形态的理论框架；在西方阐释学等思潮激活下，产生了以新文学源流说为代表的精神启蒙型文学传统范式，着重以西方思潮中“人的发现”和“个性的解放”为核心内容；以科学释古与现代审美相结合为特征的“释古立美”类文学传统观范式，着重从传统内部进行解释与转化、更新和创造；以日常生活叙事为特征的民间常态化文学传统观范式，显示出古今贯穿的文化整体性。在多种范式的共生互补中，竞相发展，在互动中激活传统，实现生命价值的重构。我们进入传统是为了当下，必须和复古划清界限，与传统文学对话的几种范式，莫不联系着对中国当下命运的不同考量，否则，所谓现代进入传统将成为一个伪命题。黄曼君先生提出的现代文学如何进入古代传统，传统文学资源如何在现代语境中被激活的思想，不仅让我们看到了古今文学演进与嬗变的历史规律，也为当下中国现代文化与文学的发展提供了富有理论意义的经验参照。

三、多元开放的大文学史观

黄曼君先生在回顾自己学术道路时曾说：“大约是始于20世纪90年代，我在现代性的总命题下，接受大历史观、大文学史观和一些哲学人文、美学文艺思潮的影响。开始从事整体研究的大叙事探讨。”[①] 综观他90年代以来发表的一系列宏观性研究的论文，他的大文学史观体现为如下特征：

一是从世纪性现代精神文化的高度进行中国现代文学史论的思考与建构。首先，他将文学的现代化看成一种关系，一种过程，一种当下世界仍在持续着的历史演进，“只要中国现代化的过程仍在继续，中国现代文学‘新’的特质仍会发展”[②]。其次，现代化不是一种僵化的总体性历史元叙事，它提供一种新的总体性视角，它具有反思性与多元性。以它为轴心，

---

① 黄曼君：《反思重构中探寻：我的学术之路》，载《东方论坛》2007年第3期。

② 黄曼君：《现代化视野中的现代文学特质》，载《中国现代文学丛刊》1997年第1期。

可以辐射出一幅幅多重话语的精神地形图。再次，反思现代性的后现代性思潮，并不是颠覆现代性，只是提出了现代性中的种种问题，以期更新与发展现代性。最后，中国现代性是一个以现代生产力、经济发展、社会现代转型为中心内容的，包括革命在内而不排斥革命的综合分析模式。中国文学的现代化，涵纳着中国现代化历史主题的独特内容。

二是在现代性视野中突出诗性、诗学、文化，注重诗、思、史的关系和结构，在三者统一逻辑链条上展开对文学史现象的探究与论述。这样的一种理论思考与批评实践突出体现在他对新文学经典、新文学传统的阐释中。他对经典的论述，以突出精神文化与“诗性转向”为线索，从精神意蕴、审美诗性与民族特色三个方面定位，认为经典是以诗性为核心的思、诗、史的结晶。对中国新文学传统的论述，将其形成、发展过程分为转型、构型和定型阶段，将它看成一个现代性整体。

三是在现代性的总体框架内部不回避革命性问题，并对在文学现代化中的作用进行了肯定性的阐述。他把革命性作为现代性的一个“题中应有之义”加以关注。从新文学精神内涵看，一方面现代化涵盖了革命化，却不能取消革命化；另一方面革命化推动了现代化，却不能代替现代化，两者相辅相成，交织发展，最终汇入到现代化的历史总进程中。这样新文学的现代化精神内涵离不开革命叙事与书写①。他把中国现代文学史上革命化与现代化之间的关系作了清晰的阐释，提供了我们重新理解革命与启蒙、现代化与民族化等关系的新思路，体现了高屋建瓴的宏阔历史视野。

四、20世纪文学理论批评史的开拓与建构

如何开拓中国现代文学研究的宏大格局，建构现代文学研究的广阔空间，给中国现代文学研究注入活力，在80年代中期，钱理群、黄子平、陈平原率先提出了“20世纪中国文学”的概念。当大家还在思考讨论着如何

---

① 黄曼君：《反思重构中探寻：我的学术之路》，载《东方论坛》2007年第3期。

书写20世纪中国文学史之际，黄曼君先生已经带领他的团队开始了20世纪中国文学理论批评史的写作。他把文学理论批评的重构与新书写，看作是20世纪文学史书写不可缺少的理论准备，应该说这是一个比文学史写作更富有挑战性的重要学术工程，他几乎没有现当代文学理论批评史的既有成果可以借鉴。他为这部文学理论批评史的著作作了整体的框架设计[①]。他关于20世纪中国文学理论批评的基本思想体现在如下方面：

一是对文学理论批评史的对象与范围的界定。他指出，文学理论批评史是文学理论、文学批评和文学史的融合。他特别强调文学理论批评史在具体历史形态中其历史的、逻辑的科学活动的特点。只有在史的整体格局中，才具有丰富的参照对象和价值论的阐释，使诗与史达到有机结合。在关于文学理论批评史与政治史、革命史的关系的辨析中，他认为文学理论批评史与政治史、革命史既有必然的联系，又有其自身的独立性、多样性，具有超越社会革命史的科学性与审美性等学科特点，还要受到哲学、心理学、语言学、人类学等学科的影响。只有对中国近百年文学理论批评史作全方位多角度的审视，才能展示文学理论批评丰富多彩的面貌。

二是对中国古代文学理论批评特征及其局限性的阐述。他认为，所谓传统就是一种预制，对任何文化传统的选择及承诺都必然是否定与肯定、批评与认同、接受与超越的过程。中国古代文学理论批评是基于人与自然相统一的哲学观、个人与社会相统一的伦理观、美与善相统一的审美观、以主情重情为核心的文艺观而建立起来的。中国古代文学理论批评将强调文学伦理道德的价值论与强调情感体验的表现论结合，形成了重视文学社会功利性和文学情感审美特征的观念体系。强调美与善统一的世俗人伦情感的核心较多是封建伦理道德的世俗化，缺少人与社会、美与丑的冲突和悲剧精神。中国古代文学理论批评的思维方式具有直观性和含混性，是以体验、领悟的方式对象作整体把握，忽略了对事物复杂关系进行知性分析，缺乏一整套对批评对象进行分析和归纳的逻辑工具和理论方法，因而不能

① 黄曼君：《中国近百年文学批评史》，湖北教育出版社1997年版。

从更高的思维层次和开阔的思维空间对文学理论批评的本质问题作理论的阐释与经验的总结。这种在整体上趋于保守、泥古、僵化的趋势，迎来了海禁大开后西学东渐的文学理论批评历史变革的新时代。他关于古代文论局限性的分析，并不是要抹杀古代文论的价值，而是在于揭示现代文论变革的必然性。

三是对20世纪文学理论批评变迁阶段性特征的总体阐释。清末民初过渡期的特征，主要是对封建道统与传统文学观念的摈弃；在实证主义和人本主义思潮的影响下，文学理论批评开始走向科学化、逻辑化，突破了印象批评、评点式批评等批评方法的旧格局；文体观念发生了重大转变，小说被提到了文学正宗地位。勃兴期的“五四”文学理论批评形成了多元开放格局：彻底批判了封建文学观念和批评观念，提出了国民文学、平民文学、人的文学、写实主义文学、浪漫主义文学等一系列新的文学观念与新的文学理论命题；出现了理论批评内容、类型、方法、形式等多元互补的局面；白话文学和文体变革理论有了重大发展。从20年代末至70年代为定位期，是马克思主义文学理论批评的兴起与发展期。突出的是文学意识形态性质，以美学的历史的批评为基本方法居于主导，现实主义文学思潮与文学理论关系最为密切。文学意识形态的庸俗化、简单化导致了文学理论批评某一些内容与观念的教条化、单一化与片面化。新时期是文学理论批评的大变革大发展的繁荣期，破除了“左”的思想束缚，对文学与政治关系实行了根本性的调整，扩大了批评的审美视野和理论视野，促使文艺理论批评家从心理学、伦理学、民俗学、文化人类学乃至自然科学等学科吸取丰富的思想方法，推动了文学理论批评观念的变革。批评主体意识增强，批评类型丰富纷繁多样；马克思主义文艺理论批评显示出开放的姿态和新鲜的生命活力。但也存在着理论批评的民族特色与当代形态的建构尚待有效解决的问题。

四是对中国20世纪文学理论批评总体特征的阐述。贯彻中国20世纪文学理论批评全过程中的总体特征之一，就是审美的社会价值论观念。20世纪文学理论批评以审美的社会价值论作为评价文学的基本观念和准则，并从多种角度对文学的人学内涵进行阐发。近百年文学理论批评中很少有单纯强调文学审美特性和艺术形式独立性的。在文学审美价值与社会功利价值的关系上，注重美与善的统一，甚至以善为美，主张发挥劝善惩恶的伦理教化作用。在批评方法上，主要是社会学批评与美学的历史的批评方法。在理论形态与批评类型上，注重主观情感态度和社会价值的选择，并贯穿到以客观再现为主，客观再现与主观表现并存的基本批评类型之中。在包括文学理论批评的思维方式与概念、范畴在内的问题上，呈现出科学化、现代化的明显特征。但是中国20世纪文学理论批评存在诸多问题：具有普遍性理论意义的术语、概念、范畴较少，较多哲学含义和政治判断性的概念取代了文艺美学、文学理论批评独特性的概念；或者大量借用西方概念、范畴。在思维方式上依然缺乏科学方法和思维方式。这样，多功利少本体，多实用少思辨，多直观少实证的弊端，影响了中国现代文学理论批评文体现代形态的发展。

黄曼君先生从20世纪社会政治思潮与文学变革的复杂关系的宏阔透视与深入辨析中，较为准确地揭示了近百年中国文学理论批评史不同历史阶段的鲜明特征，总结并阐释了理论探索与建构中的中国经验，也分析了理论批评历史变化与既有形态中的根本问题，为20世纪中国文学理论批评史的系统建勾画出了轮廓，描绘了路线，奠定了基础，提供了继续深入展开探究的方向。

五、哲学美学与科学结合的批评思维与批评方法

中国古代文论偏重主观表现的传统，是建立在人与自然、个体与社会、感性与理性、美与善的和谐与统一的文化范式之上的。20世纪文学理论批评的转向带来了文学理论批评重主体、重分析、主客体两方面对峙展开的理论形态与批评方法的实践。黄曼君先生的文学史研究实践就是自觉探索哲学与美学的结合、人文科学理论研究与科学研究融合的一个示范。

首先，他深谙“五四”新文化的精神真谛，具有重新认知历史、重新

探究历史的现代学术意识。他认为在近代科学主义盛行之际，科学至上的观点没有意识到自然科学与人类价值之间潜在的矛盾与冲突，“一方面，各门科学被限制在过于专门化的单纯技术的狭小天地里，从事科学研究的人缺乏哲学、人文科学理论概括的素养而不能导致科学研究的新突破；另一方面，哲学、人文社会科学研究者也往往被自然科学的范式所左右，被拘于绝对的历史理性之中，而成为科学主义的俘虏”。因此，“驾驭科学技术的盲目力量，成为二十世纪自然科学时代精神的一个重要特征。五四新文化运动之所以高举科学与民主两面旗帜，把介绍自然科学知识、重视科学技术力量，与反对迷信和盲从，提倡求实精神和理性主义，追求个性解放，崇尚自由平等等权利结合起来，就是这种自然科学时代精神的体现”①。他把科学与哲学的沟通看作是“五四”时代精神，可以说在 80 年代末期，还较少有学者具有这样的历史意识与学术眼界。

其次，他运用自然科学观与哲学观的结合自觉探究现代经典作家与作品，开拓了现代文学研究的新视野。在黄曼君先生的学术道路上，80 年代是他学术思想最为活跃的一个时期，而这个时期，就是凭借他对哲学与科学精神结合的前瞻性意识与研究方法，站在那个时代学术研究的制高点上，贡献了一批足以代表 80 年代郭沫若研究学术水平的一系列论文②。他在《自然科学的时代精神与郭沫若的泛神论思想》一文中全面探究了哲学思潮

① 黄曼君：《自然科学的时代精神与郭沫若的泛神论思想》，载《中国现代文学研究丛刊》1989 年第 2 期。

② 主要论文有：《人·泛神论·浪漫主义艺术：郭沫若前期诗歌思想与艺术综论》，见《郭沫若研究》第 5 辑，文化艺术出版社 1986 年版；《论〈女神〉中象征形象的创造》，载《中国现代文学研究丛刊》1983 年第 4 期；《〈女神〉创作灵感论》，见《文艺论丛》第 20 辑，上海文艺出版社 1984 年版；《表现·创造·变形：郭沫若诗歌艺术新论》，载《郭沫若学刊》1988 年第 3 期；《郭沫若“寄托小说”新探》，载《中国现代文学研究丛刊》1987 年第 1 期；《郭沫若的个性主义思想及对中国传统文化的认同》，载《华中师范大学学报》1986 年第 3 期；《论郭沫若前期浪漫诗学主体的复杂性和独特性》，载《中国文学研究》1987 年第 3 期；《论郭沫若前期强调精神主体的文化观和泛神论思想》，载《中国现代文学研究丛刊》1988 年第 4 期；《自然科学的时代精神与郭沫若的泛神论思想》，载《中国现代文学研究丛刊》1989 年第 2 期。

与自然科学思潮的结合是如何体现在郭沫若思想和创作的精神内涵、价值观念、思维方式上的。他认为，自然科学的文化潮流带来了泛神论的新构成。与斯宾诺莎的泛神论不同，郭沫若所依据的是19世纪中叶的三大发现——能量转化与以守恒定律、细胞学说、生物进化论为代表的有机论自然观，还有20世纪初以普朗克的量子说和以爱因斯坦的相对论为代表的物理学革命，以及它所带来的自然科学的革命；其思维方式的基本内容则是对不同类型的系统作出整体的、综合描述的方式，遵循的是现代自然科学的非严格决定论，赋予理论体系以内在灵活性的概率论的规律。这样一个新的物理观直接影响了郭沫若的世界观。在郭沫若看来，“宇宙中的一切的质与能在辗转相变”[①]，“一切物质皆有生命。无机物也有生命，一切生命都是Energy的交流。宇宙全体只是个Energy的交流”[②]。郭沫若认为泛神论中的“人”、“自我”虽然从自然因果中派生出来，但是却可以通过自我扩张，达到消融主客体境界的地步。因此，像“天狗”这个自我的化身，具有无限的创造力，先突入宇宙，“我是月的光，我是日的光”，“我是全宇宙底Energy底总量”；这个“自我”先由内而外，再由外而内，返回自身，“我在我的神经上飞跑，我在我的脊髓上飞跑”，这样，整个宇宙包括19世纪末发现的X光线的光，“人”与“自我”的每一个部分都成为一个奔腾不息的整体。这样自然科学知识与自然科学的思维方式与“五四”时代的人文精神得到了水乳交融的表现。郭沫若还认为，20世纪初量子论、相对论诞生以后，便有了把微观机制与宏观研究结合起来的辩证思维方式，郭沫若接受相对论、自然科学辩证方法论的影响，泛神论的主体性意识极大增强[③]。黄曼君先生不仅看到了郭沫若与康德在先验论主体哲学观上的接受联系，还论析了在自然科学观上康德对郭沫若的启示，使郭沫若的泛神论具有时空相互渗透的特点，形成了区别于经典物理学关于绝对时空的观点。在郭沫若泛神论中的“我”中，所包含的“你”与“我”，宇宙间的一切事

① 郭沫若：《波斯诗人莪默伽亚谟》，载《创造》季刊第1卷第3期。

② 郭沫若：《生命底文学》，载《学灯》1920年2月23日。

③ 黄曼君：《自然科学的时代精神与郭沫若的泛神论思想》，载《中国现代文学研究丛刊》1989年第2期。

物都是一个动态的事物间互相渗透的和谐整体。《女神》的艺术表现力的时代精神高度，正是因为诗人接受的泛神论等思想熔铸了新的运动观、物质观与时空观的结果，当然也是黄曼君先生从哲学与科学精神结合的高度，对郭沫若文学世界与精神世界的深入发掘和精辟阐释的结论。

六、现代性理论的前沿意识与批评实践

作为中国现代文学的第二代学者，在现代文学理论与历史的研究中较多学者接受的是社会历史批评学的影响，注重用马克思主义哲学观点与美学结合的方法分析作家作品与文学史现象。像黄曼君先生那样长时间地保持对西方文学前沿理论以极大热情与高度敏锐，并且较为领先地介入西方现代性文学思潮，用扎实而有分量的具有浓厚现代性理论色彩的学术论文回应当下重要的学术问题，这在他的同时代学者中并不多见。从80年代中期开始，受学术界新观念、新方法论的影响，黄曼君先生就开始了自觉对西方现代哲学、文化、美学、文学等人文思潮的关注。他在80年代中后期发表的一系列郭沫若研究论文，就是借鉴了以康德等为代表的突出人的精神主体性的西方哲学美学观点与现代自然科学主义思潮的观点与方法的研究成果，给郭沫若研究带来了新的局面。

从90年代开始，现代性研究成为贯穿他学术研究的主要思想理论资源与学术方法。他说："从现代化视角看待中国文学新的特质，较之于从文学与政治功利的关系，或者仅从作家主体乃至文学自身独立的审美意识的角度来审视其新的特征，更具有明确的质的规定性，也更有宽泛的量的包容性。……也更能有效地思考中国现代文学学科所存在的问题和面临的挑战。"① 之所以从现代化的角度来突入现代文学研究，他还认为，文学的现代化与中国社会的现代化的历史进程相伴随；文学的现代化与人的现代化相契合；文学的现代化与文学的民族化相交织。可以说，他坚持从世纪性的现代精神文化高度对现代作家与现代文学史进行深入的思考。

---

① 黄曼君：《现代化视野与新文学特质》，见《新文学传统与经典阐释》，湖北教育出版社2005年版，第19页。

比如他运用范式论探究鲁迅研究与新文学的范式转换问题[①]，就给我们提供了鲁迅研究与现代文学研究创新意义的方法论启示。所谓“范式”原本是美国科学哲学家库恩为了探讨科学史的发展、科学知识的增长与科学革命的动力等问题时，从哲学领域引出的一种理论，它意味着一种为科学家们所具有的共同理念、共同遵守的解决问题的方法等。库恩认为，一门学科要成为科学，必须形成范式。黄曼君先生指出，鲁迅研究与整个新文学的研究一样，要求富于原创性，不只是在个别具体观点和方法上，而是要求在思维方式、理路格局与总的活动方式上有所突破，对过去的研究成果，不是“跟着讲”，也不只是“接着讲”，而是要“对着讲”，这就要求在研究范式上有所突破，并促成范式的更替和转换。鲁迅研究的范式转换涵映着20世纪中国文化的变迁，它为文化的发展所决定，又促成了文化的变化和发展。他把鲁迅研究分为政治化范式、现代化范式、公共领域范式与审美范式。政治化范式下的鲁迅研究，是一种将鲁迅与新文学放在文学为政治服务的总体框架中进行研究的范式。它强调审美的社会价值观念、现实主义方法，主张文学作品应具有民族化、大众化的形式和风格。强调作家的政治立场，强调作家的现实性、革命性、战斗性，强调作家马克思主义指导思想的获取。注重以重大政治事件为中心的社会历史背景，注重政治史、革命史的宏大叙事。重视回答从社会政治的视域提出的问题，探求作品形象与社会政治大叙事的对应性、一致性和想象性。

现代化范式下的鲁迅研究，是一种较之于政治化范式有着更为开阔的时空观念，强调文学的现代性、共同性、世界性，注意文学研究的“中性”立场的范式。它高举人的旗帜，注目精神文化现象，主张揭示人的精神世界的丰富性和复杂性，强调审美的自由，文学思潮和创作方法的多样性。注重鲁迅作为思想家的特征，着力于作家心灵的探寻，强调他的思想启蒙精神，改造国民性的思想、民族灵魂重铸的意识贯穿一生；注重从一个现代人的丰富性、复杂性和崇高性上揭示其伟大人格，如“一切皆流”、“一

① 黄曼君：《反思重构中探寻：我的学术之路》，载《东方论坛》2007年第3期。

切都是中间物”的生命哲学；如反抗绝望，执着于当下之行，重过程、重探索的“过客”精神；如“根本不深，花叶不美”，面对“死亡”和“朽腐”，“坦然”、“欣然”、“有大欢喜”的“野草”精神等。不拘泥于具体的甚至重大的政治事件，而是将鲁迅及其作品放在古往今来历史的、现实的思想文化的广阔背景上，放在20世纪中国纷纭复杂、起伏更替的精神现象的背景上来透视。注意鲁迅作品显示灵魂的深，作品人物乃至作者自己都成了精神、心灵上的被拷问者。

公共领域范式下的鲁迅研究，是将鲁迅放置在因国家与社会之间的张力空间，由现代出版与传媒等手段所造成的公共领域来研究的一种范式。从这种范式中可以看到鲁迅及其作品在公众舆论、多重话语、多种论争的广阔空间中的丰富多彩的内涵和面貌。这是从新文学现代性视野中所派生出来的一种研究范式。“公共领域”本是德国哲学家哈贝马斯在《公共领域的结构转型》一书中所提出的一种理论。他认为借用“公共领域”理论研究鲁迅和中国现代文学，作为一种新的范式，体现其范式的性质与特征之处有如下几个方面：第一，在政治权力与民间社会之间的“第三领域”中展开鲁迅与中国现当代文学的研究。过去的研究不是偏重于政治权力方面，就是偏重于民间社会方面，往往忽略了对“第三领域”即“公共领域”的研究。20世纪中国的公共领域不像西方那么“独立”，这也是中国的特色，但毕竟有一个与政治权力、民间社会，乃至与其他社会领域（如市场领域、私人领域）有着较密切的关系又保持着张力场的“第三领域”或“公共领域”。在这个领域中研究鲁迅与中国现代文学，就是要看鲁迅与其他作家乃至种种新文学现象在政治和民间之间如何呈现，看它们如何在这两端回旋往返。第二，在多维空间、多重对话中凸显鲁迅形象，开展中国新文学研究。第三，“鲁迅杂文”是与鲁迅的名字紧密相连的一种现代传媒报刊的文体，是以面向广大社会文化的“文明批评”和“社会批评”作为主要内容的。通过它，可以看到广阔的公共领域，它的存在也实际上开拓着公共领域，开拓了文学理论批评的一种具有新的审美形态的独特文体。第四，鲁迅参与的或围绕鲁迅展开的文艺论争与其他论争也大多在公共领域中发生并开拓了公共领域。

审美化范式下的鲁迅研究，是一种注重文学的内在审美品格，将主体性研究和个体化独特、多元的视野提到首要地位的研究范式。其特征不着重文学的外部关系（如政治化、现代化范式）的研究，而是着重于文学的内部关系（如个体化审美眼光，提倡艺术原创性）的研究。主体性、主观性更强，因而研究成果更趋多元化、个性化。不是演绎思辨，而是更多地采取经验的方法，有着更多的研究方式和研究题材。走向“总体化”的鲁迅与新文学研究，是指多种范式的多元共生、互补交融、竞相发展，“层累”地积淀向“总体化”方向的前进。提倡最充分吸收现代化范式、公共领域范式、审美化范式的优点，从而形成一种综合开放的富有历史意识与现实精神的研究方法。这种研究将微观局部性研究植于宏观整体性研究的框架内，将体验性研究纳于体系性研究的视野中，从而充分展示出研究的高度、力度和深度。

黄曼君先生的范式论是从鲁迅研究的历史嬗变中总结的具有时代性、类型化的现代文学研究的理念与方法，揭示了中国现代文学研究中不同时期、不同人群遵循的理论批评观念与方法模型，这样几类范式的总结与阐释，包含了黄曼君先生对几种范式理论建构思想的丰富与范畴的界定。对鲁迅研究，对现代文学历史的过去式回溯与未来展开都具有观念与方法论的指导性意义。

在当前众语喧哗的社会变革的时代，文学研究正面临着思想驳杂与人文精神匮乏的时代挑战，文学研究的思想资源成了我们当前需要认真总结的宝贵思想财富。黄曼君先生代表的新中国第二代学者在中国现代文学研究近半个世纪的历程中作出的思想与方法探索，对我们当代学术的发展具有众多的启示意义。

（作者为华中师范大学文学院教授）

追忆诗性澎湃　天性自然的曼君师

李传锋

当手机上突然出现“黄曼君教授于本月二十二日中午十二点零七分逝世”的信息时，我眼前立刻浮现出先生戴着深度眼镜的笑脸。我怎么也不相信，此前怎么一点儿音讯也不知道？紧接着，文学院院长胡亚敏教授来电证实了这一噩耗，“华中师范大学的著名教授、文学史家、文学批评家，现当代文学研究和20世纪中国文学理论批评领域的杰出学者，我们的老师——黄曼君教授因病医治无效，离我们而去”。

我记得那还是1971年初，荒芜的大学开始打扫庭院，开门迎新，我有幸第一批走上桂子山，在华师中文系一班学习。那时候，“文革”风烟还没消散，高考还没有正式恢复，我们是被推荐上大学的，叫“工农兵学员”，学校由军宣队和工宣队管理，一部分老师从“干校”回来重新走上了讲台，黄曼君老师是其中一个。黄老师那时大概四十出头，已经戴着深度近视眼镜，给我们讲现代文学，重点讲鲁迅，他能把一个严肃冷峻的鲁迅讲得神采飞扬。也可能因为我是六六届高中生，能与先生的教学产生某些呼应，从那时起，黄老师就对我这个山里来的少数民族穷学生特别关爱。从那时起至今40多年了，师生情谊一直很深厚。

二十五日上午9时，在武昌殡仪馆，低回的哀乐声中，我看着先生的遗像，那是他中年的靓影，胖而圆的脸，雪白衬衫，彩色领带，总是那样微笑，神采飞扬，风度翩翩。黄曼君老师是才子，他中学时代就师从鲁迅先生的学生向培良，对文学产生浓厚的兴趣，并开始发表作品。1952年9月，他进入华中师范学院中文系学习，毕业后留校任教，1962年晋升为讲师，此后作为知名青年学者被选拔到中国社会科学院文学研究所进修，师从唐弢先生，并参与了唐弢先生主编的《中国现代文学史》的编写工作，在中国现代文学研究界崭露头角。当年以讲师身份出现在我们面前的黄曼君老师，风华正茂。因为他的课讲得好，男女同学就爱关注他，议论他。我至今还记得在同学们中流传着的一则笑话，说黄老师读的书多，读成了书呆子，走路吃饭都在背书，生活上全靠夫人陈菊先老师打理。中文系师生经常下乡搞社会实践，每次出差，他不是把衣服丢了，就是把鞋子丢了。有一次又要出差，陈师母就把行李列了一张清单，给他交代，你临回来时就照这个单子一样一样清查，免得又丢失。谁知道，下去没几天，黄老师把这个单子先给弄丢了。

那时候，大学的教学很不正规，旧的教材不让用，新的教材没有编出，课也开得不全，即使开课，也加入了很多阶级斗争的内容，但即使这样，师生们还是焕发出对知识的极大渴求，我们瞪着饥渴的双眼聆听着老师们每一句话语。我们认真抄写每天的课堂笔记，从图书馆借来有限的原著，参与一切讲座和可能的实习。我记得，给我们上古代文学的是石声淮先生，高庆赐先生讲古汉语。石先生讲离骚，两眼望天，吟唱着，还能把一个字从古到今的演变讲半天，高老先生能用古腔古调唱诗词，我们对他们佩服得五体投地，他们的言谈举止似乎都是知识的化身。给我们讲元明清文学的是黄清泉老师，讲语言的有邢福义先生，彭立勋老师、孙子威老师讲文艺理论，张永健、刘兴策老师讲写作，等等，一批中年讲师给我们授课、辅导。老师们终于回到了讲台上，当时虽有“文革”干扰，但学校里师生间知识那根纽带却十分牢固，老师们十分敬业，把大部分精力都放在学生身上，没有什么讲课费，更没有人想到去赚钱，老师们对学生格外地关心爱护，尽管心有余悸，但师生关系还是很融洽。至今，我仍对他们怀着感恩之心，尊敬之情，桂子山上的三年，正反两方面的经历，对我人生的成长是令人难忘的。

在黄老师遗体告别会上，胡亚敏陪我去看望师母，我几近哽咽地对陈师母说，我事前不知道，没能到医院看望老师！师母对我说：“黄老师是最喜欢你的。”这短短一句话，我再也忍不住泪水，我真是有负先生的厚爱啊。大学毕业后，我被分配到文学刊物当编辑，在各种活动中，与黄曼君老师见面的机会还是很多。大约是1978年，恢复高考之后，先生被聘为副教授，开始招收研究生。有一天，先生对我说，你想读研究生吗？我说当然想啊。他说，你来吧，读我的研究生。我兴高采烈地去向单位领导报告，领导却说，你已经读了大学，是我们培养的接班人，还读什么研究生？我是真心想读黄老师的研究生的，但领导代表党，我不敢违抗领导。当时考研，老高中生是受欢迎的，但我居然不敢去考。你看，现在考研，是学生求先生，哪有先生找学生的事。我从山里来，骨子里还是个农民，诚实有余，心想，人家都把你当“接班人”了，还这山望着那山高？事后看来，我并不是一个适合“当接班人”的料，愚钝的我就这样错失了黄老师给我的良机。更难忘的是，大约又过了十年，1990年前后，黄老师成了华中师大文学院第一个由国务院批准的博士生导师，他还没忘记让我读书的事。有一次，他对我说，你还可以读博士。这时期，我已经读完武汉大学中文系的插班生，也得到了副编审的职称，我想了想对老师说，我怕考不取呢。他推推眼镜，说，好考。我说，我离不开工作。他说，在职读哇。我说，我的外语都忘光了，再捡起来很难，怕毕不了业。黄先生对我笑笑，然后悄悄说：“传锋，考外语也有办法通融，我原先不知道。”我不知道他知道了什么窍门，但我又一次辜负了可敬可爱的黄老师，没有去跟他读博，这一次不是领导不允许，也不是不想跟先生去学习，更不是不想读个博士，主要是觉得已经年近五十，再读博，混一下有负老师，真读又吃不起那个苦了。先生没有再说什么，只是苦笑了一下，算是对我这个学生死了心吧。现在想来，惭愧！惭愧！我真是个不懂事的学生啊，真是个不争气的学生啊。先生肯定是认为我的身上有某种潜质还可以开发一下，他是希望我成才，才三番五次地启发我，动员我。尊敬的黄老师，人生不可再来，如果有来生，如果能继续跟你做学生，我是不会再犹豫的。

在低回的哀乐声中，我一直看着先生的遗像，那是他中年的靓影，胖而圆的脸，雪白衬衫，彩色领带，他总是那样微笑。电子屏上一副挽联写得好，上联是：才气纵横论鲁郭评沙汀阐释经典对话时贤文章雄隽俯学界；下联是：性情浪漫吟新诗唱妙曲滋兰九畹树蕙八千襟怀坦荡泽杏坛。我的学弟董宏猷说，对话时贤，不确，先生骨子里有魏晋风度。我就在心里想，那把“对话时贤”换“风骨魏晋”，把下联中的“妙”字换一个可否？平仄不论，这副挽联就道出了先生一生的成就与性情。

我们肃立着，面对黄老师的遗像，他的亲属和博士生们在他遗体旁分立，大家悲戚着。吊唁的人还在源源进来，灵堂里满是人和花圈，主持人在念着长长的名单，全国各地学者名流，相关单位领导，还有各届学生都在用各种方式哀悼着这位学术领军名师的逝世。

左右高墙上悬挂着很多挽联，我记下了几副：

夺席谈经公为中原祭酒

轻歌曼舞世传大魂文章（复旦大学　陈思和）

五十年现代学术建树燕园识荆扬鲁播沙君正健

近百载理论批评治史桂山论诗落红飞绿穹亦空（中国现代文学馆　吴福辉）

是男子汉何惧吟风弄月夫子情圣

有真性情不惮露才扬己先生至人（武汉大学　於可训）

学识富厚才见卓识治现代文学兼文学批评堪称勋业辉煌

诗性澎湃天性自然为一代学者又学者诗翁可谓当代真人（澳门大学　朱寿桐）

我还想起了在先生七十大寿时，诗人余光中专门为他书写的对联：“率性而行，风神何让魏晋；从心所欲，议论不拘古今。”黄曼君教授学养深厚，治学勤奋，勇于开拓创新，在中国现当代文学多个领域卓有建树。20世纪80年代初，黄曼君教授出版了他的第一部专著《论沙汀的现实主义创作》，从审美、文化、历史多重视角对沙汀的现实主义创作特色进行了独特而深入的研究，为“文革”结束后中国现代文学研究领域首批引人注目的成果之一。其后，先生在鲁迅研究、郭沫若研究中不断取得新的成果，他的《中国现代文坛的“双子星座”——鲁迅、郭沫若与新文学主潮》一出版，就在学术界引发广泛的关注和影响。90 年代以来，黄曼君教授与时俱进，不断开拓新的学术领地。他在 20 世纪中国文学史研究，尤其是 20 世纪中国文学理论批评史研究诸领域取得了一批重要成果。他主编的《中国近百年文学理论批评史》、《毛泽东文艺思想与中国文艺实践》、《中国 20 世纪文学理论批评史》等，作为国家社科重点项目或教育部重大项目，填补了上述领域或方向的空白。他对中国 20 世纪文学理论批评多元互补、共生交融的基本格局的描述和论证，已为当今学界普遍接受的共识。在他生命的最后 10 年，他的学术生命展现出极为旺盛的创新力。他关于中国现代文学经典化问题的研究，关于中国现代文学语境中的古代文学资源问题的研究，力图打通古今和学科疆域，从多重视角透视中国现代文学经典形成的特殊规律和价值，鞭辟入里地论证了中国现代文学何以形成伟大传统的问题。由此，对新世纪语境中中国现代文学学科的发展产生了深远的影响。

曼君老师到了晚年，仍然才气烂漫，我经常听到他的歌声，他的新诗，他的趣闻。但先生病倒了，住院了，听说他还不肯住单人病房，要挤在四人的大房间里，还和病友们说笑唱歌哩！一切都还顺利的，怎么突然就出了问题呢？中国现代文学研究领域是多么需要先生啊，如果再给他 10 年，中国文学的星空肯定会出现更加璀璨的霞光。但是，在一个温暖如春的初冬，可恶的疾病偷袭了一个热情专注于新中国文艺理论的美好生命。

黄曼君教授把毕生心血献给了教育、教学和学生，是一位令人尊敬的名师。在桂子山执教半个世纪之久，以学为尊，以生为本，是他孜孜以求的价值理念。先生的逝世，是华中师范大学的重大损失！是中国现当代文学界的重大损失！

黄老师，我们永远怀念您。

2010 年 11 月 24 日

（作者曾任湖北省文联主席）

先生教我做学问

——纪念黄曼君先生逝世一周年

黄永林

又是一个秋风萧瑟的时节，今年的秋天来得似乎比往年早，刚过十月，却已是落叶纷纷的景象。我的心随着落叶的飘洒，想起恩师黄曼君先生离开我们快一年了，不禁特别感伤，感慨万千。

徘徊在先生为我们上过课的教室，书声琅琅依旧，却再也听不到先生纵论古今学问的激昂的声音；重温先生为我们改过的论文原稿，红笔道道犹新，却再也看不到先生洞悉中西学派的深邃的目光；复读先生为我们写下的著作序言，言辞切切似玉，却再也瞧不到先生提携新老学生的慈祥的颜容……模糊的泪眼中，我仿佛看见在五彩云中，先生正驾着一只仙鹤，唱着神曲离我们远去。先生走了，但先生对我们的关心、帮助和教诲，先生对我们一切的好，我们怎敢忘却？往昔的一切随着思绪的起伏，历历在目。多少事，从何说？最使我难忘的是先生教我做学问和先生给我们讲学问的情景。

一、先生教我做学问

1988年初，我硕士毕业后，就被调到学校财务处工作了，我确实喜爱自己的文学专业，不忍心放弃，于是我在认真做好学校财务工作的同时，充分利用业余时间继续文学专业方面的学习和研究，天道酬勤，我连续发表了几篇有一定影响的文章。先生读后，亲自打电话鼓励我，还说如果我做学问有什么需要帮助的尽管找他，因为他喜欢勤奋的学生。先生是我们师生都十分仰慕的现代文学家，得到先生的肯定，我受宠若惊，做学问的信心更加坚定了。

有一天，我为写一篇关于通俗小说的文章去先生家请教。先生十分热情地接待了我，在给我十分详细地讲解了他关于这篇文章写作的建议后，还给我找了一大堆参考资料，让我好好回家研读。不久，这篇文章发表后，还被重要刊物转载了。后来，我为写关于现代文学的书，多次向先生求教，先生总是不厌其烦地指导我，一次又一次地帮助我找资料。在先生和其他老师的帮助下，我先后出版了几本关于现代文学、通俗小说研究的专著，受到学界的关注。

1996年春天的一个晚上，我再次来到先生家请教学问时，先生突然问我想不想考博士。我先是一愣，但我很快对先生说，我做梦都想，但那时学校招收博士生的名额很少，学校机关在职干部还没有报考博士的先例，再说学校领导对我财务工作寄予了很大的希望，我担心学校会认为我不务正业，所以我一直不敢给学校提考博的事。先生得知我的顾虑后安慰我说，他觉得我还是一个做学问的料，有恒心、有钻劲、有悟性，他有心想栽培我。他还告诉我，学校领导那里的工作他可以帮助去做。我听后十分感激，连连称谢。但我转念一想此事难度较大，也就没有抱太大的希望了。

其后不久，学校主管研究生的校领导对我说，学校批准我报考校内在职博士生了。我听后简直不敢相信。原来为了我考博士的事先生亲自找了当时文学院分管研究生的负责人和学校分管研究生工作的校领导，学校从培养干部的角度出发同意了。我深深感激先生的大恩大德。为了不辜负先生的希望，我认真备考，终于以优秀的成绩考上了先生的现当代文学博士生。当我拿着录取通知书，向先生报到时，先生很高兴，同时十分严肃地对我说，这次学习的机会来之不易，一定要好好学，希望青取之于蓝而胜于蓝。

在其后的日子里，每当我因工作忙，对学问有放松念头时，我只要一想起先生对我的厚望，就羞愧不已，于是鼓起勇气，克服困难，坚持学习不放松。正是先生的鼓励与帮助，才有了我现在人生的进步。

二、先生给我们讲学问

先生是首届全国普通高校教学成果优秀奖获得者，是国家级精品课程的负责人。他一生喜欢学生，喜欢课堂，喜欢教学。在课堂上，他纵论古今，评述中外，阐释经典，析辨事理，大气磅礴，慷慨激昂；他谈诗说词，讲赋论曲，品戏析文，推陈出新，挥洒自如，妙语连珠。先生迷人的课堂艺术，既表现在他对“真知、真情、真体验”的把握和传达上，也表现在他独特的人格魅力以及对这种人格魅力的追求上。听过先生讲课的师生都认为，听先生上课是一种精神享受，一种学术启迪，一种人生洗礼。

有一次，先生给我们讲授外国文艺理论，没想到作为一位以研究中国现代文学为主的老先生，他对国外最新文艺理论动态如数家珍。他时而评点现代派的得失，时而分析结构主义的优劣，时而阐释意识流的精要，时而揭示西马文论的奥妙，使学生置身于当今世界最新理论的盛宴，尽情享受西方文艺理论的大餐。能如此娴熟、如此精妙地讲述，这与他长时间地保持对西方文学前沿理论的极大热情与高度敏锐分不开，他较为领先地介入西方现代性文学思潮，并能够用扎实而有分量的具有浓厚现代性理论色彩的学术论文回应当下重要的学术问题。

有一次，先生在讲到学术方法时，告诉我们做学问要善于运用多种方法，大视野、多角度、多层次、立体地认识和分析问题，只有这样才能客观、准确地把握事物整体与本质，才能有所创造和创新。先生自己的学问也正是体现了这种开阔的视野，他注重新的思维和新的方法的运用，因此，其研究始终带有创新和新意。先生在回顾自己学术道路时曾说：“大约是始于20世纪90年代，我在现代性的总命题下，接受大历史观、大文学史观和一些哲学人文、美学文艺思潮的影响。开始从事整体研究的大叙事探讨。”

有一次，先生给我们讲诗歌、灵感及审美的关系，他首先激情洋溢地朗诵了他新创作的诗，他边朗诵，边赏析，边板书，激动时，热血沸腾，还边脱衣服，整个课堂犹如一个演艺场，欢声笑语，高潮迭起，热闹非凡。讲完后，他还坦诚地告诉大家，这首诗是他看到外语系一个漂亮的女生，被她的美丽所吸引，引发灵感后很快写成的。他说，爱美之心，人皆有之；他坦率地说，他爱美，爱一切美的事物，也爱所有美的女性；他还调侃地说，一个男人如果见到美女一点不激动，那这个男人一定心理有毛病。一个年过花甲的老教授如此率真，如此坦诚，如此浪漫，令我们佩服得五体投地。学生们亲切地叫他“老顽童”。

先生离开我们快一年了，但先生的音容笑貌，仍经常闪现在我们的眼前；先生的精神品格，仍长久镌刻在我们的心中。我们感恩他的帮助和教诲，我们学习他的为人和为学。

先生离开我们快一年了，现在，当我在学问上遇到问题，自己冥思苦想得不到答案时，我想到要是先生在世该多好啊，我可以去问问他，他一定能给我帮助和点拨。

先生离开我们快一年了，现在，当我在工作上遇到烦恼，自己唉声叹气和自暴自弃时，我想到要是先生在世该多好啊，我可以向他倾诉，他一定能给我安慰和勇气。

先生离开我们快一年了，现在，当我在情感上遇到矛盾，自己怨天尤人和烦躁不安时，我想到要是先生在世该多好啊，我可以向他宣泄，他一定能给我宽慰和安抚。

先生走了，您的恩情我们怎能忘？先生走了，我们常常思念您！

（作者为华中师范大学文学院教授、副校长）

文载道而儒雅　诗缘情而风流

——黄曼君的学术个性与文学智慧

王　杰

“我的博士生导师黄曼君先生按同等学力接受了我的报考，使我能在不惑之年圆了方巾之梦，也改变了我的人生轨迹与学术环境。黄曼君先生是著名的现代文学史家，20世纪中国文学理论批评史专家。本书从选题到写作的各个环节都得到了先生的悉心指导，正是先生的思想、灵气和悟性的熏陶，使我能够比较顺利地完成这项并不轻松的研究工作。当然，我知道先生对本书中的某些观点并不完全认同，然而先生身上所特有的青春气息、浪漫冲动却在无形中助长了我在学术上的放肆与野性。”以上这段话是我的专著《鲁迅的文化诗学》出版之际写在《后记》里的一段肺腑之言。回顾我的学术道路，深感在黄老师亲炙下受到的学术熏陶让我受益终生。

在黄老师门下问学三年，让我感受最深的正是先生的思想、灵气和悟性。在黄老师的身上，有着一股非常强烈的青春气息与浪漫冲动，这是许多同龄和同辈的学者普遍缺乏的一种宝贵的精神气质。黄老师的思考是青春型的，他对新信息和新观念的理解极为敏感和超前。我有时觉得，跟黄老师闲聊时所得的思想触动一点都不比在正式的课堂上和讲座中要少，因为在这个时候他尽情地释放了他的青春活力和思想的不羁，而这正是一种最可宝贵的学术品格。还记得1996年底前后，我向老师谈起我的博士论文构想，我谈到了几个切入鲁迅的研究思路，其中一个就是后现代视野的鲁迅观，黄老师听得很兴奋，当即对我的观点作了细致的点评，并给了很多鼓励。现在想来，在当时的学术语境中谈论后现代的鲁迅，其实冒了很大的风险，因为这可能意味着对许多正统鲁迅研究成果的颠覆，十足像一个少不更事的毛头小子的莽撞。但是在黄老师的悉心指导下，我竟然把论文写出来了，而且顺利通过了答辩。在外校专家评阅意见寄回来的时候，黄老师打电话告诉我：评价相当高啊！那一刻黄老师的欢愉像一个天真烂漫的孩子袒露无遗。十多年过去，后现代视野的鲁迅观被证明是一个鲁迅阐释的新维度，已被鲁研界广泛接受，但是黄曼君老师研究开拓的筚路蓝缕之功，在学术史上应该被人们记住。黄老师治学的一个显著特点是能在史与论之间相互打通，既有史的功底、又有论的灵气，这在当代中国学术界显得卓尔不群。因为中国文学研究界一直以来就有史与论的隔膜，搞纯理论的不熟悉文学史失之于空疏，而搞文学史的则不熟悉理论而失之于呆板，黄老师的史论打通，使他每每有许多新的创获。

黄老师在他的长期的学术生涯中形成了鲜明的学术个性，这其中最突出的一点就是他有非常自觉的理论意识，有意识地建构并贯彻自己的独特的诗学范畴，在一个本体论的逻辑框架上展开对文学现象的探究与论述。倡导“诗、思、史”的统一就是黄老师反复申论的一个原范畴。围绕现代文学经典问题展开的思考，就深刻地贯彻了他的理论逻辑。何谓经典？中国现代文学有无经典？这是多年来困惑当代学术界的一个重要问题。文学研究和批评领域对此可谓言人人殊。黄老师的立论是对近年来有关现代文学经典问题的争议的一个高屋建瓴的总结，他是从精神意蕴、艺术审美和民族特色三个角度来展开分析，认为文学经典是特定历史时空与文化语境中思、诗、史相交融的结晶，而在西方思想史上历来主要是思与科学、宗教的对话，少有思与诗、思与史的对话，只是从20世纪初期的“诗性转向”开始，才算真正完成了这种融合，而在中国社会追求现代性的进程中，这种思、诗、史相融合的新文学经典便在这种“诗性转向”中诞生。黄曼君先生在他的独树一帜的文学经典论中有如下一些运思方式值得重视：第一，现代文学经典是对现代性历史进程的回应，它是现实的生命存在方式的审美表达，但是，现代作家对现代性的理解一开始就在两个维度上展开，即资本主义的现代性和反资本主义的现代性。第二，对现代文学的阐释历来存在着诗与史的二元对立，而通常的阐释维度是强调了史而忽略了诗，这也是由对经典的焦虑产生的根本原因，其实诗是经典的根本元素，没有诗就无所谓经典，而回到诗则是回到人类生命最深的本源。第三，现代文学经典体现了对世界性语义空间的回应，它对当代世界哲学美学文化思潮的吸收是前所未有的，否则就与“现代”二字名实不符。同时，它也因此获得了深刻的思想含量，而伟大的文学经典通常都有伟大的思想，肤浅的文学永远与经典无缘。

黄曼君老师学术话语的一个关键词是现代性，这也使他的研究思路常常有很多新的思想闪光。例如在如何对“革命话语”作出令人信服的阐释上，学术界在这个问题上大都是采取了简单批判的态度，似乎中国现代文学的问题多多，根子就在于“革命”的意识形态与主流的理论话语对文学艺术的介入和伤害。如果联系到新中国成立以来历次政治运动对文学的深刻影响，这种清算政治革命以维护文学审美纯粹性的主张好像已颇有市场，“告别革命”甚至已经成了时尚的文化标签。黄曼君先生也没有回避这个问题，非但没有回避，而且用了相当多的篇幅对文学主流话语进行现代诠释，简言之，他把“革命性”作为“现代性”的一个“题中应有之意”来加以关注和讨论。黄先生指出，“毛泽东的《讲话》及其文艺思想体系所揭示的革命性、政治性、民族性和大众性是中国社会和文艺现代化的‘题中应有之意’。所谓‘救亡压倒启蒙’的观点和‘告别革命’的思潮认为是人民革命、政治救亡和民族战争压倒了‘五四’以来呼唤科学与民主、张扬理性精神、追求个性解放的启蒙主义思潮，阻碍了近百年来为建立一个与世界潮流一致的民主、开放的现代民族国家的现代化进程，也延误了形成新文学现代品格而进行的文学的现代化进程。我以为，这种观点有其片面性。这种观点过分夸大了革命救亡与启蒙二者之间所存在的矛盾”。这是一个清醒的认识和清晰的判断。近些年来，由于我们屡屡与诺贝尔文学奖无缘，许多人在抱怨政治与革命，好像我们没有产生伟大作家的原因是受了政治的拖累。从历史上看，伟大的文学家总是在伟大的革命中走向成熟。然而奇怪的是，在中国当代的文学理论批评中人们似乎得出了一个相反的结论：

以远离政治和告别革命来保持自己的艺术贞操，鼓吹所谓的“纯文学”。我以为，黄曼君先生理直气壮地张扬革命的主流话语，是真正体现了思想穿透力的史家眼光。在中国的20世纪文学中，鲁迅和闻一多都曾以强烈的政治激情与当代革命的主流话语沟通，然而他们也都成就了一代文化巨人。这里的关键在于他们的政治激情是出于文化的良知而非政治的盲从，是对黑暗现实的文化抗议。因此，他们最终完成的是一个诗性的生命和诗性的人格，没有人会把他们当成政治的打手。可见，问题的关键不是政治把你造就成了庸人，而是你以庸人的心态参与了政治，中国当代作家在巧妙地避开了政治的同时，也把自己造就成了庸人。因此，把自己不伟大的责任推给政治，只具有有限的合理性，在更深刻的意义上则是因为当代中国文人已经高度地庸人化了。而一个毫无政治敏感与革命冲动的作家，几乎命中注定了与“伟大”无缘。黄老师从政治激情中揭示出诗性冲动，是一个极为聪明且富于智慧的理论建构，它是对于近些年来有关“革命”问题讨论的一次真正的超越。在黄曼君的学术词汇中，政治性、现代性与诗性常常可以相互阐发，这在现代文学学术思维中绝对是灵光一闪的创见。

黄老师的学术成就可以有多种表述方式，但我以为有一点需要特别指出，这就是他的智慧境界。文学智慧是在文学创作与理解的过程中人类个体生命意识自由表达的原创性发挥与差异性存在。文学活动无疑是一种最具个体性的东西，真正富于诗性的言说方式，只能存在于作家在差异中、在边缘处对个体精神立场的坚守之中。守住差异，拒绝和远离同化，应该是作家不得不在内心所承受的最沉重的压力之一。文学属于智慧形态，文学具有非真理性，所以才有“说不尽的莎士比亚”、“说不尽的红楼梦”。智慧是一种永无定论的东西，它具有非实用性与非实证性、非真理性与无定论性的特点，孔子、老子所讨论的问题，至今仍在争论不休，这正是智慧的本性。只有无定论的问题才是真正的智慧，而真正的智慧总是无定论的，因此，真正的文学悟性从不关心正确与否，而是关心精彩与否，看其是否提供了新的言说方式和新的想象空间。黄老师最常使用的一个概念是诗性，诗性不是某种特定的或静止的状态，而是一种永无定论的超越过程，因而，诗性属于一种智慧形态。今天当我们已经在各种话语中不可避免地使用着诗性、诗化、诗学这样的术语时，难道我们还能够继续忽略这种话语背后的精神资源吗？有研究者认为，由“文艺学”、“文论”返回到“诗学”概念，包含着一个根本性意图：返回到原初状态去。原初并非仅仅指开端，原初就是原本、本原、本体。因而返回原初就是返回本体。这样一种返回必定是根本性的。同“诗”作为文学的原初状态一样，“诗学”也意味着“文艺学”、“文论”的原初状态。返回“诗学”就是返回原初状态，返回本体。诗学、诗化、诗性，作为人类精神原初状态的表征，属于本体论的范畴，如同婴儿的啼声一样，它是人类最易沟通的生命信息和情感符号，在这个层面上，东西方可以对话的领域十分广阔，它是人类文学精神的一个原型。实际上，中国古典文化精神的价值核心即是诗性，以庄子为代表的道家文化被作为中国艺术精神的代表，它的最高追求即是艺术的人生和诗意的生命，儒家文化虽然有着鲜明的理性特征，但是孔子的一句“吾与点也”还是清楚地表明了儒道在诗性立场上的共同语言，了解这一点，我们才能真正触摸到中国文化的精神原型。黄曼君先生关于思、诗、史相融合的理论主张正是从民族文化根基的角度所生发出来的诗学判断。黄老师对鲁迅、闻一多的评价更多的是对其民族性的肯定，对沙汀则是看到了他的创作中的民俗学的价值，而对毛泽东甚至还把他的实践理性精神与“民胞物与”的儒家人文理想联系起来，而所有这一切黄老师又把它们与现代性的总命题贯通起来，这就使他能够在前人和同时代人的诸种阐释之外，又开辟了一个全新的阐释空间，得到了许多新的理论创获。作者在方法上特重个体的感悟，同时又把由这种感悟所得到的丰富的经验材料，纳入到一个崭新的阐释框架，这就避免了使这种感悟流为散金碎玉式的印象，又使整个阐释带有一种灵动的诗性气质，同时也使黄老师由此获得了方法论意义上的成功。当然，灵性的思维可能意味着“不严谨”或者“不科学”，但是在文学的领域里又有谁敢声称自己的研究是最终的科学结论呢？“永无定论”正是文学的本性和诗的本性，黄老师的诗性气质与他的研究思路的诗性格局实现了真正的统一，他的整个人生都充分地文学化和诗化了。文载道而儒雅，诗缘情而风流——这个古老的名士风度的概括，也许就是对黄曼君先生最好的写照。

能做黄曼君老师的学生，是我的生命中最幸运的经历，黄老师的个性气质和思维方式，也是我为人治学最好的参照。他的生命境界，虽不能至，心向往之，我会继续努力，有所成就，以报师恩。

（作者为广州大学人文学院教授）

学者生命的青春气象
——黄曼君先生的学术个性

李俊国

黄曼君先生从事中国现代文学教学与研究工作近六十年，著有《论沙汀的现实主义创作》(1981)、《郭沫若作品欣赏》(1986)、《中国现代文坛的“双子星座”——鲁迅、郭沫若与新文学主潮》(1992)、《新文学传统与经典阐释》(2005) 等学术著作多部，主编《中国现代文学史》(1988)、《中国现代文学流派》(1996)、《中国20世纪文学理论批评史》(1998)、《毛泽东文艺思想与中国文艺实践》(2002)、《中国20世纪文学现代品格论》(2007) 等学术著作多部，撰写中国现当代文学研究论文近200篇。黄曼君先生600万字的学术文字，研究范围涉及中国现代文学史、文艺思潮史、文学理论批评史、现代文学学术思想史、中国当代文学及海外华文文学研究等多个领域。在开阔而丰富的研究视域中，显示出黄曼君先生鲜明的学术个性及其对中国现代文学学科的学术贡献。

一、学术空间的拓展与问题意识的突入

《论沙汀的现实主义创作》，奠定了黄曼君先生作为中国现代文学史研究专家，史论兼备的学术风格与大家气象。回首30年前，在中国思想文化界“拨乱反正”思潮初涨，思想意识形态的初醒期，黄先生便以23万字的篇幅，史论结合的研究路数，为百废待兴的中国现代文学学科呈现了一部扎实丰厚、系统深刻的作家专题研究《论沙汀的现实主义创作》。

毫无疑问，黄先生这部专著是他历时 20 年，参与唐弢、严家炎先生主编的《中国现代文学史》撰述的学术功力的积累，也一定程度地秉承着唐弢先生、严家炎先生及教材编写组诸位学术专家作为中国现代文学学科第一代、第二代学术专家的学统精脉与学风冶炼——文学史家的版本文献功力，历史原生态的重构与描绘，言必有据、论由史出等撰述原则。今天看来，更为突出的在于：学术空间的拓展与学理问题意识的敞开与突入。沙汀研究，如同沈从文、徐志摩、戴望舒、张爱玲等其他作家的个案研究，在“文革”后期，都属于被“左”倾意识形态所遮蔽的学术空白，因此，把沙汀确立为一个独立的学术研究对象，本身就具备着对于中国现代文学的学术空间的开拓意义，此为一。二者，不同于其他作家论的泛论式写作，黄曼君先生论沙汀，集中聚焦于“现实主义”问题——现实主义的理论形态，文学史的现实主义实践与变异。开阔的文学史意识与对文学理论与实践的问题意识，专论沙汀现实主义的文学实践及其著者（黄先生）对于“现实主义”文学理论的思考、辨析、理解、论述。于是，曾经困惑于沙汀创作评价的“客观主义”倾向问题、现实主义的“真实论”问题、“歌颂与暴露”问题以及现实主义与“艺术再现”的审美转换及其艺术思维特征等文学理论问题逐一显现并获得了历史文献的支撑和理论思辨的解释。由此可见，黄先生的学术研究，其学术空间的拓展，不仅仅表现为某些文学史空白地带和现象的“静态填空”式研究，而恰恰与文学史的“学理问题”相关联。因为，“现实主义”问题，一直是贯穿中国现当代文学，而且形态芜杂曲解歧义的文学理论问题。从“五四”文学的“写实主义”，到革命文学时代的“新现实主义”、“唯物辩证法创作方法”，从抗战时期的所谓“客观主义”论争，到新中国文学十七年的“革命现实主义与革命浪漫主义相结合”创作方法。30 年前的中国文艺界，正值批判“文革时代”的伪现实主义，需要恢复真正的现实主义艺术活力，需要对现实主义文艺理论问题正本清源的时期，黄曼君先生的沙汀论，正是由历史的纵深处，从沙汀文学实践的深度阐释中，从当下文坛的现实理论需要里，获得了关于现实主义文学理论及其创作实践的“问题意识”及其解释途径。专著通过对沙汀的典型个案研究，深入而系统地探讨和论述了沙汀创作与现实主义文学理论问题。因此，黄先生的沙汀论，即标志着80年代初中国学界的作家论研究的时代水平，又在问题意识及其理论阐释方面达到了相当的时代高度。

80年代，黄曼君先生一直专注于鲁迅、郭沫若等现代文学经典作家研究。鲁迅研究系列论文7篇，郭沫若研究系列论文13篇，结集为《中国现代文坛的"双子星座"——鲁迅、郭沫若与新文学主潮》(1992)。结合整个80年代中国现代文学学科研究格局和趋势来看，黄曼君先生的研究特色，体现为对鲁迅、郭沫若创作的艺术空间的拓展及其文学审美问题的专注与突入。

在现代文学学科发展中，黄先生是较早从人的主体性哲学和现代主义艺术观念进入鲁迅、郭沫若研究的学者之一。《人·泛神论·浪漫主义艺术》、《论郭沫若前期浪漫诗学主体的复杂性和独特性》、《论郭沫若前期强调精神主体的文化观和泛神论思想》等长篇论文，论述的是诗人的精神主体建构与浪漫诗学主体的复杂性与独特性问题。这无疑指涉到中国现代浪漫诗人及其现代浪漫诗学的核心问题。其中，关于郭沫若诗学主体性与斯宾诺莎自然观的泛神论，与康德哲学的人的主体性关联，在郭沫若研究中，独具慧眼，阐释精到。另外，以存在主义哲学和现实主义与浪漫主义、现代主义相融合的艺术审美意识研究鲁迅的现实主义文艺观及其创作思维特征。以浪漫主义与表现主义和象征主义相互交汇的理论意识，"新论郭沫若'五四'诗歌艺术"；从弗洛伊德精神分析路径，"新探郭沫若的'寄托小说'"……正是基于对80年代各种新的思潮学说理论的运用，黄曼君先生在现实的鲁迅、郭沫若研究中体现出明显的"理论问题意识"。而且，"理论问题意识"的突显与执着，使黄先生能够从鲁迅、郭沫若这类既是重点也是难点的研究对象中，发现新的学术空间，从而作出别有新意的解释和研究。

二、现代中国文学的学科体系建构与文学经典阐释

90年代以后，黄曼君先生的学术研究，转向一种大历史观与大文学观

相结合的“现代中国文学”的体系性建构。长篇论文《现代化视野中的中国20世纪文学》、《“现代化”视野与现代文学“新”的特质》、《现代中国文学·绪论》、《中国现代文学流派论》、《中国20世纪文学理论批评的总体特征》；项目专著《中国20世纪文学理论批评史》、《毛泽东文艺思想与中国文艺实践》、《中国20世纪文学现代品格论》等，是这种重构文学史大叙事的研究结晶。

“现代性”是黄先生对于中国现代文学学科体系重构的学术总纲和精神灵魂。“现代性”问题，是80年代中期开始兴盛于中国人文社科学界的时代性精神母题。黄曼君先生的学术努力在于，他一直努力将“现代性”时代母题与中国现代文学史的“重写”联系起来，力图重构有关中国的现代性与20世纪中国文学的阐释体系和言说系统。这无疑是一项艰巨异常的研究工程。因为，有关“现代性”文化理论问题，本身就是话语层面复杂、指涉语义繁多，而且，20世纪中国社会文化语境中的“现代性”问题，诸如“现代性”的生成机制、发生学机理，文学形态与要素，文化精神特征与变异，更是云缠雾绕歧义杂乱。面对这项研究工程，黄曼君先生充分展示出作为文学史家与文学理论家、文化哲学家相结合的当代学术大师风范。《中国20世纪文学理论批评史》举十余年之力，黄先生及其编写组成员建构了打通中国古代（含近代）文学、中国现代文学、中国当代文学（含新时期文学和90年代文学），以及大陆、台、港、澳文学的学科界限和地域时空界限，将文学理论与批评的“现代性”意识及其变异作为叙述逻辑的文学史架构。其后，《中国20世纪文学现代品格论》分别从“观念新变”、“思潮嬗递”、“语言沿革”、“问题蜕变”、“风格竞妍”、“批评转型”、“通俗新质”、“中外遇合”、“多元格局”、“反思阐释”十大层面，研究20世纪中国文学的“现代品格”。再后，黄曼君先生与华中师范大学现当代文学教研室的同行们，提出并建构《现代中国文学》的文学史体系，将“现代转型期”、“现代构型期”和“现代定型期”作为“现代中国文学”的叙述逻辑与展开形式和特征阐释。

新世纪以来，黄曼君先生人到暮年却壮志不已。在90年代重构“现代性”文学史叙述的研究基础上，黄曼君先生先后在《中国社会科学》、《文学评论》上发表《中国现代文学经典的诞生与延传》、《回到经典，重释经典——关于20世纪中国新文学经典化问题》、《中国现代文学何以形成新型传统》等系列论文，后结集出版专著《新文学传统与经典阐释》。集中研究“现代性与中国新文学经典化问题”、“中国新文学经典的诞生与延传问题”、“新文学经典”的当代阐释问题。黄曼君先生的“新文学传统与经典”理论，与此前阶段的大历史观大文学观相承接，与他所理解的中国文学“现代性”问题相一致。黄先生试图“以一个现代性的整体观”，以现代性在中国的发生发展为线索，将其形成发展过程分为转型、构型和定型三个阶段加以论述，研究新文学有没有传统？是否可以经典化？如何阐释新文学传统及其经典？毫无疑问，这些问题正是中国现代文学学科研究发展的新的理论问题，也是中国现代文学作为一门独立的学科所必需应答与研究的文学史问题，是具有学科战略高度与文学的历史哲学难度的问题。而且，黄曼君先生从现代精神意蕴、审美诗性含量和文学历史定位三个方面（“诗、思、史”的三维结构关系），对新文学经典的意义界定及其阐释路径的相关论述，显示出黄先生自觉建构中国文学研究的历史哲学意识——这正是黄先生作为当代学术大师的学术情怀与精神标志。

从现代性与中国文学的文学史叙述体系的重构，到新文学经典与阐释的历史哲学意识的理论自觉，显示着黄曼君先生的学术难度，也标示着黄曼君先生学术研究所处的学科水平高度。

三、学术生命的青春气象与创新能量

作为第二代中国现代文学研究者，黄曼君先生较早秉受唐弢先生、王瑶先生的学术精神的直接熏染，较早与严家炎先生、樊骏先生、范伯群先生、叶子铭先生、陆耀东先生等同属共和国第二代学者进行学术交流，从而形成那一代学者勤奋、严谨、执着、扎实、丰厚的学术底蕴与文化性格。

关于黄曼君先生的学术个性，学界更愿意用青春气象论之。青春、热情、豪迈；奔放、燃烧、激情；灵动飞扬、才思敏捷、锐意创新……这样的词汇，或许更适宜于曼君先生。黄先生的青春气象，首先表现为一种学术生命开放状态。黄曼君先生毕生崇尚“以文会友”的文人学士风习，奉行以“知识”、“学术”为旨趣的交往方式，而且乐此不疲。当年主持编撰《中国20世纪文学理论批评史》，黄先生多次请来美学专家、当代文学研究者，以及或路经武汉或来汉讲学开会的外地外校的文化史专家、哲学专家，齐聚黄先生家里的“学术沙龙”（几乎每半月一次），从不同学科、不同视点，纵论中国20世纪文学理论批评。越界交往，多学科渗透，形成了黄曼君一以贯之的学术品格。

黄曼君先生的青春气象，与生相随，而且愈老愈彰。在公共空间的交往中，诗词歌赋，放歌起舞，黄先生把“青春”演绎得多姿多彩。在学术领域里，与年青学俊为友，甚至“不耻下问”，以年轻学俊为师。每当年轻学者有创新的学术论文和专著，黄先生总是由衷地喝彩。“一代代学术新人的出现，正是中国现代文学学科的成熟与繁荣!”在黄曼君看来，80年代以降的青年学者，皆因学术资讯丰富而思维活跃，成为黄先生经常“切磋”的对象。

青春气象与开放心态，又形成了黄先生融汇新知的学术性格。“书痴”，是黄先生的雅号。中国学术界自80年代以来，几度形成知识爆炸式的学术风景。中西文化比较，文学批评方法，主体性问题，现代性问题，女性主义思潮，后现代主义思潮，殖民与后殖民写作……面对迎面扑来且快速变幻的学术浪潮，黄曼君先生以热忱率真的姿态，“成批成批”地读书，贪婪地吸取新知，焦灼地消化与思考。文学、历史学、自然科学、艺术、哲学、宗教、文化学……跨界阅读、广泛涉猎。既热情地拥抱新知，又痛苦地思考消化。师承黄先生三年，我每周见一次先生，交流汇报读书心得。每次，我都为先生那“成批成批”的读书精神所震动；为先生那超出年轻人的学术激情而激动；同时也为先生那融汇新知的精神和能力而感到自我的压迫与羞愧。我想，这就是黄曼君先生在长达近60年的学术生涯里，能够永葆学术生命常青的“本钱”和秘密。

学者生命的青春气象、开放心态与学术研究的创新精神，统一在黄曼君先生的学术性格中，形成黄先生卓尔不群的学术个性。本文论及的“学术空间的拓展”与“问题意识的突入”，“重构体系”的努力与“经典阐释”的论述，无一不体现出黄曼君先生学术研究那激情燃烧式的创新活力、不甘平庸的创新欲望与敏锐超拔的创新能量。

（作者为华中科技大学人文学院教授）

春华秋实

——黄曼君老师的范式论、经典论和革命文艺论

卢文芸

时光荏苒，不知不觉间，黄曼君老师已经离开我们快一年了。最后一次见黄老师时，黄老师在病床上给我们回忆少年时光的情景仿佛还在昨天。

关于黄曼君老师的学术历程，老师自己写有一篇文章《反思重构中探寻：我的学术之路》，对一生的研究和路径有一个很清晰的梳理。他把自己的学术历程分为四个阶段，前两个阶段，主要是对现代文学史中的一些个案的研究，后两个阶段，主要是对文学史的宏观考察。我考入黄曼君老师门下是在 1999 年，那时黄老师已在思考对毛泽东文艺思想的新诠释，以及文学现代性和新文学经典等问题，因此也对老师后半程的学术之路，有更多的感触。就我个人来说，我认为，范式论、经典论和对以毛泽东文艺思想为代表的革命文艺的现代性诠释，是老师对现当代学科最重要的贡献。

一、范式的“层累”——从分裂到包容的文学史

近现代中国的思想史上，有一个不断自我否定的怪圈：每一次的新思潮都在全力抹杀自己的前代和异类，否则就不足以立足，不足以彰显自己是纯正无瑕的“新”和真正完全的“革命”。于是新思潮的代谢都很快，来得急也弃得急。这种怪圈，也一直延续到改革开放以来的文学史研究，新方法、新理念层出不穷，在对新文学作新诠释的同时也强烈地否定传统的研究方式。

黄曼君老师从50年代开始学术研究，“几乎经历了现当代文学学科建立和发展延续的整个过程，是学科史的活见证”[①]。也因此，他几乎亲见并参与现当代文学史理论每一次代际的更替。治学努力且思想活跃的他，在每一次的思潮变换中也总是能够把握前沿问题，例如以现实主义研究沙汀，例如用新方法论研究郭沫若和鲁迅，又例如晚年在“现代性”的总命题下，“接受大历史观、大文学史观和一些哲学人文、美学文艺思潮的综合影响，开始从事整体研究的大叙事探讨”。但是黄曼君老师却并没有满足。很明显，如果执着于每一次的新说，老师的学术历程以及整个学科的发展历程，都将被不同时代的话语切割分裂，节节弃掷。而事实上，每一段思考都根植于历史和历史中的生命，因此每一段思考都应该值得尊重。那么，怎样才能有一种视角，是非分裂的，包容性的，能容纳如此不同甚至互相排斥的他们?

作为一个亲历者，他站在了一个更高的位置，来俯看了整个过程，并提出了“范式论”。“范式”原本是美国科学哲学家库恩从哲学领域引出的一种理论。它意味着一种为科学家们所具有的共同理念，共同所关注的问题，共同遵守的解决问题的方法和运用的一些公认的范例等，其实就是一套共有的理论体系。在文学研究史上，每一个时代也有自己的理论体系。黄曼君老师认为，这些不同范式，各有价值，并不相互排斥和否定，而是像现代疑古派的“层累论”所说，是层层积累的：“20世纪中国新文学研究历来存在着革命化、现代化与审美个体化等多种范式。……新文学研究范式的转换，不是一个替代另一个，一个兴起来，另一个被废掉。新旧范式的转换像‘层累地’造成古史那样，各个范式由于彼此交融，互动互渗，各自愈到后来愈得到丰富和发展。”[②] 范式论的提出，使现当代文学的研究，从分裂走向包容。黄曼君老师通过自己的学术历程，对此深有体会。对作家的诠释有丰富的不同可能，而有了范式论，就可以整合这些丰富的可能。例如对鲁迅，就可以有政治化、现代化、公共领域以及审美等不同范式下的研究。范式论也可以更明晰地区别文学史的发展历程：“总体范式的变化

---

① 黄曼君：《反思重构中探寻：我的学术之路》，载《东方论坛》2007年第3期。

② 黄曼君：《反思重构中探寻：我的学术之路》，载《东方论坛》2007年第3期。

明显的就有三次：一是注重意识形态叙事的新文学史（包括现代与当代）；二是以文学的现代化为中轴的注重现代性、世界性和共同性的新文学史（即20世纪文学史观）；三是注重个体化叙事的新文学史（如各种体裁、题材和创作方法的新文学史）。”黄老师还用范式论研究他的前辈王瑶先生的学术思想，挖掘出可能王瑶先生自己也未意识到的思维脉动：“（王瑶）他出版于建国初的《中国新文学史稿》基本上是第一种范式，也有越出这种范式的地方。他后来关于鲁迅、巴金等现代文学现象的研究则基本上属于第二、第三种范式的范畴。他去世前不久更自觉、明确地提出了文学现代化的范式。”①

此外，黄曼君老师还主编了《中国近百年文学理论批评史》、《中国20世纪文学理论批评史》等几部总结性的大部头著作，对“中国20世纪文学理论批评的历史、逻辑进程”进行了全程梳理，甚于台港地区的20世纪文学理论批评也包括在内，这其实就是对百年来文学研究范式的总体梳理。

二、知识的考古学——经典的产生和延传

黄曼君老师的经典论和范式论是相联系的。在不同历史阶段的不同范式观之下，认同的经典存在着一些差异，以至许多新范式出现的第一步，往往就是以对原有经典及其阐释系统的全面否定，以及试图对经典体系的全新建构和确证。在当前文学史研究中，因为历史的原因，这种现象特别突出。正如黄曼君老师指出，“当下有两种相反的倾向，一是消解大师，告别和否定经典；另一种是试图寻找大师，重释经典”。但这种粗暴否定的态度并不能解释为什么有些经典会有超越历史的长久价值和生命力。因此黄老师说：“这两种倾向都存在盲目性，都涉及对文学经典的认识问题。”② 那么，什么是经典呢？黄老师给了一个辩证的解释：“文学经典既是实在本体，又是关系本体，是二者结合产生的特殊本体。”因此，经典是受两个因

---

① 黄曼君：《反思重构中探寻：我的学术之路》，载《东方论坛》2007年第3期。

② 黄曼君：《中国现代文学经典的诞生与延传》，载《中国社会科学》2004年第3期。

素影响的，一方面具有不为历史意愿所转移的实在本体性，“文学经典是那些能够产生持久影响和震撼力的权威性作品，它具有典范性、原创性和历史穿透性，而且有巨大的阐释空间”。另一方面，经典又具有被各种条件制约的关系本体性，“对文学经典既要看到它的固有特征，又要看到它在不同的历史时期、不同的历史语境中被收集整理、接受传播、称引崇奉的情形，从而从历史发展的多维视野中对文学经典进行认识和把握，从今天新的高度对其进行历史整合”。这种辩证的视角，黄老师称之为一种“视界融合”的阐释理论与历史眼光①。正是由于视角的转换，由于经典的关系本体性的提出，经典不再孤立存在，而是渔网一般的诸种因素与关系之中的一个纽结。正如在论及当代对文学经典时，黄曼君老师描述的其多种阐释途径，有公众空间的多重话语、有大学权力的不同史论范式、有政治化意识形态范式、有文学体制的各种制约因素等。这样一种多层次互相交错的阐释途径，正是经典作为诸种关系的中心网结的写照。

也正是这种视角的转换，使文学史的研究，从纠结于什么才是经典的共时性考察，转向了对经典之所以成为经典的诸种关系和条件的历时性考察。当然考察经典之所以成为经典，需要细致的实证和实例才不会沦于空话。黄曼君老师因此又借用了福柯的知识考古学方法，系统梳理了中国现代文学经典诞生及接受、传承的历史进程。他认为，“意识形态、精神价值以及知识、审美诸系统的变化与整合是中国现代文学经典的诞生条件；革命化与审美化、民族化与现代化、大众化与精英化三对关系构成了经典传承的阐释空间；而新时期对于中国现代文学经典重读，展现了它在传承中变异和重构的发展趋势”。可以看出，这个对现代文学经典发生历史的阐述，并没有像以往的研究一样，进行割裂的时段性的表达，而是建构了一个条件和关系构筑，而且是在不断运动的整体架构中来贯穿始终的。这可以让我们看到，不同的历史阶段经典系统是怎样在条件和关系的架构中受到多个不同向度的力量的作用，因缘而生，因缘而变，达到动态的平衡。

① 黄曼君：《中国现代文学经典的诞生与延传》，载《中国社会科学》2004年第3期。

任何现象都被置于这样的一个架构中去深度地考察，不再仅仅用简单的标签表述表面特征。这是非常有创意和价值的研究路径。

三、现代性——革命文艺思想的新意义

以现代性为观照，重释革命文艺在我们这个时代仍有的新价值，也是黄曼君老师的重要贡献。缘于历史上极“左”思潮对人们带来的伤害，学界对革命文艺思想一直持批评的态度。承担了毛泽东文艺思想课题的黄曼君老师，虽然“对毛泽东文艺思想以及有关的‘革命话语’是以认真地科学分析的态度进行了现代诠释”①，却仍因此受到了一些学者的误解。

“对于毛泽东文艺思想与中国文艺实践这一段新文学的历史研究，过去主要以革命和革命史为中心的模式来进行的。”因此“在当今中国现代化浪潮掀起之际”，我们今天需要从新的范式去审视。黄曼君老师运用了现代性这一包容革命而又大于革命的范式，考察了毛泽东革命文艺思想的当代价值。在现代性视野中，毛泽东文艺思想是有现代性的：“毛泽东所领导的事业是中国现代化历程中一个必不可少的组成部分。毛泽东文艺思想以及毛泽东时代的中国文艺实践，也必然在总体上，在许多基本原理、方法上，在文艺思潮和创作潮流上，或直接或间接地反映和体现了中国现代化的历史主题，因而它们必然具有强烈的现代性，具有适应国情的独创的现代意识。”② 既然毛泽东文艺思想也是中国现代化历程中的种种关系和条件的产物，当现代化进程中的相关关系和条件仍在继续的时候，这些思想就不会是无意义的。黄老师据此提出，毛泽东文艺思想深层次体现的文艺的实践性原则、文艺的人民本位观以及文艺的民族特性观，是毛泽东文艺思想的现代品格。这就是说，放在今天的时空中，这些思想仍然可以是值得珍视的文艺观，是具有长久生命力的文学创作方向。

例如，如果说文艺的实践性，是指“从实践性原则出发，文艺所反映

① 黄曼君：《反思重构中探寻：我的学术之路》，载《东方论坛》2007 年第 3 期。
② 黄曼君：《论毛泽东文艺思想的现代性特征》，载《西北大学学报》2001 年第 1 期。

的客体不是抽象的物质存在，而是有着具体时空的社会的历史的实践”。那么，在中国20世纪的特定社会历史时空中，民族独立、政治救亡是时代的中心课题，决定了当时革命文艺及其理论的革命主题的具体表现。而相应的，在我们进行现代化建设的21世纪的今天，民族复兴、政治进步是我们这个时代的中心课题，也应当体现在当前文艺作品和理论的具体样貌之中。文学仍应该把握和反映当今社会的急速发展和转型阵痛，加入到当前时空的社会的历史的实践。

这里就要提到，当前的文艺创作，真正反映现实、深入思考的作品并不多。与现代文学作品与社会现实的深入参与、息息相关相比，当前的文学失语状况可谓相当严重。因此，“到工农兵中去，到火热的斗争中去，到唯一的最广大最丰富的源泉中去，观察、体验、研究、分析一切人，一切阶级，一切群众，一切生动的生活形式和斗争形式，一切文学和艺术的原始材料”，这段话，并没有过时，仍然有意义。

再如，关于文艺的人民本位观，包括文艺为群众及如何为群众。黄老师认为，在这一点上，毛泽东文艺思想接近了现代文学理论批评中把视线从作品移至文学接受者的思路，将文学作品的价值和意义看作由作者和读者、或作品和接受者来共同实现。这就是说，文艺作品要参与具体时空的社会历史实践，一定要与这个时空中具体的人民最广泛地结合，共同实现在具体时空中的价值的意义。这种结合是一种辩证的关系，作品既要大众喜闻乐见，又要有思想深度，作品既要有启蒙意义，也要倾听和学习大众的心声和智慧。这对应到当前的文艺现状中，也可看出当前的文艺创作存在不小的问题，或者脱离受众而臆造小众文艺，或者迎合读者而无限媚俗，因此这个观念也很有意义。

而关于文艺的中国民族特性，就是强调文艺民族化要有中华民族特性和民族形式，“要以自己的东西为主”，“以中国艺术为基础”，“中国的东西有它自己的规律”，“应该越搞越中国化，而不是越搞越洋化”，要有“中国作风和中国气派”。这是“主张中华民族的独立和尊严”、“提高民族自信心”的必要条件。值得注意的是，这个观念在当今“全球化、多极化的浪潮席卷世界”之时，在对外文化传播和国际文化交流中，格外有意义。在2010年6月至11月，上海交通大学国家形象与城市文化创新战略研究基地与美国杜克大学中国传媒研究中心联合组织，开展了一次针对美国民意展开的“中国形象”调查。调查显示，72.5%的美国人不认为“中国有非常吸引人的流行文化”，仅40.6%认为“中国有非常丰富的文化遗产”。结果表明，在经济领域之外，美国民众对中国的文化基本不看好，了解甚少①。这说明，弘扬民族文化，包括弘扬传统文化遗产，和创造新的民族色彩的现代文化，都到了一个怎样迫在眉睫的程度。抛弃历史上半殖民社会遗留的一味崇洋自惭自卑的文化心态，勇于创造本民族的文化，是多么重要。

黄曼君老师晚年对现当代文学的宏观考察和论述，高屋建瓴，对整个学科的发展有方向性的意义。这也是他早期多年的积累所成。这是在长年的教学和研究中，在他对现当代文学的史实与个案的深入和广泛了解中，孕育出的一种统揽全局的审视目光。他前期的文学史写作，鲁迅和郭沫若等作家研究，犹如春花烂漫，而晚年的几篇长文提出的范式论、经典论等观点，以及在这些理论主导下主编的几部总结性著作《中国近百年文学理论批评史》、《毛泽东文艺思想与中国文艺实践》、《中国现代文学流派》、《中国现代文学史》、《中国20世纪文学现代品格论》，则如秋实，厚重丰盈。

其实，在垂老晚境，黄曼君老师的学术脚步一直并未停止。他的设想其实还很多，计划也很多，在生命中的最后几年，他仍然以年轻人都难以比拟的努力，忙忙碌碌，策划着新的课题。我自师门毕业，也有多年，因为太过懒散，对照黄老师对学术的认真和热诚，自觉汗颜。于是在黄老师离开我们一周年的时候，写下这篇文字，聊表纪念。

（作者为湖北大学历史文化学院副教授）

① 《调查称中国经济最获美国人认可　文化吸引力薄弱》，载《东方早报》2011年2月1日。

史论研讨　讲析唱诵

——记黄曼君先生的教学思想和教学艺术

刘永红

11 月份，在时序上，是一个深秋与初冬交替的季节，是一个成熟和衰落交织的时期。这种时期，往往有重大的事情发生。十四年前，1997 年 11 月 27 日，我因为听黄曼君先生题为《跨世纪的诗神——世纪之交的文化特质和思想品格》的讲演，被他史论品格的渊博学问和讲析唱诵的课堂艺术所倾倒，才懂得什么叫教学艺术，什么是学问之巅，于是，报考博士生，拜在先生门下。然而，就在去年，2010 年 11 月 22 日下午，我正准备走进课堂时，突然得知先生去世的噩耗，当时简直惊呆了。先生快乐的神情、豁达的气度、渊博的学问和赤子般的情怀，一直浮现在眼前，叫人泪下。我一直在想，假如先生再健在十年二十年，也许我们就不会觉得这么突然，这么伤痛了。然而，先生真的走了，留给我们的是无尽的思念和追忆。

在事业上，先生一生有两大精彩：其一是博雅深邃的学问文章，其二是生动求真的教学艺术。这两者构成了先生一生崇尚和追求的“融通真率的学术个性”。这里，我想介绍的，是先生科学系统的教学思想、立意高远的教学方法和精彩迷人的教学实例。对此，我总结为八个字：史论品格，讲析唱诵。我跟随先生时间不长，无法正确完备地传达出先生精湛过人的教学艺术，只能把我所经历和学习的部分录写如下，虽然以冰之一角而隐大海，但希望一叶以见秋，“挂一以举万”，能够导引您走进先生广阔而深邃的教学世界。把先生的教学艺术完整地呈现于世，是我们共同的心愿和责任，敬请批评、补充。

一、科学系统的教学思想

在文学日益边缘化的今天，文学史的教学是有风险的。但是，先生以其渊博的学识和高超的教学艺术影响和培养了一代代学人，以“站在学术前沿，以科研促教学；重视教材编写，以教材带教学”的理念建设课程，完成了打通现代、当代文学的现代中国文学课程体系，使“中国现当代文学”学科，自20世纪90年代以来，一直是本校、本省主干学科，相继被评定为“湖北省优长学科”(1997年)、“湖北省重点学科”(1998年)、“湖北省优势与特色领域”(1999年)、“湖北省重点学科”(2003年)，使“中国现当代文学史”课程成为省级(2003年)和国家级精品课程(2004年)。作为精品课程的负责人，先生既是设计师，又是建设者。他们完成了一些国家级重要课题，特别是“教育部新世纪网络教育工程项目”以及大型电子版网络课程《现代中国文学》正式出版，大大提高了本学科的学术声誉。先生主持的《新观念新思维下文学教学总体探索》获湖北省高等学校优秀教学成果一等奖(1989年)和全国普通高校教学成果“国家级优秀奖”，《现代中国文学学科和创新体系研究》获湖北省教学成果一等奖(2005/2006年)，“20世纪中国文学教学体系”获华中师大优秀教学成果一等奖(1998/2001年)，“中国现当代文学精品课程建设”获华中师大优秀教学成果特等奖(2008/2011年)。

先生的教学艺术首先表现在他科学的教学思想上，并完整地体现在他1990年发表于《中国现代文学研究丛刊》第四期上的《新文学“以美引真臻于善”教学体系刍议》一文中。根据教师教学观念、知识结构与学生科学文化素质培养和社会需求的辩证关系，先生提出了文学课程的全新的教学思想，即“以美引真臻于善”。这是一种科学而又完整的文学教学体系，既深刻地揭示了文学的本质和品质，又深邃地厘定了文学教学的使命和方法，恰当地区分了作为学科概念的文学与作为课程的文学的价值和活动过程。

在文章中，先生认为，教学应立足“美”，这美是“大美”，“根据马克思的人类‘按照美的规律来塑造物体’的总体思想，美应该是自由运用客观规律（真）以保证实现培养目标、教育目的（善）的中介结构形式”；这里的“真”，是人类知识的总和，是各种知识体系，是“人们对客观世界固有规律的概括和总结”；而“善”，是学生对知识的接受和融会贯通。枯燥的知识讲解与生动的教学方法是制约教学效果的主要矛盾。要让学生年轻活泼的心灵乐于接受客观物化的呆板知识，的确不是一件容易的事情。它往往造成教与学的“隔”，造成师生之间的“代沟”，影响教学效果，造成教师的苦恼。这不仅需要科学的思想和恰当的艺术，而且需要引人入胜的中介物，或者说，双方都可以接受的共同点。对于追求和弘扬真善美的文学教学而言，美，是再恰当不过的中介物了。美，勾连文学的内与外，沟通教与学的两端，在传授知识的过程中塑造人格和品位，又在培养人的过程中深化知识。这美是“主客观的统一”，是“各种知识体系理论形式上的美和逻辑的自洽性以及各种理论变换中的不变性的交融”。它既能够很好地“重新组合”文化传统知识和学生主体的矛盾，“入乎其内”，又能够通过教学观念、思维方式的改变而缩短传统与现代的距离和师生之间的代沟，“出乎其外”。“以美引真臻于善”，可以有助于“把教学观念和思维方式的现代化放在首位，着眼于人才结构的总体优化，把文化传递与社会需要、人生需要结合起来”。它至少可以避免两种情况：（1）教师知识丰富，备课充分，但是课堂“活不起来”，“学生不能做到既学会、又会学、乐于学”；（2）教师讲究方法，教学设计巧妙，但是学生兴趣不大，积极性不高。

在“以美引真臻于善”的新的教学思想的框架下，先生“从时代要求的高度出发优化教学总体设计”，对课程的设计进行了大量的探索，对不同课程不同对待，以适应不同时期、不同层次、不同学生的需要。“基础课可以从不同的方面开设，选修课更应是多种课题。”这表现在三个方面：

1.“把知识传授与能力培养结合起来，以能力为主线设计课程体系。”知识与能力是一个永恒的矛盾，即对立又统一。过于偏向知识教学，培养的多是书橱、书呆子，而过于偏向能力，又会造就一些无鱼之渔、空中楼阁。只有深刻把握并体会这个矛盾，才能科学地设计课程和课堂。

先生在文学教学中首先发现了这一矛盾，并率先提出：(1) 对低年级的基础课，“注意基础训练，系统有效地传授基础知识是十分必要的”，但是，面对浩繁的文学世界，作家、作品，想在短短的几十个学时里学完、讲透，是不可能的。于是，先生点、线结合，史、论贯穿，“在讲文学史的同时，还单独开设了作品分析专题，进行字词句、篇章结构的分析，以补充文学史的教学”，避免了文学教学、文学鉴赏中思想缕析与语言分析的两张皮矛盾。为了“促进学生由传习向认识过渡”，常常开设学习方法辅导课和论文写作辅导课。(2) 对高年级或研究生的选修课，注重方向和方法的指导，既关注他们的兴趣爱好、知识储备，又考虑社会需求和就业倾向，提出不同课题，设计不同方向，梳理远大目标，开拓思维空间，培养研究兴趣，使他们尽早成为相关分析的专门人才。比如，先生把“沙汀的创作道路”拓展为“沙汀与30年代文学”，提出“郭沫若创作思想、艺术综论”课题，使学生在更广阔的学术园地上做更开阔的研究。

2. “从本专业课程与整个中文系乃至文史哲大文科课程的关系着眼，注重边缘课题和交叉课题的开设。”在学科日益细化，学人眼界日益狭隘的今天，先生的这种教学思想，是提高课程质量，培养学生素质的大手笔和大智慧，充分显示出先生高远的眼光和博大的胸怀，以及对文学学科内涵的深切把握，利用文学之美教书育人的踏实与远大。比如，讲浪漫主义文学，先生没有局限于某一个时期，局限于某一个时期的某几个作家，局限于某一个时期的某几个作家的某几部作品，而是从古今中外浪漫主义文学的多角度、多线索进行，锻造出了一门既有高度、广度，又有深度的课程，即中国现代文学中的浪漫主义＋我国古典浪漫主义＋西方文学中的浪漫主义＝课程，也就是“世界浪漫主义文学的发展与中国现代文学”，成为一门古代文学、现代文学和外国文学相交叉的课程。这样的课程，自然可以伸缩自如，史论结合，引人入胜，产生迷人的效果。为了开阔学生视野，还要求学生学习西方哲学史、中国古代思想史等课程，“既扎根于本专业，又跳出本专业”，打好文史哲基础。

3. “把科研与教学结合起来，进行与教学配套的教材建设。”大学的品格在止臻于至善，教师的本业在教书育人。但是，在大学里，常常出现这样的现象：或因抬高科研而轻视教学的本末倒置，或因沉溺于教学而排斥科研的竭泽而渔。事实证明，有这样思想的人就很难成为一名合格的教师，更说不上一名优秀的教师。他们要么讲些空头术语，要么只会照本宣科。但是，先生却在高处，找到科研与教学的结合点：利用教材建设使科研与教学有机地结合，既教授基本的专业知识，又把学科高度和前沿引进课堂，自然事倍功半，受到学生的喜爱。先生的课堂精彩生动，先生编写的教材也是全国权威性的、开拓性的。先生是唐弢主编的《中国现代文学史》的主要编写人员之一，该书曾获全国教材优秀成果一等奖；编写了《论沙汀的现实主义创作》，受到广泛好评，《中国社会科学》、《文学评论》、香港《大公报》都曾刊登专文评价推荐，并载入《中国文学研究年鉴》；百万字的《中国近百年文学理论批评史》是国家教委“七五”规划项目。正如先生所说：这些“教材编写和科研项目都是我的课程开设和教学内容的基础，它们保证了教学质量和教学内容的科学性和创造性”。

从20世纪90年代起，先生开始以“现代性”为主线，建立大历史观、大文学史观，从哲学人文、美学文艺思潮的综合影响，研究文学的现代品格。1994年，《“20世纪中国文学”教学体系的阐发与运作》获得湖北省高校教学研究立项。在《文学教学改革的跨世纪建构》中，先生提出了“文学品格论”，包括：(1) 文学自身的品格和文化品格，(2) 文学的学术品格，(3) 文学的教学品格，建立了整体文学观，即政治思想性＋文学艺术性＋教学的鲜活性。这种“大叙事”方式的整体文学观和教学体系，可以“培养学生的历史意识、学术品格”，使学生“具有这种学术眼光和史学品格”，成功地进行素质教育。对这一教学体系的指导思想，先生也做了科学的阐释，那就是“力图从思想精神、创作方法、审美特质及语言形式等方面概括与总结中国20世纪文学的现代品格”，并在文学现代化进程中动态地丰富和重构这种品格，“以把握它的稳定性的具有长久生命力的品格特征”。中国20世纪文学的基本品格，先生概括为四个方面：(1) 人文精神与思想内涵，(2) 文学思潮与创作方法，(3) 审美特质，(4) 语言形式。这一新的教学理念，“通过以课堂教学为主的多种多样的学术活动，各个不同层次的学员已经能用新的观念、方法论和知识结构来理解中国20世纪文学的基本品格并阐释一些重要的文学现象、作家作品”。

二、立意高远的教学方法

中国现当代文学史博大精深，浩如烟海，要在三十几个学时里，清晰深入地讲出来，深入浅出地打动学生，是多么困难。但是，先生清晰地把握住了文学课程的本质和弱点，提出并践行了一套行之有效的教学方法。这就是：

1. 根据自己多年的实践经验和理论探索，提倡在思想上做到“以学为主，以导为线”，“从培养知识型人才转为培养具有个性、具有创新进取精神的开拓型人才”；在方法上为了培养学生的创造性思维和能力，必须“注重情感的灌注和艺术感染力，以此把握住主客体相交融的美的特征，使教师不仅成为传授知识的载体，又成为点燃学生智光、拨动学生心弦的媒介”。

具体方法有三个。(1)“既进行知识的传授，又注重方法论的指导和学术信息的传播”，(2)“培养学生选择信息、理解信息、整理信息及创造信息的能力”，(3)“在知识传授中发展求异思维，把学术民主引入教学领域，同时处理好教学内容的稳定性和求异性的关系”。

2. 十分注重教师人格魅力对教学的影响与作用，认为“教学过程是教者人格创造、生命燃烧的过程”。教师只有付出“真知、真情、真体验”，或者说，教师只有真正具有“真知灼见和情感血肉”，才能“真正拨动学生的心弦”，开启他们的智慧，赢得他们的喜爱，收到预期的教学效果，培养出合格的人才。

这里也有三个具体的方法。(1)“从当代文化精神和意识形态出发，吃透两头”。(2)“在具体的教学问题上，必须对难点、疑点钻深钻透”，做到

“既有新的立意和角度，又能具体而微，做细致的分析”，这样才能“出现真知，迸发真情，改变课堂上言不由衷的现象”。俄罗斯文学受俄罗斯形式主义的影响，在文学的教学和研究上，也十分重视“细读法（тщательное чтение)”，讲究从语言、结构、立意、修辞、篇章等多方面入手。与此不同，先生建议，在分析具体作家或具体作品时，应“采取叙述、描绘和评议相结合的方法来复述作品的内容”，“站在高处分析、阐释、评价作品”，“准确地把握和表现出所讲授内容的情感色彩”。(3)“重视组织应用知识的实践，改革考试方法”，既考查知识的储备与再现，更考查对知识的创造性运用。这里又有三个层次，第一，对本科生，可以进行课堂讨论、课外研究小组、经验交流；第二，对研究生，则可以进行小型文艺座谈会；第三，考试形式可分为平时的小考，期末、毕业的大考，闭卷与开卷，写文章与写论文。这样可以全面地考查学生。

3. 先生与时俱进，不断赋予“教书育人”观念新内涵，认为“在新的形势下，做到教书育人，必须注意以下三个方面”。

(1)“重视学生作为现代意识体现者的丰富、复杂的精神个体的特征。”“绝不能仅用单向、一维的思维方式、运思方法去做空洞的说教”，“要加强马克思主义理论的指导对他们的精神个体和价值选择进行引导和调节”，使他们内外结合，自我设计、自我实现。比如讲“五四”文化精神，先生特别强调一点，“就是当时的先进知识分子既珍视个体生命、高扬个人价值，向内探索自我，又有强烈的民族危机感和历史使命感，向外探索社会、时代、人生”。“这样的课有历史感也有现实感，原有的知识体系‘活’起来，使学生既获得现代文学的系统知识，又从中得到关于人的存在意义的深刻启迪”。

(2)“不回避学生所关注的热点——无论是学术文化、现实政治还是人生价值取向上的‘热点’，关键是教师应该在正确的思想指导下加以引导。”文学是人学，它与社会思潮、意识形态有紧密的联系，俄罗斯人把文学视作是俄罗斯民族的灵魂，认为文学是俄罗斯民族的哲学，俄罗斯文学是俄罗斯民族的良心，俄罗斯这个民族的精神核心就是文学。所以，与文学有关的热点很多。先生在教学过程中，从不回避，总是用马克思主义理论，用渊博的学识，用丰富的具体作家的作品，进行耐心细致的启发、解答和分析，引导学生从模仿学习逐步走向独立研究。比如关于人的价值和异化的“思想热”、文化热、琼瑶热、金庸热等。

(3)“平等地切磋交流、贯彻自主精神，是通过教学进行思想教育的又一个值得注意之点。”先生总能够站在学生的角度，取舍内容，设计教学活动，增加了互动机会，强化了互动过程，避免了教师的满堂灌，提高了教学质量。先生的学生中有多人的学术论文发表在《中国社会科学》、《文学评论》、《中国现代文学研究丛刊》等重要学术期刊上，还有多篇被《新华文摘》全文转载。在先生的言传身教下，许多学生都成为学者和名师。

先生迷人的课堂艺术，就表现在他对“真知、真情、真体验”的把握和传达上，也表现在他独特的人格魅力以及对这种人格魅力的追求上。对此，我们只要翻阅一下他写的纪念他崇拜的王瑶先生的文章《文学史家的智慧和魅力——王瑶学术思想初探》，就十分清楚了。

先生十分钦佩王瑶的学问和人格，即学术价值的灵魂、文学史家的智慧和魅力，在文章中，全面地阐述了王瑶的学术思想和学术魅力。“从（20世纪）40年代到80年代，在中国政治斗争最为激烈复杂的环境里，王瑶先生坚持自己独立的学术品格和学术道路……形成了自己特有的文学史观”，即将文学史从依附、束缚中解放出来，使之向自身回归；诗、思、史的三者的沟通与融合，“……以学术为人民服务的高尚情志”，更佩服他“深厚的学养、超绝的才华、智者开拓型的思维方式”，尤其崇尚的是王瑶的“融通真率的学术个性”。

先生对王瑶的学术品格做了深入的分析和总结，“王瑶先生的学术品格有着‘清华学派’与‘北大传统’的共性，又有着自己真率不羁、‘融通’、‘博大’的学术个性”，由此显示出一个文学史家的智慧和魅力。王先生既有“北方的理性精神”，更有着“南方热情豁达、真率洒脱的性格气质”。先生还特别引述王瑶青年时期的一句话：“我要冷静，更要热情。”正是这种品格和精神，使王瑶“晚年虽有‘水深火热’似的坎坷遭遇，然而也有着将痛苦、热情和通脱结在一起的性格特色”。在阐释了王瑶“具有多元开放的生命系统和价值取向”的历史态度之后，先生特别写下了这样一段话："更重要的则是王瑶先生能接纳、善融合的马克思主义的立场、观点、方法和融通、博大的真性灵、真精神。……凡是与王先生有较多接触的人，都会感受到他那从真率不羁、充溢着才华的智慧中生发出来的良知、气节、胸襟和人格力量，都会感受到他那植根于中国传统文化心理、又为现代意识所观照、更新的真率自然的赤子情怀”，使“他的学术研究‘通’、‘大’、‘博’”。文章最后引证了傅雷的话：“永远保持赤子之心，到老也不会落伍，永远能够与普天下的赤子之心相接相抱。”这是中国文化的优秀传统，是中国优秀知识分子的真品格。这不也正是先生一生的学术品格和人格魅力的写照么？这不也正是先生高超而生动的教学艺术的内在的源泉么？

文学研究和教学需要浓郁的艺术气度和洒脱的率真性格，这种人最能赢得学生的崇敬与爱戴，在学问上享誉海内外，但是这也往往使他们失去许多做人的技巧，在人际交往中造成许多的被动和损害。这也许就是造物主的刻意安排，如培根所说：“造物是吝啬的，他给了此就不再予以彼。”（《培根论人生·谈美》）苏轼也说：“此事古难全。”

三、精彩迷人的教学实例

我入门较晚，先生精妙的课堂效果我亲历的有限。但1997年11月27日的那个题为《跨世纪的诗神——世纪之交的文化特质和思想品格》的讲演却让我真切地感受到了先生精彩、迷人的课堂艺术，因此，我想把我当时的笔记整理出来，以示其一斑，但一个人的笔记是很难周全的，只能陈述其大概，并且肯定有误录。也因此，我想在此郑重声明：（1）这里的记录只是一个提纲，因为当时沉浸在先生生动迷人的讲演世界里了，没有来得及记录，而且当时也没有想到会把它整理成文，所以很多精彩的地方都没有记录下来，而且没有相关的材料可以借鉴；（2）如果这里的记录里有错误，责任在我；（3）如果我的录写降低甚至歪曲了先生的教学艺术，我会愧对先生，愧对同门，会抱憾终身，更因此，我虔心地请求熟悉先生教学艺术的各位同门，或长期聆听先生课堂的学人，能够积极撰文，弥补我造成的缺憾，以弘扬先生的教学艺术和人格魅力。在此，我真诚地向您道一声“谢谢”，为先生，也为我自己。

题目：跨世纪的诗神——世纪之交的文化特质和思想品格

主讲人：黄曼君

时间：1997.11.27

地点：文学院一楼报告厅

主要内容：

一、基本背景

1. 19世纪末（以1896年甲午战争为线）是我国的一个大变革时代。社会转型，巨人辈出，比如梁启超、王国维、鲁迅、周作人等。

20世纪末，流派涌现，但是巨人不多，比如王蒙、杨沫，但比不上梁启超等人。

2. 19世纪对20世纪产生了巨大的影响，表现在感觉、理解和帮助等方面。

3. 对于这种影响的后果，不必急于做结论，重要的是从整体上去把握世纪之交的文化特质，一种活的思维特质——跨世纪的诗神。

这就需要建立多元的、开放的视角，因为任何复杂的社会现象、文化现象都是常变的、歧义的、运动的。这就需要弃除对传统中心论的死守，对二元对立观念的依赖，对文化现象不能做非此即彼、不是进步就是反动的简单判断，不能搞抬高一个打倒另一个的武断方式，比如对待鲁迅的态度。

这时，先生插诵了两句诗：醉眼蒙眬看世界，天地一片混沌。（但是，先生对这诗的引用意图，我却没有记下来。）

二、文化特质

1. 世纪之交的文化特质是多元并存，互补交融，竞争发展

比如，丁玲：革命队伍中有封建意识。

王实味：坚持“五四”精神，坚持启蒙主义。

再如，王瑶的《中国新文学史稿》以毛泽东在《新民主主义》中的观点为依据，他的新文学史观是明确地以文学为新民主主义政治服务为理论基点的，因为，中国革命的进程是旧民主主义革命→新民主主义革命→社会主义革命。这反映了王瑶一生追求真理的进步的革命知识分子的特点，后来却受到批判。

2. 世纪之交的思维模式是多元性

(1) 受国外环境影响，他们多是留洋回来的

现在是和平发展时代、多极化时代，经济发达，科研发展，东方中心论、西方中心论都行不通了。

(2) 受国内市场经济影响，资金多样化，人们的生活也多元化

不能再搞二元对立了。比如上海，以金融为主，则发展；以工业为主，则萧条。

(3) 竞争意识的引进，改变了文学生存的格局

目前文学门类纷呈：

大众文学——严肃文学

新潮文学——传统文学

纪实文学——虚构文学

散文文学——诗意文学

台港文学——大陆文学

生活方式决定价值观念。

文学是特殊意识的商品。

因为，通俗文化冲击千家万户，把雅与俗、西方的热情与东方的含蓄、大魏雄风与小桥流水融成一体，相互补充。

台港文学属于工商文学，有许多东西值得我们吸收，是中国20世纪文学的不可分割的一部分，如电视剧《原野》、《白蛇传》。

(这时，先生唱了几句《白蛇传》的主题曲，并做了分析，一阵热烈的掌声。)

(4) 以前的文学批评是一元的，比如只谈“五四”文学是进步的文学

通过比较文学，文学的多面对比，我们发现了文学的多元异质。

(这时，谈起了必看的几本比较文学的文集，先生批评了当时的一些现象，说，从前出文集很谨慎，须经过严格筛选，盖棺论定才会出。现在王朔都出文集了，他的作品市民化了，对当代青年人把握很敏锐。)

对任何文学现象都不要急于做结论，让时间去检验，比如郁达夫的《沉沦》。

(5) 20世纪90年代文学批评的冷风景

大学讲台只讲过去的东西，有定论的东西，对人有压迫，使人失去对当代鲜活的东西的捕捉，使人变态，使人异化，因为“理论是灰色的，生活之树常青”。

文学批评应从现实生活里开阔视野，如鲁迅既做学问，又注意新生事物，扶持文学青年。

应用各种观念切入文学批评，形成科学的、有活力的文学批评。

3. 文化特质的具体表现

(1) 从思想性上看，充满悖论而又不可逆转的现代性

悖论，是一个张力场，在这里矛盾的双方都是合理的。

现代——传统

启蒙——政治

现代——后现代

艺术品格——思想内容

雅——俗

现代性写人生存的困境，对物质生活的渴望，内心的焦虑，需要换一个活法，注入了新的人格因素。

过去，是精神压抑物质，不能反映对物质生活的追求。

20世纪80年代，开始改变，如池莉的“热”，《冷也好，热也好，活着就好》。这是一种生命的需要，只是反映生存的方式。

文学批评，不求有丰碑。它是一种情感需要，生存方式。

刘醒龙的《凤凰琴》比《烛光曲》真实。

改革的伤痕文学注入了新的人格因素，它包括攀比、横向比，浮躁、享受，不满足、苦苦挣扎，也有自主、自强。如池莉的《太阳出世》、《爱又如何》，描写的是在经济浪潮中被逼而换一个活法。

新的东西往往不是太纯，当然，“水至清则无鱼”。

新的都市文学：写的是都市人的创造文明、享受文明。享受并不是堕落，但是，“纯粹的精神家园”又是海市蜃楼。有人说，三年自然灾害时期虽然苦，但是人们的精神却大放异彩，是一个光辉灿烂的年代。这是瞎话。这是“存天理，灭人欲”的义利之辨。

现代性的内核是民主、科学、发展、拼搏。

现代，审视传统。

后现代，审视现代。

如铁凝的《无语之城》旨在批判功利，批判爱面子。

《沙堡》像《围城》一样，只是一个象征。

现代性不是没有矛盾的，而是发展的。关注人的失落，人与自然的关系。(这时，先生深情地朗诵了穆旦的诗《春》，一阵热烈的掌声。)

前现代：推翻传统。

后现代：是更新传统，产生于工业社会，结构思维以德里达为代表。它并不可怕。1966年，他受学生运动的启发，不迷恋传统，而是消解传统，更新传统，注重文本，注重解构。尤其是结构索绪尔的能指所指，而重视“踪迹”与“文字”，提出“出走——回归——出走”模式，画出一个新的圆，是一种内圆。但是，它不是凭空产生的，而是在传统的基础上发展起来的。

从政、从商、从学，都应该关注普通人的情感、需要，否则就会导致情感沦丧。

看不到鲜活的生活，就会导致情感的异化。

这种观念反映到文学中一定很好，比如《第一次远航》。

《苍天在上》是好作品，具有强烈的意识形态感和人情味、人性，成为创作的主旋律。

（2）从创作方法上看，文化特质呈多元互补的开放性

传统的三大思潮：现实主义、浪漫主义、现代主义。

现在有许多思潮：古典主义、后现代主义、新古典（原型）主义。

而现实主义又分为：写实现实主义、新写实、伤痕文学、先锋小说，充满调侃，解构英雄，一种痞子眼光。

现实主义，以前多写轰轰烈烈的大事件，大起伏，现在只是写日常生活。如《尤利西斯》、《跪乳》、《孕城》以及何祚欢的“儿子系列”三部曲《养命的儿子》、《失踪的儿子》、《舍命的儿子》。

以后的伟大的作品是什么样子，现在很难说，但是有几点可以肯定的是：（1）与海明威、卡夫卡、托尔斯泰不一样。因为，理性、个人发展、新教徒使西方资本主义发展很快，而佛教、道教阻碍了中国资本主义的发展。（2）过去是在意识形态中写实，在生活中写实，而未来可能是在文化中写实。（3）地方小说会盛行，比如京味小说、汉味小说，比如贫穷的地方人与家畜很亲，一派天人合一的景象。何祚欢的平均主义，“厚的要往薄的擀”。

（在热烈的掌声中，先生结束了讲演。）

先生的讲演是没有讲稿的，因为先生学问渊博，讲演精湛，有讲稿反而会限制他敏捷的思绪，活泼的言语，妙趣横生的旁引，更会影响他独特的讲演艺术：讲析唱诵。

讲时，旁征博引，妙语连珠；

析时，条分缕析，深入浅出；

唱时，回旋婉转，字正腔圆；

诵时，激情洋溢，声情并茂。

到此，我不得不结束我的这篇纪念文章。但是，我想说，枯燥、冷冰的文字是难以传达和还原先生那激情洋溢、文采飞扬的教学艺术的。于是，我相信了古人的话：词不达意，言难尽意，并深以为憾。但是，我希望，我真心希望我的这些文字能够起到索引的功能，使你能够在字里行间读到

我对先生的景仰和爱戴，更希望，这里的一字一句都能够引发您对先生音容笑貌的历历回忆，对先生的科学系统的教学思想、立意高远的教学方法和精彩迷人的教学实例的记忆、感悟和发扬。

（作者为华中师范大学外语学院教授）

“老去的是时间”

——黄曼君先生70寿辰暨执教50周年

张岩泉

此时此刻，我们的心情或许可以借用诗人何其芳50年前的一首题为《回答》的诗来“回答”：

从什么地方吹来的奇异的风，/吹得我的船帆不停地颤动：/我的心就是这样被鼓动着，/它感到甜蜜，又有一些惊恐。/轻一点吹呵，让我在我的河流里/勇敢的航行，借着你的帮助，/不要猛烈得把我的桅杆吹断，/吹得我在波涛中迷失了道路。

我们的心就是这样被鼓动着，它感到甜蜜，是因为今天我们在这里纪念黄曼君先生70寿辰暨执教50周年，是我们与敬爱的老师同喜同庆的日子；又有一些惊恐，是因为这一篇单薄的文字怎能穷尽黄曼君先生学术人生“山的高峻”、“海的广阔”与“诗的丰富”。

湖湘的种子开花在桂子山上

1935年5月30日，湖南酃县，一个普通的日子，一个普通的家庭，一个普通的黄姓婴儿诞生了，唯一的不平凡之处是父母为他取名曼君。如果心理学和艺术理论认为女性和文学在情绪记忆、形象感知方面具有同构性的说法成立，那么这个颇有点女性色彩的姓名两方面的意义以后都一一应验了。在从成长到成熟的未来岁月，黄曼君先生既屡屡发生过性别混淆的有趣笑话，更以持之以恒的精神演绎了70年多姿多彩的诗性人生。

黄曼君先生中小学就读于保留着沈从文笔下的“边城”风光和“长河”景象的湘西。还在中学阶段，黄曼君先生就大量阅读了新文学作品，尤其喜爱鲁迅的创作，这或许部分要归功于一位好老师的引导和影响。语文老师向培良是“五四”时期狂飙社成员，是鲁迅的学生。由此说来，通过向培良的纽带作用，少年黄曼君成为鲁迅的再传弟子，想必当年师生间的谈话少不了鲁迅和文学，这是黄曼君先生与中国现代文学结缘的发端。在湘西青山绿水的滋养下，在与鲁迅等新文学作家的亲密接触中，黄曼君先生诗意地感知人生和艺术地审视生活的文学天性被激发出来了，他投稿《湘西日报》、《新湖南报》，发表了数十篇诗文和分析祥林嫂形象以及纪念鲁迅的评论文章，留下了心智开启和精神发育的文学印迹。

1952年，黄曼君先生从楚文化的渊薮湖南来到了楚文化的发源地湖北，求学于华中师范学院。黄曼君先生的大学生活经历了昙华林、桂子山两个时期，昙华林校区的曲径通幽和古色古香，摇撼过千百莘莘学子的心灵，见证了学校历史的渊源久远、底蕴深厚。而从荒芜的山冈到草长莺飞的“园林式学校”，黄曼君先生他们正是桂子山校区的第一批建设者。在日新月异的校园里，知识随苗木一起成长；在50年代火热的生活中，理想随小鸟一起放飞；在苦读和深思的日子里，思想与智慧随花草一起绽放。1956年由于成绩优异，黄曼君先生毕业留校，从此，他将50年人生定格在了中国现代文学的教学和研究中。同时，季节轮换，在学术渐入佳境的过程中，收获了爱情的甜蜜和家庭的幸福。

黄曼君先生在半个多世纪里，读书研究，教书育人，成果丰硕，桃李天下。1978年升副教授并成为新中国首批硕士生导师，1986年升教授，1993年率领学科团队成功申报博士点，成为学校第五个、文学院第一个博士点。出版个人专著四部，主编教材、著作十余种，发表文章200余篇，主持国家和教育部项目四项，荣获国家、省部级奖项十余次。至于接受过他教育的各类学生实在难以计数，仅亲自培养的研究生就有博士生29名，博士后3名，硕士生36名。

50多年前，共和国的暖风将一颗奇异的种子从湖湘山水吹落到荆楚大地，黄曼君先生从此驻足九省通衢，沐浴八方风雨，扎根华师沃土，开花在桂子山上。

学术是怎么炼成的

“惟楚有才，于斯为盛。”现代湖南，钟灵毓秀，人才辈出；百年华师，卧虎藏龙，流光溢彩。黄曼君先生携三湘豪气，融楚天灵秀，其学术人生无疑是这句古语的当代注释。

1. 英华早发、向晚愈明的学术进阶

中学时代的诗文创作和评论写作已经显示了黄曼君先生的聪睿早慧，但从一棵不免稚嫩的文学幼苗成长为一棵根深叶茂的学术常青树，则还要经历数十年的风雨洗礼。

1959年为纪念五四运动四十周年，黄曼君先生在《长江文艺》上发表关于《女神》诗集的研究论文，稍后又在学报和其他文艺期刊上陆续发表分析小说《创业史》和《烈火金刚》的论文，开始在现代文学研究界崭露头角。

1961年至1964年，对于黄曼君先生而言十分关键。他赴京参加唐弢主编的文科教材《中国现代文学史》的编写，编写班子可用“群英荟萃，少长咸集”来形容，汇合了多所名校的两代优秀学者。黄曼君先生在这三年内亲炙现代文学学科奠基人唐弢、王瑶、刘绶松等先生的教导，随后与杨占升、樊骏、严家炎、万平近诸先生迅速成长为第二代学者的中坚力量，共同将现代文学研究推向新的境界。而当年，黄曼君先生的年龄偏低，华中师范学院的名气偏小，因此，中选更证明是个人实力的脱颖而出。即使是在“文革”时期，黄曼君先生也利用一切条件钻研业务，勤读鲁迅，以至今天，鲁迅仍是他最喜爱的作家，《鲁迅全集》是他引述最频繁的文献，鲁迅的思想精神和人格力量是他最重要的依托。

黄曼君先生主要的学术成就是在新时期取得的。1983年，《论沙汀的现实主义创作》出版，茅盾抱病题写书名，王瑶慷慨赠予长序。专著突破作家作品论的狭小格局，探讨现实主义文学的现代中国命运，使论题具备更宽广的视域和更深厚的理论意义。在庸俗化社会学余威尚存的时代，本书突破阶级政治的单一维度，被王瑶评价为“不囿成说，把历史的分析和美学的评价结合起来”，“带有一定的开创性质”。1986 年《郭沫若作品欣赏》出版，虽然是一部普及型学术著作，但是对郭沫若作品总体特色的准确把握，对具体文本的精细解读，加上严密的思辨和灵动的行文，使每篇鉴析文字在学术水准上都够得上是独立的研究论文。1992 年出版的《中国现代文坛的“双子星座”——鲁迅、郭沫若与新文学主潮》是“厚重之作”，“全书贯穿一个中心主题：通过对鲁迅、郭沫若的研究体现新文学主潮的某些重要方面，又通过各时期文学的面貌、特征的阐释和概括展示主潮的发展规律和丰富面貌”。这部论文集表明，黄曼君先生借助对新文学主流作家和重要现象的研究，始终使自己处于学科研究的前沿与中心，在学术快速转型的年代，保持与学术界积极对话的自信与能力。至于在鲁迅、郭沫若研究中展现出来的理论视野的宽阔、跨学科新锐知识掌握的宏富及论证的虎虎有生气，一再得到第三代学者代表之一的刘纳的称赞。

之后推出的《中国近百年文学理论批评史》、《毛泽东文艺思想与中国文艺实践》分别是教育部“七五”和国家“八五”规划社科重大项目的成果。对前者，钱中文先生在会议发言中视为国内第一部以近百万字写百年史的文论通史。王岳川教授在书评中认为“这部书具有一个参与并共享了二十世纪文学理论发展进程中的快乐和痛苦、困境和超越的视角，因此它写出了二十世纪的文学知识分子在理论思维方面的心路历程”，揭示出这部史著深入、贴切的特色与意义。后者同样是百年梳理、全景观照，在 20 世纪的特定时空下，系统阐述毛泽东文艺思想和中国文艺的诞生、延传及二者之间的互动关系。其实，从前者到后者，黄曼君先生有一个很新鲜、很重要、也很尖锐的思路贯穿着，即认为在现代中国，革命化和政治化是现代化的题中之意，是现代性的独特样态。这一观点对于破解狭隘地界定现代化和现代性、将革命与政治视为现代化和现代性的对立因素并从中排斥出去的片面性，显现出重大的理论意义；对于考察和评述现代中国文学的复杂面貌与特殊形态也具备强大的阐释力。黄曼君先生不仅鲜明地提出了上述观点，而且在长篇序言和相关章节中作了有说服力的论析，充分体现了慎思明辨、独立运思的学术精神。

90年代中期以来，黄曼君先生的学术研究集中于中国新文学的现代性和经典化问题，其成果大多收录在刚刚出版的50万字的《新文学传统与经典阐释》中。2004年是年近古稀的他的学术喷发期，同时有三篇万字长文在权威期刊《中国社会科学》、《文学评论》、《文艺研究》上发表。另外一篇2万余字的“导论”是近年关于文学现代性思考的集大成结晶，随《现代中国文学史》一起出版。其中刊于2004年第3期《中国社会科学》的《中国现代文学经典的诞生与延传》一文被《新华文摘》、《中国现代、当代文学研究》等五家杂志转载，并入选《中国学术年鉴》2004年卷，表现出长盛不衰、蒸蒸日上的学术影响力和老而弥坚、向晚愈明的学术创造力。

2. 稳健开拓、与时俱进的学术品格

黄曼君先生从跨入学术界的那一天，逐渐成为眼光敏锐、学风扎实、目标远大、功力深厚、成就突出的优秀学者，在一些具体的学术领域，更是有影响力的学术重镇。他提出的观点，只能被超越而不能被忽略，同时代的学者只能选择与他对话而无法淹没其独立、清醒的声音。这一成就与地位的获致在很大程度上源于他独特的研究策略、研究风格与研究境界。

其一，“阵地”推进，步步为“赢”的学术策略。打个比方，黄曼君先生在学术研究中，很少采用打一枪换一个地方，主要靠偷袭得手的游击战术；也几乎不从事大规模长途奔袭的运动作战，因为运动战的机遇与难度、风险一样大；他的常规战略是“阵地战”：稳扎稳打，阵地推进，步步为营，拾级而上，比拼的是实力与耐性。黄曼君先生的学术论题多次转换，但他总是把握一条原则：在既有研究的充分准备与积累的前提下作相应的挪移，如从作家作品论到社团流派的研究，这是研究空间范围的扩展；从现代文学的分析到当代文学的评说，这是时间的自然延伸；从鲁迅、郭沫若早期浪漫诗学的探讨到理论批评史清理，这是由点到面、线的绵延；从文学史考察到文学现代性、经典化的理论探究，这是问题研究的深化或提升等等，从中可以寻绎到彼此的联结关系，这种相关性并不是跳跃性的。

其二，诗、思、史交融的研究风格。黄曼君先生文如其人，诗性浓郁。这里的“诗”，既指学者在研究文学时要有情感的充分投入和生命的深入体验，也指研究者要激发或挖掘出文学作品中的艺术特质。“思”，既指研究者广博而坚实的理论修养，也指研究者运用这些理论知识有效穿越文学作品的幽昧，达致合符实际的逻辑结论，实现研究过程的情理交融和出入自如。一方面维护文学阅读者的喜爱、热情与好奇，贴近作品；另一方面保持研究者的理智、清醒与自觉，少受感情影响，排除态度框束，以保障论证过程的公开透明和思想观点的客观公正，既进得去又出得来。“史”，指文学史研究追求理论的问题化，问题的历史化，即要有充足翔实的史实史料、折返现场、同情理解的历史态度和叩问真相的历史精神。史是基础，诗是本质，思是目标，黄曼君先生的代表性论著是达到了如此理想状况的。

其三，稳健开拓、与时俱进的学术境界。黄曼君先生的学术观点没有左右摇摆，也无大起大落，而是在稳健中有所开拓。尊重学术传统，忠于个人立场，谨慎而坚定地显示自己的研究个性和表达学术新见。如学术处女作以郭沫若《女神》为研究对象，用反抗、破坏的主题来阐发狂飙突进的“五四”精神，以诗性体验来解读郭沫若浪漫主义艺术，可谓选题恰当，论说精当。初期的一批论文和 80 年代初的《论沙汀的现实主义创作》分别在有限的可能条件下，尽量彰显艺术审美的独立价值，是不同流俗的学术追求的体现。黄曼君先生精于审美分析，也擅长理论思辨，在不同时期常能扬长避短，开拓创新。

中国现代文学的学科研究史已有半个多世纪的时间，大概可分为三个阶段，黄曼君先生经历了所有时期。在从 50 年代到 70 年代末的第一阶段，他已不自觉地对简单化的阶级分析方法、庸俗化的社会学倾向、极端化的意识形态判断有所疏离；在 80 年代的概念名词和理论方法大换班的第二阶段，他主动实现了知识结构的转换，登上了新的学术高度；虽然在 90 年代中期以来的学术论题与规范转型的第三阶段中，黄曼君先生尚未完全适应并自如驾驭，但那种永不放弃、与时俱进的精神难能可贵，也正因此，他才能继续屹立在学术的潮头，成为学术常青树和不倒翁。

以诗歌祝福先生

这篇文章已经费时不少，请允许我在结束之前以诗歌诵读的形式来表达祝福——

黄老师，如果你觉得疲劳，请您走进青青校园，听桂子山的花儿为您轻轻吟诵穆旦的诗

《春》：绿色的火焰在草上摇曳，/他渴求着拥抱你，花朵。/反抗着土地，花朵伸出来，/当暖风吹来烦恼，或者欢乐。/如果你是醒了，推开窗子，/看这满园的欲望多么美丽。

黄老师，如果你感到寂寞，请您来到人群中间，听年长和年轻的学生为您柔声歌唱叶芝的诗《在学童中间》：我询问着，从长长的教室走过；/戴白头巾的和蔼的老修女作答解释；/孩子们学习算术、学习唱歌，/学习阅读语文课本和历史故事，/学习剪裁和缝纫，一切都干净利落，/以最佳的现化风格——孩子们时不时/带着好奇的神情，凝眸注目/一位六十岁的含笑的有名人物。

黄老师，如果你想到老之将至，请您和爱您的人在一起，听我们对您大声喊出陈敬容的诗《老去的是时间》：怎能说我们就已经/老去？老去的/是时间，不是我们！/我们本该是时间的主人。深重的灾难，曾经/像黄连般苦，墨一般浓——/凄厉的，漫长的寒冬！/枯尽了，遍野的草，/新生的丛林一望青葱，/高岩上挺立着苍松。亿万颗年轻的心/冲出层冰，/阳光下欣欣颤动。/让我们，和你们，/手臂连接像长龙，/去敲响黎明的钟，/召唤那清新的风！

我们祝愿您像风荷，节节高举；似劲柳，丝丝弄碧；如伟桐，层层铺苹，迎来学术人生的“第二个童年与海”。

2005年6月18日为黄曼君先生七十诞辰而作

（作者为华中师范大学文学院副教授）

学者个性化的追求

李继凯

黄曼君先生是一位很有个性色彩的学者和教授，这在我国现当代文学研究界可谓是广为人知的。原本搞新文化、新文学研究的人，都会从“五四”那个时代精神中感悟到个性解放的必要和重要，作为伴随新文化、新文学运动（并非仅仅因为某种政治需要）而雄起的一个新兴学科，对相关学者的滋养特别是其个性的沾溉也理应引起我们的关注。但事实却是，很多所谓学者，只知道藏着掖着，个性全无，乏味至极，文章基本属于新八股。窃以为，这也是学术事业存在某些严重问题的一个主要原因。笔者还以为，与作家作品研究相比，对学者教授及其著述的研究不仅非常薄弱，而且很少像研究作家作品那样细致入微，能够深入作家的个性世界和作品的创造境界，这也是造成学者个性自觉不够的一个重要原因。其实，优秀或杰出的学者和作家一样，既有自我建构的理性，也有丰富充盈的感情，并由此也会凝练出自己的独特个性。

这也就是说，学术研究在本质上和文学创作一样，其实也是一种文化创造行为，假如其间没有个性化的东西显示出来，那就基本是低层次的平庸的东西。倘要成为一位真正的优秀学者，却不注重对学术个性的追求，则必然会成为咄咄怪事；倘要建设一个伟大的创新型国家，却只知道用技术理性主宰下的量化办法进行一刀切管理，那就更无异于缘木求鱼了。特别是对于人文社会科学来说，学者的学术个性无疑更为重要。但要建构学术个性则需要从很多方面进行努力，并且在日常生活中也要努力培植自己的个性，这二者实际上存在着非常密切的关联。

对学术、对教育、对生活、对自然都充满热爱和激情的黄曼君先生，将自己的个性之光映现于他的著述、他的言说、他的行为、他的行旅中，在很多方面很多细事中，都仿佛可以体味到他的个性化的存在。一些回忆文章已经印证了这点。众所周知，黄先生学养深厚、治学勤奋、诗文俱佳，在学术上勇于开拓创新，在中国现当代文学多个领域或方向都卓有建树，其突出的学术个性已经体现为独特的学术贡献。而其作为桂子山上著名的教师，无疑也有其鲜明的个性。笔者与黄先生虽然交往并不很多，但那不多的几次亲历和经常性的耳闻，倒也形成了令人难以忘怀的一些印象。这里仅仅拈出一件小事，也许从中可以领略到黄先生作为一位教授的个性或其个性的某一个侧面。

黄先生是部属“211工程”重点建设大学——华中师范大学文学院的二级教授、博士生导师、中国现当代文学学科带头人。兼任了学术界很多的职务。但他的最基本的角色，则是一位把毕生心血献给教育、教学和学生的令人尊敬的名师。他在武汉桂子山执教半个世纪之久，呕心沥血，循循善诱，讲授了多门课程和难以计算的课时，他培养了很多本科生和研究生，通过学术会议和外出讲学也使很多后学深受教益。作为名师，黄先生确实深谙教育心理之道，确切了解正面引导循循善诱春风化雨的妙用。简言之，依笔者之见，黄先生对于后学堪称是一位善于“夸奖到位”的教授。

固然，他也擅长批评，擅长争鸣，其学术批评的姿态也显示着他对真理的执着和对善美的热爱。但通常他对于学术上的晚辈，却很喜欢以欣赏的态度和开阔的胸襟来面对，其不吝赐教的独特方式常常是“不吝赐夸”。这从学术文化传承创新的主导方面来看，确实对后学具有很大的激励和引导作用。

黄先生“夸”出了许多优秀的学生。桃李满天下绝非虚言，令人艳羡的“黄家军”在学术界相当活跃，这方面的例子特别是优秀的研究生真是不胜枚举。我这里仅想从另外的角度强调这样一点：即使对于他的那些虽未“入门”却曾通过多种方式得其教益的后学，他也“不吝赐夸”，其微妙的慰勉作用，至今仍会令人感到亲切温暖，并化为一种无声的激励及鞭策的力量，让人时而回味且不好意思懈怠。老实说，笔者就是有这种体验的后学之一。

本世纪初，武汉大学人文学院曾约请黄曼君先生担任笔者博士学位论文的评阅人，直到论文答辩结束多天以后，我才有机会拜读多位先生对拙文的评语。在黄先生的评语中，对拙文《全人视境中的观照·鲁迅与茅盾比较论》便给予了充分的肯定，甚至给予了很高的评价。笔者当时感到激动，更感到愧疚，虽未面红耳赤，却也羞赧不已，但细细想来，以为这不过是黄先生的一种引导后学的方式。事实上，这篇评语对笔者就一直具有很大的激励作用，我把它实际当成了我奋斗的一个目标。他在评语中写道：

近几年，中国新文学的大师们，如鲁、郭、茅遭到“酷评”的贬抑已成为一种时尚，这对于恢复历史的本来面目以及今后文学的发展都非常不利。此文选择了鲁迅与茅盾的比较，而且是全人的比较、文化的比较，可说是抓住了重中之重，难度大，但知难而上，因而这种选题的重要是不言而喻的。

论文以严密完整的结构，全方位的观点和方法，以开阔的视野、绵密细致的深入剖析，丝丝入扣地成就了这部厚重之作。真正做到了“比较的全面性、完整性和生命感、人生味”等等的比较。要说突破，论文在总体构思上，在整个论述的分量上完成了一个重大的突破，这就是从全新的意义上重读了大师，恢复了文学史的本来面目，深入地开拓、发掘出中国新文学前卫性、超前性的勃勃生机，重又显示了新文学无可辩驳的实绩。

论文新见迭出，沉稳，厚重，资料翔实，叙和议水乳交融，语言既老到又新颖。

从哪个方面说，这都是一篇极其优秀的论文，达到了博士水平，建议授予博士学位。

在武汉，我有不少师友，我对他们给予我的关切和帮助始终感念不已。其间，笔者就曾给自己的研究生介绍过黄先生，并将这一评语作为黄先生乐于鼓励和帮助后学的一个体现，且不时提醒自己，要将黄先生的激励话语常常记在心头，作为勉励自己不断努力进取的一个动力源泉。事实上，笔者在答辩后不久，就潜心将这篇博士学位论文《全人视境中的观照·鲁迅与茅盾比较论》加以认真修改，使其顺利入选“中国社会科学博士论文文库”出版，并获得了陕西省政府社会科学优秀成果一等奖。接下来，则继续沿着黄先生在评语中鼓励的思路，通过切实努力，花费更多的工夫从事阐发“新文学无可辩驳的实绩”的专题研究，在无数个深夜或凌晨去进行学术性的书写，终于在数年后和朋友、学生一起完成了国家社会科学基金项目《20世纪中国文学的文化创造》的研究和结项工作，并出版了相应的近60万言的专著，在学术界产生了较大的反响，已有多篇书评给予了高度评价，最近该书已获得了陕西省高校人文社会科学优秀成果一等奖。

人的进步需要提醒、批评，但也需要鼓励、赞肯，特别是对于后来人，巧妙夸赞的作用微妙而又巨大。在教育领域，人们常常强调要“寓教于乐”，甚至有人提出“幸福教育”是最理想的教育，这也许不无道理吧。笔者从黄先生的教育实践中，就很感念他的“寓教于乐”以及由此衍生的“寓教于夸”。如上所说，这其实也是黄先生精通某种“教育心理”的具体体现。

2011年9月20日于古都西安

（作者为陕西师范大学文学院教授）

把做学问当做一种生活

许祖华

在我的人生阅历中，遇到的可敬的人很多，可爱的人也不少，但既让我感到可敬而又可爱的人却不多，黄曼君老师则是我遇到的既可敬又可爱的人。

我最早认识黄老师是在 1985 年的冬天。那时我在吉林大学攻读硕士学位，读到了黄老师《论沙汀的现实主义创作》一书，这本书的内容与我的学位论文《三十年代的新人小说》有关。于是，在我的大学同学李俊国的帮助下，我利用寒假回湖北的机会慕名拜访了黄老师。那天的情形虽然已经过去二十多年了，但至今还记忆犹新。我们走到黄老师住的楼门口的时候，正碰上一个卖豆腐的人在楼下叫卖豆腐，李俊国一见，立刻告诉我，黄老师很快就会下来的，因为他很喜欢吃这个人卖的豆腐。于是，我们就在楼下站住了，果然，不一会我看见一个人从楼上走了下来，一副厚厚的眼镜架在鼻梁上，脚步有条不紊地踏着楼梯，手里还拿着一个大瓷碗，李俊国叫了一声黄老师，然后带着我迎了上去，并将我介绍给了黄老师。黄老师一边买豆腐，一边向我打招呼，我也叫了一声黄老师。随后，我们跟着黄老师上楼进了他的家。黄老师请我们坐下，并幽默地说，你们坐一下，我要先把豆腐安置好，不然豆腐有了意见我今天就没法吃了。听了这些话，我原来还有点紧张的心情完全放松了。如果说，我从黄老师的书中看到的是一个理性、严谨而又才气横溢的学者的话，那么，从黄老师买豆腐这件事中我则看到了黄老师的另一面：随和、幽默而率真。等黄老师坐下后，我拿出学校开的介绍信递给黄老师（那个时候不像现在可以随便去拜访一个人，往往需要单位的介绍信)，并说明了来意，主要是向黄老师谈了一下我的学位论文的构想，想听听他的意见。黄老师似乎对介绍信不怎么在意，当听了我关于论文的想法后，他立刻滔滔不绝地打开了话匣子，从论文的选题到具体的论述方法，谈得很细，他似乎对我这个论题所涉及的内容很熟悉，我心里暗暗高兴，我找对了人。谈了大约半小时候，黄老师特别提醒我说，你要阐述新人小说的“新”，除了本体性的论述外，很重要的是必须进行比较，在比较中其新的凸显不仅更为便捷，也更有说服力。还具体地告诉我应该与哪些人的小说比，并从宏观的角度告诉我应该在文学史的历史链条上来观察新人小说。我一听真有豁然开朗的感觉，自己也不禁兴奋起来了。李俊国则在一边说，你看，黄老师把你论文的框架都搭起来了。我在心里也是这么想的，更重要的是，我不仅被黄老师的学识、才情所吸引，而且被他的人格和奖掖后学的精神所吸引，当时，我就得出了一个结论：黄老师真是一个可敬而又可爱的人。

我硕士毕业后进入华中师范大学工作，我虽然不是黄老师的入门弟子，但他却从来没有将我当外人，我不仅可以不需要任何事先打招呼地去黄老师家玩，更可以在任何情况下向他请教学问。后来，我又进入黄老师主持的“近百年中国文学理论批评史”课题组担任了部分研究工作，这样一来，与黄老师接触的时间就更多了。1988 年我进入东北师范大学攻读博士学位，其间，我完成了黄老师交给我的课题任务，毕业后我又回到了黄老师身边，一方面教书育人，一方面继续在黄老师的指导下从事相应的研究工作。已经记不清有多少次了，黄老师以他的博学、透辟影响我，也记不清有多少次，我还有我的同事们与黄老师一起唱歌、娱乐了。就做学问来说，在我看来，学问对黄老师已经不是一种工作了，而是内化为了他生命的一种自然而必要的东西，他时时都在自觉地追寻着，并将这种追求物态化，直到生命的最后几个月，他还在筹划他所主持的国家课题，还在规划发表什么文章，还在想读什么书，所以，才有了他一部又一部厚实的著作，一篇又一篇影响不凡的文章。他不仅自己这样做，而且对我这样的后学也常常这样要求。记得有一次我们几个老师与新考上的硕士研究生见面，大家请黄老师讲几句话，黄老师讲了大约十分钟，其他的一些话我记得不是很清楚了，但有一句话我至今都还记得，他说，做学问、写文章并不一定要出名，但却应该将做学问、写文章当做一种生活，而且是一种“有瘾”的生活，只有这样，你写出的东西才能满足自己的精神需求，也才会有价值。这句话也就成为我做学问的座右铭，有时候，当自己在读书、写作的时候，有些懒散、怠慢的时候，或者有一种“为赋新词强说愁”的时候，黄老师的这句话就常常被我记起，使我警醒，自己的心也就再次被拖回到学问的轨道上。也就是在这种情况之下，我将自己承担的“近百年中国文学理论批评史”的那些文稿从黄老师那里拿回来修改，在修改的过程中，我发现，黄老师对我的文稿看得十分过细，上面很多地方都作出了十分简要、中肯的批示，其意见往往一语中的，使我修改的时候有了明确的方向，并且在将文稿给我的时候，黄老师还再三说，我们得出的任何结论都要经受得起时间的考验，更要经受得起自己良心的考验，因为，学问就是我们的生命。这些话，我后来也对我的学生们说过，我觉得，这是一个学者积几十年的体验得出的至理名言，所以，我也不避“抄袭”的嫌疑将它们传达给我的学生们。

黄老师不仅学问好，也很懂得生活。我天性是一个不太喜欢动的人，当我来到华中师范大学后，也慢慢地喜欢动了，这其中也有黄老师的影响。20 世纪八九十年代，交谊舞比较流行，我虽然也会跳，但却不精，所以一般也不怎么跳。有一次中文系举行新年团拜会，黄老师作为中文系的主任被大家要求给我们表演交谊舞，他不仅大方地与老伴陈菊先老师给我们作了表演，而且跳完后点名要我也上去跳，在我扭扭捏捏地上去后，他很认真地对我说，跳舞对身体非常有益，是既健身也悦心的活动，你们年轻人更应该跳。这个时候我发现，黄老师跳舞就像做学问一样认真，其认识更是我无法企及的，所以，我对他的敬佩又多了一层，而黄老师认真地对我说的那一番关于跳舞的话，又使我感到他真的很可爱。我后来才发现，黄老师不仅交谊舞跳得好，而且会很多舞步，什么三步、四步在他完全是小菜一碟，什么华尔兹、探戈他没有不会的，还时时走出一些新的花样让我眼花缭乱。于是，也像做学问一样，我向黄老师学习跳舞，而他则总是诲人不倦，至今，他教给我的舞步，我还记得非常清楚，就像我绝对不会忘记他这个人一样，他教给我的舞步我也不会忘记的。

其实，黄老师不仅喜欢跳舞，也喜欢唱歌。2009年，我在华师汉口分校担任文学院院长的时候，特别请黄老师去给学生作了一场学术报告，报告的题目是“春天的诗，生命的诗”。很多学生慕名而来，当时一个能坐三百人的大厅，连走道上都挤满了人，黄老师讲到“北国之春”的时候，在讲台上直接唱了起来，而且，一气将三段都唱完了。下面的学生简直疯狂了。待讲座结束，我这个主持人还来不及走上讲台说话，一大堆学生就冲上了讲台将黄老师团团围住要他签名，他则始终微笑着给每个学生签名，还即兴将一些学生的名字提成一首首诗。事后，很多学生都说，黄老师的讲座，不仅是他们听过的最有吸引力的讲座，而且是最有启发性的讲座，黄老师这个人不仅学问深厚，而且多才多艺，而对学生又是如此和蔼、率性。

是啊，斗换星移，黄老师离开我们已经一年了，但这个可敬而又可爱的人留给我们的一切都仿佛就在眼前，而他的为学、为人的一切已成了我们反复提起的内容。有时候，当一种场合下我们感到沉闷的时候，不管是开学术会议，还是在别的什么集体活动中，我常常禁不住地感慨，要是黄老师还在就好了，他一定能让这沉闷的气氛一扫而光。

敬爱的黄老师，我们想念您！我们永远怀念您！

（作者为华中师范大学文学院教授）

“教案最好背得”

曾祖荫

我第一次见到黄曼君老师，是在1957年深秋。那天，我和班里几位同学到中文系办公室去联系辅导课的事，只见张洪书记和一个潇洒英俊、约莫二十多岁的人在谈话。张书记朝我们点点头，介绍道：“这就是现代文学的黄曼君老师。”黄老师用手推了推眼镜，对我们微微一笑，算是打过招呼。

那时我们还是一年级学生，除了与正在给我们上课的老师有些接触外，系里的其他老师几乎都没有联系。黄老师当时没有上我们的课，因而不相识，也无来往。

读到二年级，中文系从桂子山迁往昙花林。按教学计划，开设现代文学课。然而，讲课的却不是黄老师。开头是许清波老师，后来是田惠兰老师。两位老师的课都讲得很好，给我们印象很深。不知为什么，却不见黄曼君老师。

当时，轰轰烈烈的“教育革命”已开始，其中有一项活动，就是师生共编教材。有次，参加编写现代文学教材的同学们请黄老师做关于编写教材的学术报告，我也去听了。教室里坐得满满的，走廊的窗户边也站了人。黄老师的报告很精彩。他充满火样的激情，渊博的学识，深深感染、启发了大家，博得阵阵热烈掌声！

四年的大学生生活很快过去，我和黄老师一直没有任何个人接触。毕业后，我留校，分配在文艺理论教研室工作。却又因专业不同，加上我的懒散，仍疏于与黄老师联系。

不久，“文化大革命”爆发，我和黄老师都由于“很不理解”，戴上了“保守派”的帽子，恰巧我们都同住在单身宿舍，见面多起来了。那时既不搞教学，也不搞科研，大部分时间都是参加各种“学习班”：“触及灵魂”。那种生活自然是极端乏味、无聊。好在中文系教师中的造反者对我们相当宽大，还算是比较自由。

和黄老师过从日久，对他的性格也了解得越多。他那颗炽热的赤子之心，至情至性，至真至纯。待人诚恳实在，遇事旗帜鲜明。给我们树立了一个优秀共产党员的榜样。

我们有时在校内林荫道散步，谈论时势。有时也到校外看看大字报。那时大字报的内容可说无奇不有：有批走资派的，有揭露对立派别内幕的，有公开官方机密文件的，有披露个人隐私的，还有发表政见宣言的……光怪陆离，真真假假——反正信不信由你。

有一次，我们在武汉大学附近看大字报，黄老师忽然大叫起来：

“×××，快来看，简直太好了!”我凑过去一瞧，原来是一张批评王力、关锋、戚本禹的大字报。那时，这几个人还是中央文革小组成员，权倾一时。中央明确规定：谁反对中央文革小组谁就是反革命。公开贴出这样的大字报，是要冒极大风险的。

黄老师被这张大字报的内容激动得气血怒张，连声说：“好、好、好。”还满脸兴奋朝我说：“你怎么不叫好?”他见我仍然沉默无语地盯着那张大字报思索，差点愤怒了：“你，你这都无动于衷……简直是个冷血动物!”

他的生气我毫不介意。我知道，这就是黄老师之所以为黄老师的风格：真诚坦荡，爱憎分明。

“文化大革命”终于结束，人们都有重获新生的感觉。黄老师也意气风发，在教学和科研上硕果累累，成就卓著，进入他一生的黄金时期。这时，他全家迁进桂子山，住在东区。我后来也搬迁东区，彼此相距很近，从此，向他请教的机会也就更多。

我虽然不是治现代文学的，但是，在和黄老师的交往中，他的教学和治学精神，曾给我很大的启发和帮助。中文系的师生都知道，黄老师讲课的水平很高，很受学生欢迎。他所总结的先进教学方法，曾得到省和国家的奖励。他不论是讲课或作学术报告，都严肃认真，一丝不苟。我至今还记得，1999年在纪念闻一多的学术报告会上，他在报告前，为了《诗经》中的两个字，反复核对音义，和他人讨论研究，直到彻底清楚为止。那严谨的态度，求知的渴望，科学的精神，着实令人感动。我曾多次向他请教讲好课的秘诀。他的回答是："对教材要熟，教案最好背得。"话虽不多，却是深刻的经验之谈。可惜我用功不够，没有把黄老师的教导学到手，至今仍以为憾！

黄老师与时俱进的治学精神，也是我十分敬重和佩服的。他眼界开阔，具有强烈的学术敏感性。从不保守、固执，具有开拓、创新精神。他立足于研究中国现代文学，又把触角伸进中国近代和古代，还十分关注当代西方学术的发展，力图吸取古今、中外有用的东西，为研究现、当代文学服务。大前年春，他到我家来，很兴奋地谈起西方现代主义的许多流派，如数家珍，十分熟悉。他对后现代主义的解构主义也有浓厚兴趣，打算有分析地运用它来欣赏中国的诗歌。谈话中还举了一些实例，可惜我没有记住。

黄曼君教授既是我的老师，也是我的挚友，还是我的同乡。他的逝世，不仅是中文系的巨大损失，也是学术界的巨大损失。回忆他生前的点点滴滴，如在目前，而今物是人非，生死两茫茫，令人无限悲痛！

（作者为华中师范大学文学院教授）

学术创新是学术生命的活水源头

沈振煜

2010年是我服务于我校与社会力量合办的华中师范大学武汉传媒学院的第五个年头，是年11月22日，我带队出访韩国的几所大学，返校后方得知我的研究生导师黄曼君教授就在我出差当天遽然辞世。由于近年来我工作地点在传媒学院校区，且家居校外，平时很少去校本部，未得闻知曼君师生病、住院事，更没想到年事不算甚高、身体心态颇佳的老师会突然逝世。思之老师病中我未得探望，开追悼会时是友人主动代我送的花圈，自己竟一点心力未尽，愈感抱愧、悲恸！

曼君师青年时代在中文系任教时已颇有名气，遗憾的是我读本科5年（1962年入学华师中文系，因“文革”爆发延至1967年毕业）未能面聆教诲。直至1978年“文革”后恢复研究生考试，闻知先生与陈安湖老师联袂首招中国现代文学专业硕士生，才有机会报考到先生门下求教。从此在先生身边学习、工作，忽忽已逾30载矣。从先生身上学到的东西很多，且弥足珍贵，在此不能赘言，谨略述一二。

首先，我感到曼君师给我最重要的启示是在学术上孜孜探索、不断创新及其吃苦耐劳的治学精神与工作态度。他把学术创新视为学术生命的活水源头。记得1978年，我初次到武汉四中教工宿舍先生住处拜访时，他正在为《文学评论丛刊》撰写有关郭沫若新诗研究的论文。傍晚时，我陪先生在四中操场散步，只见他边走边思忖，口中念念有词，听来全是推敲文中论点论述的语句。我由此得知，一个治学者在研究思考问题时应该进入何等痴迷专注的境地。记得黄老师当时由于太过疲劳，曾嘱我帮他整理论文的文字，其态度又是何等直率坦诚："你要像中学教师改作文一样地修改啊！"日后，在与老师探讨一些论题时，凡见有关论者的精彩观点，曼君师都会击节赞赏，并善于在比较思辨之中提出自己新的见解。这也使我感受到，真正的学者都是如此地虚怀若谷，如同海绵吸收水分一般地善于吸取有益的营养，在前人研究成果的基础上敢于并善于开拓创新。

其实，既注重继承经典，又密切关注当今，特别是在自己的擅长或关注的学术领域里深入寻根探源，观察文化文学现象的发展演变，坚持与时俱进，不断开拓创新，也正是曼君师治学的最大特点。他极善于学习运用新理论、新方法，开拓新领域，从事创新性研究。早在20世纪80年代，他曾专注于特色鲜明的现实主义小说名家沙汀的研究，及时出版专著《论沙汀的现实主义创作》，并应王瑶先生之邀为北京大学中文系研究生开讲沙汀研究专题课，从而首开我校教师到中国最高学府讲学的先河。紧接着，其学术积淀深厚的专著《中国现代文坛的"双子星座"——鲁迅、郭沫若与新文学主潮》等一一推出，在学术界引起了广泛的关注，均深受好评。90年代以来，曼君师不断拓展学术研究领域，博采众长又另辟蹊径，在20世纪中国文学理论批评史研究、中国新文学传统与经典阐释等方面多有建树，成果丰硕，从而奠定了他在中国现代文学研究学界作为一代名师、名家的重要地位。又由于他天性特别开朗率真，多年来通过深入开展学术研究和深入本科、研究生教学领域授课、开讲座等，广泛以文会友，开展教学互动，在中国现代文学界和国内高校中赢得了"天下谁人不识君"的美名，其声名远播海内外，为无数学人所欣赏叹服，业已成为不争的事实。有关曼君师的趣闻逸事，亦多传为学界之美谈。

在对恩师教诲的追思中，作为70年代的一名老学生，我最感佩曼君师的正是他坚持不断学习探索，善于掌握运用新的思想观念、新的理论批评方法，探讨新的论题，开拓新的领域，率先示范并带领同仁及众多学子共同研究形成合力，一次次推出重量级学术研究新成果的创举。我曾有幸参与恩师主持的国家"八五"社科规划重点项目"毛泽东文艺思想与中国文艺实践"，其项目成果一经推出便被学界评价为国内本学科领域的一部系统性力作，曾获武汉市社科研究优秀成果奖，但这仅是黄老师主持的众多重要科研项目之一。

曼君师主编的《中国近百年文学理论批评史》，主持完成的《中国20世纪文学现代品格论》、《中国20世纪文学理论批评教程》、《20世纪中国文学教学体系研究》等，均在学界产生了重要影响。仅2005年一年之内，曼君师即在《中国社会科学》、《文学评论》、《文艺研究》等中国人文社科权威性学术刊物、顶级核心期刊上连发5篇学术论文，如此旺盛的学术创新能力与高水准的学术研究成果亦为国内学界所罕见。在我的心目中，曼君师不仅是一位永葆学术青春的资深学者，而且是长期坚守在本科、研究生人才培养第一线的教学大师，他不仅教学艺术精湛、富有启发性与理论深度，而且坚持开展教学研究，曾获得国家级、省级一系列高校教学优秀成果奖项。尤其是早在1989年他就获得首届国家级教学成果优秀奖。以后，在20世纪中国文学教学体系的构建、中国现当代文学精品课程建设等方面均出任首席专家，亲自担纲并带领大家深入开展教学改革与建设，取得了高水平的教研成果。

我们要很好地学习、继承并发扬曼君师所留下的宝贵精神财富，坚守大学精神的本质，一心一意为国家培养人才，同时在弘扬学术、追求真理的奋斗中尽心尽力。我想，这应该是我对恩师最好的悼念。

（作者为华中师范大学文学院教授、华中师范大学武汉传媒学院院长）

何须浅碧深红色　自是花中第一流

赵康太

在人的一生中，可以影响人生道路的人会有很多，但真正能够改变人生方向的人，却往往只有那么几个人。当年，我的博士论文《悲喜剧引论》由中国戏剧出版社出版时，我在后记中这样写道："我的硕士生导师黄曼君先生，把我引向了中国现代戏剧研究之路，我的博士生导师陈瘦竹先生，又将我带入了戏剧美学的研究领域。没有他们，我就无法成为一个戏剧美学的研究者。"可以说，没有黄曼君先生，我的一生可能就不会是现在这样。是他，改变了我的人生道路。随着年龄的增长，我越来越会不由自主地想起黄先生。而每当想起黄先生，我的眼前就会出现母校的桂子山。于是，我就好像又闻到了那满山飘香的金桂。

一

黄曼君先生是个学风严谨、学业精细的学者。

1982年初，我们进入华中师范学院读硕士学位不久，黄老师就接到中国现代文学研究界的泰斗王瑶先生的邀请，去北京大学给中国现代文学专业的研究生讲学。在这以前，北京大学中文系还从没有请过外省大学的教师给本校研究生系统地讲授一门课程。黄老师能够享有这种殊荣，可见王瑶先生对他的器重。为了让我们感受北大的学术气氛，黄老师说服研究生科同意后，带着我们师兄弟三人一起去北大学习。黄老师在北大讲学的一个多月中，师弟张晋业陪黄老师住在北大，我和师妹陈宗敏则住在北师大。

我们每天坐公交车去北大听黄老师讲课。钱理群那时研究生刚毕业留校，被王先生派来给黄老师当联络员。那一个多月中，我们不但亲耳聆听了黄老师在北大的演讲，加深了对现代文学的理解，而且对什么是学者应有的风范有了真正的认识，受益颇深。

刚进华中师大读研究生时，我对自己能否做好学问缺乏信心。记得我完成的第一篇论文，是探讨郭沫若文艺思想的。黄老师仔细阅读后，在我的稿子背面密密地写了六七条意见，不但对文章进行了评说，而且对我的研究能力进行了肯定，说我有一定的概括能力等。看了黄老师的评语，我才不再怀疑自己。黄老师告诉我，要想做好学问，最简便、最有效的办法就是写文章。只有在写文章中，才能发现问题、解决问题。受到黄老师的影响，我那时每天都处于一种不停地写文章和不停地等待文章发表的过程中。一篇文章写完了，寄出去了，便开始写下一篇文章，然后在写这篇文章中等待那已经寄出的文章发表。那种快乐，是一种等待的快乐，一种创造的快乐。我现在常常怀念那种快乐。可惜现在即使发表了文章，却再也体验不到那种快乐了。

那几年，黄老师的研究兴趣主要是郭沫若和沙汀。受到黄老师的影响，我对这两位作家也关注起来。在北京学习的那段时间，不上课时，我就天天带着方便面和面包在北京图书馆里查阅资料。因为黄老师给我们讲郭沫若，我也就对郭沫若产生了兴趣。在漫无目标的阅读中，发现对于郭沫若早期思想的研究存在着许多自相矛盾的观点。在对照了郭沫若著作的各种不同版本后，我发现，郭沫若在新中国成立后对自己“五四”时期的文章进行了大量修改，思想变了，但时间未改，于是造成了许多研究者的误解，以为郭沫若“五四”时期就已经是一个马克思主义者了。于是我写了一篇文章，后来发表在《文学评论》上。导师的学术思维、研究兴趣和学问方式可以影响学生的学术选择，是千真万确的。

黄老师的《论沙汀的现实主义创作》于 1982 年出版。当时正值思想解放之初，文学研究界也面临着如何拨乱反正、回归“五四”新文学传统的问题。黄老师敏锐地捕捉到这一时代的重大课题，于是以沙汀的创作为典型，对其现实主义的创作规律进行了系统的研究，这是改革开放后第一部研究一个作家的现实主义创作的学术著作。王瑶先生对它的评价是："本书带有一定的开创性质"，"它的出版必将对中国现代文学的研究和现实主义的理解有所裨益"。当时，我读了这本书后很受启发，写了一篇书评，发表在《中国社会科学》1983年第4期上。在书评的最后，我写道："这本书严谨、精细的风格，与沙汀的创作风格颇有相通之处。"对这一评语，黄老师认为是有道理的。可是，随着时间的推移，现在回过头来再看当时的分析，我才发现，我的书评远没把它对文学界回归现实主义的历史意义和现实意义分析透彻。

二

黄曼君先生是个教书认真、做事细密的师长。

我考华师的研究生前，根本不认识黄老师。考过后，就一直忐忑不安地等待消息，实在等不及了，我最终给黄老师写了封信。没有几天，我就收到了黄老师的回信，虽然字数不多，但言语中肯："康太同学：你考得不错，总分第一，我想你的录取是没有问题的。"后来，我当了老师后，对我的考生和研究生，都是有信必回，我知道这是黄老师的影响在起作用。

我研究生毕业后，留校当了老师。正式上讲台前，得先试讲。虽然我准备了好几天，而且讲的是我的硕士论文，可是因为没有经验，两个小时的课，我一个半小时就讲完了。站在讲台上，我紧张得只敢看讲稿，一边念着讲稿，一边用粉笔在讲桌上乱画。我沮丧极了，觉得自己根本不是当老师的料。在我最困惑时，黄老师及时地向我传授他的教学经验。他认真地告诉我，讲课是一门艺术。要把课讲好，必须认真备课。每节课都要设计几个小高潮，还要有一个大高潮。因为讲理论，时间一久，学生就会疲倦。必须讲一会儿理论，再穿插一个生动的例子来论证，制造一个小高潮，用来给学生提神，引起学生的兴趣。然后再讲一会儿理论，再来这么一下子，就可以在一堂课中让学生始终保持良好的精神状态。事实上，黄老师就是这样做的。有一次，我去黄老师家，见他面壁不语，原来下午要上课，他正在背讲稿。原来黄老师每次讲课前，都要把所有要讲的内容全部背下来，真正做到了台上一分钟，台下十年功。按着黄老师传授的妙方，我认真准备，精心设计，灵活讲授，果然课堂效果很好。从此，我摆脱了对讲课的畏惧，并且将讲课变成了我的生活乐趣。每次上课前，我都会有一种莫名的兴奋。现在，我年年都是学生评选的最受欢迎的优秀教师。

武汉气候的特殊在全国也是出名的。冬天极冷，夏天又极热。可是无论冬夏，只要我去见黄老师，他都守候在他书房的书桌前。冬天，他总穿着那肥大的蓝色棉衣，整个人缩在棉衣里，伏案读书和写作。夏天，他则穿着白衬衣，有时也会只穿件白背心，一只手摇着一把蒲扇，一只手捧着一本书。每到这时，他就会兴致勃勃地给我大谈李泽厚、刘再复、严家炎，还有谁谁谁，最近发表了什么文章，又提出了什么新的观点。往往在这个时候，我只能装出读过或知道的样子听他解说，心里却在发怵。和黄老师在一起，总感觉到自己精力不够，学识太浅，无论怎样也跟不上他阅读和思考的步伐。他对于新思想和新观点，总有一种浓厚的兴趣。他写的文章，也常常充满新潮时髦的概念，让我自叹不如。最近，我读到黄老师的新著，还对着他在研究现代文学经典时所用的“延传”两个字发呆，不知该如何理解。

黄老师一生最爱的是学问，所以，他有时就有点像书痴。我们读研究生时，他每个周日都会去位于街道口的新华书店。每次都要买十多元钱的书回来，一个月下来就是五六十元的书钱。这些钱，在当时差不多就是一个月的一半工资。受到黄老师的影响，我那时也拼命买书。我的书柜中的文学书籍，基本上都是那时候买的。

说起黄老师的认真，还有一件事。有一位学者做好了学位论文，请黄老师当校外论文评审专家。圈内的人都知道，请熟人评审，就是请熟人给个面子，使论文易于通过。可是，黄老师竟真的认真地评审起人家的论文来，而且提了一大堆批评意见。评审意见寄出后，再也没有见到回信。黄老师也许到现在都没有想明白人家为什么不回他的信。他的为人处世就是如此认真，明明已经得罪了人，还自以为帮了人家的忙。

黄老师也当过几年中文系主任。我不但受他的耳提面命，攻读了三年硕士学位，后来还在他的领导下，与他朝夕相处，当了他四年多的部下。黄老师当系主任，也和当教授一样认真。每次系里开全体教职工大会，他都要认真地准备一番。等到开会讲话时，他还会如讲课一样，拿出厚厚的一叠讲义一般的讲稿，讲话也讲得十分认真。看到他当系主任，我觉得他好累啊！

三

黄曼君先生还是个禀性率真、为人坦荡的君子。

我第一次踏上桂子山，是 1982 年春节的前夕。当时，我刚大学毕业，考取研究生，提前来华师报到。那正是武汉最冷的日子，桂子山只有桂树是青绿色的。在弟弟的带领下，我们来到桂子山东区的 9 栋 16 号。上到最高一层楼，门开了，一个戴着一副宽大肥厚的眼镜的中年男子出现在门后。他穿着一件蓝色的大棉衣。弟弟因为事先已为我来过一趟，便介绍说："黄老师，这是我二哥。"黄老师看了我一眼，惊异地说："哟，这么大了！"我当时就愣了。那年，我虽然27 岁了，可是在七七级中也只是个中等年龄。虽然我从小长得老相，可是有人一见面就这么评价我，让我心里挺不适应的。黄老师的直率，从这时就给我留下了难忘的印象。

率真，恰恰是黄老师坦荡人格的最直接体现。他从来不会隐瞒自己的想法，有什么就说什么，完全不管别人怎么议论，有时也表现得十分单纯。他和我谈学问，谈到他不满意时，一着急，竟然也会叫我"老兄"。我都有些不好意思了，可他好像全无所谓，并没有意识到有什么不妥。有时，我们讲到他没有听说过的事情时，他便表现得十分可爱，竟会睁大那双年轻时曾经很大的眼睛，惊讶地问："真的？"

正是因为他的率真和坦诚，所以，黄老师有了名士的雅号。他的一些异乎寻常的举动，如果放在别人身上，人们就会不理解。可是这些举动，发生在黄老师身上，却成为他自然禀性的一部分，反而受到了人们的赞赏。他的不拘一格，他的大而化之，他的浪漫情怀，这些都成了优点。因为不如此，就不是那个可亲可羡的黄曼君老师了。

我听师妹陈宗敏说过一则黄老师的故事。那还是70年代的事，黄老师还住在汉口。每次到华师上课，他都要坐公交车穿过汉口、汉阳和武昌。有一次，学校发了一个月的工资。黄老师领到钱后，怕来回路途上钱被偷，便将钱平铺在脚底，穿上袜子，然后再穿上鞋，这样就万无一失了。可是，等他坐公交车回到汉口，一见到师母陈菊先，说起这个月发了工资，竟忘了工资放在哪儿了。翻遍口袋，都没有找到。这可是一个月的工资啊，全家都等着吃饭呢。黄老师急了，匆匆从汉口又坐车回到华师，可是大家都证明他确实领走了工资。他只好赶到保卫处报了案，然后垂头丧气地回到了家。晚上睡觉时要洗脚，一脱鞋，感觉到脚下面好像有什么东西，把袜子拉下来，才发现是这个月的工资。看到失而复得的钱，黄老师能不高兴么？因为一门心思在学问上，在生活上黄老师有时便像个孩子。每次黄老师出差，东西都是师母陈菊先替他收拾。收拾好东西后，还得再写一个条子，上面写着哪样东西放在哪个方向的第几层。黄老师找东西时，便先找出纸条来，确定东西所在的方位，然后再顺着纸条说明到箱子的某个方向去找东西。东西用完后，再按纸条的说明放回原处。如果不这样，箱子中的东西就会乱七八糟，下次就再也找不着要用的东西了。

我的一位大学女同学曾经想报考黄老师的研究生，她从名字猜想，认为黄老师必定是个女老师。她在给黄老师的信中说了些套近乎的话，并说在女老师的指导下读研一定会有与众不同的成就。黄老师给她回信时，幽默地说："我是男老师，不是女先生。"我这位女同学于是被吓跑了。黄老师还快乐地告诉我们，他读大学时就因为这个名字，还有别系的男生向他写求爱信呢！

也许在许多人眼里，黄老师不通世事。可是，黄老师其实是个十分活跃的人。和同行们在一起，他很受欢迎。他结交了许多学术界的朋友。黄老师多次告诉我，不能当书呆子，要善于结识同行，要善于向他们学习。

读研究生那几年，只要有机会，黄老师就会带我们参加各种学术会议，以便我们能结识更多的同行。那年他去上海参加中国现代文学研究会的理事会，会议规定不能带研究生，但他还是带着我们去了。也就是在那次会议上，我们认识了严家炎、叶子铭、杨占升等现代文学名家，使我们后来的研究能够得到众多专家的提携。黄老师也非常关心学生。每见到我，都会问我的家庭情况。在我执意要调离华师时，黄老师不止一次地替我惋惜，劝我不要走。他说已经将我确定为中国现当代文学博士点的第三梯队成员，别人还争不到呢。最后因为我坚决要走，黄老师还是尊重了我的意见。后来，我改行做了党务工作，每次见到我，他都劝我不要丢了学问，要我继续做戏剧理论的研究工作。可是，我再没有回到中国现代戏剧理论研究的队伍中，我自认不是黄老师的好学生。

我到华中师大那年，黄老师才四十七岁，一转眼二十多年过去了，黄老师已经进入随心所欲而不逾矩的年纪。而我，现在也已过了当年我初见黄老师时的年纪。每想到此，我不免有些恐慌，感到岁月无情，自己的学问却一无所成。再看黄老师，虽然已经著作等身，可是他真的没有变化，依然那么认真、率直、坦诚，以致每次见到他，我都不免自责。

想着黄老师，我不由就会想到华中师大那满山绿色中的金黄的桂子。那桂子虽然只有米粒大小，星星点点，但暗香扑鼻，如诗如歌。我不由想起了李清照的咏桂之作《鹧鸪天》："暗淡轻黄体性柔，情疏迹远只香留。何须浅碧深红色，自是花中第一流。梅定妒，菊应羞，画栏开处冠中秋。骚人可煞无情思，何事当年不见收。""何须浅碧深红色，自是花中第一流"，这桂子的色泽，这满山的"花中"，好像处处都包含深意，说的不就是黄曼君先生么！

在遥远的天涯海角，我真心地祝愿我的黄老师永远年轻！

2005 年 9 月 16 日为黄曼君先生七十诞辰而作

（作者曾任海南大学党委书记，现任海南省文联主席）

才情高卓　真实率性

——纪念黄曼君先生

董中锋

在中国现当代文学和文艺理论学术界，很少有人不知道黄曼君先生的，因为黄曼君先生不仅以其深厚的理论功底、敏锐的学术眼光、独到的文学感悟、丰富的人文情怀和充满思辨的论文著作，赢得了广大学人的尊敬，确立了他在学术界的地位；而且又由于他才情高卓、率性而行，于真性中渗透浪漫，于儒雅中呈现奔放，故而深得同行的喜欢和后学的爱戴。

黄曼君，湖南湘潭人，1935年出生于湖南酃县（今炎陵县）。在湘西泸溪、茶峒读完小学后，黄曼君便进入沅陵朝阳中学、省立中学学习，1952年考入华中师范学院中文系，1956年大学毕业即留校任教。从讲师、副教授到教授，从教研室主任、系主任到文学研究所所长，从有突出贡献的专家、享受国务院颁发的政府特殊津贴到博士生导师，在几十年的教师生涯中，他经历了20世纪中国知识分子的挫折和困惑，同时也领受了成就事业的崇高与喜悦。在此期间，他还兼任了许多社会职务，诸如中国作家协会会员、中国郭沫若研究协会理事、中国鲁迅研究学会理事、中国现代文学学会常务理事、中国闻一多学会副会长、湖北省文学研究会副会长、湖北省中国现代文学学会会长、湖北省文艺理论家协会顾问、新加坡国立大学国外考试委员等。他曾应邀到北京大学、香港中文大学、香港理工大学等二十多所高校讲学。教学同时，他主持了国家“八五”社科重点课题《毛泽东文艺思想与中国文艺实践》、“十一五”国家级教材规划入选项目《中国20世纪文学理论批评教程》、2007年度国家社科项目《中国20世纪文论现代转型研究》，还主持了国家教委社科“七五”项目《中国近百年文学理论批评史》、教育部“九五”社科项目《中国20世纪文学现代品格论》、“九五”教育部重点教材立项选题

《中国20世纪文学理论批评史》和湖北省横向课题《现代化与中国20世纪文学》等，受到学界的重视。

作为国务院学位委员会批准的博士生导师，作为现当代文学学科博士点的学术带头人和博士后流动站的负责人，他以自己当之无愧的学术造诣影响着学术队伍，带动着学科的发展。黄曼君先生因早年参加唐弢、严家炎主编的《中国现代文学史》而有了文名，但更大的学术声名是靠其后的学术论文获得的。他说："记得王瑶先生生前多次跟我谈到，要多致力于写论文，有条件就出论文集。在中国社会科学院文学研究所进修时，指导我的唐弢先生也再三强调写好论文的重要性，那时（'文革'前）文学研究所对研究人员的一个重要要求是每年要扎扎实实写好一篇有分量的论文。事实的确如此，写出经过长期认真研究的好的专著固然重要，但写好论文尤其是研究工作者的基本功和基本建设。"时至今日，他还经常对学生和同事谈及此事。他的学术成果，虽屡获好评的著作不少，但真正影响大且数量多的还是论文。到了老年也是如此，就像他在诗中所写的那样：

明知道西行的云即将变成落照
却要引吭高歌、赋诗长吟
难道真能声透九霄、响遏行云
那晚霞不会再向无垠的夜空长殒

明明老年斑上脸，已到倦鸟投林时候
却那么倾情投入、婆娑起舞
难道会再有生命的律动、灵魂的震颤
或从年轻舞伴惊鸿的倩影里
追索华年，将逝去的青春召唤

这是黄曼君先生70岁时所写的《老境》（片段）。这哪里是"老境"，分明是老先生的自励自勉，是在对自己学术生命的抒写。不是吗？在进入古稀之年的时候，仅一年便在权威刊物《中国社会科学》、《文学评论》、《文艺研究》上发表了三篇重要论文，产生了广泛的社会影响。其中，《中国现代文学经典的诞生与延传》、《回到经典，重释经典》，被多家核心报刊转载，并分别入选当年的《中国学术年鉴》和《中国文学年鉴》。此时，他获得的省市、部级和国家级社会科学成果奖也达到了十多项。

黄曼君先生的率真是出了名的，对人对事是如此，对学术也是如此。对那些有才学的后生或其他学者的最新研究成果，他总是出于真心地加以赞赏，每当要肯定的时候，他都会以欣赏的神情说那句口头禅："那是很不错的啦!"无论是阅读他人的成果还是对待自己的著述，他都处于学术的前沿，用宏阔的理论视野通观一切，仿佛学域里一颗智慧之星，漫观天外云展云舒，领受文苑花开花落。他一方面承继和融合着前辈或同辈研究者的成果和传统的研究方法、思维方式，另一方面则选择一些新的研究角度，采取和运用一些新的研究方法和思维方式，使研究工作在稳妥中创新。因为如此，他在中国现当代文学和文学理论批评领域的研究可以说是硕果累累，成就显著。

早期的专著《论沙汀的现实主义创作》是传统理论在回归中出新的代表作。该书由新文学大师茅盾先生题写书名，据说是茅盾先生生命最后一段时间的墨迹，书名中的十个字已不能连续写下来，而是一个字写一张纸那样写下来的。该著把历史的分析和美学的评价结合起来，不以文学外部的作家生平和社会历史发展阶段来研究作家，而是以作家对现实主义的探索和实践、作家独特艺术风格的形成和发展为线索，注重对作品本身审美体验的把握，注重文学自身审美维度的研究。这种开创性的研究，把微观局部、考证体验和实在本体的定位研究与宏观整体和关系本体的阐释探讨较好地结合起来，对后来的作家专题研究和创作论研究产生了示范性的影响。

他的《中国现代文坛的"双子星座"——鲁迅、郭沫若与新文学主潮》是新潮视野在开拓中交融的产物。随着20世纪八九十年代各种新潮理论的引进和运用以及大文学史观的提出，他的史与论的研究视野进一步开阔，开始由体验性研究向体系性研究、微观局部研究向宏观整体性研究、单学科研究向多学科研究的方向发展。收集在《中国现代文坛的"双子星座"——鲁迅、郭沫若与新文学主潮》中的论文都属于这一类，显示出他在研究上的别开生面，即在文学观念上，重视现实主义、浪漫主义与现代主义共生交融，重视由此引发出的文艺学研究的新视角；在人的哲学范畴中，打破谈“人”色变的禁区，充分重视人的主体性；在学术的多维视野中，注意到了多学科的复合视角。

大约在20世纪90年代，黄曼君先生在“现代性”的总命题下，开始从事整体研究的大叙事探讨，他的《现代化视野中的中国20世纪文学》等论文和主编的《中国近百年文学理论批评史》、《毛泽东文艺思想与中国文艺实践》、《中国现代文学流派》等著作就体现了这一时期的特点。这些论文论著，从世纪性精神文化的高度对中国现代文学史论进行思考和建构，突出诗性、诗学、文化，注重“诗、思、史”的关系和结构，在不回避革命性问题的同时，对革命性在文学现代化中的作用进行了比较新颖的、充分的肯定性的阐述。这是他学术上的又一个跃进。

20世纪中国新文学研究不仅存在着革命化、现代化与审美个性化等多种范式，而且存在着研究范式的转换，黄曼君先生敏锐地注意到这一研究领域的特点，在注重实证体验的同时，也注意思想理论的概括，注意研究范式和范式的转换。他把这一时期的研究成果收集在《新文学传统与经典阐释》一书中。该书站在世纪的高度，不仅回顾20世纪文学的风云变幻，而且着眼于新的世纪，跟踪与把握跨世纪诗神的腾挪变幻。他运用文本的历史品格与历史的文本功能相统一的分析方法，以文学的现代化或现代性为核心，以新文学传统和新文学经典阐释为线索，将历史品格与历史进程、文本的历史化与历史的文本化统一在丰富复杂的共同体之中，将理性与感性、思与诗、文化与文学、科学与诗性结合起来，达到了研究中的诗性把握。论著一问世，就立即引起了学界的关注。《文学评论》发表评论文章给予了高度评价。

有人说，黄曼君先生是中国20世纪的最后一个浪漫主义者。此话虽有些夸张，倒也有几分真实。他是典型的性情中人，烂漫天真，有名士风度。进入老年，除了学术研究之外，他的诗歌创作热情倍增，每每有新作见诸报刊。至于创作的一些长诗，他是不轻易给人看的，往往只在熟人和朋友之中欣赏欣赏，几十行甚至上百行的诗他都能在席间即兴吟诵，是那样投入和忘我，仿佛诗性成了他的生活，生活就是他的诗性。倘若参加晚会或宴会，在感情投入地唱两首流行歌曲以外，定会朗诵一首即兴创作的诗歌。只要他一上台，会场上的气氛自然就会热闹许多。近几年，他还喜欢在校园，对着旷野，高唱《叫我如何不想她》、《天堂》和京剧《祖国的好山河，寸土不让》，他说："吊上嗓子，在高音区中跑一趟，整天都精神些。"黄曼君先生放松时，如此活跃，工作起来，全身心投入。生活中，他的笑话却是多多，广为流传。诸如每次出差因怕掉物品而由夫人陈老师开具清单，有时回来，总会掉件把东西，而且居然把清单也给掉了；出门坐市内公交均需陈老师准备不多不少的零钱分别放置左右口袋，以作上车和转车之用；等等。有时候，黄曼君先生的弟子和一些晚生还能当着他和夫人的面讲上几个他的"故事"，讲起来是那样绘声绘色，栩栩如生。听到这些善意的"故事"，夫人陈老师笑而不语，而黄曼君先生总要平和地说上一句"有虚构成分"。短短一句争辩的话，分明也蕴涵了一种旷达、宽容和随和。

与诗性的生活不同，黄曼君先生对教学极为认真，以至于把课堂看得非常神圣。每次上课，他都要重新写讲义、背讲稿。一上讲台，他就精神焕发，神采飞扬，激情四射，如入无我之境，他的激情和才学深深地感染着那些莘莘学子，仿佛将他们带入了知识与审美交融的诗学殿堂。由于他的教学效果好，便招致了不少学生的崇拜，以至个别"好事者"还偷偷模仿他讲课的样子：抑扬顿挫的声调，凝视前方的叉腰，用指尖顶顶鼻梁上的眼镜……一招一式，惟妙惟肖。对此，黄曼君先生却一无所知。新一代的崇拜者一改"偷偷"为"直白"，短信频频发，"您的课好精彩，您可亲又可爱"，有的干脆一下课就围着他叫："我是您的粉丝!""我是您的黄瓜!"他不仅重视课堂教学，还从理论上加以总结——"以美引真臻于善"。仅此，他便获得了首届全国普通高校教学成果优秀奖。作为国家级精品课程的负责人，他喜欢学生，喜欢课堂，喜欢教学。他对学生平等相待，与学生打成一片——唱歌跳舞、吟诗论学，随和而洒脱；而在学业上又严格要求，有时为了毕业论文把研究生批评得直掉眼泪。对那些"隐性课程"，他也是毫不含糊。有一次，一位研究生到他家谈完事情，他正好要出门散步，临出门时他的夫人要他顺便带一袋垃圾下去。这位学生见状欲伸手相接，黄曼君先生却非常严肃地说："你做不得！这是家事，不是你该做的事情，我自己来。"

一个学术精英自然有他的许多特别之处，他成长的每一个阶段和某些非正式的过程都凝聚着人文精神的内涵，而学术精英又把这种能使人受益无穷的人文精神传递到他们的后继者身上，对学校和学生形成多方面的影响。黄曼君先生就是这样一个有着浓厚人文主义气息的学者，他的人文精神几乎成为学校的一道风景。同时，他又是一个把教学和学术看得至高无上的人，他曾总结说："文学教育与研究中，以诗性为核心，做到诗、思、史的交融与结合，并化为一种生命存在方式，方能永葆学术青春。"这种生存方式仿佛就是他生命的写照。他的这种生命存在的方式，不仅仅属于他，也属于别人，因为它已经熔铸到了大学精神之中，成为一种学养，滋润着学术的进步、学校的发展和一代又一代学人的成长。

（作者为华中师范大学出版社编审、副社长）

追求学术至上的当代学者情怀

邹建军

在中南民族大学工作期间，我与黄曼君教授接触不多，只是在一些学术研讨会上一睹他的风采。2003 年我来到武昌桂子山上的华中师范大学文学院外国文学研究编辑部工作，才开始与他有了比较多的联系，他时不时地来到我的办公室，我有的时候因为主办学术会议与稿件审理的事，也与他通一下电话，也到他家里去过一两次。在生活与工作的点滴中，印象很深，感受很多，甚至可以说与他建立了比较深厚的友情。他对我一向很好，我对他一直尊为长辈，并向他学习过一些做学问的方法。我认为，黄曼君教授是一位具有真性真情的知识分子，是一位追求真知与真理的当代学者，是一位具有高度艺术敏感力的批评家，是一位具有很强学科意识的文学史研究专家。以我所见，当代中国文学批评与研究界，具有博大情怀和精深学识的学者，黄先生应当是排在前列的。

最早读到的黄曼君先生论文，是他早年发表的论郭沫若诗作和鲁迅小说的论文，少年时代的我就深深地感觉到了他敏锐的眼光和论说的才情。作为一位年轻的求学者，我对郭沫若早期的诗作比较热爱并向他学习写诗，对鲁迅的作品包括其旧体诗也比较熟悉，认识与体会体现在本科学年论文与毕业论文里（本科毕业论文的一部分，发表在 1985 年第 2 期的《四川大学学报》)，所以当时我对于黄曼君先生关于郭沫若诗歌与鲁迅小说的论文，详细阅读，认真体会，很是关注。黄先生对于郭沫若的诗与鲁迅的小说之所见所识，为我极为佩服，除了有一些与我有不谋而合之外，超出我想象的高远见识与卓越见解，充满字里行间。后来，他这个方面的成果结集为

《现代中国文坛的“双子星座”》一书由华中师范大学出版社出版，引起了学界人士的强烈关注，得到了中外学者的高度评价。黄先生立论的深厚基础与论述的扎实逻辑，至今仍然让许多研究郭沫若与鲁迅的学者，心仪不已，汗颜不已。黄曼君先生早年还著有《论沙汀的现实主义创作》一书，虽然我早有收藏，只是由于我对这位老乡的小说没有很大的兴趣，所以至今未能完整地阅读过。据有关资料显示，本书仍然是黄先生学术研究的代表著作之一。不过，相比之下，陆耀东教授的论文我读得更多，对我产生的影响更大。我曾经在陆先生门下访学一年，得到了他的教诲，并一直研究中国新诗。我认为，在华中学术重镇，陆先生与黄先生都是有才情、有眼光、有学识的一流学者，他们提出的许多问题都值得我们后辈学者反思，他们对于学问的敬畏与做学问的方法，也值得我们学习与借鉴。

据我所知，黄曼君教授的学术研究一直没有间断，所以才成为了一代大学者。他几十年如一日，把学术研究当作生活的方式，把文学批评当成人生的乐趣，到他生命即将终结之时，他还在反思与探索现代文学史史学建构的问题。最近十年来，黄先生在学术研究上达到了炉火纯青的境界，在《中国社会科学》、《文学评论》上发表重量级论文多篇，并且到了七十岁以后，他一直还想在《文学评论》、《中国社会科学》上发表高论。其实，自20世纪五六十年代开始，他就在《文学评论》上发表过好几篇重要的论文，并且在学术界产生了很好的影响。特别是当他进入古稀之年而倾一生之力在《中国社会科学》杂志上发表的关于“文学经典”的论文，让其文学研究达到了最高峰。我倒不一定认为在学界所说的权威期刊发表论文是如何了不起的一件事情，只是就黄先生的论文而言，这两个期刊发表的论文恰好是他的代表作，他自己也非常看重。在我的办公室，有一次黄先生说：你看过我最近发表在《中国社会科学》上的论文吗？我没有看只好照实说，他说此文是总结了他一生的学术研究，最好看一看。我说有空的时候一定找来学习，第二天，我就看了此文，并在电话里与他谈了自己的体会，他自然十分高兴。正是因此，2009年我主编的《世界文学评论》发表了关于他的访谈录《学术境界的四重奏》（访谈作者：杜雪琴），在这篇访谈录里，黄先生反思了自己的学术研究道路，总结了自己在学术研究方法上的特点，我认为这对于他来说是一篇具有总结性的文章。这篇访谈也许是关于黄曼君教授的最后访谈，据我所知，他自己是非常看重此文的，多次与我谈及此文，并对自己所达到的学术境界，泫露出自我欣赏的表情。一位学者自青年时代开始，即专注于对现代中国文学的研究，由诗、小说、文论进而对现代中国文学史的整体研究，一步一步地跟进，一步一步地上升，五十年过去，终至于成为一代大家，这样的发展道路在当代中国学界虽然不是个案，然而就黄先生而言，他是独特而充满个性的典型化存在。

更为可贵的是黄曼君先生的真性真情，让许多学者与学生受到感染，说明他是一个诗人型的学者。他对自己的感情从不掩饰，也不回避自己的观点，也因此让一些并不十分了解他的人产生误会。比如他曾经说过这样一句话：一个男人，如果见到一个美女而不动心的话，离大去之日不远矣！他是这样讲的，他自然也是这样想的，具有封建思想的人也许认为动机不纯，然而在他自己来看，也许是对于人生真理的发现。在他的一生里，没有更多的业余爱好，除了唱歌和跳舞之外，也许就只有朗诵了。我没有机会聆听黄先生授课，据他的学生说，黄先生自青年时代起，讲课就是相当精彩的，一直得到高度评价。据说他讲课虽然带有讲稿，但很少看讲稿，也没有我们现在用的 PPT，所以他也没有机会照本宣科。他能够全部背诵自己要讲的作品，如行云流水，还有一手漂亮的板书。也许是因为他对于现代中国的重要作家作品极为熟悉，所以可以信手拈来，并作探幽发微式的自由讲解。据说他备课极为认真，每一次上课都要重新备课，讲稿上写得密密麻麻，几十年下来，所有的讲稿都像女人的花衣服。黄先生讲课虽然我没有听过，但还是领略过他的诗人风采。有两次，他在文学院新生开学典礼上发表演讲，并朗诵刘半农先生的《叫我如何不想她》，声情并茂，音韵铿锵，感人至深，催人泪下。有的时候，由于高兴而忘了演讲的时间，拖了半个小时以上，但是似乎没有人会怪罪他，因为我们都知道他是一个极富才情的学者，大家都很喜欢听他的演讲和朗诵，他自己陶醉，大家也跟着陶醉。据我所知，他喜欢朗诵的诗还有余光中的《桂子山望月》和徐志摩的《再别康桥》。这样的喜好，甚至还影响了他的写诗，影响了他的生活方式。早年的诗我没有读过，晚年写的几首诗，仍有青春的热情，并且意象奇特，想象丰富，也许与余光中先生桂子山之行，及在此写作《桂子山望月》有很大的关系。曼君先生的代表作之一《老境》就明显有余诗之影响与风范。一位学者在学术研究之余而不忘文学创作，这在当代中国学界也算是一件美事。只有具有真性真情的人，才可能写诗，只有纯粹的、透明的和具有高远追求的人，才可能写出真诗、好诗。从其论文和论著中可以看出他的见识，从其诗作之中可以窥视他的才情。我认为，在当代的中国文学研究领域，来自湖南乡间，而在大城之中，成为一代大家的有两位：一位是武汉大学的陆耀东先生，一位就是华中师范大学的黄曼君先生。

黄曼君先生虽然是一位真性情的学者，然而并不是一个自我主义者。虽然据说他说过不想退休的话，也只是想为文学院多作贡献而已；虽然他也与他人发生过争执，不过也是为了现代文学学术研究的发展。记得在文学院主办的咸宁学科建设会议上，黄先生发表了一段语重心长的讲话，一位长者的高雅且浑厚的声音，至今仍回响在我的耳边。他说：文学院发展到今天，几代人都倾注了心力，50 年代毕业的一代人，60 年代毕业的一代人，80 年代毕业的一代人，没有几代人的努力，文学院就没有今天的学术地位；学术研究有三种境界，只有长期坚持学术研究的人，才可能达到第三种境界；做学问有三观，对应着三种学术论文的写作，微观、中观与宏观。也许在当时没有人意识到这就是黄先生的学术“绝言”，这就是他对于工作了五十多年的华中师大文学院的深情厚谊。人生七十多年，执教五十几载，也许这就是他的人生总结和学术反思。虽然是一个内部的小型会议，然而如此高水平的发言，值得引起我们的高度重视。黄曼君教授一生总是站在大局上考虑问题，为了年轻人的职称和前途，为了同学科学者和同事们的发展，他总是尽心尽力，树立了一位具有包容性的学者形象。在华师工作九年来，我从来没有听见过他在背后说哪个人的坏话，也从来没有看见过他为自己的事情而发怒，对同辈学者、上辈学者、后辈学者，其中包括他自己的学生，总是以敬仰有加的态度，以赞赏甚至是欣赏的话语，进行评价。其中，自然还包括对本人和本人的学生。他并没有认为自己的学生才是好的，别人的学生总是有缺点的，相反他更喜欢别人的学生，总是认为自己的学生不如他人的学生，因此对自己的学生更加严格，对他人的学生则更加宽容。他从来没有总是以老师的身份讲话，坐在他面前的全都是他的学生，他也是以一位学者的身份与之平等对话，不再把从前的学生当成学生，而当成自己的同事与同行。据我所知，周晓明教授、王泽龙教授都是他培养的博士，但我从来没有听他说过他们是自己的学生，在许多时候，他总是在讲他们的学问做得好，甚至在有的方面超过了自己。对自己的学生如此宽容与重视，这就是一代大学者的长者风范。

2009年，我的博士论文《谭恩美长篇小说中的伦理思想研究》出版之后，黄曼君先生主动提出要为之写一篇书评。没有想到这位著名的学者还这么热情地扶持后辈，后来此文在《外国文学研究》上发表，几乎全是肯定和赞美之词！我与他并没有师生之谊，我们也不属于同一个学科，然而他对于当代美国的小说时时关注，所以才想为拙著作评，可见其知识面是非常之广的。我写有一首关于《草原》的十四行诗，自认为是早年的代表作，有一天心血来潮，就发给这位具有诗人气质的学者，想请他指点一二，但并没有抱很大的希望，只以为他平时甚忙，不一定有时间阅读。没想到，一周之内他就以电邮的方式回复了，作出了简要但是甚高的评价，署的却是两个人的名字：黄曼君、陈菊先。当时我真是受宠若惊呵！我后来之所以坚持写诗，并且越来越有兴趣，越写越好，与像他这样的学者的鼓励与赞赏，也是分不开的。当然，对于我的诗歌写作产生影响的，还有北京大学英语系的辜正坤教授与中南财经政法大学的古远清教授。一位老学者对青年人的提携，也体现在对我指导的研究生李卫华的博士论文上。记得是前年春天，有一天他提着一个包来到我的办公室，说：李卫华是你从前的学生吧？我说是的。他说：他的博士论文我在评审，讲外国文学期刊对中国现当代文学之影响的，写得非常好，我给他评了优秀。我听了以后，自然十分高兴，很想请他一同喝酒。李卫华是在四川大学跟着王晓路教授读博士学位的，能得到黄曼君教授的如此评价，自然是相当难得的了！李卫华与他非亲非故，与他本人也没有任何的交往，然而他并不掩饰对李的喜爱，说明他是一个真正的学者、一个宽容与扶持后学的大家。

黄曼君教授不是我的授业恩师，我与他的交往不算很多，然而他对我的成长与发展是有影响的。他自然开阔的为人处世，他对于学问的精与专的求知态度，他对于后辈学者的扶持与奖掖，特别是他那种真性情与真品质，与我有相通之处，时时让我在内心产生一种向往与敬仰之情。虽然由于其真性真情，让有的对他并不十分了解的人产生了一些误解，并在学界有一些误传，但只要时间一过，许多事情就会水落石出。果真如此的话，人们对他的认识就会越来越清楚，对他的怀念就会越来越深浓。黄先生的一生有许许多多不拘小节的故事，讲过许多格言警句，在常人看来，它们也许是一个一个笑话，其实我们都是将他当作一个常人看了，所以也许是我们自己闹了笑话，还不自知。如果我们将他当作一位学者与诗人，将他当作“当代中国最后一位浪漫主义者”，也就可以认识到他是一位真君子、真名士、真学者！在当代中国，这样的真正的知识分子已经不多了！

黄曼君教授离我们去了，然而我仿佛总是可以在文学院古旧的大门前看到他的身影，在文学院一楼后面的学术报告厅里听见他的声音，在文学院大厅里的走廊上瞧见他那面带微笑的沉思。今天，黄曼君先生是不是还可以在文学院开大会的时候独自提包而离去呢，是不是还可以在学术会议的晚会上自由而放声地歌唱呢，是不是还可以在与相关负责人的电话中主张公道与伸张正义呢……华中师大文学院有许多优良的传统，我认为最重要的传统就是平等对话与自由讨论；华中师大文学院有独立的精神，我认为最重要的精神就是人格独立与学术至上。如果能够坚持这样的学术传统与道德精神，我们的文学院就会再上新台阶，我们的学术事业就会再有大发展！

2011年10月4日夜

新疆贾登峪

（作者为华中师范大学文学院教授、博士生导师，《中国诗歌》副主编、《外国文学研究》副主编、《世界文学评论》主编）

“带有一定的开创性质”的一本创作论[①]

康　泰

《论沙汀的现实主义创作》是一本专门研究一个作家的创作实践的著作。由于坚持现实主义是直接关系到社会主义文艺向何处去的重大原则问题，因此，书中总结的一些带规律性的经验，就不限于沙汀和现代文学的研究范围，对当前的文艺创作也有现实意义。王瑶先生公允地评价了它，“本书带有一定的开创性质”，“它的出版必将对中国现代文学的研究和现实主义的理解有所裨益”。

（一）不囿成说，把历史的分析和美学的评价结合起来

本着实事求是的精神，以历史的眼光考察沙汀的创作实践，将有关创作的问题上升到美学高度进行阐发，并提出自己的见解，是这本书的主要特点。在人们印象中，沙汀是一个以暴露讽刺见长的作家，新中国成立前后对他的作品有许多非议，有时甚至给他扣上“自然主义”、“客观主义”的帽子。早在40年代，重庆文艺界曾就这个问题展开过讨论。现在，黄曼君同志在这本书里，就沙汀的作品是自然主义、客观主义还是现实主义的问题作了深入的论述。针对所谓“自然主义”、“客观主义”的说法，他在书中开辟了专章进行论辩，认为：不能因为写了反面事物就把沙汀当作自然主义作家看待；批判地描写和作家的社会理想相反的东西，正是对美的间接肯定，不等于作家心目中没有光明和美的理想；也不能把自然主义、客观主义和沙汀的现实主义的特色——不露声色的客观描绘混为一谈，尤

① 原载《中国社会科学》1983年第4期。

其不能把他在现实主义的客观描绘中产生的趣味性和娱乐性与自然主义对丑恶事物的展览和欣赏的低级趣味等同；沙汀小说的美感来自作家对反面事物高度憎恨和冷静剖析的客观描绘。对于生活中的丑怎样转化成为艺术中的美的问题，书中作了中肯的分析。这本书还从创造人物的典型化过程划分了沙汀的创作思想与自然主义的界线，并把暴露讽刺放到文学发展的长河中考察，指出：这个问题一直是作家创作实践中值得认真探讨的问题，它的实质是真实性与倾向性如何统一，文艺与政治的关系怎样处理，而从美学观点来看，涉及评价文艺的真实律、功利律和美感律如何统一的问题。

（二）独辟蹊径，探索新的研究角度和结构体例

这本书不是一般化的“传记加评论”式的评传，也没有走“生平加创作”式的文学道路，而是把沙汀对现实主义的探索和实践、他的独特艺术风格的形成和发展，作为研究的出发点和中心任务，章节也以这条线显示的阶段性来划分，使人有耳目一新的感觉。作者在书中把现实主义的真实性和典型性原则放在首位，以人物形象的个性化和概括化程度为创作阶段的区别标准，认为作家的创作个性和独特风格并非一蹴而就，而是逐步形成和发展的。如沙汀开始创作时，由于对生活不熟悉或知之不深，人物性格类同影子，作品风格虽出现了一些独特因素，但尚处于形成的过程中，于是本书写了“左联时期对现实主义的探索”一章；后来沙汀在写熟悉深知的生活的基础上进行了典型概括，写出了既有鲜明的个性，又有深刻概括意义的“压得住秤”的人物，朴素凝练、含蓄深沉的艺术风格也得以形成，出现了以长篇“三记”（《淘金记》、《困兽记》、《还乡记》）和《在其香居茶馆里》等著名作品为代表的创作上最旺盛的时期，于是本书写了“抗战时期现实主义的深化”一章。本书划分阶段，特别重视作家自身的矛盾运动。如对鲁迅的教导，没有简单化地拿来作为沙汀创作突变的起点，而是通过分析沙汀在这之后的一段时间内的创作，指出沙汀的写实手法还有待于上升到典型化的高度，因为他对鲁迅的教导理解还不深刻，对生活也未达到深知。本书对沙汀革命现实主义成就的深入探究，在今天坚持现实主义道路还是走现代派的道路的讨论中，是很有意义的。

（三）勇于探索，在微观剖析中引进宏观研究

重视艺术分析，从各个时期的文艺思潮的起伏更替和作家本人创作思想的发展和联系中探讨带规律性的东西，是这本书的又一特点。正如王瑶先生指出的："特别是本书对作品的艺术分析相当深入，有作者自己的感受和见解，这是很值得称道的。"这本书在对具体作品作深入细致的艺术分析的微观探究的基础上，一方面回顾作家自己走过来的脚印，系统地总结有普遍意义的创作经验，另一方面又置于时代的审美要求和广阔的文学背景之中，前后左右，广泛地进行比较研究。对沙汀作品产生的时代的审美要求的分析，能使人更准确地把握沙汀的政治态度和美学思想。比较研究主要表现在这几方面：与同时代的同辈作家比较，见出沙汀独特的创作个性；与对他有影响的外国现实主义作家比较，寻找其间的区别和联系；用沙汀这一时期的创作与上一时期的创作比较，显示沙汀艺术风格的一贯性和阶段性；把沙汀笔下的人物与外国作家笔下的同类人物比较，更见沙汀创作的革命现实主义特色。在专著中，把这种比较研究方法运用得如此广泛和多样，还是不多见的。

这本书严谨、精细的风格，与沙汀的创作风格颇有相通之处。这也是它显示出自己的特色的一个重要方面。缺点是在选材上不够精练。例如，对沙汀的所有比较重要的作品都作了详细分析，详略取舍不够得当，以至于使全书的线索脉络有时变得不够清晰，有些观点也因为作品分析具体内容过细而显得较为模糊。

（作者本名赵康太，1983 年为华中师范大学中文系研究生，现为海南省文联主席）

百年文学理论的足迹

——评《中国近百年文学理论批评史》①

王岳川

一般而言，学者在传统与现代之间，大多抱持一种重往轻来或贵古贱今的态度。如何重新总结20世纪的中国文学理论，如何把握在中西之争、古今之争这个语境中的文学理论发生、发展、繁衍、变化和其间的错综复杂的关系，如何清理一个世纪文学理论的遗产和展望下世纪新的文学理论的风貌，对世纪末的中国文论家来说，显得尤为重要。然而，如今学界却有一种重学术轻思想、重学术史轻思想史、重作家作品流派研究轻理论整理的倾向，使得当代文论研究变得分外艰难。

可喜的是，黄曼君教授主编的近百万言的《中国近百年文学理论批评史》由湖北教育出版社出版了。这部书写于90年代，它集中考察了1895年至1990年近百年的文论史，即在中国现代化总体历程背景下，以中西文化思潮大冲撞、大会合为其背景，对中国文学理论批评由古代向现当代的转型，进行了历史和逻辑的叙述和阐释，为20世纪文学理论研究的全面深入展开，作出了积极的努力。20世纪的中国文学理论，是一个非常复杂的阐释对象。时间纵向上，它由20世纪初的“古代文论”到20世纪中叶的“现代文论”再到近几十年的“当代文论”三部分组成，而空间横向上，近百年文论又受到了欧美和日苏文论的多重影响。因此，如何把握20世纪文论的精神，如何弄清20世纪文艺理论批评的内在逻辑，如何扬弃那些表面上的泡沫而抓住其内在发展的依据和动力，是非常关键的。我注意到，本书所具有的独特的理论认识使这部书具有鲜明的特点，主要表现在以下几方面：

---

① 原载《人民日报》1997年10月5日。

首先，本书并没有像一般教科书似的僵硬地将文学理论的发展变成概念逻辑的演绎，相反，黄曼君先生认为，文学理论批评是一种在特定文学观下的“文学活动”，是一种需要体验、总结和对现象加以审美评价的活动，以审美体验为其基础。同时，文学理论又是构筑成理论体系的，即通过一种体系性的阐释，舍弃那些偶然的、局部的东西而将它们整合在一个统一模式中的理论活动。它具有抽象性的超越性，因而与社会学、语言学、心理学、文化学、哲学、美学等学科相联系。在此，黄曼君先生强调了理论的逻辑活动和文学的体验活动在文学理论史的写作中互相关联的作用。

其次，本书还打破了过去那种将文艺学硬性地分为三大块，即文学理论、文学批评和文学史的做法。史中有论，论中有评，评中有史，使三者成为一个完美的整体。

最后，本书舍弃了那种“九斤老太一代不如一代”的文学理论发展史的看法，将20世纪的文学理论分成兴起、创建、发展、展开和繁荣几个阶段，紧扣审美的社会价值观念，注重主体选择的理论形态和批评类型，把握科学化的思维方式和范畴体系特征，揭示其成就和问题、经验和教训，概括总结出文学理论批评的现代化的形态，从而总结出一套中国新文学理论发展的模式。

这部书具有一个参与并共享了20世纪文学理论发展进程中的快乐和痛苦、困境和超越的视角，因此，它写出了20世纪的文学知识分子在理论思维方面的心路历程。书中对传统、现代、当代文学理论演进和裂变的论述，对新时期以来文学理论方面重大问题的分梳和研讨，以及文学创作和批评观念的拓展和碰撞，如比较文学研究、文艺本体论探讨、文学主体性争鸣、文学方法论的引进等，都作了有深度的阐释，进而从总体上推进了文学理论学科的自我反省和健康发展。

（作者为北京大学中文系教授）

稳健与创新：一代学者的历史品格
——评黄曼君《中国现代文坛的“双子星座”》①

吴建波

黄曼君先生所著《中国现代文坛的“双子星座”——鲁迅、郭沫若与新文学主潮》，洋洋37万余言（其中首次发表的约16万字），虽是一本论文集，但其学术质量、影响及意义，却可与优秀学术专著媲美。黄先生在现代文学研究界久负盛名，对鲁迅、郭沫若、沙汀的研究成就尤为显著，这本论文集便是他近五年来辛勤耕耘的新硕果，标志着黄先生又迈上了一个新的学术台阶。

每位学术研究者都能体会到，论文与专著，只是学术成果形式的区别，二者并没有高下之分。衡量成果价值的标准，是看其观点是否出新、材料是否有所发现、论述是否有力以及在学术界的影响。据说何其芳任文学所所长期间对研究人员的一个重要要求就是每年要扎扎实实写好一篇有分量的论文，王瑶曾主张研究者“多致力于写论文，有条件就出论文集”。依笔者拙见，黄先生的《“双子星座”》比他过去的专著更全面、更丰富地反映了他的治学风貌与功力，并显示出某种特有的学术个性。

纵观学坛论文集，不外两种。一种是成果荟萃，“零珠碎玉”，皆有光辉；另一种是研究范围相对固定，研究目标相对集中，全书有一中心线索贯穿，论篇则各有千秋，成书则沉甸厚实。黄先生的《“双子星座”》当属后种。近几年来，在新文学巨匠与新文学主潮的关系问题上，黄先生认为，

① 原载《中国现代文学研究丛刊》1993年第4期。

鲁迅与郭沫若虽然具有不同的思想特征、文化性格和创作个性，但又共同体现了新文学主潮的一系列特点。因此，通过对鲁迅、郭沫若的典型剖析，可以认清新文学主潮的性质、特点及方向。《“双子星座”》分为三组文章，第一组研究了鲁迅早期和前期的浪漫诗学、悲剧风格、创作思维以及后期的文学意识形态等问题；第二组研究了郭沫若的泛神论思想在文学思想和艺术上的反映、个性主义与中国传统文化的关系、浪漫诗学主体的特点、自然科学精神的影响等问题；第三组研究了新文学主潮中的一系列重要议题：“五四”文化精神、左翼文学评价、40年代文学的现代化民族化等。应该说，这是一种把宏观的体系性批评与微观的作家个性研究相结合的成功尝试。有了研究主体（新文学主潮），有了研究框架的体系性，个体分析才不致于见木不见林；有了对个体作家作品“烛幽索隐、细密具体的感受体验性批评”，主体研究才能深入落实，结论才能丰满厚实，从而避免一些专著常犯的空疏与空泛。《“双子星座”》的这种研究方法与成书格局，凝结着黄先生治学盛年的心血与经验，为我等后辈学子树立了楷模。

黄先生在《“双子星座”·后记》中谈到此书的治学原则是“在稳妥中有所拓新”。在著者看来，稳妥与创新，二者的关系是辩证的。创新是目的，稳妥是基础。没有稳妥的创新，是故作高深与空中楼阁，经不住历史的检验；没有拓新的稳妥，是守旧与平庸，研究失去学术意义。只有拓新才使研究具有创造性价值，但这价值是靠稳妥来保证其科学性与生命力的。在稳妥中力求创新，也是黄先生主持大型重点国家社科项目的指导方针与经常教诲学生的经验之谈，笔者就多次聆听黄先生作如是说。其实，何止黄先生如此，这是与黄先生同辈的整整一代学者的一种特殊的历史品格。

《“双子星座”》是黄先生学术道路上的又一力作，它比较完整地体现了黄先生“在稳妥中力求创新”的治学原则，主要表现在以下三个方面：

其一，坚持“历史的”与“美学的”批评方法。黄先生广泛地接触过古今中外各种文化思潮，尤其是近年来更是认真地学习过各种新方法、新思潮，同时这一切又能从马克思主义社会学和美学的历史的批评原则的基础上予以接受和融合。由于研究方法的科学性、鲜明性与方法的统一性，使得其对新文学主潮的分析高屋建瓴，切中要害。《“双子星座”·前言》即是一例。著者指出，过去对新文学主潮的认识多有“模糊与迷惘之处”：一是庸俗社会学、机械论的观点，把现代文学看作是沿着社会主义现实主义道路发展过来的，把无产阶级与资产阶级两条路线斗争认作现代文学史的贯穿线索；二是抽象的非历史和超历史的观点，或把政治救亡与思想启蒙对立，或把新文学的审美性与对历史时代的本质反映割裂开来，或脱离具体的时代和民族突出“我心目中的”鲁迅、郭沫若，从而导致研究工作的主观随意性。在提出如何坚持和发展新文学主潮时，既提出坚持文学的意识形态论和发展现实主义、浪漫主义文学思想的重要性，又特别提出吸取现代主义的某种合理性，指出现代文学研究中对情感、直觉、灵感、意志、顿悟等非理性因素研究得不够的问题。

又如《美学的历史的批评与鲁迅后期的文学意识形态观》一文，研究鲁迅后期文学意识形态观的马克思主义性质，认为鲁迅一方面批判了文艺超阶级、超时代的“人性论”、“自由论”和“性灵论”，另一方面又不同于机械论与庸俗社会学观点，对文学作为意识形态的能动性、中介作用以及特殊规律作了辩证的阐述。文章还从苏俄文艺论战、近现代文艺思想的嬗变、中国传统文化思想等多重角度探讨了鲁迅文学意识形态观的逻辑起点与源流。《“双子星座”》所用研究方法成功地表明，真正的社会历史批评方法是科学的、有用的，与过去那种依附于某种政治的庸俗社会学批评方法不可同日而语。

其二，科学地对待并适当地吸取新观念、新方法、新概念。黄先生在《“双子星座”·后记》中说：“回顾多年从事研究工作的情况，我一贯是本着这样的态度：一方面继承和融合着前辈或同辈研究者的成果和传统的研究方法、思维方式；另一方面则选择一些新的研究角度，采取和运用一些新的研究方法和思维方式。”的确，传统的“历史的”与“美学的”相结合的马克思主义文艺批评方法，不但没有妨碍他接纳新潮，除旧更新，反而使他视野开阔、胸怀广博、勇于创新。可这种“新”又绝不是赶时髦，随意标新立异，而是对新东西进行冷静的理性分析之后用其所长，融入自己的治学体系与方法之中。《“双子星座”》中，读者随处都可感觉到八九十年代学术新潮的生气以及这种生气给老课题带来的新面貌与生命力。

80年代初，学术界曾经新潮迭起到泛滥的程度，一时间新观点层出不穷，耸人听闻，新话语、新概念满天飞。对此，一些缺乏功底与经验的研究者盲目随从，另一些思想僵化者则横加指责，摆出一副唯我独革的可憎面孔。黄先生则不然，《“双子星座”》没有一点大批判文风与“时髦”气，有的只是宽容与科学的具体分析。有一段时间里，青年研究者大多探讨的是“我心目中的鲁迅”。黄先生没有对此持简单的否定态度，而是认真分析了当代西方哲学、人文科学思潮及其所派生的研究方法与模式对鲁迅研究的影响，一方面肯定其“一反过去那种庸俗社会学的政治实用的研究批评，让鲁迅这一复杂精神个体的许多未被注意的侧面，特别是与普通人相通又有人类普遍意识的心灵世界展现在人们面前，开拓了鲁迅研究的新境界”；另一方面又指出，鲁迅的精神主体，归根结底仍然被近现代以来政治经济的客观历史进程所决定。从而得出结论：在马克思主义指导下，从科学主义诸多方法中，吸取以事实为依据的指向，明晰实证追求的特征，从人本主义影响下、诸多方法中，吸取肯定人的情感、人的追求、人的本体存在意义的特征。而丰富和发展真正的社会历史的批评，既可以探究出研究者各自心目中的鲁迅，又可以比较地更接近历史的鲁迅的本来面目。

关于郭沫若与自然科学的关系以及郭沫若前期自然观、哲学观的研究，过去大多止于两个方面：一是郭沫若前期思想和创作的科学色彩；二是指出他自然观中的唯物成分与“动”的精神。至于究竟什么是自然科学的现代精神？近现代自然科学的新变革对郭沫若的精神内涵、价值观念、创作思维发生了何种影响？则鲜有涉及者。究其原因，一是用传统的研究方法难以突破；二是研究者自然科学与自然哲学修养有限。黄先生知难而进，在系统地学习有关自然科学哲学的理论、打破旧有知识框架的基础上，对上述向题作了出色的回答，带来了郭沫若研究领域的新突破。《自然科学的时代精神与郭沫若的泛神论思想》一文认为：自然科学的人文化潮流使郭沫若的泛神论突出人的精神主体性；自然科学的现代思维方式赋予了郭沫若泛神论的辩证与“动”的思想特征；自然科学的哲学旨趣增强了郭沫若泛神论的怀疑与忧患意识。文章中充满了有关自然科学的新话语、新知识，仅引用经典自然科学哲学著作就达十余种之多。难怪有的青年学者对此文大加赞赏，称黄先生是中年学者中的“新派人物”!《“双子星座”》中，类似的论文还颇多。如应用“主体”这一新概念与精神分析法解决鲁迅、郭沫若精神世界的复杂性问题，改造存在主义的观念和方法研究郭沫若前期的宇宙观、人生观问题，都得出了令人信服的科学结论。

其三，学术功夫圆熟老到，风格严谨踏实。比起八九十年代崛起的青年学子，黄先生等一代中年学者毕竟受过正规的系统的专业训练，加上经验的积累，认认真真的人生信条，他们总是不轻易下结论，一旦开口，便言必有据，论证充分细致有力，令人信服。做学问就是做人，马虎不得，不是“玩”，不是“跑马占地”，而是深挖一口井，到一定的火候，地下水自然喷涌，形成自己学术道路上的高潮期，令人刮目相看。年轻人的“深刻的片面”、“轰动效应”与他们无缘。比起王瑶等老一辈的学者，他们又不具备创业者的资格与风采，历史不容许也不需要他们发开辟鸿荒似的惊人之论，而赋予了他们更为艰难的充实与深入开掘的重任。于是，整整一代中年学者以圆熟与扎实为学问的第一追求，不乏创见与新意，但其锐气是通过细磨慢研而深藏其中，“不锋利的剑是最有力的武器”，学问毕竟不是杀敌的枪刺。这里，学术信念中，西方的自由意识、创造精神与中国传统的人生哲学融为一体。

《“双子星座”》中，以对郭沫若泛神论思想的研究最见理论功力。泛神论是一个令人望而生畏的课题，至今仍有一些大学课堂和教科书对郭沫若的泛神论诗章作似是而非的解释。从古印度的《奥义书》到20世纪西方的泛神论，从中国的孔子、老庄、王阳明到西方的斯宾诺莎、康德、尼采，都要有所心得，方能着手研究。著者发现，郭沫若的泛神论思想之所以不同于过去时代的泛神论及其类似的思想，一个重要的特点就是重视人的精神主体性原则，具体包含三层次的内容：人和精神主体由神和自然所派生，是神和自然的一部分，受制于自然的因果必然律，是作为客观物质世界的一种客体存在；重视人的主观能动性，强调主观立志和意志力量，主张通过自我扩张，发扬个体主观意志力，达到与本体融合，把精神主体的属性提到了宇宙本体的高度上；自我“由内而外”，使整个心灵、全部人格感应着时代、社会、人生、宇宙，又夸扬、锻炼个体的主体意识，以主怀疑、反盲从和我即宇宙的积极进取精神去迎接和参与现实生活。黄先生是下了苦功把郭沫若的泛神论同斯宾诺莎的泛神论，特别是以康德为代表的古典哲学及现代西方哲学、古印度哲学、中国先秦哲学、宋明理学作了细致的比较，才得出这种精辟而实在的结论的，其理论知识涉猎之广、领会之深、运用之得心应手，令人叹服不已。

黄先生《“双子星座”》的出版再一次有力表明：他们是继往开来的一代，他们的优秀品格和丰硕成果形成了辉煌的、后辈人难以超越的学术历史。

（作者为华中师范大学文学院副教授）

评黄曼君《新文学传统与经典阐释》[①]

王　进

中国现代文学学科正在经历一场深刻的危机：首先是总体的研究框架在动荡不定的摇摆中莫衷一是，由早期以王瑶为代表，被唐弢、严家炎精密化了的以革命史阐释文学史的现代文学学科框架，中经黄子平、陈平原、钱理群三人联署的“二十世纪中国文学”的研究框架，再到晚近陈平原与陈思和分别向“国学”以及“民间”搜寻思想资源的思维框架，我们感受到了紧张的思考和不断的否定，然而却没有形成足够有效的理论资源来支撑学科大厦；其次是对文学经典的阐释陷入了空前的焦虑，文化语境的转换导致了价值判断的失据，从20世纪80年代中期开始逐渐生出的一个严厉判断是，中国现代文学30年间的文学成就从整体上看是不能令人满意的，甚至举出鲁迅为例，认为以世界文学的水准衡量，鲁迅也还不能算是伟大的作家；再次是纯文学立场的解体与文化研究的泛化，从80年代走出政治藩篱走向纯文学到90年代告别审美冲动走出纯文学，中国现代文学研究一直没有找到自己的学术立足点，各种文化武器诸如语言学、民俗学、心理学等在这个舞台上匆匆挥舞一过，虽则眼花缭乱却并没有给人留下深刻的印象。这种情况的发生尽管可以从政治的高压和社会的转型中找到借口，但是从内在的意义上来看，这个学科内部的文学史理论的贫乏不能不说是一个重要的原因。一些主要的理论倡导者们心浮气躁，热衷于争当学术明星，争夺话语权利，不断抛出新话题，却没有一个话题被认真地研究过。

---

① 原载《文学评论》2007年第1期。

在这样一个情势背景下，黄曼君先生的新著《新文学传统与经典阐释》就显得极为难能可贵。当代中国文学批评界一直以来就有史与论的隔膜，搞纯理论的不熟悉文学史失之于空疏，而搞文学史的则不熟悉理论而失之于呆板，黄曼君先生则是少有的能在史与论之间相互打通、在历史与现实之间相互衔接的文学史家，他主编的《中国20世纪文学理论批评史》使他有足够的理论底气对文学史进行思想穿透，因此，这本新书作为史家的文论就有许多新的创获值得重视。

首先，中国现代文学史论作为文学原理与文学史的中间环节，它要给文学史的叙述提供一个基本的逻辑出发点，同时又要把文学史的现象上升到一个形而上的理论层面来加以观照，从而给出一个文学史面貌的诗学描述。在这个意义上，我以为黄著有着非常清晰的理论思路和理论自觉，他是以一种宏观吞吐的学术气度，有意识地建构并贯彻自己的独特的诗学范畴，在一个统一的逻辑链条上展开对文学现象的探究与论述，尽管全书是散篇论文的结集，思路却是一以贯之，各种文学史的事实也反过来支撑着他的理论建构，这个一以贯之的诗学范畴就是黄先生反复申论的“诗、思、史”的统一。黄著是围绕现代文学经典的思考而展开的。何谓经典？中国现代文学有无经典？这是多年来困惑当代学术界的一个重要问题。文学研究和批评领域对此可谓人言人殊。从80年代中期开始，一个更为严厉的判断逐渐生出：在1949年以前的30年间，虽然出现了若干优秀的作家，也有一些作品流传到今天，但从整体来看，这30年间的文学成就其实是不能令人满意的。甚至还有人坦率地说，中国现代文学最重要的价值，恐怕就是充当思想史的资料。而在吴炫先生发表于2000年的论文《一个非文学性命题》中，同样作出了一个“本体性否定”：“在经典的数量和质量上，古代、现代、当代呈现的是滑坡趋势。别的不说，仅就长篇小说而言，在20世纪汗牛充栋的中国长篇小说中，要找出超过明清‘四大名著’的作品，恐怕是困难的。”通过以上诸说，我们不难发现，在当前文化与文学格局发生急剧转型的过程中，社会心理及学术心态上所产生的焦虑感和危机感。这种焦虑感和危机感的产生，也迫使我们深入反思中国现代文学的经典问题。

在我看来，有关经典问题的困惑，主要是根源于本体论缺失所造成的阐释性焦虑。中国现代文学是处于中外古今交汇点上的独特的文学现象，这是一个巨大的思想张力场，所谓“各抱地势，勾心斗角”，各种人类思想的精华在这样一个平台上错综交织，丰富性、多元性、复杂性是它的突出特征，面对这笔文学遗产，要求我们的研究者必须具有复杂性的思维，而所谓经典的悲观论判断，可能正是简单性思维所致。例如，在什么情况下，现代小说与“四大名著”是可比较的；在什么语境中，政治激情就一定是非审美的；在什么框架内，永恒主题是应当肯定的。很多论者似乎并没有给出有说服力的理由。我认为，中国现代文学作为20世纪最杰出的中国人的才情和智慧的结晶，已经创造出了堪称属于自己时代的文学经典，它是这个时代的人民生存状态和生命意识的审美表达，在历史给定的条件下，它已尽可能地发挥到了最高水平，无论今后的历史会进步到什么程度，当人们需要了解20世纪初叶中国人的命运、境况、苦难、挣扎以及情感方式时，他还是会打开现代文学的著作。尽管文学史是一个遗忘率最高的领域，在若干年之后，能够被人们记住的作家作品将会越来越少，但可以肯定的是，在二百年、五百年之后，鲁迅与阿Q的形象还是会被人们深深地刻在脑海中。这就是经典。因此，所谓经典，是指那些能够产生持久影响的伟大作品，它是具有原创性、典范性和历史穿透性的文本，已经成为一个时代的历史记录，并且具有巨大阐释空间的优秀文学作品。对现代文学经典的争议，在很大程度上是由时空距离的短促所造成，这需要时间的沉淀。但肯定四大名著与肯定现代小说的最大区别，是后者除了需要时间之外更需要勇气，以及在悖论中对文学经典的本体论回归。我以为黄先生的立论是对近年来有关现代文学经典问题的争议的一个高屋建瓴的总结，他是从精神意蕴、艺术审美和民族特色三个角度来展开他的分析，认为文学经典是特定历史时空与文化语境中思、诗、史相交融的结晶①，而在西方思想史上历来主要是思与科学、宗教的对话，少有思与诗、思与史的对话，只是从20

① 黄曼君：《新文学传统与经典阐释》，湖北教育出版社2005年版，第44页。

世纪初期的“诗性转向”开始，才算真正完成了这种融合，而在中国社会追求现代性的进程中，这种思、诗、史相融合的新文学经典便在这种“诗性转向”中诞生。黄曼君先生在他的独树一帜的文学经典论中有如下一些运思方式值得重视：其一，现代文学经典是对现代性历史进程的回应，它是现实的生命存在方式的审美表达，但是，现代作家对现代性的理解一开始就在两个维度上展开，即资本主义的现代性和反资本主义的现代性；其二，对现代文学的阐释历来存在着诗与史的二元对立，而通常的阐释维度是强调了史而忽略了诗，这也是对经典的焦虑产生的根本原因，其实诗是经典的根本元素，没有诗就无所谓经典，而回到诗则是回到人类生命最深的本源；其三，现代文学经典体现了对世界性语义空间的回应，它对当代世界哲学美学文化思潮的吸收是前所未有的，否则就与“现代”二字名实不符。同时，它也因此获得了深刻的思想含量，而伟大的文学经典通常都有伟大的思想，肤浅的文学永远与经典无缘。

其次，中国现代文学史论面临的一个重大的理论考验就是如何对“革命话语”作出令人信服的解说和价值判断，这是一个颇为棘手的难题。长期以来，学术界在这个问题上大都是采取了简单批判的态度，似乎中国现代文学的问题多多，根子就在于“革命”的意识形态与主流的理论话语对文学艺术的介入和伤害。如果联系到新中国成立以来历次政治运动对文学的深刻影响，这种清算政治革命以维护文学审美纯粹性的主张好像已颇有市场，“告别革命”甚至已经成了时尚的文化标签。黄曼君先生也没有回避这个问题，非但没有回避，而且用了相当多的篇幅对文学主流话语进行现代诠释，简言之，他把“革命性”作为“现代性”的一个“题中应有之意”来加以关注和讨论①，我以为，这是一个极为聪明且富于智慧的理论建构，它是对于近些年来有关“革命”问题讨论的一次真正的超越。黄先生指出：“毛泽东的《讲话》及其文艺思想体系所揭示的革命性、政治性、民族性和大众性是中国社会和文艺现代化的‘题中应有之意’。所谓‘救亡压倒启

① 黄曼君：《新文学传统与经典阐释》，湖北教育出版社 2005 年版，第 108 页。

蒙'的观点和'告别革命'的思潮认为是人民革命、政治救亡和民族战争压倒了'五四'以来呼唤科学与民主、张扬理性精神、追求个性解放的启蒙主义思潮，阻碍了近百年来为建立一个与世界潮流一致的民主、开放的现代民族国家的现代化进程，也延误了形成新文学现代品格而进行的文学的现代化进程。我以为，这种观点有其片面性。这种观点过分夸大了革命救亡与启蒙二者之间所存在的矛盾。"这是一个清醒的认识和清晰的判断。近些年来，由于我们屡屡与诺贝尔文学奖无缘，许多人在抱怨政治与革命，好像我们没有产生伟大作家的原因是受了政治的拖累。从历史上看，伟大的文学总是在伟大的革命中走向成熟。然而奇怪的是，在中国当代的文学理论批评中人们似乎得出了一个相反的结论：以远离政治和告别革命来保持自己的艺术贞操，鼓吹所谓的"纯文学"。我以为这种理论值得商榷。即以文化研究的视角而论，在整个20世纪中，革命都是一场世界性的文化现象，所谓"红色三十年代"和"红色六十年代"，指的就是这场世界性的政治狂欢，或者说20世纪文化的主题就是革命。在一场以颠覆为使命的文化转捩中，政治话语是最基本的甚至是唯一的言说方式，作家参不参与政治是无法选择的，政治言说方式于60年代在全世界都达到了高潮，马尔库塞和萨特都曾以这种方式参与其中并成就了一代大师，在中国的20世纪文学中，鲁迅和闻一多都曾以强烈的政治激情与当代革命的主流话语沟通，然而他们也都成就了一代文化巨人。这里的关键在于他们的政治激情是出于文化的良知而非政治的盲从，是对黑暗现实的文化抗议。因此，他们最终完成的是一个诗性的生命和诗性的人格，没有人会把他们当成政治的打手。可见问题的关键不是政治把你造就成了庸人，而是你以庸人的心态参与了政治，中国当代作家在巧妙地避开了政治的同时，也把自己造就成了庸人。因此，把自己不伟大的责任推给政治只具有有限的合理性，在更深刻的意义上则是因为当代中国文人已经高度地庸人化了。而一个毫无政治敏感与革命冲动的作家，几乎命中注定了与"伟大"无缘。只要看一下最近若干年来诺贝尔文学奖的政治取向，就可以证明中国文人的聪明与世界大势是何其南辕北辙，其生命的质量与内涵是何其苍白无力。诚然，我们也有人写了极"左"政治下的苦命与苟活，但那只是让人可怜的煽情而非悲天悯人的境界，缺乏一种终极关怀的普照的光，还缺乏一次伟大的革命性冲击。因此，我以为黄曼君先生理直气壮地张扬革命的主流话语，是真正体现了思想穿透力的史家眼光。

最后，中国现代文学史论的阐释对象作为一个复杂的精神客体，它正处在中西古今的文化交汇点上，为了能够阐释这样一个对象，需要文学史家居高临下，放出眼光，建立一个有效的理论阐释框架，这样才能给大量的文学史实找到一个鲜明有力的逻辑支撑点。而这，其实也是许多年来现代文学的研究者们着力甚多而收效甚微的难点。黄曼君先生在这个问题上作出了自己独特的理论贡献，这就是文化诗学的方法。尽管这些年来理论界也一直在谈论文化诗学的理论，同时还从国外译介了格林布拉特的学说，但是从总体上说，理论界对于理论的适用性还比较隔膜，尤其是对现代文学史实还比较陌生，因此，理论与史实脱节的现象还比较严重。黄先生在其论著中使用频率最高的词汇就是诗性、诗学、文化，他的理论运思维角度，在我看来就是从政治的现实出发经由审美最终进入文化的境界。黄先生把鲁迅的艺术精神概括为“浪漫诗学”，而把闻一多的文化精神则直接称为“文化诗学”，诗学与诗性是黄曼君先生阐释话语的中心概念。我认为这体现了黄先生寻求超越的理论自觉和审美旨趣。刘小枫在谈到德国浪漫美学传统时指出：德国浪漫美学是一种诗化哲学，它把诗不只是看作为一种艺术现象，而更多的是看作为解决人生的价值和意义问题的重要依据，并把美学视为人的哲学的归宿和目的地，成为一种泛美学化的哲学。浪漫美学不是一个特定的流派，而是一种思想传统，它的终极问题是人生的诗化，使有限的生命寻得自己的归依。诗化而且谓之传统，足以表明这个问题在思想史或精神史上的原初意义或本源性质，它是人类为了赋予生命以意义而不断进行的终极追问和超越追求，诗性不是某种特定的或静止的状态，而是一种永无定论的超越过程，因而，诗性属于一种智慧形态。今天当我们已经在各种话语中不可避免地使用着诗性、诗化、诗学这样的术语时，难道我们还能够继续忽略这种话语背后的精神资源吗？有研究者认为：“由‘文艺学’、‘文论’返回到‘诗学’概念，包含着一个根本性意图：返回到原初状态去。原初并非仅仅指开端，原初就是原本、本原、本体。因而返回原初就是返回本体。这样一种返回必定是根本性的。同'诗'作为文学的原初状态一样，'诗学'也意味着'文艺学'、'文论'的原初状态。返回'诗学'就是返回原初状态，返回本体。"诗学、诗化、诗性，作为人类精神原初状态的表征，属于本体论的范畴，如同婴儿的啼声一样，它是人类最易沟通的生命信息和情感符号，在这个层面上，东西方可以对话的领域十分广阔，它是人类文学精神的一个原型。实际上，中国古典文化精神的价值核心即是诗性，以庄子为代表的道家文化被作为中国艺术精神的代表，它的最高追求即是艺术的人生和诗意的生命，儒家文化虽然有着鲜明的理性特征，但是孔子的一句"吾与点也"还是清楚地表明了儒道在诗性立场上的共同语言，了解这一点，我们才能真正触摸到中国文化的精神原型。黄曼君先生关于思、诗、史相融合的理论主张正是从民族文化根基的角度所生发出来的诗学判断。黄先生对鲁迅、闻一多的评价更多的是对其民族性的肯定，对沙汀则是看到了他的创作中的民俗学的价值，而对毛泽东甚至还把他的实践理性精神与"民胞物与"的儒家人文理想联系起来，而所有这一切黄先生又把它们与现代性的总命题贯通起来，这就使他能够在前人和同时代人的诸种阐释之外，又开辟了一个全新的阐释空间，得到了许多新的理论创获。作者在方法上特重个体的感悟，同时又把由这种感悟所得到的丰富的经验材料，纳入到一个崭新的阐释框架，这就避免了使这种感悟流为散金碎玉式的印象，又使整个阐释带有一种灵动的诗性气质，同时也使黄先生由此获得了方法论意义上的成功。诗学的境界是一种智慧的境界，智慧是一种永无定论的东西，它具有非实用性与非实证性、非真理性与无定论性的特点，孔子、老子所讨论的问题，至今仍在争论不休，这正是智慧的本性。只有无定论的问题才是真正的智慧，而真正的智慧总是无定论的，因此，真正的文学悟性从不关心正确与否，而是关心精彩与否，看其是否提供了新的言说方式和新的想象空间。中国20世纪文学理论批评在一条非诗的道路上已经走得太久，而黄先生的阐释正在回到正确的道路上来。

（作者为广州大学人文学院教授）

诗性的烛照与栖居
——评《新文学传统与经典阐释》

黄海晴

华中师范大学教授黄曼君先生的力作《新文学传统与经典阐释》以文学的现代化或现代性为核心，以新文学传统和新文学经典阐释为线索，是一个现代品格与历史进程相统一，文本的历史化与历史的文本化相统一的丰富复杂的共同体的建构。这本书由“现代化与新文学传统”、“新文学成果的经典性特征”、“主流话语的经典品格”、“学科建设的现代性探讨”四个方面构成，具有以下几个特征：

一、现代性的复合视角。现代化或现代性虽然在思维模式上强调人的主体性和理性精神，在社会运行模式上强调合法性、科层化，是具有确定价值的现代普适性概念，并确有解放的功能。但现代化、现代性决不是一种僵化的总体性历史元叙事，它提供一种新的总体性视角，是一个跨越数个世纪的流动工程。本书论述文学的现代性正是将其放置在现代性与种种反思现代性思潮的张力场中，并且还认为中国新文学的现代化或现代性的精神内涵始终离不开革命叙事和抒写，革命化乃新文学现代化和现代性的题中应有之意。

本书论述的现代性正是以它具有反思性与多元性为特征的，以现代性为轴心，可以辐射出一幅幅多重话语的精神地形图。文学的现代品格，新型传统和经典的特征，以现代性的总体性视角渗透到本书中各种文学现象的阐发，特别是文学经典的阐释中；本书多种文学现象的阐发和新文学经典性成果的研究，又使新文学现代品格，它的传统和经典呈现出丰富多彩的面貌与延异创新的特征。书中每一种文学现象的新的阐发、每一种文学经典的新的读解都是一种“散点透视”，都丰富我们对新文学品格、新文学传统和文学经典的感受和认识。

“只要中国现代化的过程仍在继续，中国现代文学‘新’的特质仍会发展。因此，从这个意义上说，用20世纪中国文学的概念还不如用中国现代文学的概念。因为前者无法概括中国文学现代化未来发展的全过程，而后者的‘现代’概念则可与社会和文学现代化过程相适应。”正是基于本书的这一观点，华中师范大学中国现当代文学博士点提出“现代中国文学”的概念，以此与“古代中国文学”的概念相对应，来代替过去中国近、现、当代文学分离格局的提法，也与20世纪中国文学的概念不同。

二、过程性的传统观。本书对中国新文学传统的论述，有如下两个特点：一是与过去大多从政治意识形态上来看待新文学传统（如“五四”新文学传统、左翼文学传统、“延座”以来的革命文学传统等）不同，本书则是将这个传统作为一个现代性的整体，以现代性在中国的发生发展为线索，将其形成、发展的过程分为转型、构型和定型三个阶段加以论述，回答了新文学有没有传统？如果有，它是如何从中国古代文学中转换和蜕变过来的？它形成的条件和特征是什么？有什么必然性和意义？从而论述了现代化大叙事对于研究新文学传统的作用和局限。二是与过去新文学史撰写缺乏自觉的传统意识不同，本书在论述中将文学史学与传统学相结合，既与文学史学相联系，从文学传统独特的读解系统与阐释空间，研究传统被继承革新的历史过程；又与传统学相联系，揭示出中国新文学传统与古典文学传统相区别的基本资质，从而确定新文学传统的特殊范型。

三、经典的诗性特征。本书对于20世纪中国新文学经典进行了概括的论述。这里的论述以突出精神文化与“诗性转向”的思、诗、史关系结构为线索，从精神意蕴、审美诗性与史的定位等三个方面对文学经典的含义进行了界定，认为文学经典是以诗性为核心的思、诗、史的结晶。因为与历史和哲学经典相比，它更具有文学性，更富有心灵的感动，更具有审美的内容，更强调从艺术和审美的角度来理解人。以对经典的界定为基础，论述中揭示出中国20世纪新文学经典化复杂的历史变动与阐释中的新文学经典世界，并对“思”的诗化与实用理性化的不同倾向进行辨析，展示出思、诗、史关系的不同组合带来的经典之间、经典阐释之间以及新文学史之间的类型区分与矛盾冲突局面。

本书中还载有黄曼君先生探讨“以美引真臻于善”的中国现代文学教学体系的内容。这个体系的构想是，根据马克思的人类“按照美的规律来塑造物体”的总体思想，美应该是自由运用客观规律（真）以保证实现培养目标、教育目的（善）的中介结构形式，美本身也是人诗意地把握世界、体验人生的新的存在方式，一种“诗意地栖居大地”的新的文明。从中国现代文学教学来看，要把各种知识体系传授给学生，学生要接受、融合各种知识体系以丰富和更新自身的主体，在传授知识、揭示客观规律与培养学生、造福社会、适应“三个面向”的需要之间，即在“真”与“善”之间就会产生种种矛盾冲突。而美则可以诗意地协调真与善的关系，从而使它们和谐地结为一体。黄曼君在本书的“前言”中说：“我在教学上是这样，在科研中也尽可能争取做到这样。今年已届七十的我，回顾一生，尤其是临近晚年，更感到教学、科研已经实际上变成我的一种生存方式。无论退休后怎样休闲，这种生存方式恐怕都是无法改变的。这对于我来说，可能就是一种‘诗意地栖居’的境界吧！”从这里可以看到，本书作者对文学以及文学研究的诗性把握是何等的重视！

四、独特的经典阐释。书中对中国20世纪新文学经典的诞生进行了多方面的阐述。在对鲁迅、郭沫若等新文学“元典”性质的经典作出了深入的论述后指出，鲁迅、郭沫若的《呐喊》、《彷徨》、《女神》等文学经典呈圆球形辐射状多面体，具有丰富复杂的内涵，以它们为代表，集中凸显和体现了“五四”新文学独特的精神审美模式，因此将清末至“五四”的文学变革成果推到了民族语言思想的一个新的“平台”。有了这个“平台”，不仅呈开放多元特征，多层面、多角度对经典进行的阐释、接受是在这个“平台”上；对经典的质疑、问难与挑战，消解、戏拟与重构是在这个“平台”上；而且，文学经典与文学经典之间的交流、联络与影响，革新、创造和独立，也是在这个“平台”上。

本书对闻一多的民族文化性格和现代人格精神的揭示，集中点是他对文化诗学特征的把握。他一方面有广阔的文化视野，另一方面又有独特的审美品格，其诗其文，文化阐释与审美阐释，文化人格精神与诗性审美把握，两方面往往融会贯通又互相映衬，在独特的现代性上达到了很好的结合。其现代性突出地表现在他将世界思想史上理性的转向与诗性的转向结合起来，将诗中的历史与历史中的诗性结合起来，将现代文化精神与富于原创性的审美、诗学命题结合起来。书中涉及闻一多曾接受基督教影响，他接受的也不是基督教形式，而是基督教文化，是知识分子人格自我完善的一种方式，看重的是宗教精神凝聚人心的理论意义。

书中论述认为，胡风文艺思想的研究应该回到历史的原初语境，避免随一时潮流而将其文艺思想拔高或贬低的倾向。通过回到马克思主义的原初语境，回到左翼文学思潮产生、发展的具体历史语境，回到胡风思想的文本本身，可以看出胡风文艺思想具有回归、创新、开放的“延异”性存在特征。

沙汀小说艺术再现的特征是在长期生活积累的基础上，在某种媒介的触发中，往昔的思维定式经过思维主体的作用而在创作过程中产生的定式效应，一种对世界的现实主义的艺术把握方式。

关于中华人民共和国成立后十七年的文学，本书在许多有关的地方进行了概括的论述，并着重论述了《创业史》在长篇结构和人物描写上对中国古典小说艺术经验的接受和创造性转换，这是通过文本本身的解析透视小说独特的艺术概括的一种努力。此外，本书还通过对杨书案的文化溯源小说的分析，提出了中国古代“轴心期”文明的延续问题。作者在今天新的“轴心期”火焰的光照下，将一以贯之的华夏“轴心期”文明的来龙去脉加以梳理，从三个维度、三度空间进行“知、情、意”三个方面视界融合的艺术概括，便能使人获得新的艺术感染，燃烧起新的火焰来。

本书在论述文学的现代化和现代性问题的时候，注意到港台地区及海外作家在这方面的特殊性与长处，如余光中、赵淑侠等作家，既有深厚的中国古代文化、古典文学的素养，又有对西方文化和文学的亲身感受与长期研究，这些都通过他们的艺术个性，创造性地转换与融合到他们的丰富多彩的创作内涵中。

五、经典话语的重读。本书认为，对毛泽东文艺思想应该进行重读，而对它的现代性观照，应该看到它在现在和未来都起作用的“活的灵魂”。书中引用了《中国共产党中央委员会关于建国以来若干历史问题的决议》中对毛泽东思想的活的灵魂的概括（实事求是、群众路线和自力更生），认为探讨毛泽东文艺思想的“活的灵魂”可以与此相适应，也大致可以概括为文艺的实践性原则、文艺的人民本位观和文艺的中国民族特性等三个方面。这三个方面的根本思想包含着毛泽东一系列著名的文艺观点，如文艺为人民首先是为工农兵的方向的观点；文艺的“百花齐放、百家争鸣”的道路的观点；文艺工作者深入人民生活、深入实际斗争改造世界观并获得创作源泉的观点；作家艺术家必须先做人民的学生，再做人民的先生的观点；生活美与艺术美的辩证关系的观点；正确的政治思想内容与尽可能完美的艺术形式相统一的观点；对中外文学遗产“古为今用”、“洋为中用”、“推陈出新”的观点；“以中国的东西为主”、创造为中国人喜闻乐见的中国作风与中国气派的观点；“诗要用形象思维”的观点等。这三个方面的根本思想作为毛泽东文艺思想的“活的灵魂”是长时间经常性起作用的。它们对于中国进步的、革命的文化和文学起着推动和指导作用，因而也是富于现代性特征的。

（作者为华中科技大学人文学院讲师）

“自决”、“自性”的生命之流
——评黄曼君《中国20世纪文学现代品格论》

金立群

《中国20世纪文学现代品格论》，从书名来看，是一本从宏观视角对现代中国文学进行根本定性的文学史论著。这种定性的冲动一直伴随着现代中国文学的研究与学科成长，尤其是在80年代“重写文学史”思潮后愈加强烈。从“新民主主义文学”到“社会主义文学”，再到“现代性”的文学，再到“被压抑的现代性”的文学；从以左翼文学为主流，到左翼文学、自由主义文学、守成主义的文学的三足鼎立，再到雅文学与俗文学的互动转换；从坚持中国现代文学的断裂性、现代性特征乃至“现代主义”特征，到由国学热带来的对现代中国文学与古代文学传统沟通的再认识——对现代中国文学基本品格的定性：一方面伴随着学科研究的深入和发展，体现了不同阶段的学科研究成果，另一方面在元方法上也带有独断论的色彩，总要在“是”什么上下个结论，其结果是一方面必然排斥了许多不能纳入到这“是”当中的丰富的生命内涵，另一方面则因似乎找到了终极真理的“有”为既有的研究画上了休止符。而《中国20世纪文学现代品格论》排除了这种定性的冲动。它用一种新的方式来阐述现代中国文学的现代品格，它将现代中国文学这“人的文学”化为“文学的人”，用我们的所有研究去理解、呈现一个包含了创造与超越、接受与阐释的伟大生命，将研究对象主体化、人格化。

在开篇“导论”中，黄曼君先生将现代中国文学定位为“生命之流”——“‘自决’、‘自性’，作为一个完整‘身体’的‘自己’而存在，它在丰满本身生命的自我肯定与狂欢中超越自身，超越种种‘逻各斯’中心而呈现出不可遏止的生命力。”而现代文学研究则需要“从它本身的生命性来观照……既要看到它某种生命本体形态，又要注目于它在被阐释关系链接中生命力的动态呈现，还要以鲜活的当下性言说实现历史视域的重新整合，以达到对其生命特殊本体的概括”①。这段话正是贯穿全书的精神灵魂所在。这不禁让我想起了老子说的“道可道，非常道”——可以言说的道，不是永恒的道。那么为什么“道”不可言说呢？因为“道”是生命，而生命的丰富、流动，一旦言说就被限制、凝定了。20世纪中国文学正是这样的生命，它不是一个凝定的静止的对象，而是体现了现代中国人主体性的鲜活生命过程。如何看待这样的生命呢？我不禁又想起了尼采谈“超人”的两段话：“我给你们讲授超人，人是一种应该被超越的东西。”“人之所以伟大，是因为他是一座桥梁，而非目的。人之所以可爱，是因为他是一种过渡，一种毁灭！”② 20世纪的中国文学正是这样一个不断自我超越的生命过程，是“人的文学”，也是充溢着20世纪中国人复杂灵魂的“文学的人”。

近年来作为热点之一常被提及的对于中国现代文学学科命运的焦虑，其根源都在于将中国现代文学作为一个凝定的对象，一处被客体化的矿产，就是那么短的历史时段，好像地球上的石油资源一样，经过多年开采，就快告罄了——除非再发现新的资源。于是应对的方式就是不断从时段上将现代文学前推，或者操弄不同的理论菜刀如切菜般将其或切成丝或切成块，或者玩玩将边缘提升到主流、将主流放逐到边缘的把戏——所有这些努力让人看了总不免有挣扎之感。而研究“人”、研究“生命”，则需要我们不断寻找、尝试与之契合的叙述方式，努力达成语言本体与生命本体的交融。也正是在此意义上，黄曼君先生主编的《中国20世纪文学现代品格论》，对于中国现代文学的研究以及中国现代文学学科的发展都具有重要的启发价值。

本书内容，除导论外，大致可分为两大板块。第一章至第七章分别从文

---

① 黄曼君主编：《中国20世纪文学现代品格论》，武汉大学出版社2007年版，第1页。

② 尼采：《查拉图斯特拉如是说》，漓江出版社2000年版，黄明嘉译，第6、8页。

学观念、文学思潮、文学语言、文学文体、文学风格、文学批评、通俗文学等七个不同的侧面描述20世纪中国文学生命本体的存在轨迹。第八章至第十章则侧重于20世纪中国文学的生命存在境遇，从中外遇合、多元格局、反思阐释等不同侧面揭示了伴随着20世纪中国文学生命成长的文化、社会、政治时空的流变及其与生命本体之间的复杂相互作用过程。然而不论是哪一板块，均以新的言说方式展开，以呈现和描述替代结论或判断的论证。全书始终将20世纪中国文学不同层面、不同侧面的品格置于各种复杂的矛盾关系之中，将品格视为各种张力作用下的生命呈现，是“囊括了理性与感性、客体与主体、启蒙与审美、政治与艺术、崇高与悲凉、雅与俗、生理与社会、灵与肉种种不同视角构成的矛盾关系”，“不是凝固不变的绝对化和终极性事物，它的总体性历史元叙事框架时时处于被阐释、被接受、被解构的过程中”[①]。而全书各章节小标题中出现最多的，构成全书经络的关键词就是发生、转换、沿革、流变、蜕变、互动等表征过程的动词，从而将以往我们所习惯的确定“是”的冲动化为了追求“在”的热情。

本书力图还原、呈现、追踪这一生命过程——包括与之融为一体的同样作为存在本身的生命境遇，探索生命成长、发生、嬗变的运行轨迹和内外机制，揭示其背后复杂的“生命动力”，而不是或明或暗地预设一个先在的结论，然后加以论证。例如，本书在论述“现代文学观的主流形态”[②]这个最容易也最方便进行定性判断的问题时，其主体是描述现代文学观的演变过程与演变机制，将“主流形态”视为生命演变过程中自然呈现的“大势所趋”。又如关于20世纪中国文学的语言品格，本书也是描述“沿革”的过程，将作为语言品格的现代汉语置于现代文化冲突与现代文学选择的“机制”中考察其成长的轨迹[③]。也正是因为执着于对“在”的呈现，使得

① 黄曼君主编：《中国20世纪文学现代品格论》，武汉大学出版社2007年版，第1、10页。

② 黄曼君主编：《中国20世纪文学现代品格论》，武汉大学出版社2007年版，第41～48页（第一章“观念新变”第三节“现代文学观的主流形态”）。

③ 黄曼君主编：《中国20世纪文学现代品格论》，武汉大学出版社2007年版，第124～135页（第三章“语言沿革”第四节“现代文化冲突与现代文学选择”）。

本书在阐发具体问题时具有一种特别的细腻与贴切，全方位占有材料，而不是对材料削足适履，由此呈现出的灵动飘逸亦体现着20世纪中国文学本身斑驳色彩的相互掩映与闪现。如论述文学风格的演进中之“从古典到现代：打破和谐”一部分时，并未将这一过程简化为“取而代之”四个字，而是细腻地把握了各种不同来源的风格气质在特殊历史时期的相互激荡、酝酿的生命历程，最后的点评“优美和谐的文学认同于时代主流精神，有明显的崇高化趋向，而在特定环境中又折射着时代的悲哀；现代幽默喜剧同样难以剥离崇高因素，但更多的是表现出浓重的悲剧意识，并逐渐演化出焦灼、荒诞等具有独立审美意义的风格形态”[①]，以递进与转折相伴随的句式将生命进程中的摇曳与复杂贴切地呈现出来。

由此可见，正如荣格将人格视为人的全部精神世界一样，在这本书里，作为“人的文学”与“文学的人”的现代品格不是外在的定性，不是这样或那样的标签、特征，而是一个复杂的发生成长过程，是精神世界的全部。正因为本书以一个独特生命的呈现为自己的目标，因此体现出开阔的学术视野和包容的学术胸襟，特别是近几年来学科热议的话题，如雅俗关系、先锋与常态、主流与民间、现代性与传统现代间的“断裂”问题等，均被纳入到本书编写的视野当中。本书善于融汇相关学术成果，努力将其融化到还原20世纪中国文学之丰富存在的努力之中，而这种吸收、融合的可能与实现，也正是20世纪中国文学生命呈现之复杂性与开放性的明证。

其实，要在一本书里完成对20世纪中国文学生命的描述是不可能的，想想看，《尤利西斯》里某人某天某时的一段意识流就需要上万字，因此本书在50余万字的篇幅中自然也无法“穷尽”这样复杂的“人的文学”与“文学的人”的生命全貌——各个方面、各个层面、各个关系、各个范畴、各个矛盾、各个过程等。诚如黄曼君先生在本书“导论”结尾所说：“中国20世纪文学的现代品格决不是超验的凝固不变的‘逻各斯’，也不是要获取和体现某种终极真理，它是一股强大的生命之流，它回环往复，生生不息，

---

① 黄曼君主编：《中国20世纪文学现代品格论》，武汉大学出版社2007年版，第242页（第四章“风格竞妍”第一节“20世纪文学风格的发生和演进”）。

不断丰富和发展自身的品格特征。"① 诚如是，本书的最大价值不是找到了"到此为止"的结论，而是为继续研究提供了平台、留下了空间，凸显出许多新的需要解决的问题，而成为现代文学研究的新起点。也正是从这个意义上，我们的中国现代文学学科必将拥有广阔的发展前景，因为现代中国文学是这样的一个伟大生命——不断自我超越的生命、永远在"渡"之中的桥梁！

（作者为湖北经济学院新闻传播学院副教授）

① 黄曼君主编：《中国20世纪文学现代品格论》，武汉大学出版社2007年版，第21页。

二、师生情缘

是真名士自风流

胡亚敏

想起黄曼君老师，心情就格外沉重，真不相信他就这样走了，就这样永远离开了我们。在桂子山上，我们再也寻不着他的身影，再也听不到他的歌声，念此不由悲从心来。

在我生命中，黄曼君老师是最关心我、呵护我的老师之一。从 1974 年至今的 30 多年里，我与黄老师结下了很深的情谊。黄老师于我既是恩师又是慈父，在我成长的道路上给予无私的帮助，从上大学到留校任教，一直到如今担任文学院行政工作，每一步都离不开黄老师的扶持。刚进大学，黄老师恰好就带我们这个年级。平日里黄老师憨态可掬，可一上讲台就神采飞扬，我们在黄老师的课堂上感受到的全是浪漫和快乐。在上大学的日子里，黄老师对我帮助很大，经常不厌其烦地修改我那稚嫩的“楼梯诗”，后来又把我们几个学生挑出来参加他的教材编写组，和当时的中文系老师一起编写《十年文学新成就》。正是在黄老师的引导下，我开始悟出学术的魅力和学问的神圣。留校后，我虽然与黄老师不在一个教研室，但师生关系并未阻隔，在我人生的每个节点上，黄老师仍是坚定的支持者。有时碰到不如意处，黄老师就和我一道生气；而当我小有成绩时，黄老师又是那样高兴，由衷地赞赏。每每想到这些，我深感自己幸运，内心也充满感激和敬意。黄老师不仅于我，而且对于所有后学都是不遗余力地提携。记得 1994 年底，为了现当代文学教研室年轻老师的职称问题，他居然坐在校长办公室里一直等候，现在回想起来还让人欷歔不已。近十年来，我因琐事缠身，常为读书时间少感到苦恼，黄老师就传授他当系主任时的经验，早点起床读书思考，干其他事时就让大脑休息。有时我流露出对填报表格的厌倦，黄老师就开导我，让我读康德，告诉我在应对这些考核指标时，既要有理性的服从，又要有理性的变通。

黄老师为人浪漫，不拘小节，他的一些趣闻在我们学校甚至在圈内都传为笑谈。其实，我觉得黄老师身上有很多本真的东西被有些传言遮蔽了。如今，斯人已逝，黄老师的善良、率真乃至出格之举均化为可爱之处浮现面前。

黄老师一生对美异常敏感，即使在我们看来很平常的东西，他也能从中掘出美来。正因为黄老师有一双发现美的眼睛，因此他比一般人更具包容心，他总能看到他人的优点，特别是对年轻人，他总是往好处看，朝好处说。他的善良也表现在欣赏文学艺术时，记得有次看电影，我们几个学生看后都感觉那部影片一般，黄老师则又开始赞美起来，当时我忍不住奚落了他一句，黄老师一点也不恼，还是说好。

黄老师很有激情，并且童心不泯。他喜欢做诗，特别是晚年，写诗成为他生活中一件重要的事情，几乎到了痴迷的程度。每当我去他家，刚坐下来，他就迫不及待地告诉我，新近又写了一首诗，并且马上进入状态，开始吟诵起来，有时正在吟诵时忽然来了灵感，又赶紧找张纸写下来。每次我们聚餐，黄老师吟诗成为一道“美食”，他总是很投入地朗诵，得意时还要高歌一曲。黄老师特别钟情春天，他写了不少歌颂春天的诗歌，他希望自己的人生也像春天一样，并对我说，他特别喜欢在春天的校园举办讲座。有一年过了“五一”我才请他给学生开讲座，他有点惋惜地说，春天都过了。在黄老师的诗中，有一首名为《老境》的诗很是悲凉，当他念到“明知道西行的云即将变成落照，却要引吭高歌、赋诗长吟……”时，我流着泪，改用了一句唐诗赠和他，“莫愁老境无知己，天下无人不识君”，他几次跟我讲，他很喜欢这一句。黄老师爱唱歌，最近几年唱得比较多的是《老鼠爱大米》和《两只蝴蝶》，我们说他是“老夫常发少儿狂”，他欣欣然。黄老师爱热闹，聚会时人越多越高兴，那年我们庆贺他七十大寿，将寿礼送到他家，他让学生们都拿回去，要大家在第二天祝寿会上排队送，他觉得那才气派。

黄老师是个性情中人，有时兴致所致，无所顾忌。记得有一次开学典礼，我请黄老师代表老教师给新生讲话，要求讲十五分钟，哪知他一口气讲了四十五分钟，而且有说有唱，在讲到“他”、“她”、“它”这三个字的产生和区别时，居然给新生唱起了赵元任谱曲的刘半农的诗《叫我如何不想她》，我坐在下面有点无奈，好在学生们听得津津有味。还有一次，省文艺理论家协会开会，我主持会议，轮到黄老师发言，他又延时了，并且还念起诗来，当他念到“牛郎织女穿上了比基尼，跳到银河共洗鸳鸯浴”，我担心下文不妙，马上大声喊“时间到”，黄老师正在兴头，听罢只好打住。事后他说我曲解了他的意思，他这首诗可以有多种理解，而他的本意是谈生态问题，人类快要失去银河了。

黄老师平时看似散漫，其实是个极认真的人。在学术上，他对新东西有一种本能的敏感，总是热心追踪新的理论、新的思潮，而且特别虚心，碰到不懂的问题，就向大家包括学生请教。有时为了一个词，也要反复斟酌。特别受人敬重的是，黄老师是一个有学术良知的知识分子，在学术评价上他是有底线的，决不拿原则做交易。黄老师的认真还表现在授课上，无论是本科生还是研究生或博士生的课，他从不马虎。有些课程，他已讲授过好多遍，但每次上课前还是要温习一遍。虽然他喜欢热闹，但凡遇有课他总要闭门运思，酝酿情绪，学生们都说听他讲课是一种享受。即使是一件小事，黄老师也会很认真地对待。有一次，文学院安排他和我在院联欢晚会上表演京剧《沙家浜》中的沙奶奶和郭建光的对唱，大家不过是想热闹一下，他竟然提前排练了几次，我也只好奉陪。

黄老师对文学院的学科建设倾注了毕生的心血。在他辞世前的两个月，2010 年 8 月 25 日，黄老师抱病参加文学院“十二五”学科建设规划研讨会，并在会上作了生命中的最后一次发言。尽管当时他身体已经很虚弱，但谈起学科建设来突然有了劲头，嗓门也大了许多，他回忆了 20 世纪 50 年代以来我校现当代文学学科建设的经验，并殷切希望今天的文学院要寻找新的突破点。最后他将右手朝前一指，说要搞到前面去！没想到黄老师的这次发言竟成为绝唱，早知如此，我一定会让他多讲点，再多讲点，让他把满腹的嘱托全部讲出来！

黄老师走了，一个给我们带来欢乐的真人走了，留给我们的只有不尽的思念。

黄老师，愿您在天堂里继续著书、讲课、吟诗、歌唱！

（作者为华中师范大学文学院教授、院长）

我与黄老师

周晓明

被“过掉”的日子哪儿去了？我总觉得它们像是由历时之流转化为共时的平面，在记忆中被筛选、压缩、叠加，变成片段的画面与意念。回想与黄曼君老师三十七年的相处，多是这样一些貌似平常、但难以忘怀的片段。

三十七年前（1974年），我作为工农兵学员来到桂子山。第一次见到黄老师是在课堂上。那时正处“文革”，“现代文学”这门课早已停开，而鲁迅则仍可以大讲特讲。黄老师的这堂课，讲的就是《阿Q正传》。他尤擅长作品内容的复述，而他的复述则往往由于过于忘情与投入而升级为表演。如讲到阿Q被砍头时，随着口中“嚓”的一声，他自己的脖子也情不自禁地伸长、强直，并定格了数秒。

大学三年间，我参加了黄老师牵头的教材编写组，担任“样板戏”一章的撰稿。其间，编写组多次离开学校，在外集中起来同吃同住。黄老师的平易、真率、谈吐，把枯燥的编写生活变得很快乐。他曾从家里带来轮滑鞋，戴着厚厚的镜片，在水泥地上笨拙而认真地示范如何“溜冰”——其实，我们更担心他自己摔破眼镜。他常从家里带来油辣子，不舍而真诚地一勺一勺地分给我们——这总使我联想到孔乙己分茴香豆时的样子。有一次，同学们“敲竹杠”，逼他为一件极小的喜事请客。他起先以各种理由拒绝，当我们都完全忘了此事时，他却突然郑重地宣布：全体成员周日到他家做客——也正因为那次家宴，我第一次见到师母。

大学毕业后，我分回地区教育局工作。次年即1978年，母校现代文学专业开始招收硕士研究生。我竭力报考，且有幸名列第一。正当我暗自高兴时，留校同学的来信给我浇了一盆冰水：因原工作单位部分领导作梗，我的录取成了问题。情急之下，我到处写信申辩，但均无回音。唯有黄老师得知后，积极会同陈安湖老师不断向学校进言。正因为黄、陈二位老师的坚持，我在被从机关发配到基层中学的当天，意外得知终被录取的消息。我常想，如果没有二位老师无私的力荐，包括留校同学的关心，我的人生道路或许是另外一种情形。

重返华师，倍感开放而自由。一方面，这与大环境有关：由于是首届研究生，各种条条框框尚未形成，我们少了许多禁锢，学得自由自在。另一方面，也与黄老师及陈老师的培养理念与教育模式密切相关。例如，进校第一年，我们均由两位老师联合指导，两位导师不同的风格，对我们都有影响。两位老师还曾采取接力方式，花了月余时间带我们到全国各地游学：寻访鲁迅等作家的历史踪迹，聆听王瑶等学者的当面教诲。这样一种孔夫子率徒周游列国式的学习方式，让我们终生得益。

进校一年半后，我被正式确定由黄老师指导。黄老师开放自由、兼容并包的学术个性，更让我印象深刻。例如，在确定论文选题时，我放弃了先前已有基础的诗歌研究，转向电影文学。黄老师起先觉得可惜，也担心这一新的领域很难得到现代文学界的认可。然而，他仍然以宽容的态度，尊重个人选择的精神，放手让我在这一新的领域探索。最终，我得以完成近 20 万字的关于电影文学的硕士论文，并为我第一部专著的出版打下了基础。从黄老师这里，我体会到：真正的“导师”，不是把学生拘囿在自己的理念与模式中，而是充分尊重学生的自主选择，激发学生的创新潜力。

硕士毕业后，在黄老师的推荐下，我得以顺利留校。其后十余年间，我在国内外所待时间几乎各占一半，但黄老师始终是非常关心我、支持我的。例如，1993 年底，即二次赴美后的第三年，我在去留问题上犹豫不定：一方面，我已经获得在美攻读博士学位的机会，校方连宿舍都已经安排落实；另一方面，我又觉得在美读博时间太长，可能因学位而耽误学术。黄老师得知我的心态后，以他特有的坦率方式写信告诉我：本专业博士点已批。你若回来，既可当教授，也可读博士；学术、学位兼顾，岂不两全？于是，我终于下定决心，先独自一人返回华师。现在看来，这一决策未必正确，但黄老师对我的关心则是确定无疑的。回来后，无论评教授，还是考博士，黄老师甚至比我自己都还要着急与热心。

1995 年至 1998 年，我一边工作，一边师从黄老师攻读博士学位。像读硕时一样，黄老师对我的论文选题仍采取开放甚至有点纵容的态度。我当时的兴趣是在哲学方面，加之后来担任点行政职务，有点想偷懒，就打算把接近完工的“唯象论”充当论文。起先，黄老师居然答应了，我也有点释然。但没过几天，黄老师找到我，很严肃地说，你那个选题与现代文学专业实在相去太远，答辩时恐怕要出问题的。我笑着说，是的，我自己也觉得不安。还是听您的意见。黄老师说，你写什么都可以，但一定要与现代文学沾边。听从黄老师的要求，我最终选择了留学教育与现代文学相结合的论题。现在回想起来，黄老师尽管尊重学生自己的选择，为人宽厚，但也是有学术底线的。有底线，但心态开放，这才是为人、为学，尤其是为师之道。

此后十余年来，我的人生起起落落，套句歌词，真算得“一时欢笑，一时寂寞”；也真有点“一年一年这样过”的味道。但无论我的境遇怎样，黄老师都是在我最需要的时候，以我最需要的方式关心我。他可以因意见不合毫不留情地当面指责我，甚至还曾在教研室会议上要以老迈之身与我当众“决斗”，但是，背着我的时候，他总是给予我最真心的理解、赞赏、信任与呵护。一位熟识我们的同事曾这样感叹道：黄老师与你，是师生，更像父子甚至兄弟。

我自己也有这样的感喟。我一生中也遇见过一些印象深刻的老师，有的有学问，有的还有名气，但像黄老师这样，学问、名气之外，更有一种与生俱来的童心、爱心，且让人感到知心的老师，其实并不多。然而我非常有幸，三十七年与黄老师的相处，让我总觉得我们的关系早已超越师生，而成为常说的忘年交和人生知己，彼此懂得。

被“过掉”的日子哪儿去了？其实就在心底。三十七年的相处，仿佛仍是昨天；一年的相别，仍觉得没有相别。在世的黄老师，成了心里的黄老师。而只要心在，说与不说，说多说少，就不重要了。

（作者为华中师范大学文学院教授）

思域恢廓　不懈奋进的曼君师

金宏达

1978年，恢复高考后一年，招硕士研究生的事也肇端了。华中师大（当时叫华中师院）中文系开招现代文学研究生，导师是陈安湖和黄曼君，其时国内只有为数不多的学校中文系开招，我不知道教育主管部门是如何部署的，但无论如何总归要以师资实力为前提，陈、黄二位年富春秋，又在国内现代文学研究界颇有影响，大概是承选的主要原因。

应该说，带研究生，硕士也罢，博士也罢，对于彼时国内大学的先生们都是新鲜而陌生的事，故而也是“摸着石头过河”吧。为方便指导起见，我们几个人就权分两拨，一属陈，一属黄，但也不严格，有分有合，以合为主。我虽属陈先生，但有时也到黄老师处请益。陈老师是一位很严谨方正的学者，我治学的粗疏往往在他那里不易通过。终于到了交毕业论文的时候，起初定的题目是关于鲁迅的，陈老师对我所写的不甚满意，而我自忖学力一时也达不到他期望的程度，遂决定掉头写另一平时还稍有心得的题目《论中国现代小说的艺术发展》，这一临阵换枪之举，蒙他二位同意，而缘于黄老师在小说方面或更为熟稔，便临时改由黄老师来指导。

黄老师著文敏迈轻捷，含蓄蕴藉，为人则儒雅随和，平易近人，印象中似从未见他有过声色俱厉的时候。我的家住在小东门附近，不大住校，常常骑车来，事毕即回家，曾经有一位教务处的领导，途中见之，愠然，将我批评一通，而黄老师似乎并不以为有多么不妥，毕竟已是早过而立之年的老研究生了，无论如何放养，是毋庸担心其自饮自啄，也会将自己喂饱的。现代文学学科的基础知识在大学本科即已授过，再开课无非将导师专攻的课题灌输一道，无异于将嚼过的馍让大家再嚼一遍，所以当时并不开课，以平时交流互动为主，于不知不觉中将治学的道理和方法传授给学生。另外，作家作品研究的空白尚多，更需要提倡研究生发挥主动性去涉足，对此两位导师的思想还是很明达开放的，我的同学周晓明选的论文题是现代电影文学史，两位导师于此领域并不太熟悉，然也鼓励为之，其他各位后来学业都各有所成，当与此很有关系。

我自己那时热衷于现代小说流派探寻，略有心得，在专业刊物上发了几篇文章，为有些人所看好，似乎颇有一点发展的势头，也受到两位老师的勖勉。但我后来又心有旁骛，终于去做和现代文学学科关系不大的事了，辜负了老师们的期望，渐渐地便疏远起来。然而，我其实也还是关心着的，尤其每见到黄老师有新著问世，便特别留意，即从他论题的新锐，思域的恢廓，已能想见他在学术事业上尽力开拓、不懈奋进的姿态，令人景仰。其实，学生与老师也并不定然要常侍左右，远在千万里之外，看到他的文字，也是一种激励，一种传授。

在过去的岁月中，也还有若干机会见到黄老师，听他于学术之外，咏诗，说舞，津津乐道，感觉他愈来愈年轻，愈有活力，仿佛不知老之将至。及至读到他的《老境》一诗，遂知其实他的内心也很苍凉沉郁，乃是如同“老渔夫”一般壮心不已。余光中先生称他有魏晋名士之风，而在那些名士通脱、放诞的背后，何尝不也饱含一种深刻痛切的生命体验？黄老师现在是已经驾鹤西去了，每每想起他，我便会联想起桂子山香溢远近的桂树，在那密密层层、甘为薪献的桂树中，他正是尤为绰约遒健的一棵，我相信这位“仙友”的精魂会永远守望于斯，为世代的华师人送来不绝的清芬。

金宏达 2011 年 8 月 8 日于北京亚运村

（作者为华侨出版社社长，曾任国家图书馆副馆长）

有容乃大

王海涛

先生是一个充满浪漫情怀的人。先生走后，校园内有人说，华师最后一个浪漫主义大师走了。

在我心中，先生教书育人，是充满包容精神的。20世纪80年代中期，我有幸与学兄李俊国一起，师从先生，学习中国现代文学。其时，农村改革成果日显，城市改革渐次展开，经济特区创立，社会变革风生水起，校园内"第三次浪潮"，"人文讲坛"，新潮迭出，受之影响，我也投身其中。有人告之先生，说我"习文学而好经济"，恐一心难二用。记得是在一个冬日的下午，在先生的书房里，先生饶有兴致地问我，有没有比较经济学？我刚好有一本《比较经济体制》的书。他说，现在比较文学是新兴学科，属于跨文化的多学科研究，你有文史基础，跨学科研究经济，有比较优势。他翻看书中的图表，问我数学如何？问我是否真有兴趣？问我是否想好了从事经济研究或实际的事业？全然没有半点责备，有的只是长者、师者的关切之心，有的只是欣赏之情，有的只是包容和宽厚。

无独有偶，学兄李俊国研究中国二三十年代文学史上的"京派"与"海派"，写得一手好文章。几年后，竟然出一《神侃足球》的畅销书，先生知道后，也是褒奖有加。

先生治学崇尚兼收并蓄，自成一格。记得20世纪80年代中期，海外有一学者发表文章，指名道姓，与先生就鲁迅研究交锋，其文其辞，或激或偏，兼有不逊。几位研究生看后，多有不平，有请先生另撰文驳之者，有请先生不置一词、不屑一论者。独先生反躬自省，竟赞赏对方立论之角度，别于国内学者，有可借鉴之处。先生专门撰文，在辩论之中仍然用一大段文字给予对方以赞赏，并表示“颇受教益”。表现出的尊重、坦荡、谦谦君子风度，让我们深深体会到，治学之道，在博采众长、追求学术真理的过程中，应有海纳百川之胸怀，虚怀若谷之气量。

当时，学术界新潮迭出，从“存在主义”到“异化论”，从“儒学复兴”、“朦胧诗”到“重新评价鲁迅”；先生正当盛年，正值学术多产期，在高校现代文学学界系较早带硕士、博士的“导师”，已为知名学者，但先生不论对“旧论”，还是“新说”，从未有“卫道”和“学阀”气，有的只是“不同意你的观点，但同意你发表观点的权利”的宽容，有的是平等讨论的兴致和“拿来主义”的包容态度。实际上，这种包容说到底，是对党的“百家争鸣、百花齐放”方针的自觉，是对学术内在规律的自信，是对各种学派和学人的普遍尊重，也是作为学人的高度自尊、自重与自律。

先生是一个有“故事”的人。有时成为校园内谈论的话题，众口不一辞，人言或可畏。有的或誉美之词，有的则不免失之实、失之真，乃至失之“大不敬”。作为学生，我们听到后，有时不由得站起来一辩、一争而维护先生；听说师母也曾愤愤然，而袒护先生。然而，在学术之外、在“待己”之中，从未听到先生对自己的解释，更不用说辩论反驳，他还是一副“清者自清”的淡定，一副与我无关的从容，一副悠然自得的豁达。多年过去，经历越多，越是敬佩先生这种“不争论”的“无为”，这份“正确对待别人的评价”的“静心”和修养。细想起来，这种淡定、从容、豁达的背后，这种无为、静心、修养的背后，彰显的正是先生博大的胸襟、浪漫的情怀和包容的精神。

先生走了，先生留下的浪漫情怀和包容精神长存。

（作者为湖北省林业厅厅长）

教师楷模　学者风范

邱铸昌

黄曼君先生遽尔逝世，我们事先毫无思想准备。噩耗传来，让我们心头特别悲恸。我们真不愿意相信这是事实。昔日风度翩翩、才华横溢、神采飞扬的曼君师形象，总是浮现在我眼前。我清晰记起了曼君师生前留给我印象最深刻的二三事，现约略记之。

一

曼君师 1962 年给我们中文系 60 级同学讲授“现代文学”。那时，他年仅二十七八岁，正是风华正茂的年华，更显得风流倜傥。他在讲课中，几乎不看讲稿，熟练地讲授教学内容，不时在讲台前或过道上信步慢行，边走边讲，显得是那样的自信，那样的有条不紊。讲到关键处，他总是提高嗓音，声情并茂地述说他对作品的理解，倾吐他对人物命运的同情。我印象最深刻的一堂课是他讲授歌剧《白毛女》。他竟然情不自禁地在课堂上唱起了杨白劳替喜儿扎红头绳的那段唱段。曼君师本来就善唱，加上感情特别投入，因而收到特别好的效果，深深打动了课堂上的每一位听众。从此，曼君师在课堂上不时穿插歌唱，成为他的保留节目，也成为他授课的特色之一。为此赢得广泛的赞誉。

二

曼君师给我印象最深刻的第二件事发生在1978年冬。当年77级、78级同学先后进校，桂子山本部一时容纳不下那么多的学生，因此，中文系78级近200名新生被安排在京山分院上课。京山分院地处京山县孙桥镇，距武汉市区将近300公里，离京山县城也有10公里。此处原是一所共产主义劳动大学的旧址，校舍破旧，条件比较艰苦。对此，同学们颇有怨言。此外，新生入校第一学期的课都是些比较浅显的基础课（如现代汉语，写作，中共党史），再加上授课教师大都是年轻人，经验不足，授课质量总体不高。进校几个月，难见几个像样的教授来授课。为此，同学们甚为不满。学生们的这种情绪，引起了学校领导的重视。校领导指示中文系要派得力教师到分院去授课。在这种情况下，曼君师被系领导指派，来到京山分院，为中文系78级学生作为期一周的《现代文学》专题讲座。曼君师深入浅出、神采飞扬的讲课引起了极大的轰动，学生们交口称赞，普遍反映："我们终于领略了大学教授的讲课风采!"事后，学生们的情绪得到了安抚。在此后《记难忘的一件事》的命题作文中，有许多同学都以听曼君老师的讲课作为撰写内容，他们在文章中写道："生平第一次感受到大学教授的讲课魅力"；"听黄老师讲课，真是一种艺术享受"；"黄老师的课让我倾倒，将令我终生难忘!"这类字句在学生作文中比比皆是。这让我这位当时回老家探视母疾、事后回来批改学生作文的年轻讲师，从中受到极大的触动。我心中暗想："当一位深受学生爱戴的老师多好呀!"从此，我暗下决心：向曼君师学习，力争做一位受学生喜爱的好老师。

三

曼君师给我印象最深刻的第三件事发生在20世纪90年代初。当时，他率领一批研究生和年轻学者，从事中国近现代文学批评史的研究。由此，他领头向国家教委申报了《中国近百年文学理论批评史》的科研项目，获得批准，列为“国家教委‘七五’社科规划项目”。在完成这个项目的过程中，曼君师也碰到了不少困难。其中的困难之一就是对王国维研究得不够，他感到没有把握。他曾经动员我承担“王国维”专节的撰写工作。当时我虽然在校内主讲“中国近代文学”，但我偏重于诗文，对小说、戏剧没有研究，对文学理论也涉及不多。因此，我不敢承担这份重任。曼君师见我有困难，也不再勉强，只是语重心长地说：“从事近现代文学研究，总绕不开王国维。看来今后我们要花力气去钻研王国维的著作。”他这几句话，既是对我的勉励，也是他的自勉。此后几年，他集中精力通读王国维的著作，做了比较深入的研究。到90年代中后期，他已给研究生开出了“王国维研究”这门专题课，并获得普遍好评。由此事，可以看出曼君师在科学研究的道路上不畏艰难险阻、勇于进取、勇于攀登的精神。他通过自身的刻苦努力，奋力拼搏，夺得了科研上一个个辉煌的胜利成果。

因此，我敢说本文的标题是实事求是的。黄曼君先生确实是“教师的楷模、学者的风范”。我们作为受过曼君师教诲的门人弟子，更应该照他那样去做，以教学、科研的实际成绩去告慰他在天之灵。

愿曼君师在天国安息！

（作者为华中师范大学文学院教授）

他骨子里就是一个"楚时之人"

陈方竞

从日本参加一个学术会议刚回来，就突然得到李仁和兄的短信，告知曼君师逝世的噩耗。当夜，难以入睡，电话问王泽龙兄实况，又与熊家良通了电话，熊兄推我撰写《悼曼君师》:

惊悉曼君师仙逝，不胜悲痛。

廿五年前，有幸拜先生为师。

两载教诲，几度重逢，音容笑貌，如在眼前。

学术成就如山，学生遍布九州。

先生你不该走，我们离不开你，中国最后一个浪漫派，武汉今夜悲凉。

师母节哀顺变，我们还会去看你，也是看先生，先生永远活在我们心里。

弟子陈方竞、熊家良敬

二〇一〇年十一月二十二日

说我是曼君师的弟子，有些勉强。按当下说法，我跻身学界，实无师无门；但却先后实实在在在南大和华师各就读过一年。与同行喝酒论学时，不甘"落魄"，每每以此自报"家门"。

1980年在南大时，邹恬先生成为我的指导教师，是指定的（他是教研室主任，无可推卸），但较少登门问学。听过他的几门课，他从来都是站着讲课，眼睛看着天花板，沉浸在自己的讲述中，那神态是学不来的。邹恬先生的故事，多是从师兄陈雪岭那里听到的，雪岭兄长期任教于南大，佩服的人不多，却对邹恬师颇为赞许，所以，邹恬先生花甲之年早逝时，他送了一个花圈，挽联上把我的名字写上去，据说，引起了好多人的猜疑。

但华师文学院在网上公布的《黄曼君先生逝世唁电》，我写的《悼曼君师》赫然在列，怕不会有什么疑问吧。

结识曼君师，还是二十六年前的事情，那就是由他主持，在国内第一批办的中国现代文学助教进修班。班上同学年龄差距甚大（有些类似“七七届”），年长者，有李仁和、皇甫吉庆、吴秀英、冒键和我等十几位，几近不惑。特别是我，从偏远的白山黑水考来，实为别无选择的选择。我们原本就是因为“文革”而晚上大学十年的一代，从“文革”走出，青春年华不再，又有幸忝列高校教职，资历、学识等诸方面，都“自惭形秽”，老师辈“压”着你，同龄人中，陆续分来的硕士“挤”着你，“高”不成，“低”不就，已有成“鸡肋”之危（1984年我曾报考研究生，玩命似地补习外语，不仅大病一场，终因成绩不合格被淘汰）。这时候，“助教进修班”这一已经进历史博物馆的办学形式，几乎就是专为已成“鸡肋”的“我们”从天而降（我所在学校就明文规定，读过这个班才可保住教职，晋升讲师）。这一点，“我们”始终感激曼君师，虽然录取后又通知年费2500，为我所在学校老师辈“耻笑”，而且孩子尚小，事业无成，又要离家，免不了妻子的“怨怼”，但我依然拖着刚刚痊愈的病体，踏上了南下的列车。

可以想见，初到华师时我的心情。加之“北国”之人，难以抵御“大火炉”炙烤，而且，时至今日仍清楚地记着，桂子山上的两多：一是蚊虫多，不堪其咬，晚上躲进蚊帐，仍密密麻麻叮在外面“轰鸣”，偶有窜进的，通夜难眠；二是老鼠多，夜里最怕的是上厕所，看到的是鼠类排山倒海般呼啸而去。这就有了开学后不久的中秋，回不了家的人，聚在教室“过节”，不知谁唱了一首其时正流行的《十五的月亮》，唱得“我们”这几个年长的泪往心里流。后来，班上同样属于年龄大的女同学董晓卿，上厕所突发脑溢血而死，震动了“我们”，追悼会那天，没有组织，却一个个都去了，又不知是谁引的头，一片哭声，“我们”更是号啕，——我后来讲鲁迅，每每讲到《孤独者》，都会想到那次追悼会，“我们”像一匹匹“受伤的狼”，哭的是夭折的同学，也在哭自己的命运。

这样的境遇和心绪，曼君师当然无从知晓，似乎也没想过要知道。但，对于正当“英姿勃勃”之时的他，我们又有多少了解呢，彼此之间尚没有心与心的交流。我只记得，当时就是对他颇强的地方口音，我都有些不习惯，半懂不懂。

真的很难解释，当时的我们为什么竟都能坚持下来。

其实，对我而言，开始的动力主要来自要保住这个“饭碗”。

后来，情况多少有了一些变化，首先是曼君师的理论兴趣感染了“我们”。那是“方法论”最热的一年，相继几个会议召开，武汉首当其冲，几所院校尤其是华师，老师开口闭口就是“新方法”，学生们则在辩论，搞文学研究的是不是需要从头学习自然科学？“我们”几个年纪大的也尾随其后，跟着一次次跑到武大去听“三论”课（控制论、信息论、系统论），我去了一次就打了退堂鼓，因为根本听不懂，还不如躲在寝室，“偷着”看江南江北间“走读”的皇甫兄搞来的明版《金瓶梅》。

曼君师请来本校的几位老师，开有关“新方法论”的课。那些课大多很快就忘却了，唯一印象深的，就是孙子威老师讲康德。这和1980年后李泽厚几本书的影响相关，早就读过《中国近代思想史论》，那年又刚出版《中国现代思想史论》，买不到，我偶然间发现东湖边的一家书店有，把随身带的钱拿出来，全部买下，回来后被一抢而空。《批判哲学的批判》，是很早就买的，读起来还有些费解，是孙子威老师的课把我带进去了，而有些确确实实感到“新方法”的意义。一时班上兴起了“康德热”，不约而同地开始啃“三批判书”。记得那年，东北师大的孙中田先生到云南开会，归途路经武汉，被曼君师请来讲学。因为他课上谈了几句黑格尔，课后被同学们“讥”为“落伍”，似乎这年头研究文学非康德不可。

真正让“我们”认识曼君师，是需要些时间的，特别是对于我，因为他身上楚地之人的特征太突出了。这方面，来自正宗楚地、气质上酷似曼君师的班长王泽龙，还是起了些作用的。他组织了一次半自费的大、小“三峡游”，还去了古城荆州、奉节。来自地平线一眼望到底的辽吉平原的我，已经习惯了一平如砥的地形水势，所以此番只有一路的惊异，赞叹天下竟有这样的自然景观，云遮雾绕的山水给你无穷的想象，夔门的气势，使你真正信服江浙是“小家子气”（鲁迅语）的所在，这种感觉使我一年多后，仍然是不顾大病初愈，赶往四川去一睹乐山、沙湾。好一段时间，我迷上了楚文化，看得最多的是徐中舒先生著述的一本本小册子，思考巴蜀之地直至19世纪末尚保留着楚文化精髓，又从此出发，论证郭沫若与鲁迅的差异，并有诸多新异的发现，发表的一篇篇文章为人大复印资料频频转载，甚至为生于斯、长于斯的楚地同学称羡（正应了那句“不识庐山真面目，只缘身在此山中”）。现在回想起来，根子上是可以追溯到曼君师，——其人其文潜移默化的影响。

孙中田先生曾对我说，任谁也难以“免俗”，虽然他在说自己，我亦如此。在这个愈益功利的时代，曼君师也难逃此嫌，这就使得他的学生，在短时间里很难触摸到他骨子里的楚人气质，尤其是我。加之，长期相隔在两地，一南一北，来往不便，我和他的实际接触时间受到限制。20世纪的成都年会、西安年会，两次见到，也没有深谈。但也正因为没有切实感受，也就免去了受坊间各种传言的蛊惑，一直保留着想真正走近他、认识他的心结。

我以为，直至我的《鲁迅与浙东文化》出版后，也是曼君师享誉学界之时，在他生命行程的“最后十年”，才有了我们非同一般的师生之谊。

2000年，曼君师和师母来吉林大学参加郭沫若年会，我得以敬行弟子之劳。他带过的学生虽难以数计，东三省起码长春仅我一个，这使得已过“知天命”之年的我，可以以他的“大弟子”慨然相称，请他到家中小憩，彼此之间，不仅学术上相切磋，我还觉得，又超越了师徒间的一般规约，多了一层可以无话不谈的“友”的情谊。这对我，十分珍视，以后的会议，凡他能到，我必问候，而有一次次倾心交谈。也正是这时候，他骨子里的楚人气质，屈子遗风，在我眼前真正绽放，焕发着诱人的光彩。在我的想象中，他就像当初沉浸在“泛神”世界中的郭沫若，世间的一切一切，都能被他幻化为诗情诗语，而有了生命，鲜活灵动。记得泽龙兄曾来我家小住，我说，在我眼里，唯兄得曼君师“真传”；且，拜曼君为师者，若不研究诗歌，则枉此一举；且，在曼君师身边，只需耳濡目染，即受益匪浅。为此，我也愈加相信，诗人是我们这个世界中极为特殊的一种人，不是每个人都能成为诗人的，但这个世界里没有这种人，则是苍白的，没有希望的。

但也正因为有了此种感受和认识，我也时时为曼君师担忧。面对当下这个俗到不能再俗气的社会，他骨子里的那个神圣与现实中为他难以抗拒的世俗，二者之间，如何可能在他心灵中得到平衡？难道他内心深处就没有因为二者的无法调和，而引发的痛苦？一次次面对他，我不敢去触碰这个话题。

这就有了近几年，与曼君师的两次难以忘怀的近距离接触。一次是我南下就职的汕头大学，2006 年举办“中国左翼文学国际学术讨论会”，向他发出邀请并承担旅费宿费，我欣然提出，师母的由我买单，不仅游览潮州古城，我全程陪同，接与送也是只身，还有我与老伴的单独宴请。会议上，我有个主办方的主题发言，我注意到，曼君师专心致志地听，而后有了一番长谈，他说了很多，句句语重心长，其中的一句，大意是路要自己走，这是靠了自身经历和痛定思痛体味出分量的。其时，曼君师刚刚经历过一次前列腺大手术，他说起来，却谈笑风生，竟然随口而出病榻上做的一首首诗篇，身边的女护士在诗中幻化成了超凡脱俗的美丽天使。如此人生情境，煞是令人神往，这在 2009 年 9 月下旬武汉——清江会议上得到延续。他不顾年老，执意前往清江，其间的歌舞表演，他均登台放歌，还乔扮迎娶土家族女儿的新郎，兴致浓浓，我不由自主地录了像，后来反复翻看，哪里能见出他有病缠身？我以为，置身楚山、楚水、楚风，也惟有可能勃发他身上根深蒂固的楚文化积淀，受平日都市生活压抑的楚人情怀，不禁喷泻而出。我喜欢此时的曼君师，我愿意让此刻的曼君师在我心中永远定格。

漫长的往返旅程，曼君师坚持让我与他同坐。归途倾听他毫无倦意的叙说，自然少不了诗，是他昨晚难抑兴奋而作，我帮他斟酌字句，惊讶他的记忆力，通过手机录存下这美好的时刻。其间，偶尔谈到“死”，我极力回避，也有劝慰，却能分明感到他对“死”的预感，不无畏惧，索性使话题直奔我心中那个疑惑，虽隐隐觉察到他内心不便直言的“苦闷”，但又被他那在当下中国知识分子身上少有的坦然、率真而动容……

我有时会想，曼君师更像我在楚辞中读到的其时之人，倘若他不是活在当下，而是活在另一时期，或者另一时代，凭他超出常人的才华，他的博闻强记，当会有另一番“诗化”的人生吧……

2011年7月8日写于上海女儿家

（作者为汕头大学文学院教授）

我的读博三年
——忆黄曼君先生

高　玉

回顾我的学术过程，读博三年的重要性是怎样高说都不为过的，不论是思想方法还是学术态度，我的变化都是很大的，我对学术的理解和追求都发生了质的转变。而这一切都与导师黄曼君先生有关。

我是1997年10月份才入学的，说起来，还有点戏剧性。那时考博士生一般是先和导师联系，征得导师同意后才报名和参加考试，至少让老师心里有点数。我报名前没有和黄老师联系，报名后也没有和黄老师联系，考试的前一天我到华师，从学校公用电话亭的学校内部电话簿上查到黄老师家的电话，给他打电话说我报考了他的博士生，想见见他，他满口答应了。我给他带了点干香菇，到他家时他看我手里有东西，说了句客气话，问是什么，我说是点土特产，我清楚地记得他说的话是："土特产蛮好的。"落座后首先谈我投考的事，他说："不给我说就报名，这样也可以。"马上就考试了，我当然也想从他那里打探一点有关考试的信息，但当时我对黄老师了解并不多，不敢贸然说考试重点的事情，所以就想和他谈谈学术问题，想先谈谈一般性问题，比如对鲁迅的看法，对现代文学史的看法，然后再问他目前正研究什么之类的。但让我非常意外的是，我刚提出问题，他就说："我考试题目已经出好，现在不便和你谈学术问题。"这让我非常吃惊，后来我和黄老师很熟悉了，我们几乎无话不谈，而且话题没有任何禁忌，出于好奇，我几次想问他当时为什么要这样说，但话到嘴边还是忍住了，我们毕竟是师生关系。

这次见面，黄老师讲得很少，后来主要是我把自己的情况和一些想法给他讲了。以后我对黄老师很了解了，我猜想这可能是一句他早就想好的话，他预料我会问什么是考试重点，所以就这样回答。但黄老师的可爱就在于，我还没有问，他就先把这句话说了。我现在也是老师，考试之前学生经常会问什么内容重要，什么内容不重要，我常常是把黄老师这句话改改拿出来应付，果然很奏效。我当时隐隐觉得，黄老师准备招谁已经心里有数，我并不在他的计划之列。实际情况是，那一年黄老师招生名额为1人，而我考试成绩是第3名。我是很久之后打电话到黄老师家才知道这一情况的，黄老师以很惋惜的语调告诉我这一结果。

对这一结果，说实话，我一点也不感到意外。对于专业，我也的确没有好好准备。那时我在一所师专教书，所教的课程是文学理论以及相近的古代文论、西方文论、美学、马列文论等，因为我硕士读的是文艺学。我那时真正想考的专业是中国古代文学，并且一直在准备考西北一所大学的古代文学专业，也报名了，只是一个意外才临时改考黄老师的，不是不想和黄老师联系，而是来不及联系。我自己知道黄老师不考虑我，从专业的角度来说，是有充分理由的，虽然我的专业成绩并不是特别不理想。所以知道结果之后我给黄老师写了一封信，表达了一些感慨和自责，同时也表示，希望来年再考黄老师的专业，有先在他这里“挂一个号”的意思，并且表决心下次一定好好准备。

万没有想到的是，过了约半个月，黄老师突然让人转告我，让我和他联系。那时我家里还没有安装固定电话，更没有手机。我到一位老师家里给他打电话，让我惊奇的是，黄老师告诉我，说是给我争取了一个名额，让我赶快到华师报到。我马上给远在重庆读研究生的夫人李蓉打了一个电话，她和我一样也是感到非常惊喜。后话是，后来黄老师给别人讲，他觉得我这个人品质好，所以就招收了我。他说，很多考生都是考前好话说尽，什么肉麻的话都说得出来，什么态都表，但一旦没有录取，态度就马上发生转变，发牢骚、责怪、抱怨，甚至骂人，翻脸不认人。而我考前没有做任何公关，没有录取也坦然接受，没有不满，还写了一封信表示感谢，这让他很意外，觉得我这个人很好，所以就把我录取了。这是我怎么也不会想到的。当然，也还有另外的运气。那时，华师的博士生招生政策好像比较灵活，老师的自主性也比较大。换了现在，博士生招生严格的程式化，一切都中规中矩、按部就班，我的这种情况要录取恐怕是难以想象的。

于是第三天我就打点行装到华师去报到。事情当然还有些小波折，但已经无关大局。于是我开始了漫长而短暂的三年博士生生活。说它"漫长"，是因为读博士学位是一个艰辛的过程；说它"短暂"，是因为今天回想，三年就像"一瞬间"。从精神上来说，从学术上来说，我三年的博士生生活是非常愉快的。除了一年的外语课、半年的政治课，我们从来没有上过所谓"专业课"，在时间上非常自由。那时华师还非常宽松，没有发文章的要求，所以读书一点也没有压力。虽然没有发文章的要求，但那时的同学大多数人都发了很多文章。不上课，但我们从来没有放松学习。

那时，除了两个假期，我每周都和黄老师见面，有时甚至一周六天，天天都见面。我们当然会谈学术上的事情，但更多的是谈人生、谈生活。黄老师和我谈话从来没有很长时间地讲一个问题，不管讲什么，他都是讲得很简单的。他经常给我讲一些旧事，他个人经历上的，一些他认识的学人的故事，他和一些名人的交往，似乎是没头没尾的，同一件事，我要听很多次才能够把它弄完整。有人来拜访他，或者他要去见什么人，他多会要我过去，或者和他一起去，对每一个人，黄老师都会私下里给我详细介绍，特别是他和这个人是如何认识的，交往是什么样的。有时也会有些评价，但更多的则是说别人如何对他好，比如请他讲学，请他吃饭，或者请他干什么的，这个时候他会讲一些故事，讲完之后，他总是给我说，这件事情你就不要给别人讲了。但后来和别人聊天我才知道，大部分故事他都同时也给别人讲过。黄老师特别记得别人对他的恩情，比如什么人曾经帮助过他，如果这个人对他的恩情很大，即使后来这个人对他不好了，甚至整过他，他也不记恨。我从黄老师那里学到的绝不只是学术上的，更多的是人生上的。有一次我和他坐出租车去见一位作家，我们说到武汉的作家，说到两位很有名的作家关系不是很好，我说他们俩看起来还是蛮好的，黄老师说，但凡读过大学以上的人有意见都不会表现在表面。说完这句话之后就没有再说这件事了，然后又说其他的事情了。

在一年级的暑假，我回原单位，和家人在一起过，与任何人都不联系，和黄老师也没有联系，倒不是不愿意联系，而是家里没有固定电话，更没有手机，到公用电话亭打电话又麻烦，写一封信似乎又没有必要。黄老师似乎是想我和他联系的，他可能有这个意思，旁边的人就说我不像话，这么长时间都不和黄老师联系，黄老师听后说了一句话：每个人都有自己的性格。后来有人把这句话告诉我，我一听就明白黄老师是什么意思。他实际上是为我辩护，他的意思其实是，每个人都有自己的性格特点，我们要尊重每个人的性格。黄老师对学生是非常宽容的，特别是能容忍学生的缺点，我看到的情况是，他当面经常批评学生，但背后从来都是说学生的优点，有时甚至很夸张地表扬自己的学生。仅从黄老师的言语中，我们感到他所有的学生似乎是无差别的，都是很优秀的。黄老师是非常爱才的，那时全国现当代文学博士点很少，导师也很少，每年都有很多学生报考黄老师的博士生，有的当时就很有名气，有的现在已经很有名气，但都没有读博机会，每每谈到这些人，黄老师都是非常惋惜甚至有些自责。

读博士生三年间，我和黄老师经常一起去逛书店，有时是上午，有时是晚饭过后，主要是出去走一走，顺便到书店看看，有时不一定就买书，主要是看这一段时间别人又写了什么书，别人特别是年轻人正在研究什么问题。他眼睛不好，有时就听我给他介绍，如果他不太知道，就买一本回去看看。黄老师的记忆力特别好，每看一本书，他都会给我说这个作者从前写过什么好文章或者好书。我还清楚地记得，他提到严家炎先生时说到他那篇关于梁三老汉的文章时脸上的那种表情，从黄老师脸上的表情中我似乎明白了学术的一个真谛，学术真的没有捷径，来不得半点虚假，好文章与课题无关，与评奖无关，与刊物的级别没有关系，甚至与作者的名气没有关系，好文章就是好文章，就是文章自身。文章的好坏不是自己说的，也不是由官方认定的，是由历史评说的，是由一代代学人口笔相传的。所以黄老师多次给我说，千万不要对自己的学术作自我评价，好与坏要由别人说，说好当然值得高兴，说坏也不要介意，那是别人的权利，你可以阻止某个人的说话，但你不能阻止所有人的说话，特别是不能阻止后人的说话。

对于自己的学术，黄老师总是很谦虚，总是说他自己的成就不大，总是说要在今后弄一些对得起后人的东西出来。所以，黄老师在晚年非常累，拼命地写大文章，有一些人总是从世俗的角度来看待这件事，这其实是并不真正了解黄老师。我知道，黄老师是一个“历史感”非常强的人。有一次他给我讲了对现代文学几代学人的看法。他的意思大致是：第一代王瑶先生等人，他们的贡献是确定学科框架，奠定学科基础，代表作就是编的教材。第二代人就是他们这一代，突出的特点是研究作家，有点抢占“山头”和“地盘”的味道，比如研究茅盾、巴金、老舍、曹禺、张爱玲等，他把湖南的凌宇先生也算作是他们这一代人，说他研究沈从文非常了不起，那时我读凌先生的论著不多，但因为黄老师这样讲，所以我对凌先生非常敬重。黄老师自己研究鲁迅和郭沫若，有《“双子星座”》的专著，但他说这不是他的“山头”，因为研究鲁迅和郭沫若的人很多，他不是开创者。他写过一本研究沙汀的专著，对于沙汀研究，黄老师是名副其实的专家权威，但他说这个“山头”太小了，这显然是在谦虚。而第三代人则是在方法、问题、现象、范围上的突破。他把我们这一代人称为第四代，他说他不知道这一代将会有什么突破？能在哪里突破？他提醒我一定要多考虑这个问题。老实说，当时和他讨论这个问题的时候，我是非常悲观的，觉得前景渺茫。这个话题我们后来没有多讨论，我觉得他是说给我听的，所以我常常想这个问题。

华师有一个不好的习惯，总是喜欢把一些老先生放在一起比较，有时我也把听到的这种话给黄老师讲，黄老师总是说，我不如某某，也不如某某，总是把自己摆得很低。我觉得这是一种非常好的心态。

华师的校园是非常美的，黄老师那时还很喜欢在校园散步，我陪他走路时，他很喜欢四处张望，路边的树木和花草常常都能引起他对人生的感慨。有时沉默，有时讲讲见闻，非常惬意。我也给他说我最近读到了什么书，哪些书比较好，他如果觉得好，就会说，那你也给我买一本来。那时，他经常评阅博士论文，他一般会先给我们看，听一听我们的意见之后再写评语。

在学术上，黄老师不像有的老师始终放不下架子，有什么问题不知道，总是很谦虚地问，有时也问学生。对于学术问题，我从来没有听他对我说你应该怎么怎么，总是说你这样会不会有问题，然后就讲从前谁也碰到这样的问题，后来是如何处理的，结果是好还是不好。比如博士论文，我最初想做“中国现代文学发生论”，他说很好，我就给他讲我的一些想法，讲到语言的发生与中国现代文学发生的关系时，他突然说，你能不能就这个问题写一篇博士论文，我说只能试试看。后来的博士论文题目就是：《现代汉语与中国现代文学》，写出来之后给他看，但他似乎不是很满意，有一次给我说，读你的文章太费劲了，像读海德格尔的著作一样。我不知道他究竟是什么意思，后来才知道，他其实是觉得有些拿不准。很多人把这样的事看作是黄老师可爱的地方，但我更觉得这表现了他学术上的真诚。

黄老师每写一篇文章总是先给我们学生看，让我们给他提提意见，开始我不习惯，哪能学生给老师提意见呢？这样老师在学术上不是没有威信吗？所以最初我总是很“客气”，除了个别字句上提些意见外，一般不说什么。后来慢慢知道，黄老师是真诚的，提的意见越多他越高兴，也越欣赏，所以就大胆地给他“指出问题”，不管对与不对，他都认真地考虑。记得有一次，他文章中有一段话比较“纠缠”，即不通畅，意思比较模糊，我问他是什么意思，他给我解释。然后我就不客气地说，那你为什么不像你现在说话这样直接表达呢？他马上说，是的是的。黄老师晚年时在《中国社会科学》上发了两篇长文章，每次文章写完之后都用邮件发给我，希望我给他提提意见。我也想给他提出点问题，但无奈提不出任何意见，因为黄老师比我想得深，也想得全面，不是随便可以提出什么意见的。

我听到很多人说黄老师“新潮”，有的人这样说时是褒义，有的人这样说时似乎是微词。但我知道，这是黄老师非常可敬的地方，他总是对他不知道的东西感兴趣，总是在接受新的东西，他是一个似乎永远不知“老之将至”的人。他也看学生的文章和著作，我毕业后有一次回华师，见到黄老师，他竟然很正经地给我说，高玉，你的那篇文章我读了，你的基本观点和思路是什么样的，我给你重述一遍，你看对不对？我恭敬地听他给我讲我自己的文章，听了好长时间。我一边听他讲，一边看他严肃而又有点滑稽的表情，心想：这就是黄老师，天下独一无二的黄老师。

记得有一次黄老师生病，我去陪他，医生都以为我是他儿子，说是长得很像。我觉得我和黄老师一点也不像，如果一定要说有点像的话，我自己觉得我的学术和黄老师有点像。黄老师的生活我学不来，他的才气我学不来，他会唱歌，会跳舞，会写旧体诗，会写新诗，他记忆力惊人，能够背诵大量的新旧诗文，这些我都学不来，但他学术上的东西我觉得我学习到了一些。我也对新的知识新的现象很感兴趣，我现在带研究生，很多方法都是从黄老师那里学来的。黄老师多次给我说，文章比书难写多了，一篇好的文章，其学术效果远超过一本书，所以我现在仍然非常看重文章，我一直是以写文章的方式写书。

学术是向前发展的，但我们的学术永远都是从上一辈人那里“流”来的。黄老师虽然已离我们而去，但他的学术精神将伴我们一生。

（作者为浙江师范大学人文学院教授）

永远的黄老师

樊 星

谁能想到永远开朗、乐观的黄老师竟然会那么快就离开了我们？虽然此前有一年多的时间里，就得知他老人家情绪一直不佳。有时开会遇见了，问候他老人家，答复常常是一声叹息：“唉，我得了抑郁症，怎么搞的！……”尽管如此，我还是觉得噩耗来得太突然太突然！

这世上，有太多太多的太突然！

往事如烟……

往事如梦……

最早知道黄老师，是从唐弢先生主编的那套《中国现代文学史》上。后来考上了华师中文系的研究生，听黄老师讲《郭沫若与中国浪漫主义思潮》的课，才领略了黄老师富有诗人气质的讲课风采：记得在讲到郭沫若的名篇《立在地球边上放号》时，黄老师立在了讲台边上，两臂尽力向上伸出去，两脚也情不自禁地尽量踮了起来，热情洋溢地背诵道：“无限的太平洋提起他全身的力量来要把地球推倒！”那一刻令我想到：讲课就应该这样！不仅仅是传授知识，而且是传播文学的魅力！

下了课，因为我住的研究生陋室与黄老师的家都在东区，有时就一起步行回去。在路上，他常常会问最近看到什么好文章没有？他的专业方向是现代文学，却对当代文学的发展十分关心。有时听到我提及一篇他来不及看的好文章，他会马上从手提包里掏出一个小本子，再从口袋里找出一支笔来，把我提到的文章作者、发表的报刊期号记下来。那份求知的热情，令人难忘！当然，他也常常会问我看了那时风头正健的青年评论家的文章没有，边谈边评论说："钱理群进步好快！前几年我在北京，还给他们那个研究生班讲过课……"谈着谈着，他会眯起眼睛，好像沉浸在当年的回忆中（他老人家常常这样，谈着某一个话题，会突然"意识流"一小会，神游于只有他自己才知道的往事与回忆中）。有一次，他十分高兴地对我说："你看了我写的那篇关于郭沫若与现代科学的文章冇？刘纳看了以后，给我写了一封信……"边说边急急地在他那个厚厚的手提包里翻了起来。翻到以后就指给我看："你看啊，她说我对现代科学非常了解，文章很有新意……"边说边指着信上那几句话念了起来，得意之情，溢于言表。黄老师是一直以能够得到年轻人的表扬为自豪的。有时，当他发现年轻学人的观点新到出乎他的意料之外时，他会认真掂量那新见。记得有一次，他的一位博士生在开题报告中将鲁迅看作一个解构主义者。此论一出，理所当然受到了质疑。但那位同学坚持己见，后来写出了论文。在将论文提交给黄老师看时，黄老师觉得有点吃不准，就请了教研室一位晚辈同事看，没想到得到了那位晚辈的激赏。黄老师在那天晚上给我打电话，征求我的看法时，说了句："某某某就说论文写得很好！看来说鲁迅是解构主义者还是可以的吧！"正因为黄老师不懈地追逐着文学的新潮，才在晚年一直宝刀不老，频频在权威期刊上发表宏论。我有时打电话向他祝贺，他的回答非常可爱："还不是为了那个名！"

黄老师在学术上是常青树。因为他有一颗永远年轻的心。

他喜欢跳舞。有一度天天早晨在招待所门前和一帮同龄人跳，非常投入、非常专业地跳。我有时表扬他舞姿非常专业，他很认真地告诉我说："我是交了六十块钱上了舞蹈培训班的呀！开玩笑！不过我的水平虽然可以，舞姿却不是太好，我晓得。"他也喜欢唱歌。在为他庆祝七十大寿的宴会上，大家请他表演一曲。他专门邀了小孙女上台同歌一曲当时红遍大街小巷的《两只蝴蝶》，并特意告诉大家："这支歌，是我跟我的小孙女学会的！"那情景，至今难忘。晚年，他一度为了出国积极温习英语。有一次听见电话铃响，我拿起来一听，里面传出了不那么流利的英语："Is that Professor Fan Xing?"（是樊星教授吗？）我正纳闷是谁，下面就是黄老师的笑声了："怎么样？我的英语还可以吧！"我非常开心地说："Excellent！"（好极了！）当然，黄老师晚年最为人称道的，是喜欢上了写诗。有一次他问我："你知道你离开华师以后我最大的变化是什么吗？"我回答道："心态更年轻了吧！"他笑着回答说："不对。是我开始写诗了！最近文学院组织去泰国旅游，我看了人妖表演，马上联想到'异化'问题。回来就写了一首《幻美之旅》。《长江文艺》最近可能会发表。"我马上向他表示祝贺，并说："您一鼓作气再写上二三十首，然后我们给您开一个诗歌研讨会！"他非常感兴趣地说："呃，真的喔！"不久，黄老师来武大参加博士论文答辩，席间我将黄老师开始诗歌创作的新闻告诉给各位评委，并说："黄老师，背一段如何？"我以为他会笑笑而已，没想到他老人家真的放下了筷子，从头背了起来——那可是一首长诗啊！好一阵，大家都没有动筷子，听他背诵，一直到背完以后，掌声响起来……

在黄老师的一生中，也经历过政治动荡、社会凋敝的岁月，可"文革"过后，他为什么依然能保持一颗年轻的心？有一次和他聊起了这个话题。他的回答是："哪个不想快活呢？可惜我们这一代人生命力最旺盛的时候受到了压抑"，说到这里，他感伤地摇了摇头，继续说："你看看郁达夫，人家那生命的质量……"那时，我才意识到，黄老师的内心深处，其实是有创伤的。只是，他平时从不将那遗憾流露出来。他也曾经多次谈到他生命中的两次遇险（一次是大学毕业留校以后，去山区讲函授课，遇大雪天，赶掉了一班车，没想到那班车后来翻在了半路；还有一次是晚年去恩施讲学，那里的弟子留他多玩两天，他因为有事提前回来了。就在他回到武汉的第二天，同一航班遇雷暴在飞到武汉上空时失事），也许，就是因为经过了这样的险情，"曾经沧海难为水"，他才看淡了人生的风云，悟到了生命的可贵。他在做学问中找到了超越感伤的兴奋点，在跳舞、唱歌、学外语、写诗中挥洒了生命的热情。和他在一起，大家永远是笑声朗朗的。常常，我们这些学术界的后来人在谈到黄老师时，都互相勉励：一定要向黄老师学习！活到老学到老，快乐到老！就像有一首"革命歌曲"唱到的那样："革命人永远是年轻，他好比大松树冬夏常青……"也正如革命现代京剧《红灯记》中那曲唱腔唱到的那样:“做人要做这样的人……”

黄老师是个快活人，但他也有十分严格的时候。他的研究生入学以后，他常常会拿那些他带过的很有出息的研究生（如金宏达、艾晓明、周晓明、李俊国等）做例子，讲他们是如何出息的，激励后来的研究生见贤思齐。当然，这样一来也就会给那些学弟学妹们带来一些压力。我就记得一位学妹在入学以后听黄老师谈了那些话，回来告诉我们：“哎呀，我们怎么能跟艾晓明他们比呀!”有的研究生入学以后兴冲冲地把自己的文学作品拿给黄老师看，没想到被黄老师泼了冷水：“读研究生期间，全力以赴做学问，不要搞创作!”据说这是他一直坚守的一条规矩。（而在我看来，如果研究、创作两不误，不是更好么?）说到我自己，也一直记得这么一件事：当他开始招博士生时，曾问我是否有意报考，我当时正在赶一本书稿，就说“我缓一年考吧！反正早一年晚一年无所谓的”，没想到他以少有的批评口吻对我说：“今后，你们这些人都是必须在博士的层面上竞争的！你看某某某就很有远见，早早出去读了博士，一回来，什么都有了!”那一幕，至今记忆犹新。后来，由于种种原因，我考上了王庆生教授的博士生，黄老师有次在家中宴请弟子们，还请过我参加了一次（当时我正在参与他的研究课题《中国20世纪文学现代品格论》，并担任了该课题的副主编之一），使我十分感动。据说，后来黄老师曾经对他的弟子们说，有三位已经有影响的学人报考他的博士生，却因为种种原因，失之交臂，其中，就算我一个。而我，则从来就觉得自己一直是黄老师的学生和忘年交的。

虽然，在生命最后的时光里，黄老师饱受抑郁症的折磨，可当我去医院看望他老人家时，那位中年护工谈起黄老师时的感动仍然使我感到，黄老师在最后的日子里还是浑身散发出了感染人的人格魅力！那护工是这样告诉我的：“他真是了不起咧！那么有名的教授，还给我们讲诗！他可以住单人病房，但是他不住！他说那样太没意思。他喜欢热闹，喜欢有人跟他讲话。有时可以下楼，散步的时候他就给我讲诗！真是个好人哪！您放心，他肯定会好起来的!”可哪想到……当我在青岛机场看到我的博士生（是黄老师推荐其考我的博士生）发来告诉噩耗的短信时，我不敢相信，永远乐观的黄老师怎么会那么快驾鹤西去！

我是不相信人死如灯灭的。我是相信灵魂不灭的。当我们在谈论那些已经离开我们的前辈时，当我们在梦中与他们重逢时，我相信就是他们的灵魂重新回到我们中间的时候。这样的谈话与重逢绝不仅仅是记忆可以解释得了的。那些欣悦的灵魂，那些以自己的生命之光照亮了周围人、感动了身边人的灵魂，尤其是那些饱经风霜，依然保持了乐天的气质、进取的精神，并且创造了学术与生命的奇迹的灵魂，能够永远陪伴着我们，去继续生命的旅程，不就是灵魂不灭的证明吗？每想到此，我就感到死亡不再可怕。

（作者为武汉大学文学院教授，曾任华中师范大学文学院教授）

我读曼君师

冒　键

前不久，当我将以往那些鲁迅论文整理完毕，结集成册，准备出版而请曼君师作序时，泽龙兄则告之，曼君师已跨鹤仙去。于沉痛扼腕中，我上网浏览了关于曼君师的所有信息，深深感到内疚，因为多年未和曼君师联系了，虽然深深地怀念着他。未曾想，如今他却突然离我们而去，独自西行……

一

1985年秋天，当桂子山满溢着醉人的桂花香时，我有幸成了华中师大现代文学助教进修班的一员，曼君师是这个班的班主任。最初听到黄曼君这个富有诗意的姓名时，我还以为是一个女老师呢。我跟他第一次见面，就觉得特别的有缘。他温文尔雅，平易近人，脸上挂着真诚的笑容，毫无学究气。当他听说我来自江苏时，连说："好地方，好地方啊！"一下子就缩短了我们之间的距离。我的性格比较内敛，一般不轻易跟人交谈，尤其是不熟悉的人。但在曼君师面前，却特别的放松，话匣子一经打开，竟然也能谈笑风生，我们仿佛是多年的老朋友一样。后来，像这样温馨的交谈在助教进修班学习期间便成了我和曼君师之间的家常便饭，我觉得每次跟曼君师交谈，都是精神上的一次享受。我们交谈看似漫不经心，但谈得最多的却是书。曼君师是书迷，在课上他常常向大家推荐新书。星期天在武汉的几家书店我们也经常不期而遇，他总是兴奋地将他刚买到的新书给我看。有一次我在汉口的书店买到一本英国哲学家鲍桑葵的《美学史》，回来时在华师利群书店门口与曼君师相遇，他急切地询问这本书是哪家书店卖的。我告诉他这本书已卖光了，他脸上立即露出失望的神色，但随即嘱咐我下次到汉口书店买书时一定要关注这本书的信息，不过没过几天，他就像小孩子那样高兴地告诉我，《美学史》买到了。我估计，他为了这本书，一定不止一次地跑了汉口的书店。那时我和来自上海的武斌可能是跟曼君师交谈最多的学员。多年以来，我一直思考着曼君师身上究竟有一种什么魅力吸引着我呢？让我们不知不觉地消弭了师生间的距离？这恐怕是一种人格的魅力吧。

二

曼君师是班主任，主讲《郭沫若研究》这门课，他的讲课风格不同于其他老师，属于演讲型的，激情四溢，我感到他本质上就是一个诗人，他仿佛和研究对象融为一体，沉浸在诗的境界里了，他对郭沫若《女神》那些激情澎湃的诗篇精湛的赏析，至今都令我难忘。每每打开他赠给助教班每个同学的《郭沫若作品欣赏》，重读书中文采飞扬的文字，我的眼前就会浮现出当初他在讲台上的神采奕奕的形象。曼君师非常重视我们对他上课的评价，每次讲完课，他都要询问我们对他有什么意见。有一次我跟他谈到教师讲课风格时，他问我，大家觉得他的课怎么样？我说：诗人风格，学者风度。他不由笑道：是吗？接着又问道：你觉得哪里需要改进呢？我说，既然是研究课，不妨大家都可以发表意见。他连连点头。后来，曼君师几次组织讨论课，可见他是很讲究上课的艺术的。我对郭沫若的兴趣本来不大，觉得他跟鲁迅相比，虽然有诗歌的天才，但为人处世上有差距，只是因为听了曼君师的课，才去作了一番研究，但讨论课上一般不发言。这很快就被曼君师发现了，所以到后来讨论课要结束时，曼君师总要提醒道：现在请江苏、上海来的同学发表自己的意见。这时，我才有点不好意思地发表自己的一点看法。我知道，这是曼君师的良苦用心，这是他在鞭策我，鼓励我。多年后，曼君师成为华中师大最受同学欢迎的老师，他的课成为最受同学欢迎的文学课时，我觉得这是必然的，因为一个能够将讲稿背下来、反复听取别人意见加以修改，又总是在研究中不断完善自己讲课艺术的老师，其敬业精神和精业精神，难道不令人肃然起敬吗？

三

曼君师可贵的地方还在于他高远的学术视野和先进的教学理念。为了把助教班的同学培养成文学研究的生力军，他先后请来了全国各地一流的学者和知名专家以及华中师大中文系的优秀老师为我们授课，介绍他们最新的学术研究成果和研究的精华以及治学的宝贵经验。在当时中西文化撞击交流和融合的高潮中，他让我们接触和学习了世界上文学研究最前沿的大量跨学科的知识，可以说，我们喝的是百家奶。这是师傅带徒弟的研究生培养模式所难以相比的。正因为如此，现代文学助教进修班为学术界，特别是为现代文学研究界培养了一支生机勃勃的生力军，在他们当中出现了以陈方竞、王泽龙等为代表的全国知名的学者和专家。当时曼君师从全国各地请来的专家除了他陪同以外，还喜欢让专家的老乡同学拜访他们，让我们有机会近距离甚至零距离地和这些老师接触，以更好地了解他们，理解他们的学术观点。戏剧理论研究大师、南京大学的陈瘦竹先生到华师助教进修班讲学有半月之久，曼君师就让我拜访他，陈瘦竹先生其时已76岁高龄，是由他的夫人沈蔚德陪同来的，他们住在华师招待所。拜访陈瘦竹先生，曼君师交给我一个任务，要写一篇关于陈先生到华师讲学的报道。为了写好报道，我接连几天晚饭后都到招待所拜访陈先生夫妇，了解陈先生的生平事迹，特别是他的学术研究的情况。在采访的过程中，陈先生和我的交谈越来越深入，他提出能否为他的长篇小说《春雷》写一篇评论。这部小说1941年创作，由华中图书出版公司出版，现在刚刚由江苏文艺出版社重版发行，还未曾有人评论过。我立即找来这部真实反映江南人民抗日除奸的小说进行阅读。在陈先生快结束讲学的时候，我交出了报道和

《春雷》的评论，评论的题目是《文学史边缘的〈春雷〉》，为《华师报》和《书刊导报》所用。陈先生临走前表示，他要将过去的所有创作，包括未发表的手稿一并交给我研究，曼君师极力表示赞同。所以放暑假时，我特地经过南京，找到陈先生，但陈先生却很遗憾地告诉我，他的资料都被他的研究生拿去了，碍于面子他只好对我食言了。不过，我倒没有觉得什么，反倒松了一口气，因为暑假里有一大堆的书等着我去看。但我还是很感激曼君师给了我这样一个锻炼自己，提升自己的机会，如果陈先生的资料被我拿到了，说不定我会成为现代戏剧理论的研究者了，而不会研究其他的文学现象了。曼君师的胸怀是很宽广的，他之所以请来那么多名师，是不希望我们局限于某一个老师的学习，特别是不局限于他的学习，而是要广采百家，最终自成一家。学习是这样，研究也要这样，不局限于一种研究对象，而要将研究能力和方法能够迅速迁移到另一个对象身上取得成功。正是具有这样的思维，才使我在以后的学术研究中不拘一格，并在某个方面总有所突破。这真的不能不归功于曼君师。

四

华中师大助教进修班的学习生活至今已有 26 年了，真是弹指一挥间哪！记得我的第一本专著《作家文化场论稿》出版后，我曾寄给曼君师一本，并相约，在他方便的时候，来江苏一游。当年在谈到我现在所在的城市——南通时，曼君师充满了遐想，他说，那一定是江南的好风光，其实南通跟汉口一样，是在江北，是一座江城，风光确实是美丽的，被誉为江海明珠。我没有能够实现让曼君师来南通饱览曼妙风光的愿望，深深地感到遗憾！如今曼君师音沉响绝，过去和他亲切晤谈的乐趣也如过眼烟云，只有在心中沉思默想时，过去的经历才会仍然带着新鲜的色彩活跃在眼前，曼君师的亲切形象也才浮现在面前，于是一切都复活了，仿佛昨天刚经历似的。我想，这也许是曼君师的英魂随着武昌和南通的母亲河——长江的滚滚波涛在流淌吧，我用心倾听，我听得到那滚滚向前的汹涌澎湃的波涛声，我的耳边回响着曼君师生前用带有湖南口音的普通话吟出的一首充满悲壮色彩的诗——《老境》。这是曼君师六年前的一首自励诗，年届七十，离他西行而去已为时不多了。诗中，一个历经沧桑的智者对夕照的诘问、对生命的眷顾、对浪漫的追索，以及老骥伏枥、壮心不已的明志，鲜明地跃然纸上。其中，我读到了屈原“路漫漫其修远兮，吾将上下而求索”的慨叹，也读到了郭沫若纵横天地间的豪情，更读到了海明威永不言败的硬汉精神。曼君师是在用他生命的最后的力量抗拒着无法抗拒的宿命，体现了一个真正的学者，更是一个诗人的浪漫主义理想的情怀。我曾在《最后的神话——诗人自杀之谜》这本书中对诗人下过这样的定义：“诗人是渴望进入酒神生命状态的天之骄子，是不以任何时髦词句为脂粉而又终身追求诗意的人，是不随波逐流而在时代的漩涡中勇于搏击的弄潮儿，是不屈服于命运的法则而在炼狱与净界的选择中向往新生活的圣者，是在众多灵魂无寓的苦涩时给予他们温暖和希望的天使，是以非常个人化的话语绽放绚丽的艺术之花的歌手，是一团炽烈的闪耀着人性光芒的永远燃烧着的火焰，直到生命的尽头。”曼君师不正是这样的诗人吗？

我谨以此文纪念曼君师——一个永远活在我心中的恩师、学者和诗人！

写于 2011 年 7 月 20 日

（作者为南通高等师范学校中文系教授、校学术委员会常务副主任）

永远的导师

周燕芬

11 月 22 日一早，连续收到在武汉的几位师兄弟的电话和短信，告知我导师黄曼君先生的病情突转急下，状况非常不好，我顿时慌了手脚，赶紧着手请假调课，希望能赶赴武汉再见先生一面，中午时分，又一阵电话短信涌来，先生已经撒手人寰，驾鹤西去了。

我放下手边的一切繁杂事务，急奔武汉和恩师告别，当飞机在黄昏时分盘旋于武汉上空时，心里像压了一块巨大的石头，头脑则完全空洞，没有了黄先生的大武汉，今天在我眼里变得如此黯淡和陌生。

我和武汉这座城市原本无缘，因为有了黄先生，因为做了黄先生的弟子，因为在这里求学三年，武汉便成了我常来常往，最为熟悉和亲近的地方，成了我精神的另一故乡。

第一次见到黄曼君先生是在 1998 年召开的中国现代文学研究会第七届年会上。那是我第一次参加全国性的学术会议，结识了包括黄先生在内的一批学术前辈和名家。很巧的是，不久黄先生又赴新疆做学术报告，在西安中转停留时，我们再次相遇。先生了解了我当时的工作和一些研究成果后，很给我信心地说，再读一个博士会更好，你没问题的。

那时候我硕士毕业已在高校任教多年，自以为在同龄学人中还算表现不错，加之抚养孩子操持家务的负担也重，我没有想过还需要继续攻读学位，是黄先生的鼓励撩起了我继续读书的念头，犹豫一段时间后，终于有一天按捺不住，翻出了弃置已久的英语书。一年后，我走进了桂树飘香的华师校园，如愿师从了黄曼君先生。三年的博士课程学习和论文写作的艰辛过程，每一步都是在先生的关爱和严教中走过来的。毕业后的这些年，不时地有短信有电话，也有见面，一直以为我们的师生情缘正长，谁能相信，那样热爱生活，那样痴迷学问的黄先生，会这样匆忙地，这样猝不及防地离开我们？

生活中的黄先生纯情至透明，面对他，就像面对一个烂漫天真的孩子，无需伪装，不用设防，甚至从来没有过学生常有的拘束和紧张。先生是个善于发现美并易于动情感怀的人，我们眼里的红花绿叶美则美矣，却也因司空见惯而无动于衷，先生却永远保持着一颗诗人的青春灵动之心，见景即赋诗，动情便歌唱，先生随喜随缘的性情总是深深地感染着他的学生，他是我学业的导师，也是我快乐生活的导师。

学问中的黄先生专注而严谨，在书房工作时的沉浸状态，与平日里嬉闹玩乐的那个老小孩判若两人。黄先生视教书和学术为自己的生命，不因年事已高而有丝毫的懈怠，他自比是“搏海的老渔夫”，在人生最后十年仍然高举“手中的渔叉”，他在自己不断开拓的学术领地上，迎来了最灿烂最美丽的丰收晚境。黄先生离开这个世界的时候，还有博士生没有毕业，还有学术课题没有完成，他几乎是在紧张的工作状态中突然倒下的，我想，对于那么享受激情和拼搏的黄先生来说，生命终止于事业的高点，或许也是最后的精神安慰。

先生是导师，也时时与学生平等对话，他喜欢学生发表不同意见，但坚决不允许学生敷衍学问。他推荐给我们的论著和文章，一定要盯着你谈出心得，曾有师弟支支吾吾说不出个大概，黄先生毫不留情地说：你没有看，你不懂。或者有人不懂装懂时，他会很坦然地说：你还没有看懂。黄先生执着地做真人，做真学问，在心明如镜的黄先生面前，不老实也不由你。一旦学生有所创获和成就，他又会像孩子般开心和骄傲，他表扬学生的口吻常常十分夸张，“那是太不简单了”，“那是很厉害的”，每一个黄先生的门生，如果能听到导师说出“不简单”和“很厉害”，那就是最大的满足了。

先生的视力很差，几近视盲，看书时鼻尖和眼镜几乎要贴到纸上，我们送给他的作业文稿，都尽可能放大字号。尽管先生几十年读书已经习惯了，但每次看到先生摩挲文字的样子，不免还是心酸，多么希望先生有一双像他心灵一样透亮的眼睛啊！终于在两年前，他成功接受了先进的眼科手术，视力得以明显恢复，他兴奋地给我打来电话，感慨道：你不知道华师校园的花有多么红，树有多么绿，那是真实的颜色吗？黄先生能够更清楚地看到这个世界了，也能够更方便地钻研学问了，他却突然病了，突然走了。没有黄先生的武汉和华师，对于我这个异地学子，还有什么意义呢，黄先生一走，是把我自己生命的一部分也带走了，不知道天国还有没有学府，黄先生还能不能继续他钟爱的文学和育人事业。对于我们这些还守候着文学家园的学生来说，学缘和师恩，也如血缘亲缘一样不可改变，我们永远是黄先生的弟子，黄先生是我们永远的导师。

愿黄先生在天国快乐安详！

（作者为西北大学文学院教授）

我认识的黄老师

李　蓉

一个人离开这个世界的时候或许也是尘埃落定的时候，自然会有各种追忆和评说——社会层面的、个人层面的，可无论哪一种评说对于离去的人来说都没有多少意义了，只是活着的人要继续走下去，需要这些记忆的陪伴，我们害怕时间的消磨，害怕遗忘，所以记录和叙述只是为了我们自己。

从来都没有认真写过一个人，提起笔来才知道，想用几个词、几段话来呈观一个人是件多么不容易的事情，这不仅仅是因为我们面对的是复杂的而且已经消失的“人”，而且是因为即使是事实的叙述，也不可能不受叙述者本人的个性、趣味的影响。况且我还觉得，每个人在面对不同的人的时候，他所展现的自身的特质也是不完全一样的，我眼里的黄老师和别人眼里的黄老师就总有所不同吧，所以这里所写下的仅是我自己对黄老师的印象和记忆，若说有什么看法也只能代表我个人。

我和黄老师认识的时间不算长，算来只有十二年，而真正走近他，了解、熟悉他的时间就更短了，只有七年的时间，也就是在 2003 年我读他的博士生以后，这也是他人生最后的七年。

在我看来，黄老师的性格可以从两面来看，或者说两种说法都可以：说他聪明可以，说他“狡猾”也不过分；说他糊涂行，说他“装糊涂”也未尝不可；说他高雅有道理，说他“俗”也不是没有道理；说宽容大度是他，说胆小怕事、息事宁人也是他……这些都是说的黄老师，但黄老师却不是谜，或许很多人的面目不容易看清楚，他却一清二楚。

黄老师的生日是5月30日，双子座。星座的事情他可能不懂，如果他有灵，我也八卦一下给他听听。双子座的人我认识很多，我是水瓶座的，和他算是比较有缘的星座，因为都属于风向星座。通常双子座的人崇尚新的东西，不保守，为人灵活机警，甚至八面玲珑，喜欢耍点小心机，并且非常在乎自己是否是大家注目的焦点，爱发精妙之语，但通常也很难深刻。我的一个学生也是双子的，她总结说，双子座喜欢贪小便宜，喜欢小乐趣、小幸福，有着小智慧，但却是大满足了。这句话用在黄老师身上说不定也是合适的。说黄老师"满足"，可能有人会不以为然，而在我眼里，黄老师就是一个容易满足并且很能够快乐的人，他每发表一篇好的文章，或者受到某种夸赞，都会沾沾自喜不已，逢人便说，这是满足，也是他的天真、不世故。在我看来，满足就是要对自己所获得的心存感激并懂得表现出喜悦，这与他总在不停地追求并不矛盾。

黄老师是非常敏感的人，他对"美"的敏感是众人皆知的。春天里开在校园里的不知名的蓝色小花，初夏菜市场那些嫩生生、绿油油的蔬菜，都让他眼睛发亮，他爱生命，所以才爱这个"花花世界"。前几年春天的时候他四处做关于"春天的诗"的讲座，一些春天的诗句也常常挂在他的嘴边。正是因为爱一切美的事物，所以人们常常看到他眼睛里有不舍的痴迷，对此，他从来不加掩饰。黄老师爱美，爱年轻的生命，但从生活中发现美，并不意味着要把生活当艺术，因为他知道，艺术和生活从来都不是一回事，所以黄老师是个诗意的人，但决不是那种洒脱和任性的人。记得有一次黄老师在电话里朗诵海子的《面朝大海，春暖花开》，听着他生动的朗诵，我很受感染，对他说，其实这首诗很悲凉，理想主义者的悲剧，您很好，能在俗世中获得快乐。他说："那我能怎么样呢？"

黄老师对新兴的事物也非常敏感，大家都知道他在学术思想上决不故步自封，很善于吸纳和学习新的思想，即使"新的"和他已有的知识结构不一样，他也有超强的"转弯"的能力。能肯定的是，我博士论文那样的选题如果不是遇到他，肯定难以继续下去，也不会是今天的样子。我喜欢它现在的样子，所以我也一直说为遇到这样的导师而庆幸。

而在生活上，黄老师也非常喜欢新潮时尚，我读博士生那段时间，他学会了用手机发短信，后来就开始迷恋手机，手机几乎不离手，连照相的时候，都故意作出发短信的姿势，得意洋洋（有照片为证）。那些年，他通过短信创作了很多即兴小诗，他把自己的快乐和诗意带给了许多人。逢年过节的时候，他的祝福和问候也与众不同，总是充满着诗情，记得连着几年“三八”，他都要写诗并通过短信的方式发给他认识的女同胞。

那几年黄老师喜欢上了唱流行歌曲，为此，我还买了一个MP3送给他，让他散步的时候听听。很多时候他唱流行歌曲只是为了博得大家的欢心，并证明自己青春不老，我倒是觉得他唱的一些老歌远比通俗歌曲好听，像他唱的《秋水伊人》、《叫我如何不想她》，还有样板戏中柯湘的那段《家住安源》都是我非常喜欢的，从头到尾，他总记得歌词。

黄老师是非常具有感染力的人，他的快乐、诗意和忘我投入的状态常常具有磁场效应，能影响在场的所有人，而即使他不在场，他的各种趣事也常常是人们饭桌席间的谈资和作料，这其实也是他自己喜欢的。我知道有一种人，当他知道什么能博得大家的关注和欢笑的时候，他就知道怎样做才是最好的表达自己的方式了，所以我说他也是被大家塑造的。真真假假，假假真真，既然大家都喜欢，何乐而不为呢？这是他带给这个世界的欢乐，所以他也很喜欢讲自己的故事。当然，作为故事的主角，他更多的是进入人们的叙述中，讲故事是容易的，只不过，并不是几个故事、几段趣事就能够反映一个人真实的全貌，但人们往往相信这就是一个人所有的真实。

我也知道，对于别人怎么给自己盖棺论定黄老师并不很在意，起码不是完全在意，否则的话他就会像别人那样谨言慎行。有这样一件事：几年前，一次陪他在校园里散步，他突然严肃地说：“我死后你们不要为我歌功颂德。”简短的一句话，他当时也没有作什么解释，我也不想追问，记得他说话间脸上还有一丝不屑和无畏，我很少看到他那样的表情，也许这并不完全符合他一贯的性格，但我想我懂他的意思。这也算是他性格中被隐藏的一部分吧。

黄老师有一颗善感的心和一份悲天悯人的情怀，这个世界发生了任何天灾人祸的事情，他都会欷歔长叹，而国家的喜事，也仿佛是他自己的喜事，所以近些年他也写了很多宏大题材的诗歌。我是一个非常个性化的人，每次他兴冲冲地给我看他写的这类诗，我都不置可否，那时候确实很难理解他的这种情怀，觉得只是应景。现在想起他对我说过的一句话："但愿我变得平面，却像镜子一样涵纳一切美好，特别是那无尽的青春！"或许从这个层面，能对黄老师甘于"俗"、勇于"俗"的一面有更多的理解吧。

我读书那几年是黄老师心情很好的一段时光，因为心情好，那时他给人的感觉也非常年轻。夏天的时候，他最喜欢的衣服是一件橙红色短袖，很多好照片都是穿这件衣服拍的。熟悉黄老师的人都知道，黄老师的生日是在"六一"前，那几年，每到 5 月 30 日的时候，他都掏钱请我们这群学生吃肯德基，他自己也跟着吃得非常热闹、满足，这样一来，他好像每年都能重返一次童年，我们这些学生于是也都跟着享受了这种幸福。很庆幸，那时我总背着数码相机，把那些快乐的情景都记录了下来。

后来我毕业了，虽不在他的身边，但三天两头的电话、短信联系，也是常事。黄老师和我无话不说，他的开心、他的顾虑、他的打算，也包括对一些人事的看法。我们是师生，也是忘年交的朋友。不过，只要他心情好，他更愿意唱歌、背诗，有时候他新创作的长诗，也要在电话里一字一句地读给我听，他也很喜欢谈他正在写的文章，而我主要担任的是听众的角色，无论听他说什么，都感觉十分开心，所以这种联系说不上是学生关心老师，更多的是我向黄老师索取，索取快乐。

黄老师热情、善感，但却不是那么强大的人，特别是近两年来，因为一些困扰，黄老师的性情改变了很多，我的心里也因此像放了一块重重的石头似的。他仍像个孩子，可不再是一个充满童真、稚气和欢乐的孩子，而是一个无助的、需要保护和安慰的孩子。经常在电话里听他问这问那，听到他的诉说，我只感到心痛，曾经的顽皮、可爱、快乐都没有了，而弱小如我，又能把什么强大的力量给他呢？我只希望冥冥中能有一种神力相助，所以我说，黄老师，您就相信一点宗教的东西吧！

今年暑假，我带着自己的一个学生去看他，我也和他像往常那样开玩笑，想让他开心一点，但是已经很难让他展露笑容了：他勉强地陪坐在那里，头低着，眼睛木然地看着其他的地方，说出的话也很跳跃。后来，师母让我在一些事情上劝劝他，我就陪他在书房里单独坐了一会儿，谈到某些地方，我看到他眼睛中放出光亮，神情也变得非常“精明”，所以我还想：没事的，他身上的阴霾迟早会散去的。这天晚上离开后又接到师母的电话，我和师母聊了很多，希望能找到好的办法解决目前的问题。那天晚上翻来覆去睡不着，学生劝我说：“我知道您因为黄老师的事而难过，我们也需要您，为了我们，您也应该想开一些。”她的话让我感动，而我也多么想和我的学生劝我一样劝劝我的老师啊。

黄老师最后生病住院期间，我一直和他电话联系，手术后的前几天他的状态不错，精神也好多了，我很乐观，心里的沉重也少了许多。他有时喊难过，我还哈哈大笑说，“您就是太娇气了”，没想到有后来那样的变化……“我很难受，一言难尽”——这是他留给我的最后一句话，就这八个字。从此以后，我再也听不到他的赞扬，也听不到他的批评了，就是那些玩笑话、酸溜溜的话，甚至冷嘲热讽的话也永远听不到了。

从黄老师身上，我看到了一个人一生中最快乐的样子，也看到了一个人一生中最不快乐的样子。有了这些，我想我也必须懂得一些事情了。

黄老师是11月22日那天中午走的，我觉得这一切是那么不真实，让人难以置信。一些同事、朋友得知后都来安慰我，也包括师母。师母是那样坚韧刚强的人，在我看来，没有她挺不过去的事情。我对师母说，我一点都不觉得黄老师离开了，总觉得他还会打电话给我。师母说：你没有经历黄老师“走”的这一切也好，就当他永远活着吧。我知道，不管有没有经历，对于这么亲近的人，我们都会觉得他永远活着的。

黄老师走的时候，正是深秋的季节，他喜欢的春天还那样遥远。22日那天下午我有课，去上课的路上，看到落在地上的厚厚的梧桐叶，无限感慨。落叶的凋零这样美，而人呢？佛说众生平等，生离和死别也就应该是人生的常态，也应该有美，想到这里，心里释然了一点点。那次上课的内容是徐志摩的诗歌，于是我从黄老师的去世讲到我看到的落叶，讲到死亡，讲诗意的人生，讲徐志摩的死和他的诗歌……也真奇怪，我好像从来没有上过这么流畅的课。

这篇文章从黄老师去世到现在断断续续写了“七七”四十九天，这段时间，每天都很想念他。对于离去的人，每个人都有自己纪念的方式，中国人向来看重身后事，按照世俗的方式祭奠他是必须的，但黄老师从来不是一个恪守陈规的人，真正爱他的人也应该用属于我们自己的方式祭奠他。

黄老师的离去留给我很多的悲伤，我也知道，人是会接受现实的，时间的推移会逐渐淡化这悲伤，但是，接受并不意味着漠然和忘却，而是意味着能更坦然地看待死亡，也只有到那种时候，我或许才能真正感受到来自他的力量，他的童心、诗心、凡人之心和宽容之心才可能在我的人生中发挥效力。

2011年1月7日于金华

（补记：转年春天来的时候，我和师母一起去探望了黄老师，这是他走后的第一个清明。清明的时候九峰山没有雨，只有春暖花开和满目青翠。抚摸着石头上他的名字，还有师母题的“天地悠悠，生生不息；万物欣荣，我笑丛中”那16个字，来之前的伤感竟化为平静。我知道，这是他的力量，他是用这种方式让我们心安。）

（作者为浙江师范大学人文学院副教授）

恩师如火

刘永红

黄曼君教授是我仰慕已久的学者和导师。

1980 年秋，我从黄陂蔡店山区考入华师外语系，学校的一切都那么新鲜，神秘，不只是因为它绿树成荫，桂花飘香，更有学富五车的名师、教授令我们景仰，闻之起敬。这里就有黄曼君教授。记得，我 9 月入校时，不想学外语，想转学文学或美学，而他当时是中文系主任，研究鲁迅。一位 78 级的蔡店学长谈起他们的系主任，充满了自豪和敬意。但那时，我与黄师无缘相识。

1998 年，自觉学历与学力不足，决心攻读博士学位，深造发展。审视自己，选中文学；环顾全国，心仪黄师。但与黄师一面不识，贸然打扰，也觉不妥。这时，黄师的高足，一位叫高玉的学兄救了我。他当时是二年级博士生。他知我的意愿，懂我的渴求，欣然答应带我去拜见黄师。黄师热诚的话语风格和率性的人格魅力点亮了我对文学的灵性，坚定了我学习文学的决心。

恩师如火。火者，光与热也，引申为照亮、温暖、点燃、指引。所谓“不须愁日暮，自有一灯燃”（王维）。“黄昏投古寺，深院一灯明”（戴叔伦）。“一灯如悟道，为照客心迷”（孟浩然）。所谓“火在天上”（《周易·大有》）。“道之于心也，犹火之于人目也”（《潜夫论·赞学》）。我却要说：“黄师之于我（心）也，犹火之于黑夜也。”黄师就是点燃我学术之路和文学之心的灯火，使我走出了歧途，不再徘徊，不再漂泊。

回想 1998 年—2002 年在黄师门下的几年受教生活，使我感受、感动的事情很多，但最深的是我拟出的这四个字：“恩师如火”！

因为，在我这个外语人眼里，黄师有三个突出的特点：(1) 思想深邃，活跃前沿；(2) 激情如火，洋溢动人；(3) 大才多艺，情文并茂。

这里略说三件事。

一、如火的讲座

1997年11月27日晚6：30。文学院“人文讲座”。主讲人黄曼君。题目“跨世纪的诗神——世纪之交的文化特质和思想品格”。广告在校广播台连播了四天。我焦急地盼着，我还没有一次聆听过黄师的讲演。这一天，我早早地来到文学院一楼的大教室，在第二排找了一个“池座”，铺好笔记本，激动地等着黄师的到来。

6：25黄师出现，掌声雷动，我这才知道什么叫做如雷贯耳。黄师开口不凡：19世纪末是一个变革的时代，巨人辈出，而20世纪末呢，巨人不多，但流派辈出。接着，梁启超、王国维、鲁迅……如数家珍地排出一串的名人、大家；二元对立、多元互补、生存格局、现代性……信口娴熟地阐说一个个前沿话语；写实文学、伤痕文学、新写实、先锋小说……流派迭迭，要言不烦。最后，得出结论：跨世纪的诗神的文化特质是：多元并存，互补交融，竞争发展。演讲中，黄老师深刻地揭示文学的本质，如竞争意识的引进改变了文学生存的格局；文学是特殊意识的商品；通俗文化冲击千家万户，把雅与俗、西方的热烈与东方的含蓄、大梁雄风与小桥流水相结合，相补充；文学批评不求有丰碑，只是一种情感需要，生存方式等等。还有几点批评，例如：(1) 关于出“文集”，说从前这是很谨慎的事情，严格筛选，盖棺论定。(2) 大学讲台只讲过去的东西，有定论的东西。这对人有压迫，使人变态、异化，使人失去对当代活的东西的捕捉。(3) 看不到鲜活的东西，是情感的异化。

讲演过程中，古今中外，政治文化，历史当代，小说歌谣，旧品新作，熟记于心，娓娓道来，深入浅出，引人入胜，多次被热烈的掌声打断。动情处，或高歌一曲，或吟诗一首，或唱几句戏。这既是一次理论的学习，更是一次艺术的享受。从前我还不知道，讲座竟有如此优美和雅致的。

海德格尔说，只有在光的照耀下，世界才敞开并且出场。黄师和黄师的讲演不就是这象征着智慧与艺术的光与火么？

二、如火的研讨

黄师十分重视对经典的研读，不论是教学中，还是在指导我们的时候。他多次说，经典、原著是思想的源泉，是理论的依据。如上课讲到梁启超时，黄师就亲自复印梁启超的《译印政治小说序》、《论小说与群治之关系》和《告小说家》等文章，让我们研读；讲到王国维时，就复印王国维的《红楼梦评论》。还一并开出其他书目，如《宋元戏曲考》、《中国历史研究》、《清代学术 2 种》、《饮冰室文集》、郭沫若的《王国维与鲁迅》等。

黄师每年都结合前沿与经典，定期组织几次高质量的“在读博士研讨”。每次都是黄师亲自选定题目，主要的几次如“余光中诗歌研究”，“学衡派研究”，王朔《我看鲁迅》一文引发的“鲁迅的功与过”的思考，吴炫《一个非文学性命题——“20 世纪中国文学”观局限分析》引发的“回到经典”的讨论等。这些讨论形成了一些观点，如建立大文学史观，由此做出选择的文学史，阐释的文学史。建立整体意识和开放的文学观，认识“人一自然一自身”的美的和谐、动态的和谐，经济学（物质生活）和美学（精神生活）的联姻，形成有审美品位、回归本体、穿越文化的原创的文学。

这些点燃了我们对经典的热情。

最重要的一次讨论是对文学经典的认识与阐释。2001 年 5 月的一天，黄师组织我们对“回到经典”作一次专题讨论。当时，我们分别从经典的定义、价值、现代阐释等几个方面发了言，但都比较肤浅。最后，黄师作了一个提纲挈领的深刻而有重点的总结，如(1) 人们对经典的认定还处在模糊状态，有人说是十年后不衰落的，有人说是有轰动效应的。(2) 对待经典的态度，有人消解大师，告别和否定经典，有人试图寻找大师，重释经典。(3) 关于经典的特质，应被持续不断地被解释、接受和传播，文学经典应富有心灵的感动，审美的内容。黄师的这些深刻的思考，启发了我们，令我们极为佩服。

2004年春节，突然接到黄师的电话，声音十分感染人。黄师说：刘永红，你快帮我查一查，“经典”一词在俄语中是怎么定义的。我忙问，为什么。黄师说，我的《中国现代文学经典的诞生与延传》一文将在《中国社会科学》杂志上发表，但这个杂志要求十分苛刻、严格，必须找到权威的解释。当时，我非常高兴，也十分钦佩，黄师的文章要在这么重要的杂志上发表！恩师一言，不敢怠慢，马上行动。在《苏联百科词典》上找到了“经典”一词的定义，书中说，经典源自拉丁文classicus，意为“第一流的，公认的、堪称楷模的优秀文学和艺术作品，对本国和世界文化具有永恒的价值”。我如获至宝，赶紧E-mail给黄师。不久，黄师又来电话说，这个解释可以，但你没有把它的词典的主编告诉我。我凭记忆说，没有主编，是苏联科学院编辑的。黄师将信将疑。几天后，黄师又打电话来说，那家杂志对规范要求十分苛刻，文责自负，有一点错就麻烦了。我郑重地回答说，好，我去查原书。一查，果然有主编，书上赫然写着：总编辑A. M. 普罗霍罗夫（Прохоров）。我很惭愧，赶紧向黄师报告并道歉。黄师严谨的学风教育了我对学术规范的重视。自此，每次写作，不论是大部头，还是小制作，我都会一丝不苟地去做，直至一个标点都妥当了，才放心寄出，刊登出来也改动不大。这都得益于黄师的教诲。

三、如火的指导

黄师一直很忙，每年除了自己的科研和给本科生、硕士生、博士生上课外，还指导好几个硕士生、博士生。但每次我们去谈选题、谈论文、汇报读书情况，他都认真地倾听，平等地讨论，中肯地指导，使我们在做人、做学问上受到很多教益。

黄师十分重视毕业论文的写作，再忙他都要定期查问资料情况、进展情况，十分重视实证与学理、引证与思考、历史背景与个人理解的结合与比例。他坚决反对利用第二手材料，人云亦云，反对满篇引证排挤思想，更反对无中生有，凭空杜撰。

黄师十分注意因材施教，因势利导，使我们几届师兄弟都各有所成。我是学俄语出身的，喜爱中国现当代文学，但在理论、史论上相当欠缺。黄师每次总是细心观察，悉心指导，耐心鼓励，用心启发，使我渐渐找到了中俄现当代文学的结合点，找到了自己的长处和位置，这就是利用语言学原理来比较中俄现当代诗歌的语言艺术，由此揭示中俄现当代文学的特点。

经黄师指导，我明确了研究方向，我心中学习的热情也倍涨。我很快确定了毕业论文的提纲。毕业论文的题目是：《诗筑的远离——中国现代象征主义诗歌的诗语形态解析》，选题构想是："运用符号美学中语用学原理，突破索绪尔的二元封闭结构论对文学语言的静态分析，来解析中国现代象征主义诗歌的语言形态，揭示（1）'意—象—言'及'现实—语言—人'两个三维结构在象征诗筑中的运行过程；（2）文化大语境、语言发展状况和个人语言能力在创造性诗筑中的互动机制。在论述中，既有史的梳描，更重代表性个案的分析"。论文目录为"导论；第一章　诗筑·诗语·象征诗语；第二章　象征诗筑的远离（一）：移植期——李金发与欧化语态；第三章　象征诗筑的远离（二）：繁盛期——戴望舒与变形语态；第四章　象征诗筑的远离（三）：多元与泛化期——九叶诗派与智化语态；结论"。

我的这篇毕业论文，黄师一年半一共改了五稿，每次都仔仔细细，花费了大量精力。比如第一稿时，黄师亲自修改了第一章的标题，改为"中西交汇中的象征诗语"。这一改就比原来的更有理论概括与理论高度，它统领全文，后面的文章就好做了。

毕业三年多了，我一直保存着黄师 2001 年 10 月 14 日亲笔写的对我的毕业论文第三稿的"修改意见"，原文是用钢笔写的，字很流畅。我想全文转抄如下，以表达对黄师的谢忱、敬意和感激，更表达对黄师七十华诞的祝福。

对《诗筑的远离——中国现代象征主义
诗歌的诗语形态解析》的阅读意见

优点：

一、题目抓得好：对诗语形态，特别是象征诗语形态的研究，深入到诗歌本体、诗歌形式的研究中，不同于一般的诗歌思潮、流派、创作方法、艺术特色的研究，颇有学术价值，值得花大力气研究。

二、此稿比前两稿有较大进展：规范化又较灵活的论述，语言运用较好，注意了总体研究，特别是第四章九叶诗及其诗论的研究紧扣了“诗语形态”的题旨，有较好的观点概括，诗文本的解读细微、贴切。第三章后部分也比较好。

缺点：

一、仍没有全副精力集中在“中国现代象征主义诗歌的诗语形态”的研究上，没有对本题进行剖析深挖，没有形成中国象征诗语形态的概念、范畴、体系（大略）。绪论中诗筑的远离，与本题关系不大，第一章写“象征”乃至“象征主义”扣题不紧，一般化，而象征诗语则较空泛，第五章几乎完全“放空”，没有结合中国象征诗语的特征和发展，第六章又太简略，感想式的，缺乏概括，缺乏理论色彩。

二、第三章对30年代象征诗语变形形态的提法不明确，口语化形态又无概括力，如何其芳、卞之琳等就是口语化的。

建议：如何形成中国现代象征诗语的概念范畴体系？西方传过来的，20世纪已有的，要在二者交汇的基础上自己进行概括创造。要注意已有的结论成果，从中进行撷取，发掘。对每一时期的象征主义诗论要有比较全面的把握，从中对象征诗语的特征进行归纳、概括，并与当时的诗论结合起来进行探索、研究。

黄曼君　2001年10月14日

黄师指导后，我花了八个月时间用心阅读、修改，终于完成了论文。正是黄师的关爱与烛照，我才能顺利地完成学业。所谓“师亲指学路，月挂一轮灯”。谢谢黄老师。

“宝灯夜开，光遍花台”（江总《灯赞》）。万籁俱寂，一灯晶莹，多么温馨的照亮，多么愉悦的美感。恩师如火，燃烧智慧，燃烧学问，燃烧激情，去启蒙周围，照亮周围，温暖周围，激发艺术之情，点亮心智之灯。薪火相传，我们不会辜负恩师的培养与教诲。

“继世风流在，传心向一灯”（孟浩然）。衷心祝愿黄师长寿，学术之树常青！

刘永红

2005年10月20日

（作者为华中师范大学外语学院教授）

黄曼君教授的诗性人格

许正林

去年夏天，恩师与师母结伴来上海参观2010年上海世博会。这给了我们三个弟子俞大翔、谢耘耕和我作为东道主孝敬导师的难得机会。我从黄师门博士毕业即来上海大学任教十年，老师此前来过上海两次，都是参加现当代文学方面的学术会议，一次是在上海大学出席王晓明教授主持召开的，一次是参加浙江师范大学博导专门会议，两次会后导师都特别留在上海小住，做讲座、逛书店、访问老友、吃日本料理。

但恩师的这次出游，仿佛有很大的不同，师母特别重视，仿佛是一个庞大计划，大约在行程前的半个月，师母就开始多次与我协商具体日程和一系列的后勤保障工作，最后确定具体由我直接负责接站送站，落实日程安排，住也住在我家附近的酒店。考虑交通出行打车的方便，世博的门票、导游、园区内的开销、每天陪老师和师母的晚餐则由三位轮流承担，我们三人每天都安排一位研究生给老师当向导，当然要求都要是对世博园和场馆很熟悉的。

其实，来上海之前，导师对世博会好像并不看好。在接风洗尘的席间，导师表露出对政府耗4000亿元巨资办世博会很不以为然，说劳民伤财，好大喜功，面子工程，还不如把这些钱拿出来办教育、支持西部发展等；不就是一个大型庙会吗，天天人山人海，排队七八个小时看一个场馆，给人压力太大，值吗？

好在导师和师母都年过七旬，全部可以走特别通道，免除了耗时与耗力的排队烦恼，加之师母每天早上都能以老汉口人的机敏冲锋陷阵为导师租借到轮椅，以确保老师参观的体力与兴致。

功夫不负有心人，效果果然不错。第二天参观日本馆，导师就被深深吸引住了，感慨于日本馆的高科技含量，尤其日本馆入口的10个排成一行穿一样的衣服，长得一样漂亮，鞠躬90度的日语欢迎礼仪人员，老师顿生兴致，他用日语为日本馆的工作人员高歌一曲日本歌曲《四季歌》，轰动现场，义务做了一回中日亲善大使。导师还特别喜欢西班牙馆里的巨型机器人娃娃，他说那眼神、那嘴唇的表情“好可爱呀!”他在这里流连了两个多小时，导师一生未泯的童心在此时此地都不自然地流露出来了。

导师和师母兴致高昂，连续四天参观世博场馆，仍意犹未尽。临离开上海的晚宴上，导师兴奋异常，他很感慨，讲述着他在每个世博场馆的所见所闻，感叹于科技高速发展，感慨人类社会的进步，尤其改变了他最初的看法，他认为花巨资办世博会还是很值得的，它是一次最成功的跨文化传播，体现了中国的鼎盛国力、国家的强大。他还即兴为我们用英语用美声演唱了北京奥运会主题歌《我和你》，以示谢意。他还说，过些时再来一次，要把所有的世博场馆看尽。

人生遇到良师是一种莫大的幸运。我的人生幸运中遇到了两位重要的大师，一位是南开大学的朱维之教授，一位是华中师范大学的黄曼君教授。朱维之教授带我进入了基督教文化研究的大门，黄曼君教授带我进入了20世纪西方思想史研究的大门。在我的那本《欧洲传播思想史》的后记中，我写了一段长长的感谢恩师的话，当我把书当面献给老师的时候，他用很重的湖南口音普通话说：“个小狗儿的，写这么厚的书!”我们弟子知道，老师的口头禅出来是他最开心和最生气的时候，这次老师应该是最开心的时候。

1998年9月，我幸运地成为黄曼君教授的博士生。入门后一次黄老师对我说：“决定收你为徒，是张学植老师的一句话起了关键作用。他是我郭沫若研究的好友，为人正直严谨，很少为人讲话，我相信他推荐的人。”张老师是我在南开大学读研时的导师。初次见黄老师，其实有点怕他，尤其怕他那副高度近视眼镜，镜片上一圈又一圈像画笔画上去的，看不清老师的双眼，给人一种深邃与威严。三年从师的学业中，经常见老师看书，眼睛几乎贴到书上，真像是在用鼻子嗅书。老师为我批阅十几万字的博士毕业论文的嗅书的情景至今仍历历在目。

最喜欢的事情是陪导师去街道口逛街。老师上街主要有两件事，一是逛书店，二是洗头。老师特别关注学术前沿问题，尤其是新引入的西方前沿学术理论以及研究当代文艺思潮的书籍。正是老师对西方前沿学术的敏感影响着我，形成了新的学术兴趣和新的研究领域。后来到上海完成的近60万字的著作《欧洲思想传播史》出版，并获得上海市社科成果二等奖，其实主要得益于黄老师的影响。

老师的诗性人格在于他的率真、敏锐、爱美、洒脱，还有掩不住的诗情。老师年过七十后，还不断在杂志上发表自己的诗歌新作；他喜欢台湾余光中先生，老师能把《乡愁》一字不落一字不错地朗诵下来，老师记忆力惊人，能背很多古诗词和新诗，老师能把白居易的《长恨歌》滚瓜乱熟地背下来。

老师还有一个绝招，就是吟唱。在好几次大型学术会议上，老师的古诗吟唱都轰动全场，声音宏厚、声情并茂的表演，充分展现了老师的大学者风范兼浪漫的诗人气质。其实黄老师古诗吟唱是有很深的家学渊源的。黄老师1935年5月30日出生于湖南株洲，从小接受了擅长古诗吟唱的父亲的真传，这也应该是老师诗性人格的家庭渊源。只可惜的是，随着老师的仙逝，恐怕吟唱这种非物质文化遗产的魅力就要减色不少了。

恩师一直有一个很大的遗憾，常常感叹自己的双眼弱视，看不清晰美丽无比的自然世界。当他70岁时做了白内障手术后，黄老师逢弟子便感叹："世界真是太美好了！世界真是太美好了！"

老师对吃从不挑剔，但却特别爱吃三文鱼。他几次到上海，其实都是想吃到地道的三文鱼刺身。我们经常走很远的地方，每一次换一家日本料理店，而且他能品出不同产地的三文鱼的不同味道。有一次我问过老师，为什么那么喜欢吃三文鱼，他却说，其实是喜欢吃台湾芥末和日本酱油。

外人大多不太了解我们的老师，甚至给人留下一个迂腐、不修边幅的印象。其实在我们弟子们的眼中，老师却是一个很新潮很时尚的老师。弟子们毕业想答谢导师，老师总是说：你们请我唱卡拉 OK 吧。

让我们终生难忘的是，参观完世博会临离开酒店去上海南站的时候，老师和师母拿出三个信封，每个信封上写上了我们上海三个弟子的姓名和具体的钱数，这是老师退还给我们每位的接待老师的开销。老师说，我们来上海参观世博会，华师文学院已经给我们补助了钱，不能再让你们花钱。当我们接过信封时，我们的眼睛都湿润了，这就是老师的诗性人格。然而，令我们所有人没想到的是，在上海南站与老师的一别竟成了师生的永别！

2010 年 11 月 22 日，我们敬爱的黄老师突然离开了我们，离开了他眼中“美好的世界”。但在我的脑海中，仍时常会浮现出恩师的面影，那种执着、浪漫洒脱、童趣率真不断浮现。老师的学术成就与诗性人格让我们懂得了敬畏，懂得了珍惜。真的非常感谢恩师您，让我们的人生如此丰富而闪光。

（作者为上海大学影视学院教授）

春风雨露　润物无声

张维新

冥冥之中也许真的有心灵感应。2010年11月23日上午十点，这个时间我永远不会忘记。我来到社长办公室，平时从来不看《楚天都市报》的我，随手一翻放在桌子上的当天的《楚天都市报》，一个熟悉的身影展现在我的眼前——那不是我的老师吗？曼君师，我敬爱的老师，表情依然那么和蔼、笑容依然那么灿烂，依然青春焕发、光彩照人……文章的标题却让我震惊：《著名学者黄曼君教授因病辞世》。我无法相信我的眼睛，“桂子山再也听不到那位魏晋风骨学者的歌声……”我无法接受这个沉重的打击，我顿时泪如泉涌……黄老师，您怎么走得这么匆忙，您的不孝的弟子还没来得及给您些许安慰，您的不才的弟子还没能给您点点慰藉，您的无能的弟子还没能让您有片刻的骄傲……我怪我自己，平常为庸事忙碌，少了与恩师的联系；我恨我自己，只有需要帮助时，才想到了恩师；我骂我自己，只知道索取，不懂得珍惜。现在恩师走了，才回想起与老师在一起的那些美好的日子……

我有幸于1983年考上华师中文系，得以沐浴桂子山的春风雨露，聆听桂苑诸多名师的教诲。黄老师当时四十来岁，风流倜傥，年轻有为。老师参加了由唐弢、严家炎先生主编的《中国现代文学史》编写，已是当时国内知名的现代文学专家。在明媚的春天里，早晨的阳光温暖地照耀着，坐在2号教学楼阶梯教室的拐手椅上，手捧着老师参编的教材，听知识渊博的老师讲郭沫若、讲沙汀，跟着老师充满激情地背诵《女神》，感受文学大师的风采，这是记忆中我们当时最值得享受和回味的美好时光。1987年我毕业后分配到原湖北农学院（现长江大学），担任《大学语文》教学工作。三生有幸，1992年我考取黄老师的硕士研究生，正式成为黄门弟子，这使我能有机会近距离接受大师的教诲和恩泽，真正感受到黄老师独特的人格魅力和学术风范。关于黄老师的学术品格和人格魅力，已有学界高人和诸位师兄的精辟论述，我不敢妄评。我只就黄老师给我印象最深的几件事谈谈粗浅的认识，权作对黄老师的哀思和纪念。

黄老师在学习上严格要求学生，注重学生品德和能力的培养。记得当时我和曾志耘一起有幸成为黄老师92级研究生，我还清楚地记得第一次到黄老师家的情景。黄老师和陈菊先老师（师母也是我在大学的老师，给我们上过《中学语文教学法》，至今记忆深刻）都在家，打过招呼之后，黄老师和我们一起讨论《培养方案》，随后拿出一摞纸，上面写着“中国现当代文学硕士研究生必读书目”，大概开列了四五百种必读书。黄老师要求我们按书目阅读，并写读书笔记、读书心得，每周要我们汇报阅读情况。有时偷懒，有的小说我们只阅读了故事梗概，谎称读了原文，这瞒不过老师的眼睛，只交谈几句就被他发现了。记得有一次，黄老师布置我们阅读《废都》，查找资料，进行课堂讨论。正好那段时间家里有事，我回家了几天，没来得及读原著，就找来一篇论文，按照别人的观点发表意见，结果黄老师当即指出这是某某杂志上发表的某某的文章里的观点，并且说，做研究要独立思考，不能人云亦云。就是这样，学生做错了事情，黄老师从来不直接批评你，而是善意地指出来，像这样来感染你，让你受到潜移默化的教育。黄老师对学生的毕业论文要求也非常严格，指导也花费了大量心血。记得那是1994年夏天的一个下午，天气很热，蝉在树上鸣叫，在学校招待所前面的杨树荫下，黄老师和我一起讨论论文。黄老师一会儿站着、一会儿蹲着、一会儿来回走着，边思考、边指导，将近三个小时，从论文的基本构架、各级标题、论证思路等方面，提出了非常明确具体的意见。李俊国兄在评阅我的毕业论文时，对论文的框架和各标题的提炼给予了高度评价，他哪里知道，这竟是黄老师的心血和智慧的凝聚呢！

黄老师在学术上力推学生，注重学生结识名家、推出成果。黄老师非常注重学生参加学术活动，尽量提供一些机会，扩展学生学术视野。记得1993年11月，黄老师带我们（除了我和曾志耘，还有沈振煜先生的弟子徐慧珍和黄箐）到西安参加中国现代文学学会年会，这是我有幸参加的一次中国现代文学研究最高级别的学术会议。就是在那次学术会议上，黄老师介绍我们认识了现代文学研究界的一批著名学者，如钱谷融、钱理群、孙玉石、温儒敏、吴福辉、陈思和等。尤其值得一提的是，会议之后，黄老师和武大的陆耀东、孙党伯教授同游西安古城，我们陪同，一路欢歌笑语。中午师生欢聚，黄老师在席间载歌载舞，音容笑貌宛然就在眼前。黄老师总是乐于为学生的成长创造一切条件，进行无私的帮助。杨书案的小说《老子》出版后，引起各方好评。黄老师把杨先生赠送给他的书借给我看，要求我写一篇评论。我查找资料，写成了《举重若轻书哲人——杨书案〈老子〉简评》。黄老师看了之后非常高兴，随即推荐给《文艺报》编辑，发表在该报上。

黄老师在生活上关爱学生，平凡琐事，无微不至。我上研究生的时候身体很消瘦，黄老师非常关心，建议我跟他一起早锻炼。当时华师很流行练气功，我和老师每天早晨6点钟就到老图书馆前水池边参加集体练功。气功的名字已经忘了，但通过一段时间的锻炼，我的身体状况有了明显好转。每天老师都督促我坚持练习，既锻炼了我的毅力，也养成了我每天早起锻炼身体的习惯，使我受益终身。有一次，我爱人和小孩到华师来看我，老师和师母知道后，坚持邀请我们到家里吃饭，并细心周到地考虑到我的经济困难，主动让出房间让我们住宿，为我节约了不少开支。真的，老师和师母就是父母，把我们学生就当成他们的子女一样看待、一样关爱。

黄老师在工作上关心帮助学生，有求必应。2008年我开始担任《长江大学学报（社会科学版）》执行主编，长时间为学报的学术质量而苦恼。2009年10月，我跟黄老师打了一个电话约稿，表达了我的请求，希望老师支持我的工作，惠赐稿件。半个月不到，我就收到了黄老师用师母邮箱发来的稿件《论中国古代文论的基本特征及其现代转换》，刊发在2009年第5期上。我上中国知网查了一下，如果我没有弄错的话，此文应当是黄老师发表的最后一篇学术论文，也就是恩师的绝笔！

也许是上帝冥冥之中的安排，黄老师为了帮助我，贡献了他的绝笔！

也许是上帝冥冥之中的安排，黄老师给了我为他最后一次送行的机会。看到《楚天都市报》上的噩耗后，我立即赶最近一班汽车到武汉。24日早晨7点，我第一个赶到武昌殡仪馆，向恩师敬献了花圈。9点半，参加了恩师的追悼会和告别仪式。告别仪式庄重肃穆，看到恩师的遗像、瞻仰恩师的遗容，我不禁泪流满面、泣不成声……

敬爱的黄老师，您走好！

（作者为长江大学文学院副教授、《长江大学学报（社会科学版）》执行主编）

以学术为快乐的黄老师

员怒华

没有人相信黄老师会走，因为他是那样地热爱生命、热爱这个世界，直到生命的最后一段时光，他还在努力绽放生命之花。

黄老师和我母亲是大学同学，母亲常说：读大学时，我们年级有几个年龄最小的，黄老师是其中一个。他那时什么东西都有可能丢掉，都可以乱七八糟，唯有他的书总是清得整整齐齐，那是不会丢掉的。他的笔记从来都记得最认真，也是整整齐齐的。

大学毕业后，黄老师留在母校华师，从此，爱书、读书、教书、写书便成为黄老师人生中最重要的内容。

黄老师爱买书，有时会和弟子们一起去买。他的眼睛高度近视，买书时常常要凑得很近，时不时取下眼镜，那份专注与认真令人至今难忘。

黄老师爱读书，读到好的书总会禁不住夸奖、赞叹。一些枯燥的学术理论书在黄老师富有感染力的随感式评析中似乎成了一本很好读的书，让人产生一定要读一读的想法。

黄老师爱教书，年逾70不仅给硕士生、博士生上课，还坚持给本科生上课。讲台上的黄老师充满了激情，讲到激动处会唱歌、会朗诵诗，那是一种生命的挥洒。

记得2007年黄老师申报的国家社科基金项目《中国20世纪文论现代转型研究》申批下来后，弟子们曾说："可以让我们帮你一块儿做。"黄老师说："我自己做，我想最后写一本书。"弟子明白，黄老师是要为自己的学术人生画上一个圆满的句号。可老天太残忍，竟不让一位老人完成他最后的心愿。

黄老师最爱他的书房。那是一个书的世界，生活在书的世界里，黄老师乐在其中。人们都说黄老师是一个快乐的人。是啊，一个善良之人、一个拥有真性情的人、一个热爱世间一切美好事物的人怎能不快乐呢？

可黄老师渐渐地不快乐了，他说自己得了忧郁症，但他仍坚持上课、写书、参加各种活动，每天坚持打太极拳。然而，精神却越来越差。终于传来黄老师住院的消息。

那天晚上，和几个女同胞一起去看黄老师。站在黄老师的病床前，黄老师虽仍有些虚弱，但还打起精神唱了《喀秋莎》。临走，黄老师风趣地说：谢谢你们“五朵金花”来看我。回来的路上，大家都很高兴，觉得黄老师的手术很成功，不多久就可以出院，又可以像过去那样写书、写诗、唱歌、跳舞、朗诵诗。可黄老师再也没回来。桂子山上、文学院里再也看不到这位可爱老人的身影了。

一位老师对我说：“我虽不是黄老师的弟子，和黄老师接触也不算太多。但有天早上醒来，想到黄老师，我流了泪。真的。”我说：“我信。黄老师不该走。”

弟子们为黄老师选择了一处美丽的安息地，有山、有水、有荷花。我总相信：当荷叶铺满水面，荷花亭亭玉立、迎风摇摆之时，黄老师的音容笑貌就会从中浮现，还是那样快乐、那样风趣。

（作者为华中师范大学文学院副教授）

感恩节前忆恩师[①]

吕　红

一

感恩节前，忽接到文友转来一诗，竟是悼念导师黄曼君先生，我怎么都不敢相信这是真的，那么和蔼可亲、风趣热情、充满活力的一个人，突然间，说走就走了？生命竟如此脆弱？悲情如潮，弥漫了时间、空间……

明知道西行的云即将变成落照
却要引吭高歌、赋诗长吟
难道真能声透九霄、响遏行云
那晚霞不会再向无垠的夜空长殒

恩师离去，痛感在心。他曾发表在美国《红杉林·美洲华人文艺》创刊号上的诗歌《老境》，骤然涌上心头。枯坐桌前，无法动笔，仍忍着悲痛给师母发信慰问，转诗文，脑海里跌宕着那些清风流水般的往日……

那是1996年秋，武汉市作协组织长篇小说笔会，本人有幸同十多位文友邓一光、刘醒龙、董宏猷、董宏量、彭建新、钱鹏喜、吕幼安、阿毛、魏光焰等远离闹市，聚集汉阳工人疗养院，近乎封闭式的埋首潜心创作。院内草木葱茏，临窗观湖，文思泉涌。

月圆时分，我推开写作的负重，信步园中。正巧与作协副主席董宏猷、

---

① 原载美国报刊《星岛日报》副刊。

武汉大学中文系教授於可训、华中师范大学文学院黄曼君教授相遇。黄老师风趣潇洒的讲课风采或多或少已领略，而近距离感受他的为人，恰如清风明月。

穿过残荷满塘的通幽曲径，来到澄澈浩淼的湖边。只见明月悬空，水天浑然，山峦隐约，全笼罩在透明的薄雾中；蛙不鸣鱼不跃，风停水息，仿佛一切都处于凝止状态，凝在那片静谧而旷远的溶溶月色下。面对溟溟蒙蒙恍如仙境的绝妙景致，几位口才极佳、文笔一流的诗人才子，竟是一时说不出话来。沉吟片刻，不知谁轻轻发一句感叹：在大自然的美景面前，才感觉人类的语言是多么贫乏！

不久，我便接到美国俄亥俄大学的邀请函，同时也接到黄曼君教授在华师组织国际学术会议的邀请。在赴美前，参加了华师举办的 20 世纪中国文学国际学术研讨会。之后，与老诗人曾卓先生一路行一路交谈，像往常一样，没有主题、没有标点符号、漫无边际地聊熟悉的作家，彼此所关心的人和事。他对我新发表的作品表示赞赏，也提到黄老师正在为报刊撰写有关评论，言犹未尽，挥手而别。

初抵异邦，乡愁甚浓。仅凭电邮、电话，渐知故友信息。黄曼君老师传真发来报刊发表的评论文章。从他口中得知，曾卓先生住院了。再以后，看到祭诗……当时谁也没想到，华师开会那一面竟成为永诀。想不到 2010 年匆匆一见成为永诀的，竟是如师长亦如父兄般的黄曼君先生。真是世事难料啊！

二

无奈岁月如梭，地域时空限制，命运在时空交错、大开大阖中跌宕，目睹论文文稿上的批语，或修改意见，那熟悉的笔迹、明晰的思路、亲切的话语，仿佛恩师仍在指点学业，一瞬间，那些刻印在心头的往事、那些点点滴滴的细节，恍然如昨。交往多年，从未见他与谁动怒红脸，即便偶有不快，也是含蓄地点到为止。学生深感笔拙，尤其梳理黄曼君先生为人及影响，恍如碧空翔鹰，高远缥缈；更如海水浩瀚，深邃博大。

从学术上看，黄曼君教授青年时代即师从唐弢先生编撰《中国现代文学史》(为文科学生必读之教材)。而从个性上看，半个世纪教学生涯，其文辞丰意雄、高情致远；其人风流倜傥、卓尔不群。人称之为真名士。

他宽容、和合、大气的风格，勤奋、严谨、创新的学风时常为人所称道。近几年曾连续在《中国社会科学》、《文学评论》、《文艺研究》等权威刊物上发表多篇论文，并出版了洋洋洒洒近50万字的学术专著《新文学传统与经典阐释》。专家们都认为该著是对近年来有关现代文学经典问题争议的一个高屋建瓴的总结。尤其是从精神意蕴、艺术审美和民族特色来分析，“文学经典是特定历史时空与文化语境中思、诗、史相交融的结晶，而在西方思想史上历来主要是思与科学、宗教的对话，少有思与诗、思与史的对话”。现代文学经典体现了对世界性语义空间的回应，它对当代世界哲学、美学、文化思潮的吸收是前所未有的。同时，它也因此获得了深刻的思想含量。“而伟大的文学经典通常都有伟大的思想，肤浅的文学永远与经典无缘。”

黄曼君先生不仅自己喜欢诗歌写作、朗诵，而且一向鼓励学生既要抓学术更要坚持创作，希望多从现代经典中吸取经验、吸取营养，出更多、更好的作品。“人为什么需要文学？需要它来扫除我们心灵中的垃圾，需要它给我们带来希望，带来勇气，带来力量。”一直被学界誉为中国现代文学奠基石的大师“鲁郭茅、巴老曹”，影响深远。黄曼君教授在专著中评述推崇新文化运动的一代经典作家，称如果没有他们，国人语言还在文言文中打转。

恰如黄老师指出的，现在流行个人化写作，各种文学潮流迭起。可是，那是老一代作家充满历史使命感和社会责任感，开拓了思想自由空间，推动了社会的改进和发展。尤其是敢讲真话，敢于写出真相和自己的真情。所以说，“文如其人”真不是一句诳言。

三

犹记得法国大作家雨果的名言：比海洋更广阔的是天空，比天空更广阔的是人的心灵。中国古圣贤孟子尝言：君子有终身之忧，成功立业者存大志于胸，其忧思为的是于事业警醒精进。

午夜梦回，扪心自问，倘若不是资深导师黄曼君教授的影响及号召力，在海内外游走多年的我，怎会心血来潮并义无反顾地重返校园？困惑顿悟间，越洋跨海，“万斛闲愁何日尽，一分真态更添难”。而师友间有文必读，有读必复，有复必精，亦成海外文化身份寻找与建构的印证。黄曼君先生以深厚的专业功底指点迷津，明确我汲汲努力的长路。

导师在中国现当代文学领域闻名遐迩，却丝毫没有架子、没有城府。任何时候，或任何地方，学生们有问题、有想法随时一个电话，听筒那端就会传来亲切委婉的声音：“喂，哪位？”若是师母陈菊先老师接了，随即是催老伴赶快接电话，语气中流露出无比的关爱。

“哦，是你呀，在哪里呀？有什么问题吗？”电话那头传来的声音流露出导师特有的真率坦诚，亦师亦友，似远又近。大师有大家风范，相同的是那种热爱人生、感激生活的共有情怀；又能举重若轻地把自己的生命融入自然、历史和文化，如闲庭信步般地娓娓道来。

犹记那年初夏，我被开题弄得焦头烂额，心烦意乱带打印稿去见导师。导师在书房审读，师母陪我在客厅说话，讲年轻时读书是怎么辛苦，怎么克服种种困难一路走来。忽听导师在书房大声说：“写得不错啊！”给予学生莫大的精神鼓励。就是这样，他常常从别人文字里看到优点长处，而忽略其他不足。其宽容、和合、大气可见一斑。

为学业拼搏阶段，难就难在如何有自己的创见或突破。导师主要是指导你更好地出研究成果，既承继前辈或同辈研究成果，同时亦选择新的研究角度，运用新方式、新理论，有融合更有创新。他不断地以王者风范在学术界树立令晚辈望尘莫及的标杆，成就卓著。

唯拥有的人深知如何施予，适时点醒，指点迷津、赠阅典籍、关切勉励，论文初稿完成，黄老师仔细阅读后，密密地写了七八条，不但对文稿进行梳理评说，而且对本人研究能力也予以了肯定。或受我咨询及探讨，或推荐学术演讲，不断地敦促激励晚辈走入高端讲坛，敢于向创新的方向迈进。

四

我有时候想，人们心中的故乡常常与那里的亲友密切相关。

从当年他如何给作家们讲课，到后来邀学生参加国际学术研讨会。《红杉林》杂志在海外创刊时，导师当即介绍他好友余光中先生支持。他常引用王国维《人间词话》的“人生三段论”：“古今之成大事业大学问者，不可不经历三种之阶级：昨夜西风凋碧树，独上高楼，望断天涯路，此第一阶级也；衣带渐宽终不悔，为伊消得人憔悴，此第二阶级也；众里寻他千百度，蓦然回首，那人正在灯火阑珊处，此第三阶级也。未有不经历第一第二阶级而能遽跻身入第三阶级者，文学亦然”。

自己在创作或读博期间，或多或少见证了黄曼君教授丰富、精彩的人生片段，以及他特有的人格魅力、教学风范与学术智慧。确有走过一段浓缩人生的感觉。

记得2005年6月18日，逾百嘉宾聚集在华中师范大学的桂园宾馆，为学术带头人、博士生导师黄曼君先生举办70寿庆和从教50周年庆典。德高望重的名师庆会，将平时或忙得到处飞、或埋首书斋难得一见的精英聚集。报刊电视大篇幅报道，来自教育界、文化界的作家、艺术家及理论家侃侃而论。无论新老同行，都给予他最真挚热烈的祝贺。有美酒、有鲜花，有吟诗、有歌唱。星星在天幕中闪烁，喷泉在石上流淌。能来的都来了，不能来的也以贺电贺信贺礼方式表达心情。著名诗人余光中先生特别致贺黄老七秩华诞：“率性而行，风神何让魏晋；从心所欲，议论不拘古今。”

黄老师不仅学问精深，还爱唱歌和吟诗。他咏《幽梦影》：“少年读书，如隙中窥月；中年读书，如庭中望月；老年读书，如台中玩月。阅历深浅，所得亦深浅。”他寄身学海，“以美引真臻于善”。如那首歌“最美不过夕阳红，温馨又从容……”在台上他是长者，导师；可在台下，其率真、单纯，竟比年轻人还年轻！做报告或讲课时，或吟哦诗词，或放歌一曲，情真意切，感动在座的所有人。他用英文唱《我和你》，声情并茂，水平不亚于专业歌唱家；就是流行歌曲《老鼠爱大米》，他也唱得有滋有味，据说，还是他小孙女教的呢。

近两次回国，见导师气色不如从前，也不想出席宴请，问及原因，他说是得了老年忧郁症，自然没有谁信，人还开玩笑说：即便所有的人得此病，黄老师都不可能得呀！

闻之，导师在身患隐疾之中仍时时关注学科建设、学术发展及教学事务……

10 月间我回国于武汉开会听说他病重，问住在哪里？却似乎没人说得清。往他家打多次电话却无人接听。即将离开江城前，好不容易终于拨通了他的手机，才知他在武大中南医院，问清了地址，我赶紧打车过去看望。

一进病房，见黄老师虽经病魔及手术折腾，但精神尚佳，依然关心国内外大事，以及同仁友好近况，还谈到挚友王列耀教授刚当选世界华文文学学会会长一事。我将刚出炉的新书《午夜兰桂坊》赠与他，躺在病床的导师，平和而温暖慈祥的脸上闪现出几分欣慰。

大洋之间飞来飞去，奔波不休，失去的永远失去，时光一去永不回。太多太多的感受，骤然涌上心头。此刻在大洋彼岸，仰望天空，仿佛看见他身穿红色夹克，扬起手臂，抑扬顿挫，挥洒浪漫的歌吟……

（作者为美国纽约《红杉林》杂志主编）

三、性情风采

浪漫学者　余派知音

黄维樑

黄曼君先生的曼字总使我联想到浪漫。他曾是研究浪漫主义者郭沫若的专家，而他本人热情率真，勇于创新，有浪漫的气质。他在华中师范大学学术研究和学术行政方面的开拓和建树，他的同事和晚辈知之甚详。我说说印象特别深刻的2000年10月“余光中暨沙田文学国际研讨会”。

曼君先生的高足喻大翔，专研20世纪中华散文，对香港沙田大学校园的一群“学者散文”作家颇为关注。学生向老师报告心得，老师心胸开阔，教学相长，注意学生的研究对象，阅读相关书籍后深感余光中等沙田作家果然有其卓尔可观之处。已故的柯灵先生，20世纪80年代初期，偶然读到余光中的散文，爱不释卷，竟耽读起来，以此为晚年一乐。曼君先生可能也有此乐趣。1997年春，我应邀到华师演讲，曼君先生、大翔兄与我谈文说艺之间，豪情一片。由桂子山校园的桂花，我们的神思驰骋到沙田校园的洋紫荆。“香港中文大学有这么多好作家，我们应该为他们举办一个学术研讨会!”曼君教授真是位学术带头人，指点学术江山，引导研究方向。

两年后，我又应邀至华师作学术报告，并担任学位论文考试委员。曼君先生旧事重提，且郑重地说：要办一个余光中暨沙田作家学术研讨会，国际性的。我表示乐观其成。办研讨会是苦事，苦处之一是张罗经费。我曾受委托办过几个研讨会，经费早就有了，却仍然有许多苦处、劳累处。曼君先生倡议的这一个，是要从筹措经费这“一穷二白”开始的。种种不足为外人道的、筹备会务细节等，此处不道。所说的研讨会，用内地惯用的语言来说，胜利地召开并圆满地结束了。余光中夫妇伉俪、潘铭燊、西茜凰、王良和这群沙田作家，还有我和夫人陈婕都参加了。内地和境外的学者共数十人与会，发表论文。会后一本四百多页的书，题为《火浴的凤凰·恒在的缪斯：余光中暨香港沙田作家国际学术研讨会论文集》，由曼君先生和黄永林二位主编，2002 年印出来了。

沙田这群“余群、余派”作家，包括戏称为“沙田四人帮”的余光中、梁锡华、黄国彬、黄维樑，正如大翔兄所言，成门成派，文采燦然，贡献不菲，很值得研究，并载入中华文学史册。2000 年 10 月研讨会举行之时，以余光中为首的“余群”作家已不群少聚、风流云散了，大概比 20 世纪 20 年代的“新月派”还不成派。至今沙田校园以至整个香港文学学术界，并没有为余群作家立专项作为研究对象，或为此举行过研讨会。十年一觉，桂子山当年的盛会，竟有如梦之感。会议的盛况，已有徐学、江少川、卢文芸、黄海晴等或详或略的记述，诸文都收在《火浴的凤凰·恒在的缪斯》一书中。成为漏网之鱼的，是研讨会之外的一些花絮。曼君先生除了为研讨会认真撰写论文《余光中现代诗学品格论》之外，还在一个餐会中激情朗诵余光中的诗。时在重九前后，“茱萸的孩子”余先生已是七旬诗翁，在生日大蛋糕之旁，年已六旬的曼君先生为大家背诵——声宏情炽地——余光中的诗，赢得众人如雷的掌声。当时在座的散文家李元洛，也是背诵余诗的高手，相惜相重，为之动容。

曼君先生本来就擅长轻歌曼舞，晚年他不但弦歌之声依然响亮，且口占笔挥，写了很多首诗。其诗常有激昂意态，除了浪漫主义四字，大概没有更妥帖的形容了。曼君先生是博导，桃李满门。他思想开放，鼓励学生就兴趣和专长用中西各种文学理论来研究 20 世纪中华文学，因此时有开拓创新的表现。他的晚辈同事如王又平，高足如周晓明、喻大翔、樊星、胡亚敏、黄永林、张岩泉、高玉、李勇等，都在学术界各展长才，其中一些也是我的朋友。

我和陈婕每次到华师，曼君先生一呼而师生友朋济济一堂，谈文论艺，月旦品评，酒香在室，桂香在园，内外芬芳。陈婕与我在华师认识，她是曼君先生的学生，每次到桂子山，都亲切如回娘家。十多年来国家经济发展好，惠及教师，一次，曼君先生对我们说："现在工资提高了，钱我都花不完!"他就是这样率直，难道不怕人向他的囊里余金打主意？陈婕曾告诉过我，从前上课时，黄老师赞赏唐代，那时读书人春风得意马蹄疾，一日看尽长安花，多风流倜傥！他性情流露，对自己的事、友朋的事，都如此。几年前某日，我在家里，曼君先生突然来电话，兴奋地说："维樑，恭喜你，有个好消息!"我惊诧询问，原来我的一篇文章被《新华文摘》转载了。喜人之喜，他跃动着一颗赤子之心。

今年春天，陈婕与我，还有儿子若衡，重访华师，看到"爱我中华"校园中那著名的牌匾时，难抑伤感之情。"爱我中华"也是"华中我爱"。华中师范大学一位受人尊敬爱戴的黄曼君教授已仙逝了。四月五日清明节那天下午，我们刚抵华师，就接了住在博导楼的黄夫人陈菊先女士，驱车到武汉市郊曼君先生的墓地致祭。墓园宏大，曼君先生安息之处有山水花木，正是浪漫主义者喜爱的大自然环境。碑石大气清雅，我们鞠躬行礼后，菊先老师将携来的先夫毛衣一件点火燔祭，在春寒料峭中为爱人加衣。菊先女士目前在整理编辑先夫的著作文稿，这使我想起英国浪漫主义诗人雪莱遗孀同样的爱的劳动（love' s labor)。这种爱的劳动是不会徒然的（莎士比亚倒有喜剧名为《爱的徒劳》*Love' s Labor Lost*)。曼君先生已闻名遐迩，其丰富出色的论著将更好地嘉惠学术界。

曼君先生是去年11月辞世的，当时我人在台湾，未及参加追悼会，只呈上了一副挽联：

文章奥府业余有庆都欢曼

桃李满门学界无人不识君

高头讲章，曼君先生严肃为之；教研工作取得重大成果，则往往开派对庆祝，与门生同行高歌曼舞，一堂欢乐。沙田的余群作家，都不怎样能歌善舞。我在欣赏羡慕之余，特别怀念这样的一位浪漫学者。

【附记】本文题目原来是《浪漫学者·余群知音》，不过用群字则“余群知音”四字都属平声，乏抑扬，乃改群字为派字，派字属仄声。拉帮结派，多非好事；余派云云，戏称而已。

写于 2011 年 9 月

（作者为香港中文大学教授、台湾佛光大学教授）

先生本色是诗人

吕 进

2009年11月20日，闻一多诞辰110周年纪念暨国际学术研讨会在武汉大学举行开幕式。我走进会场时，已经在前排就座的黄曼君老师高兴地站起来，像往常一样地叫我“吕进”，热烈握手。他问：“你知道我生病了吗？我得了忧郁症。”我以开玩笑的口吻说：“既然知道得了忧郁症，你就不要忧郁呀!”他默然地坐下，刚才眼睛里的那束光熄灭了，耷拉着脑袋不再说话。我的心变得沉重起来。这可不是我熟悉的黄曼君啊！我马上给陈菊先老师打电话，了解他的病情，但并没有想得那么严重。觉得过一段时间，他就会好起来，智慧、开朗、浪漫的黄老师又会回来。谁知才过了一年，黄老师就离开了我们。

武汉曾是我非常向往的地方。那里有什么活动，只要我有时间，都愿意去。陆耀东老师、黄曼君老师，以及学生辈的龙泉明，还有诗人曾卓，他们都是我全天候的朋友。我还记得，20世纪90年代初，陆耀东老师到新诗研究所讲学，他向西南师范大学钟章成校长主动提出，让我到武大去做兼职博导。这事虽然因为一些复杂原因没有办成，但我心中是暖暖的。龙泉明从来维护我，在病床上的最后时刻还在念叨，西南师范大学的现当代文学没有上博士点是不公平的。1999年7月，西南师范大学中国新诗研究所主办“重庆与20世纪中国文学研讨会”，黄曼君是受邀出席的专家之一。他不是那种枯燥乏味的学究式人物，在他身上有一股浓浓的诗人气息，我和他就这样一见如故。曾卓、龙泉明、陆耀东、黄曼君的先后故世，使我一下子有了“武汉空虚了”的感觉。

黄老师有一颗赤子之心，这是他的人格魅力之所在，也是他的诗人身份的证明。见着他，我常会想起《孟子》的话："大人者，不失其赤子之心也。"在你面前永远是一个真实的黄曼君，没有世故，没有城府，没有作秀，善良、纯洁、天真的他倾心于对美的寻找与创造，对世界充满好奇，对友情十分爱惜。有时，天不亮，我就会得到他的电话："吕进，最近好吗，在忙什么?""吕进，我在《中国社会科学》发表的文章你看见没有?""吕进，金华那个会你去不去？还是去吧!"我多次邀请他来重庆，或是开会，或是讲学，或是参加博士生和硕士生的答辩，他总是有求必应。而对他要我去主持博士生答辩的邀请，我却没有答应。我对他说："你的博士生几乎没有搞诗的，我就懒得花功夫了。"他并不在意。一次，请他来主持研究生答辩。黄老师是不坐飞机的，他凌晨才到，下了火车，匆匆地在西南师范大学吃了饭，就进答辩会场了。谁知，我宣读校学位委员会关于答辩委员会组成的批复，答辩即将开始的时候，他突然轻声告诉我："吕进，我得出去一下。"我丈二金刚摸不着头脑，跟着他去到会场旁边的办公室。他说："昨晚怕在火车上冷，穿了三条裤子，得脱两条呀!"把我惹得大笑，同时心里又是酸酸的，够朋友啊！

黄老师在现代文学领域造诣很高，对鲁迅、郭沫若、沙汀的研究，对20世纪文学理论批评史的研究，都有成就，为我所敬佩。但他总是虚怀若谷。有时遇见我，也喜欢了解我对一些问题的看法。有一次，我开玩笑说："你可是湖南人，湖南佬是很固执的，你怎么老是喜欢听别人的意见呀!"这也许正是他的学生非常喜欢他的一个原因：亲切亲近，学术平等。黄老师有一个博士生叫李蓉，曾是我带的硕士生。1996年我担任博导以后，就动员李蓉来考我的博士生。我曾经说，在新诗研究所的历史上，有两个威信最高的班长，其中之一就是李蓉。李蓉虽然大学本科并不是读的文科，但在攻硕期间，已经有了一些科研成果，硕士论文《论女性诗歌主体意识的衍进及其文体可能性》也写得不错。动员来动员去，答复总是不明朗。后来得到消息，她考上了黄老师的博士生。李蓉一遇到我，就总是说，我们黄老师怎么怎么。虽然我也承认李蓉当年的选择是正确的，但是看到学生们那样喜欢黄老师，用网络语言来说，我还是有点“羡慕嫉妒”，但没有“恨”，只有爱，像他学生一样地对黄老师的爱啊！

黄曼君是富有诗情的人，常有诗作。一次，诗成后立即发给我，要求我在新诗研究所的《中外诗歌研究》上刊登。我们这是理论刊物啊，根本不登诗的，但是对这位不懂人间规矩的“赤子”我实在不忍心拒绝，只好破例。他在70岁的时候写的《老境》，是一首佳作，也是他的绝响，简直说出了我说不出的同样感觉。“人所难言，我易言之，自不俗。”读了这首诗，我惊奇地发现，原来我们这种人进入老年后的心态如此靠近啊！我现在也和当年的黄老师一样，明知老之已至，却还是不情愿放弃大海，宁愿选择当一个“搏海的老船夫”。也许这样，才是对我尊敬的好朋友黄老师的最好纪念吧！

（作者为西南大学新诗研究所教授）

感念曼君同志①

黄济华

曼君同志在万万不该走的时候，走了！带着满腹学问与文章，走了！我们深感沉痛与不舍啊！如今七十六岁不算老，如果老天慷慨一点，再假他以十年，他又会有多么大的新建树、新贡献啊！他是带着正在加紧进行的新的重要科研课题和尚未完成的新著而匆匆离去的啊！每念及此，我们更感沉痛与不舍啊！他也是多么的不舍啊！

曼君同志虽然小我半岁，但他早慧早成才。我1959年到我校中文系做新生时，他刚二十岁就临近毕业，已在昙华林和桂子山小有名气了。他是我的学长，更是我的老师。我毕业留校后，又有幸在他的引领下，从事中国现当代文学教学。我从试教到正式登上教坛，在此后的长时期中，都得到过他的热心扶持与帮助。他待我很好，平等而亲切。我未称他老师，总是称曼君同志。如今他遽然走了，我心里充满不尽的感念。

曼君同志潜心治学，潜心教学。在学术上，卓有成就，硕果累累，广具影响；在教学上，他总是全神贯注，满堂精彩，学生有口皆碑。他总是说，一定要下硬功夫备课，对教学内容一定要烂熟于心。我曾抱着学习的心情，多次听过他讲课。他思维敏捷，思路清晰，记忆力惊人；讲课激情满怀，神采飞扬，宏论滔滔，生动活泼，极富吸引学生的魅力；有详尽讲稿而几乎不看，引经据典，引述作品重要段落，总是信手拈来，一字不差……这一切，总令我佩服之至。他丰硕的著作文章，同样令我倾倒。他学

① 原载《华中师大报》2010年11月30日。

术视野广阔，灵敏的学术触觉伸向古今中外，左右逢源，融会贯通。在他面前，我总感到望尘莫及。

在几十年的相处与交往中，有两件小事，我们都互相难忘。一是，20世纪60年代初的饥饿岁月，有一次寒假，我从黄梅老家带来一点珍贵的红薯，送了几个给他吃（因为很少，只送了他一人）。这件小事我早忘了，不意多年以后，他还屡屡提起，表示感谢与难忘，感叹说，是那个时候啊！二是，我于1963年被先借后调到当时新成立的湖北函授学院（1970年撤销，并入我校）任教。“文革”期间，我挨整时，有一次与他在大街上偶遇，他把我拉到一旁，小声告诉说，函院派人向他调查我的情况。来人说，我是华师的漏网右派，因表现不好才被调往函授学院的，要他揭发我。他说不是这样的，当时函院是要一去就可以讲课的教师，我是作为骨干支援过去的。他明知我当时正在挨整，仍坚持说实话为我辩解而不避嫌，使我非常感动，一直感激于心，未能忘怀。

曼君同志每有新作问世，总不忘惠赠，令我备受激励，获益良多。他所赠的去年发表他那篇宏论的《中国社会科学》，就在我手边，仍散发墨香。我有拙著出版，亦请他赐教。他还为我的一部拙作题诗代评，多有鼓励。

曼君同志富于浪漫情怀，每有兴会，也写点新诗。他知道我爱诗，每有得意之作，或以打印稿见示，或口诵给我分享。此情此景，仍历历在目。

呜呼！此情不再，岂不哀哉！岂不哀哉！

（作者为华中师范大学文学院教授）

真人　诗心　青春

何锡章

实在没有想到，曼君先生就这样离我们而去了。大约在他去世前十来天，他还打电话给我，要我当他二公子的证婚人，我当时便高兴地答应了。我知道，这是他和菊先老师心中的一件大事。至今黄师在电话中的情绪、声音依然清晰可现，压根儿就不像一个经历病魔在病床上的年过古稀的老人；然而，真所谓世事白云苍狗，人生旦夕祸福，非个人所逆料的，结果就这样残酷，造化往往弄人。

我和曼君师相识于 1985 年，那年我刚从四川大学毕业来武汉华中工学院谋生。来前学长王富仁先生在信中嘱我，到武汉后一定要去拜见武大的陆耀东、易竹贤师，华中师大的黄曼君师。从那时起，我和曼君师交往日多，我本人在学业等方面也多蒙先生抬爱。20 多年来，黄老师一直是我的良师，同时也是一位益友。他对后生的奖掖与关心，我将永志。

黄师是一个可大书特书的长者、老师、学者、朋友。恕我笔拙，不能塑造他的完整的形象，只能就我的认识，写下点记忆的文字。

黄师是一个真人。其实，在人性深处，活得自然，真实，应当是许多人所向往的境界。但在世俗社会里，人们很难真正做一个真的人，世故、圆滑、隐藏自我内在欲求乃至压抑自我，是十分普遍的。这是生存的某种法则的需要，是历史文化和环境的产物。黄老师活得真实而可爱，这实在是可贵的，也是一般人难以达到的。他不讳言对美的充满活力的年轻女性的喜悦，也从不忌讳自己内心真实的坦诚倾诉甚至公开化以使大家分享，他想获得世俗中的合理的名利，也不遮遮掩掩，而是勇于争取。是的，他的这一切，也会引来一些非议，甚至一些麻烦，也有不少人在背后颇有微词，但在和他接触的人中，没有人说他是虚伪的，没有人称他伪君子。他真是君子，坦荡荡的真君子。他的这种品性，在一个充满虚伪脸谱的世俗社会中，弥足珍贵，是人之子的性情，是醒来的人之子的声音和行为。

黄师是一个充满激情的浪漫诗人，他身上弥漫着诗人的真，也充盈着诗人的灵性和永不枯竭的激情。我们这些凡夫俗子，为世俗所累，往往在年轻时，就“老成了”，锐气丧失，激情不再，诚如一个年龄不大的朋友所说，眼里已无美，心中也无爱，这是十分可怕的。可是你和黄老师在一起，你永远为他的激情所感染，他时而引吭高歌，时而朗诵自写的长诗，时而跟大家讲一讲他美的梦。他似乎时时在发现“美”，时时想表达爱。也正是在“爱”与“美”的引导下，他才像一个诗人那样，富有赤子的诗心，情感的飞扬，思想的灵动，才会写下生动感人的表现爱和美的诗。

黄师是一个永葆青春的年轻人。在我们凡人的眼里，年过花甲似乎就已进入“老人”世界里，于是，我每次相见，就戏称他为“老人家”。后来我才知道，他特别不喜欢我这样叫他，托人转话给我，何锡章老喊我“老人家”，我没老。是的，他真的没老。他虽然写过《老境》诗，可却是对青春的召唤，他渴望青春与活力。他也努力显示着他的青春与活力。这从他学术上的执着可见一斑。黄老师成名较早，早已是现代文学研究的著名学者了，他不断开辟新的学术领域，成绩斐然；他在70岁前后，学术研究又进入了一个新的境界。每次和他见面，他总是向我讲他的新想法，一篇宏文的构思。就这样，他申请国家课题，在著名刊物上发表高水平论文。我是一个比较懒惰缺乏上进心的人，有时对黄老师的这种执着和努力有所不解，我说，你这个年纪，何必呢？你的学术地位不会因多一篇或少一篇文章而改变。现在想来，黄老师不仅仅是为某种世俗目标而辛勤耕耘在学术园地，他对学术孜孜不倦的追求，关键是为了显示他的青春、他的活力，以此证明他是一个永不会老的年轻人。

是的，我相信，黄老师在另一个世界里，他仍然是一个真人、一个诗人、一个年轻人！

（作者为华中科技大学人文学院教授）

明朗而天真　真诚而宽容

吴建波

2010年11月24日早晨，我在武昌火车站下车，急匆匆坐的士直奔武昌殡仪馆，参加黄曼君老师的追悼会。

黄老师是在11月22日中午真正地、永久地走了，离开了我们。等我坐了一夜的火车赶到时，只能见到黄老师躺在花丛与哀乐声中了。我瞻仰他老人家的仪容，感觉到他除了眼睛是闭着的以外，脸上仍然同往日一样，明朗而灿烂。

我送的挽联是：

不是门生重我亲我鞭策我

胜似导师敬您爱您想念您

说起来，我和黄老师的缘分有些特别。我在华师的学业，是在京山分院完成的，所以大学期间，无缘结识黄老师。1977年留校任教后才来到桂子山。第一次见识黄老师的功夫，是他在大学课堂上给我们上现代文学示范课。那两节课，讲的是20年代的话剧。这一教学内容有两个难点：一是早期话剧运动的史料梳理，二是那些非一流剧作的评价和赏析。当黄老师分析到丁西林的《一只马蜂》时，我简直惊呆了——这个戏竟然可以在课堂上被讲得“传神”到这种程度。他传达丁西林的轻喜剧风格，比到剧场看话剧演出还过瘾。后来我请教他，他说了三点：理性评价深入其中，叙述作品分寸得当，审美传达活灵活现。于是我照葫芦画瓢地在课堂上讲《一只马蜂》，比我自己原来的讲法自然是强多了，可从来没有达到黄老师那样的效果与境界。我慢慢悟到，他那种独有的“味道”，是学不到、模仿不了的。看似一个小剧本的赏析，实际上是他整个人格、学问以及性格魅力的展示。不知为什么，从此以后，我就觉得黄老师格外可亲可敬。

我是“工农兵学员”，大学期间所学有限，留校任教以后，读书与求学，用的都是“补课”与“回炉”的方式。等我学了两年外语以后考硕士研究生时，恰逢黄老师那年不招生。于是错过了做黄老师学生的机会。但因为一直待在华师现代文学教研室，受黄老师教益的机会还是多多的。大到正规课堂授课讲学，中到教研室日常教学工作，小到平时神侃闲聊，黄老师的学识、人品，都像春雨一样，无时无刻使我等后生晚辈浸润其中。譬如我讲《曹禺》公开课，就是黄老师亲自审定讲稿，帮我设计教学方案。我写的那篇论曹禺《原野》的文章，黄老师看了后打电话祝贺我。从他对论文的优点和不足的剖析，我知道他是认真地读了我的文章的，使我受宠若惊，感动不已。后来他又鼓励我把写的几篇论曹禺的文章组成“曹禺研究系列论文”报学校科研奖，还为只得了个三等奖而愤愤不平。

1991年秋天，黄老师外出讲学，走访北京、上海、南京、苏州等地的现代文学博士点，选中了我同行，这真是我的幸运。三个星期下来，在黄老师的带领和教导下，我才有了一点“进入”现代文学界的感觉。过去的现代文学界，对我来说，只是文字上的，陌生而模糊。见到了严家炎、樊骏等近十位前辈专家，并聆听他们的教诲、闲谈，加上黄老师一路上详尽的讲解，现代文学研究成了活的历史戏剧一幕一幕展现出来。学术背景、历史事件、人物关系、趣闻轶事等，黄老师都是了如指掌、如数家珍。这一次，我是真正惊异并近乎崇拜黄老师的天生禀赋和学术才能了。在他那似乎漫不经心甚至“天真幼稚”的背后，是对于学术历史的胸有成竹，对于人情世态的精准洞察。而他又永远都是那么真诚亲切、浪漫儒雅。和他那一辈研究前辈比较，颇有点“顽童”之风。我感慨，有些貌似对立的人格与性情的元素，在黄老师身上成为一种奇妙而天才的组合。那是一个学术文化的英雄主义时代，黄老师是那一代大侠中异常优秀而特别的一个！

20世纪90年代，对报考博士生的年龄限制是40岁。我抢在自己39岁（1993年上半年）时考上了武汉大学的现代文学博士生。谁知我们这个学科竟在1993年下半年被批准了博士点。我又一次错过了做黄老师学生的机会。但因为我是在职攻读学位，工作和家庭都在华师，所以和黄老师仍然关系不断。从教学科研到日常生活，黄老师仍然像前辈和导师一样关心我。天长日久，我和黄老师的缘分不断加深。用陈菊先老师的话说是“忘年交”。或许因为没了师生关系的限制，就没了师门规矩与功利色彩，我们都感觉更随意自由、亲密无间。大到国家大事、学术问题，小到家庭琐事、男女私情，几乎无话不谈。黄老师经常一有了新的学术灵感，就打电话和我交流。我的论文注释找不到出处了，可以深更半夜跑到他的书房里任意翻他的藏书。我和老婆吵架了，黄老师就来家里劝架。我至今记得他关于夫妻关系的一句经典：“夫妻感情就是一连串的细节。”1995年他60大寿，我写了一篇祝词，评价他的学术贡献和在学术史上的贡献，他老是念念不忘(其实他后来学术上有了新的发展，他的弟子写的学术评论大大地超越了我)。他最初几年带博士生，老是找我参与讨论问题，还异想天开地要我做什么“副导师”。就连我过去的女友来了，黄老师也要请吃饭、跳舞。他家的轿车，我可以随时开走。有一次，他批评我太虚无懒惰，说得激动了，竟然大骂了我一通。我当时的感觉，他就像我的父亲，又像我多年的一个老友。

2007年8月，我们学科在九宫山主办“中国现代文学学科观念与方法”研讨会。和往常外出开会一样，他总是要求我与他同住，我自然乐得其所。当一整天的交流应酬忙完，他躺在床头、取下眼镜、关了房灯之后，就是他最为放松、最为真实的时刻了。那天晚上，开始也和过去一样，海阔天空地闲聊，我也没怎么特别在意。但后来，他竟然像一个孩子受了委屈那般絮絮叨叨地讲别人对他的误会和诬告。说到最后气愤地双手握紧拳头捶打着被子高声哭叫：“他们为什么要那样看我?”透过窗外射进来的微弱灯光，我看见两行眼泪，久久地滞留在他衰老而凄楚的脸庞上。我是第一次见到黄老师这样。平日里，他总是满脸笑容，明朗而天真。他看人看事，总是理想而善意；待人待事，总是真诚而宽容。过去他眼睛视力欠佳，我们总笑他“云中看月、雾中看花”。在我们每个学生和同事的记忆里，总是会记得黄老师常常激情地赞赏某一个人和某一篇文章。我们曾经私下感叹，研究人的人，到了他这个年龄，竟然如此“阳光”，真是一个奇迹！但是在那夜，我亲眼目睹了这个阳光的人所受到的伤害！那一刻，我不由得记忆起林徽因对徐志摩的评价：

“我要谈的是诗人之外的志摩。人家说志摩的为人只是不经意的浪漫，志摩的诗全是抒情诗，这断语从不认识他的人听来可以说很公平，从他朋友们看来实在是对不起他。志摩是个很古怪的人，浪漫固然，但他人格里最精华的却是他对人的同情，和蔼，和优容；没有一个人他对他不和蔼，没有一种人，他不能优容，没有一种的情感，他绝对地不能表同情。……在何等情况之下，他理智上认为适当与否，他全能表几分同情。他真能体会原谅他人与他自己不相同处。从不会刻薄地单支出严格的迫仄的道德的天平指谪凡是与他不同的人。他这样的温和，这样的优容，真能使许多人惭愧，我可以忠实地说，至少他要比我们多数的人伟大许多……说来志摩朋友之多，不是个可怪的事；凡是认得他的人不论深浅对他全有特殊的感情，也是极自然的结果。而反过来看他自己在他一生的过程中却是很少得着同情的。不止如是，他还曾为他的一点理想的愚诚几次几乎不见容于社会。……”

当我一字一句地重新咀嚼这段文字时，惊讶地发现只要换掉“徐志摩”三个字，就可以原封不动地用来评价黄老师了！把黄老师与徐志摩简单比较是不合适的，但林徽因对徐志摩人格精华的理解，恰恰是黄老师人格的精华！“对人同情，和蔼，和优容”，这才是黄老师真正的闪光之处。林徽因为徐志摩鸣不平，我们也为黄老师受到的委屈和误会“平反”！历史有惊人的相似之处，就是这么一种宽以待人的人格，却容易招人误解与攻击。正像胡适总结徐志摩的人生观只有三个大字“爱、美、自由”一样，黄老师同样的单纯信仰也常常碰壁。我们的社会与文化，我们的教育与学术机制，往往缺少产生与保护像徐志摩与黄老师这样的天才、这样的诗人、这样的大孩子的功能！

就在这一晚，我痛心地反思自己：作为后生晚辈，平时只顾受惠于黄老师的乐观与浪漫，却忽略了他的隐痛，见不到阳光下的暗影。只因为他太善良与仁厚，只因为他太理想与乐观，所以总是以“阳光”示人，受到了伤害就默默掩盖、忍痛疗伤，至多不过找人倾诉、申辩而已。他太需要理解，需要宽慰，需要爱！

黄老师，在你离开我们周年之际，仅以此文，表达我对你的理解，对你的爱，报答你亲我、重我一场！

（作者为华中师范大学文学院副教授）

真 人

戴建业

一晃眼，黄曼君老师离开我们快一年了，可在弟子们的生活和心目中，他一直还和我们大家在一起。在餐桌上，在闲谈中，在课堂里，华师文学院同事们谈论得最多的人肯定要数黄曼君老师，大家一遍又一遍地赞美他的才气，称颂他的激情，演绎他的“故事”，讲者津津有味，听者乐而忘归。这是因为黄老师治学有才，为人有趣。这个世界上大多数人，或者有才而无趣，或者有趣而无才，或者既无才又无趣，读他们的文章昏昏欲睡，和他们相处索然寡味，与他们共事更要提心吊胆，像黄曼君老师这样才趣俱佳而又清澈如水的学者，在当下中国的学术界可谓“稀世珍宝”。

记得黄老师刚逝世时，文学院院长胡亚敏教授给我打电话，让我代表文学院给黄老师灵堂写一幅挽联，既要概括黄老师一生学术的主要成就，也要勾勒黄老师为人个性的主要特点，我仓促之中写下了这样一幅长联：

才气纵横论鲁郭评沙汀阐释经典交友时贤文章雄隽妙天下；

性情浪漫吟新诗唱妙曲滋兰九畹树蕙八千春风化雨泽杏坛。

我一直觉得未能圆满地完成任务，这幅挽联没有把黄老师写“活”，没能让人一读这幅挽联就能想见黄老师的音容笑貌，没能写出黄老师为人的真率，没能写出黄老师作为学者的“趣味”。

昨天，我校学报主编、黄老师的入室弟子王泽龙兄对我说：“在黄老师逝世周年时编一本纪念文集，黄老师生前很赏识你，你应该写一篇纪念文章。”他还说如果你愿意写一篇纪念文章，我们可以推迟几天给出版社交稿。由于这几天研究生的课太多，当时我没有应承他的盛情约稿。今天下午从教室回到家中，一直觉得于心未安——我真的应该给黄老师写点东西，表达自己对黄老师的思念与感激。

黄老师治学的领域，我只是一个业余爱好者，对黄老师的才气、学术、文章不敢置一词，这里只是根据我和黄老师相处的经历，谈谈黄老师作为一个学者的“真”与“趣”。

二十多年前，我校刚刚成立的文学院要建一个文学研究所，学校任命黄曼君老师出任第一任所长，并请他推荐一位副所长。让所有人大跌眼镜的是，黄老师推荐的副所长人选竟然是我。记得在星期五一次政治学习结束后，黄老师把我叫到外面对我说：“小戴，院里要我出任第一届文学研究所所长，我觉得你有点灵气，向院里推荐你当副所长，做我的副手。”当时我三十多岁，在文学院里窝囊得要命，大家都知道我“不能上课”，个别领导甚至还和我谈话，动员我离开教学岗位，理由是“学生都听不懂我讲的普通话”。这个时候称我“有点灵气”真像是在挖苦，推荐当副所长更像在开玩笑，但率真的黄老师怎么会挖苦我呢？他的语气更不像开玩笑的样子。黄老师此时不仅不要我离开文学院，还要我做文学研究所副所长，人们不难想象到我那时的惊讶和激动。无论是资历还是能力，我那时在文学院都是小字辈，做副所长既“不能”更“不敢”，我十分感激地对他说：“黄老师，您选我做您的副手，让我非常感谢，我今后一定好好努力，不辜负您的期望，但当副所长我绝对不行，文学院所有人都比我更能胜任这个工作。”黄老师笑了笑说：“你先想想，明天再谈。”

我和黄老师那时都住在华师东区，第二天他又把我叫到楼下谈了近半个小时，我还是没有答应他。这次谈得不太愉快，他可能觉得我不知领情，而我主要是对自己行政能力很自卑，担心会让黄老师失望。过了两天我们在路上偶然相遇，他又给我做思想工作：“小戴，你不要有太多包袱，做副所长没有什么事情可干，有时请外地学者做学术讲演，由我一个人来主持，你张罗一下会场就行了，你完全可以不到台上去讲话。一个学期这种事情也没有几次，你出任副所长后，一个学期还有三十课时的工作量。好几个人都争着干，你怎么不想干呢？”

黄老师无疑是做思想工作的一流高手！他绝不说那些忠于党的教育事业的套话，不说那些为学校作贡献的假话，也不说那些锻炼自己的行政能力的鬼话，而是先动之以情，后晓之以理：当副所长没有什么事可干，还可以白拿二三十个课时费。天下哪里还找得到这种好事呢？天下哪里找得到像黄老师这样劝人的呢？

黄老师的话说得很真，我这个学生也答应得很爽！二十多年前“做原子弹的比不上卖荷叶蛋的”，我最渴望的是钱，其次才是学问。于是，我“光荣地”出任了文学研究所副所长。平生我只当过两次官——“家长”和“所长”，而且家长和所长都是“副”的，在家里别人说我怕老婆，所以只能算是“副家长”，而副所长是我第一次也是最后一次当过的最大的“官”。当了副所长后，才知道黄老师句句说的是真话——基本无事可干，还有报酬可拿。黄老师对我下达的任务是：我负责每年拨下来的两三千元钱的账本，由他负责这笔拨款的使用。我在“文化大革命”时期学到的数学，足以对付这种“会计工作”，每笔钱的使用都记得一清二楚，黄老师对我的工作十分满意。

和黄老师相处时间一长，对他为人率真的感受就更深。有一次，一位“权威杂志”的编辑来汉开会，当时一般人家里还没有电话，个人更没有使用手机，他要我去请那位杂志编辑到我们学校讲学。我对黄老师说此公不是什么“学术名流”，没想到黄老师直截了当地对我说：“他帮我发过文章，此人不是名流，但也不能随便得罪。”老师在学生面前把话说到这个地步，我对这位师长反而充满了敬意：他从来不立崖岸，从来不扮“高雅”！

和黄老师相处的时间越长，和他相处得就越愉快。随着他老人家迈入老年，黄老师变得越来越天真，越来越有童心。大家可以拍拍他的肩膀，也可以和他讲讲段子。十多年前，黄老师有一次激动地对我说：“小戴，东区理发店有一个姑娘，人特别清纯，洗发特别轻柔。”当时我尽管囊中羞涩，但花两元钱让清纯姑娘轻柔地洗发，我觉得这种消费很值。我到这个理发店去找了二三次，没有看到一个黄老师说的那种清纯可爱的姑娘，对黄老师的审美能力还因此产生了怀疑，后来才知道黄老师已经患有白内障，他看任何东西都像雾里看花，他眼中的姑娘也就没有一个不“清纯可爱”。想想看，这个世界上除了像黄曼君这样的老师以外，还有谁愿意与学生分享“清纯”姑娘“轻柔”洗发的乐趣呢？

人类并不是越文明就越真诚，相反越文明就越不真诚。今天我们大家的所谓“修养”水平，不过就是把自己真情掩饰起来的技巧。现在难得见到赤身露体的粗野，可也难得见到剖肝露胆的赤诚；难得听到高声大气的粗鲁，可也难得听到发自内心的声音。前不久，我在一篇博客文章中还愤愤然地感叹：“中国现在什么都假，只有伪君子和山寨品很真；中国现在什么都真，只有真人和真货很假。”黄曼君老师算是难得一见的例外，他是这个“大伪斯兴”的人世少见的“真人”。

在如今中国的学术界，黄老师虽然未能绝尘免俗，但他也从不假装超然脱俗。古人说“大俗便能大雅”，正因为黄老师敢以本色示人，我们才觉得他有趣，才觉得他可爱，才觉得他可亲，才觉得他可敬。

（作者为华中师范大学文学院教授）

桂子山的黄曼君

朱寿桐

一

桂子山的春天想必是绿意葱茏，生机盎然，来自长江的暖漾缀满东湖的温润，将每一片春的信息染上每一脉新抽的树叶或者新结的花蕾。我对于桂子山的记忆是夏秋之际的那一派恒常的墨绿，还有一丛丛丹桂通过沁人醉人的芬芳炫耀而出的暗黄。这都与黄曼君老师有关。是黄老师的书稿让我知道了武昌有一座桂子山，一度，甚至很久，他矢志不移地在他书稿的结尾处标出武昌桂子山，让读者明白无误地知道他的学术生命，他的人生记忆，他的书与笔，他的情与真，他的苦涩与快慰，他的荣耀与梦想，都与这个美丽如画的小山有关，不只是有关，似乎在它们之间建立了一种永恒的契约。我知道我还会来武汉，还会到华师，还会看到桂子山，甚至会看到春天的桂子山以及它令人惊讶的美丽（天知道，它已经制造和邂逅了多少美丽），但我可能不会太在意于它，因为黄曼君先生离开了它，对于我来说，当然现在我只能说是仅仅对我来说，其实可能也还有人会有同感：没有黄曼君老师的桂子山早已不是它原来的样子，没有黄曼君老师的桂子山似乎少了一些什么。

这种过于自我的说法可能会引起一些朋友的不悦。不过最该提出抗议的应该是桂子山。桂子山的年龄该以地质纪年计，它常伴日月星辰，阅尽人间春色，自然不会太多理会在它周边发生的枝折叶落，不会在意任何时段在它的任何坡面突然或是渐渐呜响的弦唱歌哭，许多人涌来，许多人离去，它岿然不动，依然故我，该绿的时候尽情地释放自己的生机，该香的时候放肆地吐露自己的清馨，它仍然是它，在人们的谈论中，桂子山仍然是桂子山。但我知道桂子山不会抗议，因为它是静穆的小山啊，仅仅是托体于热土与草木而已。山若有情山亦老。更言之，倘若桂子山有情有义，有感有知，它恐怕更不会抗议，因为那样说明，它有能力观察到，曾经天天走过它，时时凝望它，带着深度近视，对它点头微笑，对它长吁短叹的曾经的年轻人，昨日的中年人和今日的老年人，一个即便是桂子山也不会常见的真人，他已经悄然离开，来不及收拾他几十年陆续遗落的脚印，来不及献上一贯的微笑点点头作永恒的道别。倘若桂子山地上有知，它应该感到异样，感到不适，并为那个它应该特别熟悉的真人身影的飘然而逝而感到惋惜。

二

我使用了“真人”这个词。我十分自信地认为，用它来称呼黄老师恰如其分。这个“真人”当然不是传统宗教意义上的称呼，黄曼君老师与全真教、半真教之类没有任何关系，他的形象和兴趣也不会与那些半怪半仙的“真人”有任何联系。他的一举一动，一言一行都出乎内，动于中，宜乎性情，适于心灵，从不会造作，也不善掩盖，脾性通透，灵魂透明，活脱脱一个晶莹剔透的“真人”。

人生总会面临许多尴尬，总会得到不少教训。一般人对于人生的尴尬和教训都会重重埋在心底，雪藏于记忆的深处，然而真实如历史，真实如昨天，真实如目前的黄老师常常会将这些当作一种得意而津津乐道。在他面前，一切真实的事情都可能是美好的，即便不是美好的，也应该是不被遗忘的。他的人生似乎只对真实负责，至于毁誉褒贬，比起真实来，都显得微不足道。

在与黄老师的交往中，尴尬的情境常常充斥着不多的记忆，所有这些尴尬在他那里都只是一种美好的兴致与真实的想法而已。他善于讲演，在讲演中他总是习惯于且讲且演，那演的成分则包括现场演唱或朗诵自己的诗作。一次我邀请他给学生作学术讲演，他兴致来了便要唱《两只蝴蝶》，我说："这里可不只有两只蝴蝶。"黄老师亦不以为忤，随即便打消了唱歌的念头。对于这些在我作为一个安排者看来是尴尬的事情，黄老师事后则全然忘记。再尴尬的情形在他那里都会为某种兴致所遮蔽，然后在真实的记忆中烟消云散，余留下来的是他的真纯与天真的笑。

自从人而衣冠，人就懂得了礼数，懂得了仪态，同时也就善于装扮，善于掩饰，善于掩藏自己的真实，因而走向文明的人同时也就失去了成为真的人的资格。然而黄老师不属于这样的文明人。他从来不善于装扮，不善于掩饰，连自己的真实想法也不屑于或不懂得掩藏。他内心中似乎从来就没有秘密，再私密的事情，只要他觉得美好，都会迫不及待地找到他认为合适的对象倾心袒露。在黄老师的心目中，我非常幸运地成了这样的合适对象，在我们不常见面的情形下，他几乎每次见面都会告诉我一些属于他自己内心中最私密同时我相信也是他觉得最美好的秘密。作为一个倾听者，我的反应也许跟不上他的预期，这时他会急不可耐地拿出一个细小的物证，或者竟至于拨通一个莫名的电话，以图求证。事后想来，黄老师所说的这些个秘密美则美矣，可实情未必真的如他感觉和理解的那样真实，但他总是确认无疑。他那急于求证的心态正显示了他发自内心的天真。

总之，黄老师是一个面对任何尴尬甚至难堪都会用真实的兴致去冲淡的真人，是一个无法作假，甚至会将某种作假都会当作真实的真人。这样的人按理说应该乐观终生，怡享天年。

三

但是黄老师既没有乐观终生也未能怡享天年。他突然决然地走了。桂子山依旧在勤迎朝霞，倦送夕阳。

忧郁症伴随着他短暂的晚年，事实上，如果不是这个病症，他就不会有晚年。他长期葆有一颗年轻的心，这颗心让他不甘于遭罹晚年之寂寞与不堪，所以就那么匆促地告别了难舍的人间。

这期间也不过一年，从他不幸染上忧郁症，正式进入他的老年期，到他突如其来地离去。他在两年前向我布置《中国现代文学史》的编撰任务时，尚处于热情奔放甚至雄心勃勃的心态。他告诉我，武汉大学出版社约请他组编一部《中国现代文学史》，他早已设定此书的编撰团队主要由他的弟子们组成，事实上，他将这部书的编写当成了他的“黄家军”学术力量的一次完整的检阅。在作出这个决定的同时，他又执意约我参加进来，并充任重要角色。当黄老师将这个想法披露给我的时候，我内心非常感动，黄老师不仅对我高看一眼，而且在师生感情上将我“视同已出”，与他自己的学生一般无二地对待。从结识黄老师，20 多年来我一直以师事之，而且在内心里还以师事之为荣。他的吩咐自然愿意服从。黄老师坚持让我参与，共同主持这部书的编务，而他的学生如张永健老师之于我亦已经是老师辈，至于王泽龙、吴建波等更是多年的朋友，在他们面前忝居于主编之职，实在心有惶恐，心存不安。

为了不辜负黄老师的托付和重望，经过两年多的紧张而有效的努力，“黄家军”各路人马完成了书稿的初稿。并按照黄老师的遗愿，大家于 2011 年 4 月在澳门聚会，商讨编务事宜。但在这次短暂而有些仓促的聚会中，关于编务几乎没有真正涉及，因为大家的话题非常自然地集中到对黄老师的悼念。不少与会者提起这位如铁一般真实的老师都不禁潸然泪下，有的竟然至于哽咽不止。远离桂子山，学生们对老师的怀念却一点没有远离。

黄老师离去以后，我知道《中国现代文学史》的编务工作主要落在了自己身上。于是在最近数月的工作间隙，努力统稿、改稿、筹补书稿，相比于黄老师的愿望和信任，一切辛苦和劳累都可以忽略不计。师母陈菊先一定也有同样的想法，黄老师走后，她一直心系此书，尽全力做书稿的集结工作，还千里迢迢与师弟海晴一起来澳门参加聚会。这部书稿现在总算可以交付印制了，其中一定有许多学术闪亮之点，因为毕竟凝聚着黄老师多年的心血，其大纲黄老师亲自拟定，在商讨中反复修订，而后又亲自写出样稿，文稿又主要出自“黄家军”各路人马的辛勤耕耘，而且还有陈老师的热切关注与尽心促动。当然，书中也一定存有许多失察之憾，因为毕竟作为统筹者的我学力、识力有限，时间也显得仓促。

《中国现代文学史》的序言将付之阙如，因为黄老师走了，最适合写此书序言的人走了。这篇拉杂写来的文字可以充作后记，后记将不会出现写作地点的落署，因为这会让人联想起黄老师常常落署的桂子山。

（作者为澳门大学社会科学及人文学院教授、中文系主任）

活力·才情：黄曼君先生的魅力

陈国恩

黄曼君先生是一个富有活力的人。这不是说他到了一个地方就要主导话题，他是以内心的真诚和行动的坦率给人带来欢乐，自然而然地成了大家关注的重点。他一到哪里，哪里一定是充满笑声的。有时候饭吃到一半，他突然来了雅兴，会说我来朗诵一首诗吧。换了别人，一起吃饭的人或许会觉得突兀，但是黄曼君先生这么一说，大家一定会拍手鼓掌。他朗诵的大多是自己的近作，所以他一说要朗诵诗，我们大致就知道他最近又有新作了，诗兴犹在，忍不住要与大家分享。陆耀东先生有时故意跟他抬杠，说你的诗太直白，少了点朦胧美，他也不会生气。陆耀东先生与他是很好的朋友，因为知道他对自己的诗充满自信才与他开玩笑的。他的诗直抒胸臆，有浪漫主义的风格特点，多是抒写自己的情绪和感悟的，一朗诵，的确能以一种真诚的品格引起大家的回味。

我这里要特别说一件事。有一年，我们学科的博士生答辩，邀请黄曼君先生与王富仁先生一起来主持，其间安排了一次学术讲座，请他们两位给我们文学院学生做一次报告。黄曼君先生年长，王富仁先生请他先讲，他不同意，坚持要后讲。王富仁先生于是先讲，讲的好像是关于中国文化方面的题目，没带讲稿，开宗明义，旁引博征，以其一贯的严谨思路、精辟见解和收放自如的风格激起学生的热烈反应。临末，王富仁先生说他讲的只是引子，主角还在后面，意思是黄曼君先生才是今晚的主角。黄曼君先生很认真，本是写了讲稿的。他看到王富仁先生的报告激发了学生热情，到他上台讲时，他也想脱稿讲了，一开口就说王富仁先生讲得这么精彩，我要改一个题目，我的题目改成《九百九十九朵玫瑰》。济济一堂的学生先是一愣，旋即爆发出一阵雷鸣般的掌声。他讲的内容好像是关于诗歌方面的，我记不太清楚了，大概是从诗歌方面绕到“九百九十九朵玫瑰”上去，但他临时改题目引起学生的热烈掌声，我至今记忆犹新。这就是黄曼君先生，一个葆有青春活力和浪漫激情的人。他心里怎么想嘴上就怎么说，从不在肚子里打官司。他有点争强好胜，但是那么的自然和真诚，即使是他的同辈，只要熟悉和了解他，我想也不会与他结下心结的。对于晚辈来说，他在给我们带来智慧的同时也给我们带来了开心的欢笑。

黄曼君先生又是一个富有才气的人。他喜欢在聚会场合朗诵自己的诗，有时喜欢提出一些新的概念，主要还是因为他确有才气。凭这才气，他在学术上有不少重要的建树。说起黄曼君先生的才气，最让人印象深刻的一个方面，是他的记忆力惊人。他平时会丢三落四，常忘了钱放在何处，把一点零花钱弄丢了，但他在创作和学问上却是非常较劲的。他朗诵自己的长诗，全是凭的记忆。我初认识他时听他朗诵，常常要为他捏一把汗，担心他会在中间卡住。后来会怀疑他中间是不是有可能临时凑的，因为我觉得记住这么长的诗，有时会比即兴凑几句还难。后来发现，他的确是凭着记忆在朗诵，因为几次朗诵同一首诗，没有出错，不会是临时发挥的。还有，他多次朗诵余光中的《桂子山问月》，那也是一首不短的抒情诗，是余光中到华中师范大学参加一个研讨会时夜游桂子山即兴抒写的，写他月夜漫游桂子山头的感兴，诗情激越，才气横溢。黄曼君先生后来与余光中成了好朋友，他说起余光中写这首诗的故事来，总是充满自豪，必先介绍诗的创作背景，然后就以高亢的声音开始朗诵：

千株晚桂徐吐的芬芳
沁人肺腑贪馋的深处
应是高贵的秋之魂魄
一缕缥缈，来附我凡身
深夜独步在桂子山头
究竟是清醒呢还是梦游？

梦游云梦的大泽，不信此身
真在九州的丹田，三国的焦点
偏又月色无边，桂影满院
怎么甘心就此入梦呢？
……
黄鹤楼等黄鹤要几时才归来？
而我，汉水是第几滴浪花呢？
大江是第几个浪头？
问顶上的半轮，清辉悠悠
李白还未及给我暗示
桂瓣纷纷，已落我一头①

朗诵得有板有眼，很有激情，是发自内心的，从没卡壳出错，让我这个“年轻”人也感到自愧不如。我今天引用这首诗，还是从网上找来的——背不出来。

黄曼君先生记忆力出众，我还有一次亲身的经验。大概是2004年春，我邀请他来武汉大学文学院给我们的研究生做一次学术报告，题目是关于文学的经典问题，地点在珞珈山庄第二会议室。年轻的学子围着长条型的会议桌，听他侃侃谈来。他同样没带讲稿，可是却讲得非常有条理，从经典的言说、经典的特征、经典的阐释，讲到经典的历史变动。显然，他对经典问题做了深入的研究，是深思熟虑的产物，包含着真知灼见。讲座是录音的，过了一些时候，他告诉我说这个报告的录音经整理后改成了文章，发表在《文学评论》上了（2004年第4期）。我丝毫没有感到意外，因为他讲的确实有新意，而且又很有条理。我感到惊讶的是他居然把这么多的内容和周密的思考全能记在心里，从从容容、潇潇洒洒地讲出来。

① 余光中在该诗的“附记”中写道：“十月七日至九日在武汉参加华中师范大学举办的‘余光中暨香港沙田文学国际研讨会’，住在该校校园桂子山。山有桂树逾千株，十月开花，已属‘迟桂’，而异香满山，月下尤甚，落瓣遍地，有若秋魂，不忍作贱。二〇〇〇年十月九日。”

后来对黄曼君先生了解得更多了，才体会到他的记忆力完全是得益于他的勤奋和刻苦。他眼睛高度近视，没动手术前看书，要摘下眼镜抵近纸面看，非常累。做学术报告时显然不便这样来看稿子，即使要看也看不清楚，所以他就把要讲的内容全记下来。别看他讲时没带稿子，他在讲之前可是下了大功夫的。要把这么多的内容记下来，换成年轻的我也会心里发怵，可见黄曼君先生的用功之勤。他告诉我文章发表时，语气中带着欣喜和自豪。他是把学术看成是一项崇高的事业，满心喜悦地享受成功的果实。从这点也可看出他是一个纯真的人，有一种真诚可爱的品格。

黄曼君先生逝世已近一年，他充满活力和才情的音容笑貌犹在目前。对我，他是一位可敬可爱的老师，也是一位可以信赖的朋友。我记下他的一二事，表达对他的深深的怀念。

（作者为武汉大学文学院教授）

黄先生与鞋子的故事

王泽龙

该死的工资

话说20年前的一个下雨天，雨下得特大。师娘出差了，财务处打来电话，通知我们的黄先生去领工资。他可是从来没掌握过财权，一个月共产党给他发多少钱，他从来就不知道，只会死做学问（也不像现在还有一份对段子的兴趣）。领了一信封钱回到家里，不知道这养命的家伙放在哪里安全，要是弄丢了，那可是重大责任事故。东瞅瞅，西瞧瞧，没有一个地方可以放心。当他要脱去穿在脚上的深筒子套靴时，忽然来了灵感，这靴子，不就是藏钱的好地方吗？于是把一个月两个人的工资就牢牢地塞进了套靴最深处，靴子当然不可以放到柜子里，他决定把靴子放在平时应该放的地方，这样最安全，小偷怎么也不会把主意打到一个随便放置的靴子上去吧。时间过去了半个月，师娘去财务处领工资，工作人员告知，他们家的工资已经被先生领了。师娘想，这老鬼怎么不汇报呢，这公开的收入量他不敢作私房钱。回到家里一问，先生说是领了，可是一时想不起放到哪儿了。师娘越追问，他越是着急，越是着急，越是想不起来。师娘几乎把屋子翻了一个底朝天，也没有发现工资的影子。这钱没了影，自然少不了挨吵，那个时代的钱值钱啦，一个家里能有几多闲钱呢？又快到了发工资的日子，天又下起雨来，先生要出门，当然不是去领工资，打死他也不会再去领工资了。当他把脚伸进套靴时，发现有一个硬邦邦的东西塞在里面，用手一掏，发现：这不是那天天找死人、骂死人的工资吗？该死的工资哟，你怎么跑到这里面去了呢！

这皮鞋不是我的

大概是上个世纪80年代中期的故事。黄先生去宜昌开会，照例，出门前，师娘要把给他带出门的生活用品一一登记，再把登记清单交给他，回家时要对照清单验收，这样免得先生出了门丢三落四。在会议结束后，他的研究生张晋业给他按照清单收拾东西时，发现多出了一双皮鞋，问他，要不要装到行李箱里。他说，那怎么行，不是自己的东西不能要。等回到家里，师娘检查时，发现少了一双皮鞋，还是一双穿了不到半年的新皮鞋。他猛然想起，那双没有被装进行李箱的家伙——当时看它时，似乎觉得那么眼熟呢。他问师娘：为什么清单上没给登记上呢？——原来出门时你不正穿在脚上吗？——那天回来时天正下雨，他老人家把皮鞋脱了换了套靴。

你眼睛看到哪里去了

新世纪元年的某一天，先生应邀给文学院新生作学术讲座。在家里梳妆打扮耽误了时间，出门时慌里慌张顾了头顾不了脚。等到报告讲完后，走下讲台时，似乎觉得脚下很别扭，把脚偷偷抬起来一看，原来穿的不是一双鞋。平时他家门口总是一堆鞋子，他一着急，就胡乱穿了两只。这时他怕被当场的人看到，急忙掩饰起来。没想到，他的女弟子施同学早就发现了，关切地问：老师，您的鞋子穿错了，很难受吧？要不，我给您回家拿去。他狠狠地批评说：你怎么不听演讲，眼睛看到哪里去了呢？

歌 者

普丽华

黄曼君老师爱唱歌，特别是在晚年。唱歌是他表现性情的方式，是其性格之一面，爱好之一种。

初听黄老师唱歌是在“文革”末期，他与我们年级的同学一起开门办学，到兵营、去工厂、下农村。在经常性的班级文艺活动中，他是最爱唱歌的一个老师。而他最爱唱的，是《智取威虎山》中杨子荣的唱段《甘洒热血写春秋》。那个年代人人都能唱样板戏，绝大多数把其中的京剧唱段唱成“京歌”，黄曼君老师也不例外。他选的这个唱段是比较有难度的，经常因为音起高了而让人担心，果然后面唱得声嘶力竭，面红项粗，但不管怎样，最后的那个“呵呵呵呵—哈哈哈哈—呵—呵”的笑，他是要很认真地完成的，笑得极认真，还严肃。他性格近乎绵柔，人也生得绵柔，唱这样豪气冲天的京歌时让人感到那挣扎而露着的一点刚性。

再获印象的是一次男声小合唱，唱《游击队之歌》。那是个临时增加的节目，只在前一天下午排练过一次，手风琴伴奏也是临时找的外语系的老师，但演出很成功。中文系教工男声超棒一时全校闻名。黄老师是男声中年纪最长的，记得他脸上的红妆最浓，表情最突出，压着嗓音，前倾着身体，晶亮着眼睛，俨然专业男中音。唱到后面的高亢豪迈处，胸脯挺得最高，头有节奏地摆动，一洗平日夫子气的激情献演，赢得大礼堂中阵阵掌声。那掌声是给他的，当然也是给大家的。

一天，我到文学院办事，听黄老师正在几位女老师面前唱刚刚流行的《两只蝴蝶》。唱得非常轻柔，非常陶醉，在大家有些惊异的笑声中，一句不乱地唱完。2005 年中国流行乐坛最炫的青春唱曲是庞龙的《两只蝴蝶》，一时成为黄老师的最爱。那缠缠绵绵翩翩飞，那一起枯萎也无悔的爱情绝唱，被年已七旬的他唱成了一个唯美的爱情童话。他唱着庞龙的《两只蝴蝶》，是否会联想到胡适 1916 年的《两只黄蝴蝶》呢？他是孤寂的那一只吗？好像感觉不出来。

2008 年奥运会开幕式后不久，文学院在东湖碧波宾馆开教代会，邀请了学校的书记、校长。吃中午饭时，黄老师突然要求唱刘欢和莎拉·布莱曼演唱的奥运主题歌《我和你》。由于还没有哪位女老师有把握唱好这首歌，饭厅里也好像没有扩音设备，他老人家就一个人，而且是用汉语和英语演唱了一遍。当然，莎拉·布莱曼那天籁之音是无法模仿的，他乐于表现的，是《我和你》那温暖的抒情，连同他这永远向新向美的抒情主人公。

最后一次听他唱歌是在他终止生命的医院。听到他得病住院的消息，我们五个女老师相约去看望他。由于治疗期间转换了科室，我们找了几栋楼，猜测着他的病情也许不至那么严重。终于，在神经科住院部昏暗的走廊上，我们认出了护工搀扶下的他。他瘦小了许多，虚弱不堪。听到我们一迭声的问候，他有些困难地抬头望我们，叹着气，喘着气，在我们的搀扶中回到病床上。我们围着他问安问好、问医问药，说着气色不错、治疗有效的宽心话。不一会，他的脸色果然红润起来，泛着光泽。他一个个地叫我们的名字，称我们是文学院的“五朵金花”，他在自己的笑声和我们的笑声里振起了情绪，居然说要用俄语唱《喀秋莎》。年轻的他在上大学时就爱唱这首歌，此刻，歌声依然好像明媚的春光，流淌在原本枯寂的病房，给护工和病友们都着上了一层暖色……

我想，他不是在唱歌，他是在歌唱，歌唱他年轻的心，不老的情！

他活在他的歌声里，如同活在他的诗里，他的著述里。

（作者为华中师范大学文学院教授）

来生还做您的“二公子”

黄念然

我是曼君先生的“二公子”——当然不是真的。

这个“二公子”是先生的夫人陈老师这么叫我的。因为我与曼君先生的大公子黄念南的名字只有一字之隔。以前到学校办事，一些人见了我的名字，总会问一句：你是文学院黄曼君老师的儿子吗？我回答说：不是。他的大公子叫黄念南，我叫黄念然。湖北话中，“南”和“然”经常混淆。有次我与陈老师同去汉口分校上课，谈起这事，陈老师笑着说：那你就是我们家二公子了。以后每次给黄老师家打电话时，陈老师问：谁呀？我都会戏说：二公子！曼君先生知道这事后也很是高兴。就同他们一家渐渐熟悉起来。由于所在的教研室不同，我又是晚辈与后学，所以正面与曼君先生打交道并不多。但对曼君先生非常敬服。心底里常常以他为标杆，也常对人说，做人与为学，要像曼君先生那样——真诚、执着。

真正和曼君先生有实质性的接触是在2007年的夏天。有天，曼君先生对我说：听说你在做文论转型方面的研究，出了一本书，能否供他参考一下？我听后非常惶恐，心想，他已是这方面的大家了，居然还知道我的一本小书，而且态度那么诚恳，真是折杀自己了，赶紧将自己的《中国古代文论研究的现代转型》一书送给他，请他雅正。没想到，他很快把书读完，而且大加赞扬，说对自己的启发非常大，然后约我与他同写一篇文章，打算发到《中国社会科学》上。后来曼君先生为此事又与我商量了几次，也确立了论题，因为思考不很成熟，更因为他身体不好，就放下了，没想到——这成了永远的遗憾！暑期院里到咸宁开学科会，曼君先生也去了，当时感觉他神情委顿，精神状况特别不好，就提醒他要注意身体，别硬撑着，他只是笑笑，仍然上台给中青年教师讲如何做科研。胡亚敏老师特别担心他的身体，在台下不断暗示他早些下台休息，但曼君先生视而不见，讲得眉飞色舞、意兴盎然的——这是我第一次听他讲如何做学问——也是最后一次！那情节、那场面，先生那神态，我一辈子也忘记不了。

曼君先生，来生还做您的“二公子”！

（作者为华中师范大学文学院教授）

给我无尽父爱的慈祥公公

闵　青

列车以每小时334公里的速度行驶，我头好晕好晕，靠在窗边，泪流满面。女儿在小声说，真是的，你不是小孩了，要学会控制自己的情绪，奶奶该多难受呀。又哭了？我抬起泪眼看着她，说，知道什么叫心痛吗？那种心被揪起，灵魂出壳，永失亲人的心痛？

我知道，我身体不好，我知道，我不能给大家添乱，我知道，有太多的痛需要自己去承受，所以，惊闻爸去世的消息，我忍；看见妈满头的白发，我忍；站在爸的遗像前，我忍；看着先生发红的眼睛，我忍；爸，爸，再也听不到您优美的歌声，再也看不见您慈爱的笑容，我也忍；但是，爸，爸，面对您的遗容，我忍无可忍。

那还是我年初送上飞机，安排好座位才敢放心让他离去的童真老者吗？我忍无可忍，那还是我记忆中吟诗论学，浪漫率真的才情诗人吗？我忍无可忍，那还是爱我夸我给我无尽父爱的慈祥公公吗？我忍无可忍，就这样，就这样，我的心飞了，我的神散了，我的悲痛无处可逃。

女儿摸着我的头，柔声地安慰，我了解了，我错了，你最是受不了爷爷所受的痛苦！我说，我忍得好辛苦，你就让我在这没人认识的地方好好发泄一下吧。

再一次，我在女儿怀里痛哭流涕！

2010年11月25日

（作者为黄曼君先生的长媳）

只是爷爷

黄梦依

我不知道黄曼君多有名，但我知道他是我爷爷。我不了解黄曼君在学术上的成就有多大，但我熟悉那句爷爷唤我的“依依”。

我记得，爷爷喜欢在冬天戴着卡其色的南瓜帽和赭石色的羊毛围巾，喜欢在试穿新衣服之后，照着镜子问我：“怎么样，爷爷很帅吧?”喜欢笑，大大的咧开嘴的那种笑，眼角微微地上翘，可爱得像个孩子。那笑多么天真，那笑极其漂亮，那笑气度非凡。

在我的印象里，爷爷很忙，总是有各种各样的人来爷爷家里和他讨论着什么。其实当时的我在背地里认为那都是些“不速之客”，因为每次有人来都必定要进书房。说来有趣，上小学的我是和爷爷共用一个书房的。尽管书房的两侧是被书塞得满满的书架，中间只有一张被书堆得满满的大书桌，奶奶只能在书桌的正中央清理出一小块地方给我放印着《静夜思》的课本，但书房里有一样我和爷爷都爱的宝物——空调。“不速之客”一到，我是一定会连拖带拉地被奶奶拽出书房的，并且在书房外一等就是大半天。

尽管爷爷很忙，但每晚爷爷必定是会散步的。那时候我就会两眼巴巴地望着他，叫他带着我一同去。我当然对散步没兴趣，我中意的是路边小贩手推车里香喷喷的烤红薯，那时候我总会指着街头小贩撒娇味十足地对爷爷挤挤眼睛道：“爷爷呀，那个，那个!”爷爷就会心领神会地从裤兜里掏出零钱买来红薯给我，一边小声严肃地对我说：“依依呀，回去千万别和你奶奶提我给你买‘路边摊’的事啊!”啃着红薯的我当然是乐呵呵地点头。

虽说爷爷大多数时候把我这个小不点当开心果，偶尔也是会动怒的。比如我是绝对不可以私自动用爷爷的派克钢笔的。爷爷是相当在乎这支笔的，我当时非常想不通，而且也有小小的不满：“哪有为了支钢笔和自己的亲孙女横鼻子竖眼睛的爷爷啊？不就是能写两个字吗，有什么大不了!”现在也想通了，笔对于学者诗人来说估计就是整个世界吧。我这个小孙女在整个世界的面前自然就只有靠边站的份了。

我最羡慕爷爷的地方是他的照片照得好，每张照片都神采飞扬的，如见其人。我发觉这可能和他的笑容有关。他的笑里没有隐晦，只有天真；没有丝毫怯意，只有浑然天成的气度；没有任何造作，只有坦然。

我喜欢爷爷的笑，更喜欢他唤我的那声“依依”。

2011年10月17日

（作者为北京师范大学—香港浸会大学联合国际学院学生、黄曼君先生的孙女）

率真吾师黄曼君

陈才俊

生活是人对生命的一种感悟、一种追求，对有的人来说是快乐，对有的人而言则是负担；对一部分人是喜，对一部分人却是忧。无论喜与乐、忧与愁，都不过是人活出的一种境界、一种品质。

吾师黄曼君先生以他执教五十年的辉煌人生，将对生活的追求发挥到了把玩的境地，书写出绚烂的生命乐章。凭我与老师之间多年的交往，发现他有常人或者说一般知识分子身上所不多见的珍贵品格——率真。应该说，这种品格是铸成他多彩人生与幸福生活的重要源泉。

黄先生的率真已经到了一种可爱的地步。他敢言常人不敢言，勇于站到生活的风口与浪端。不熟悉他的人也许会觉得他有点另类，熟识他的人也许会认为他有点天真；传统者可能会觉得他思想过于超前，年轻人则常常用一种惊诧的目光看着这位长辈。可是黄先生却有他自己的人生准则，多情的他始终充满着对生活的激情，作为诗人的他永远保持着对美的矢志追求。

正是因为这种率真的品格，加上在学术上的宏高建树，铸就了黄先生“朋友遍天下、桃李满四海”的美誉。他的朋友与他的学术影响，不仅广布于祖国的大江南北，而且伸展到了异质的文化领域。仅以我所在的城市广州来说，文学艺术界就有许多他非常真挚的好友。据我所知，著名作家范若丁、梁凤莲，著名文艺评论家赵怡声、陈志鸿等，都与他一直保持着密切的联系。程文超与艾晓明这两位广东学术界非常活跃的人物、中山大学的教授，都是黄先生早期的得意门生。在程文超教授2004年去世前不久，黄先生还专程携师母陈老师抽空前往看望。黄先生重情重义之举，由此可窥一斑。

要说黄先生与广州学术界交往最密切的，应该还是我们暨南大学。现任学校党委书记兼副校长、著名文艺理论家蒋述卓教授，原副校长、著名文艺理论家饶芃子教授，原文学院院长、现韶关学院院长魏中林教授，现任文学院党委书记兼副院长王列耀教授，原中文系主任、现广州电视台副台长费勇教授，还有刘绍瑾教授、苏桂林教授及后来调入暨南大学的朱寿桐教授、宋剑华教授等，均与黄先生是非常要好的朋友。暨南大学文艺学博士点早些年的博士生答辩，都要请黄先生前来主持或参加。特别是黄先生与饶芃子教授，年龄相当，早于“文革”以前就认识，更是几十年的“革命战友”，一直保持着深厚的友情。他们在学术上相互砥砺，在工作上互相支持，在生活上彼此体惜，更是文艺理论界的美谈。

也正是因为黄先生的率真，使我与他结下了不解之缘。虽然我毕业于华中师范大学，学生时代也曾聆听过黄先生的精彩学术报告，但与他的互相认识却是在广州。记得有一天，他与苏桂林教授在暨南园内散步，我们不期而遇。通过后来的多次接触，他居然收了我这个基础较差、且非中国文学专业毕业的晚辈为徒。这是我一直心存感激的事。后来，我与黄先生逐渐成了无话不说、亲密无间的好朋友。许多年来，他到广州时一定会与我见面，我到武汉时也肯定会约他出来坐坐，师徒情意既浓且深。黄先生一直很关心我的成长与发展，后来因我的工作性质发生变化，他又极力鼓励和支持我报考章开沅教授的博士，使我顺利地进入了一个新的学术领域。

黄先生无论走到哪里，都会展示出一种生命的活力，都会带给人无穷的乐趣。他那饱满的诗情、悠扬的歌声、轻曼的舞姿，既将他率真的品格发挥得淋漓尽致，又表现出他对生活的满腔热忱与乐观自信。记得有一次，我们一行人去广州东峻广场的某娱乐城观看歌舞表演，当有位歌手想邀请一位观众上台同唱时，包括在场的许多年轻人，大家都东躲西藏，无人应对。这时，黄先生勇敢地走上舞台，与那位年轻漂亮的女歌手激情地唱起了“夫妻双双把家还”，获得满场的热烈掌声。黄先生喜欢听歌、唱歌，这恐怕已经不是什么秘密。其实，我了解他，他是在讴歌生活，颂扬生命。

这就是率真的黄曼君先生。

（作者为广州暨南大学文学院教授）

星斗其文　赤子其人

陈桃霞

距黄老师离开我们近一年了，这段时间，我一直无法面对这个事实，仿佛总能感觉到，学识渊博而如老顽童般爱玩爱笑的黄老师还在我们的眼前鲜活地出现。半年前，樊老师建议我写一篇关于黄老师的纪念文章，每次尚未动笔，泪已盈眶，这一切，毕竟来得如此突然，让人如此猝不及防。又是一年的秋天了，我知道，自己一定是要在这样一个难以释怀的季节，记录下对黄老师的点滴感受，为了难以忘却的纪念！从未想到，平生第一篇关于黄老师的文章，竟会以这种阴阳相隔的方式出现。谨以我最真诚的痛悔，在中秋夜向另一世界的黄老师问好！

2010 年 11 月底的一个晚上，已是武汉的深秋了，我独自走在华师的校园里，神情恍惚，泪飞如雨。直到在文学院公告栏里，真真切切地看到那个让人熟悉无比、亲切无比的名字打上黑框时，才不得不相信这一切是真的，黄曼君老师，那个曾给我们带来无数欢乐，曾让我们敬仰不已的开朗老人，真的离我们而去了！而在此之前，还频频看到文学院大厅的电子屏幕上不断显示未领取信件的老师，黄老师便是其中之一。可是，那些信件，他再也读不到了，他以他的离去，给身边所有的师友带来了一个沉痛无比的寒秋，命运之手斩断了他与所有人在尘世里的联系，一个如此热爱生命、眷念大自然的老人，从此只有在我们的梦境中出现了。当王泽龙老师告诉我们黄老师住院的消息时，大家都难以接受，华师的研究生们还等着上他开设的课，而不到两个月，他竟然与我们阴阳相隔，离开了这个他眷念不已的世界。这一年的 9 月初，当他发觉身体不适，去医院确诊后得知要住院时，他非常不舍，坦言道："只怕我这一去就回不来了！"没想到一语成谶！这一年的桂花，他还未来得及为它们吐露诗情，这些馥郁清香的精灵们，应该会在另一个世界为他而璀璨吧！这一年的菊花展，他也没有等到，11月22日，正是菊花如火如荼开放的季节啊！而他，只能躺在病床上忍受病魔的摧残。富有学者人间情怀的他，生平对一切花香鸟语是如此地热爱，晚年的他多次赋诗吟唱，为生活中的诸般美好，他应该也在歌唱自己生命中的春天吧！而尘世中的这一切，都离他远去了。还有，他终生献身的学术，那些带着他的体温汇合着他生命体验的文字，那些现代文学史上已经人格化了的大家，一大串让他念念不舍的名字：朱自清、郁达夫、闻一多、郭沫若、沙汀、鲁迅、胡风，也都远去了，尽管他们还在书房里等着他的归来，等着他与他们的精神交流。他那些宏阔严密、高屋建瓴的学术思想，还在等待着后学者的阅读，而这一切，都只能在另一个世界与我们相见了。还有，无数他熟悉的师友、学生，再也听不到他爽朗的笑声了，人世间从此少了一位至情至性、热爱生活的学者！

我是2005年才近距离地接触黄老师的，在此之前的我，就读于南方的一所普通学院。同华师一样，那里也是不到9月，桂花便已香飘数十里。中文系最早开设的一门课是中国现代文学史，我逐渐了解了黄老师对沙汀、郭沫若和鲁迅的研究，对黄老师我是心怀敬畏的，一如我对黄老师的最初印象。课余时间，作为图书馆的义务管理员，闲暇之余，无论是期刊还是图书，在我的阅读历史中，黄老师的名字是频频出现的，认真做过笔记的有：《中国现代文学何以形成新型传统》（《福建论坛·人文社会科学版》2001年第4期)、《回到经典　重释经典——关于20世纪中国新文学经典化问题》(《文学评论》2004年第4期)、《中国现代文学经典的诞生与延传》(《中国社会科学》2004年第4期，而这个刊物成为黄老师生平最后发表文章的阵地，即2009年第4期上发表的《中国现代文学的语境与古代文学资源》，此文于2010年第1期出了英文版，那时已是2010年5月了，距离黄老师的生命时限也只有半年了，也是他出现精神不振征兆之时）等等。现在想想，黄老师那时年近古稀，在他当年的教育环境下，学问能够做得如此大胆大气，古今中外皆能打通自如，实属不易，这与他的勤奋好学多思是分不开的。是什么力量支撑着他几十年如一日地埋首于学术？从最枯燥的“延座讲话”到新生代的无名习作，他都能一如既往，严肃认真地对待，正是这一份对专业的敬畏，这种钻研精神，使他为后学者所敬仰。可以说，黄老师开启了我对现代文学的兴趣，于是，鲁迅、郭沫若、沙汀一一走进我的视野，使我获得另一种眼光。

黄老师的学问做得让人敬佩不已，特别是他老当益壮，频频在权威刊物上发表文章，更让人感觉到，这一代学者确实已把学术融入到自己的生命中，使两者达到了高度的融合。在华师文学院，前几届学长总会津津乐道黄老师的种种逸闻趣事。不像其他教授，他很平易近人，经常笑口常开。

2006 年 9 月，现当代文学专业为研究生开了一门课，即黄老师的《20 世纪中国文学理论批评史》，这也是黄老师开始从想象中真正走进我们的视野。听黄老师的课是一种享受，在此之前，我还未曾领略过如此富于激情的授课风格，让人感觉离学术很近，也离生活很近，这里没有虚假的大词，只有真切的文学体验。我想，只有数十年如一日，对研究对象达到这般熟练的程度才能信手拈来，处处是风景。然而，对于我们而言，记忆最为深刻的莫过于他课堂上那些专业以外的言论。他高谈阔论李敖、金庸，告诉我们 90 年代北大的教授很多都在废寝忘食地读金庸，使我们于狭仄的现代文学风景中窥见了一个更为辽阔的研究世界。其实早年的黄老师，曾写文章呼吁教师不应鄙视俗文学。在课堂上，他还谈到严歌苓的《第九个寡妇》，深情并茂地讲到其中的女主角王葡萄，她不仅名字独特，而且不乏赤子情怀，大时代下的个人历史叙事由他而抵达我们的内心。在治学上，他不剥离时代语境，因此，他的学术生命力才能如此久远。最后两年的他，致力于打通古代文论、古代文学与现代文学，从现代性转型的角度发掘传统的力量，相继发表了一系列高质量的论文。他还关注生态中心主义，撰写了《一种动态和谐的生态审美存在——五四精神光照下中国现当代文学的诗性构想》（《河北学刊》2009 年 5 月）。这种求新求变的思想，使得晚年的黄老师学术佳作迭现，让人不能不感慨他的勤勉及对学术的深情。

黄老师喜欢音乐，他的喜欢不是文人雅士的喜欢，而只是一种单纯的欣赏。于是，民间那些富有生命力的流行歌曲也进入他的视野，他曾在课堂上为我们高唱《两只蝴蝶》，让我们感佩不已。在那些轻狂的生命里，我们是如此骄傲，不屑于承认自己的庸俗，黄老师却还为这首歌写过一篇评论，面对当下众生生命的萎靡不堪，黄老师活得如此真实舒展。也是一次课间，他和我们一同欣赏李敖的那首《不爱那么多，只爱一点点》，就这样与他在情感上达到了一致，共同沉浸到这种伤感中。他是很愿意贴近年轻人的。那年的三八妇女节，他给我们班每一个女生发了一条短信，他自己写的短诗，那份细致，那份感动，恐怕是作为学生的我们今生都很难再有的了。他是学者中少有的能将诗情与生活时刻联系在一起的，他曾写过《邂逅》这首诗，为自己在深秋校园里遇到美而歌唱，这其实何尝不是他对青春美的咏叹！每一次聚会，他的参与，总会带来很多欢声笑语。他的达观、智慧，他对生活的贴近，他对学生发自内心的热爱，他对美的追求，都是让后学者走近他的理由。

一直不敢相信生性如此自由率性、热爱生命的老人就这样离去了，带着太多太多的不舍。2010 年 9 月，当我有幸成为武汉大学樊老师的博士研究生时，还来不及去他那里小坐一下，絮叨一下我的入学感悟。如烟的往事似乎随风飘起，在真实与虚幻之间停留，让我无法分清生与死的界限。2006 年春，在黄老师的《20 世纪中国文学理论批评史》课上，他收展自如，谈论文学，谈论人生，谈论社会现实，是那样不拘一格。他可知道，2010 年 9 月，当他依依不舍地离开丹桂飘香的校园——那块他生活了数十年的故地，在医院里从此为一生画上句号的时候，桂子山上的学生还在等着他的归来，等着他一如既往的传道授业？他本身是传奇与历史，是现当代文学的前世今生。那一年的中秋，他在医院时，会是何种心境呢？中国的知识分子运命坎坷，黄老师无法逃脱这一劫数，他从未抱怨过命运，却一直充满激情地活着，兴致勃勃地尝试着生活中的一切，跳舞，唱歌，玩手机、MP3。他在回顾自己这一生吗？该有多少遗憾未来得及弥补？在 2005 年创作《中秋吟月》这首诗时，他正好走过 70 岁，他写道：

月儿啊，月儿，
乾坤沉浮，天地开阖，
多少次更新、整容，
多少次擦洗、打磨，
你老了，老了，
人也老了，老了，
但愈老愈精彩，
愈老愈显精彩，
愈老愈臻圆活，
看，飞天金镜锻造得炉火纯青，
你我老境飞腾起纯青炉火！

写得多么意气昂扬，时不我待啊！在《老境》中，他再次在深秋中感怀岁月忽已晚，发出“此生此世有多少急需弥补的遗憾!”“即使躺下也要将生命的渔船驶达彼岸!”一种对于生命的争夺感呼之欲出，能够感觉到他是多么地希望在人世多停留一会儿。毕竟，以他为代表的这一辈知识分子，留下的人生遗憾太多了！

2006 年 6 月，华师文学院的红楼里，绿树环绕，蝉鸣阵阵，一个扎着马尾辫的女生在那里不无任性地讲着张爱玲的文学思想，而他，睡眼蒙眬地趴在桌上，这一刻，已经定格了。如果时光可以挽留，我们都没有变老，就没有生离死别了！在《洁光》里，他写道：

我一定要去，
要飞往那里，
去到那洁光的发源地，
共同探索蔚然的磊落襟怀……

星斗其文，赤子其人，这句话在他身上是如此的贴切。但愿，天堂里的黄老师能够感受到这一束洁光，带着温暖与爱。

（作者为武汉大学文学院博士研究生）

四、新闻报道

率性而行，风神何让魏晋；吟诗唱曲，教学不拘古今

——著名学者黄曼君教授因病辞世

朱 玲

（《楚天都市报》2010年11月23日讯）桂子山再也听不到那位魏晋风骨学者的歌声。昨日，华中师大文学院博导、中国现当代文学学科带头人、著名学者黄曼君教授因病辞世，享年76岁。

黄曼君教授遗体告别仪式将于11月24日上午9点30分在武昌殡仪馆举行。

博学好学：就着电线杆记书目

走进黄曼君教授家中，迎面是一墙书柜，先生的遗照就挂在这面书墙上。长子黄念南说，父亲在世时最喜欢的事情就是打书柜，每搬一次家，家里的书柜就多出几个。

书房里，不仅三面墙全是书柜，屋子正中还放了四个一人高的书柜，一如小型图书馆。窗外的月季红了，桂花香了，梅花开了，黄曼君教授总在这里笔耕不辍，除夕初一也不例外。

看着满墙书本，黄念南的回忆又回到20世纪70年代：武汉炎夏酷热，高窗透来的光照进不足20平方米的小屋，没有风，父亲赤膊趴在书桌前奋笔疾书，浑然不觉背上已趴满了蚊虫。“老爸对文学，爱入骨髓。”

点开华师文学院的网页，黄曼君教授的论文和著作条目多达132条，时

间从1982年跨至2009年，几乎年年出成果。“今年上半年，黄老师还在搜集资料，准备写书。”华师2009级硕士生祁培说。

黄曼君教授博学也好学。武汉大学教授樊星回忆，一次黄曼君教授和他一起去买书，路上听他说到了一篇好文章，马上穷追文章出处，包括期刊名、出版年月等等，而且立刻拿出纸笔，就着路旁的电线杆子记下来。

黄曼君教授经常与学生同读一本书。“交流读后感，我有时候没看懂，就诌两句，反而老师很直接说，‘我没看懂’。”黄曼君教授的关门博士、湖北经济学院副教授金立群说，先生常用讨论的方式启迪学生思维。一次先生谈一个主题报告的构想，与他在电梯前踱步，交谈了4个小时，令其终身难忘。

强识多才：一气吟出百行长诗

黄曼君教授的记忆力好，“脑子里仿佛有一部人文社科类图书的书目索引”，金立群说。不论学生问起哪本书，他都信手拈来，告诉学生该从何找起。华师文学院教授周晓明1974年结识恩师，“老师眼睛不太好，数年来所讲教材，他全部都能背下来”。

黄曼君教授一生研究文学史，67岁那年去国外旅游，见异国人文景致，萌发作诗欲望，从此一发不可收拾。华师文学院博导王泽龙教授介绍，先生喜欢写长诗，时常有超过百行的长作，且能一口气吟诵出来，记性奇好。“先生有时候叫学生改他的诗，改动了他欣然接受。”金立群说，自己和不少同门的研究方向并非先生所长，先生总是鼓励他们尽情探索，从不将学生拘泥于自己的精专，更没有门户之见，“这给我们增添了许多自信”。

率真有趣：上课唱《两只蝴蝶》

黄曼君教授七十大寿时，著名诗人余光中曾诗贺：率性而行，风神何让魏晋；从心所欲，议论不拘古今。

黄曼君教授是出了名的率性而歌。上课、讲座、席间，只要兴之所至，或者学生要求，他总乐于唱歌给大家听。从俄语的《喀秋莎》，到流行的网络歌曲，他的歌常唱常新，从不落伍。“老师还让我们教他英文歌，像《月亮河》。”金立群说。华师硕士生祁培的手机里存着一段《两只蝴蝶》，“这是黄老师上课时给我们唱的。”

读研期间，金立群常到黄曼君教授家谈天，除了专业，也说八卦。“先生很关注新鲜事物，他常说人的文学就是有血有肉的，要善于发现生活中的真和美。”

2001年，金立群陪先生去南京开学术会议。会上讲到古典诗词的诵读，黄曼君教授用湖北方言唱起李商隐的“昨夜星辰昨夜风”，“声调就像楚剧，所有与会者都惊呆了，继而哄堂大笑”。金立群说，没想到先生不笑不恼，也不“端着”，可见其真性情。

（作者为《楚天都市报》记者）

学术之路的四重境界

——黄曼君教授访谈录[①]

杜雪琴

内容摘要：黄曼君老师系华中师范大学文学院教授、博士生导师。华中师范大学文学研究所名誉所长、中国现当代文学学科博士生指导组组长、博士后流动站中国现代文学学科负责人、中国现当代文学全国“精品课程”负责人。中国作家协会会员、中国郭沫若研究学会理事、中国闻一多研究学会副会长、湖北省文艺理论家协会顾问等。从1956至2006年，黄曼君教授在高等学校执教已过了50周年。在这半个世纪里，黄教授以科研引领教学，以教学促进科研，在中国现当代文学和文学理论批评领域中进行了某种学术层面的探讨。本文作者与黄教授一起回忆了他半个世纪的学术生涯，他将学术道路分为几个阶段，谈出了心得体会，总结了经验教训，并提到理论高度进行了论述，以期对广大青年学者有所帮助和警醒。黄教授说，20世纪80年代中期“方法论”热对他影响最大，新时期多种文学思潮的起伏更替促使他以“现代性”为中心，以较为明晰的“问题意识”对学术工作进行重新审视，从而较之过去获得了较多的成果。他在半个世纪科研与教学的背景上，着重从新时期自己学术发展的四个阶段：以《论沙汀的现实主义创作》为主的阶段、以《中国现代文坛的“双子星座”——鲁迅、郭沫若与新文学主潮》为主的阶段、以《现代化视野中的中国20世纪文学》

---

① 原载《世界文学评论》2007年第2期。本文系作者对黄曼君教授的访谈录。文章参考了黄曼君教授的学术论文《反思重构中探寻——我的学术之路》。采访时间为2007年6月22日，采访地点为华中师范大学文学院。

等论文为主的阶段和以专题著作《新文学传统与经典阐释》为主的阶段，四个方面的问题，谈论自己乃至新时期文论探讨的四重境界：传统理论在回归中出新、新潮视野在开拓中交融、整体研究于建构中解构和范式“层累”于多元中开放。80年代初，政治上的拨乱反正引发出现实主义和社会历史研究思潮和方法的回归；80年代中后期，外国新思潮的涌入带来文学研究的“方法论”热促成了学术探讨的大变革；八九十年代之交，史、论、评结合的大历史观、大叙事的“结构—深层”观念和方法的影响，出现了以“现代性”为中心宏观的、体系性的、多学科研究；而在20、21世纪之交，后现代文化思潮及“国学”热的出现，又带来了文论研究“范式”转换中个体化、多元化的价值取向和小叙事的盛行。

杜雪琴（以下简称杜）：黄老师，您好！首先谢谢您接受我的采访，同时，也非常幸运和您，这样一位现当代文学研究专家，一起来回顾您的学术生涯。对您来讲，回顾自己的学术生涯也是在重温自己艰辛但充满欢乐的心路历程；而对广大的青年学者来说，您的回顾将给他们指明学术研究的方向。首先向您提出一个问题，在刚开始进行学术研究时，当然也包括进行了一段时间学术研究的年轻人，大多把握不住从宏观整体上去思考自己的研究对象，只能在微观局部的个案中展开自己的研究，您有过这样的经历吗？

黄曼君（以下简称黄）：确实，我们在学术研究中经常遇到这样两个方面的问题：一方面重在微观局部、考证体验和实在本体的定位研究，另一方面则偏重于宏观整体、思理论说和关系本体的阐释探讨。如何处理好这些关系是科研能否奠下扎实基础，又能否进行创新发展的很关键的问题。在这个问题上我的体会是，虽然在某个阶段中，在某种情况下，研究的重点会偏于某一方面，但必须认识到这两个方面在科研中都各有自己的重要性和必要性，因此两个方面都应该考虑与照顾到，要重视两个方面的联结与交融。

年轻的时候，我与许多搞现代文学教学和研究的人一样，开始接触到并实际进行的大都是单个的作家作品和某种具体的文学现象的研究，至于着眼于文学的某种整体，规范某种带倾向性的文学现象、进行特定语境下的宏大叙事则考虑得很少。开始我研究的作家作品主要是郭沫若、沙汀、鲁迅以及当下的一些作品。我的第一篇正式论文是在《长江文艺》1959年5月号上发表的《五四时代精神的号角——论郭沫若的诗集〈女神〉》。“十七年”中我还发表过《〈创业史〉的长篇结构与人物描写》、《一部充满革命激情的新评书——评〈烈火金刚〉》等论文和大量书评、影评。跨越“十七年”和新时期，我自始至终参加了唐弢、严家炎主编的《中国现代文学史》的编撰工作。在这一工作中，对于现代文学史的通盘思路虽然学到不少东西，但所写的章节仍然是具体的作家作品。粉碎“四人帮”前后几年中，我参加了“武汉鲁迅研究小组”[①] 的工作，所致力的仍然是具体作家的研究。

杜：《论沙汀的现实主义创作》（以下简称《论沙汀》）这部专著作为您在学术之路第一阶段的代表著作，后来备受赞誉。在我个人看来，这部专著无论在研究的广度、深度和研究方法上都有其独特性，也为以后您学术之路的继续发展奠定了坚实的基础。您能介绍一下这部专著的价值吗？

黄：我个人认为，这本书在如下几个方面是有价值的：

一是对现实主义的探讨。本书以现实主义思潮和创作方法为中心命题，纵向上，将沙汀在左联、抗战、国统区以及社会主义新阶段各个历史时期对现实主义的探索和深化与独特艺术风格的形成和发展，联系政治背景和文化语境进行了系统考察；横向上，除了“引言”、“五十年创作生活结语”以外，还辟专章论述他的作品的现实主义特色，并对其所谓“客观主义”问题进行辨析。应该看到，当时正值批判“文革”伪现实主义，需要恢复现实主义的活力，回归现实主义的迫切关键时刻，本书由现实的需要获得“问题意识”，通过作家的典型个案，比较系统深入地论述和探讨了现实主义问题。沙汀是一位以揭露40年代国统区政治黑暗为主的批判暴露型作家。对他在这方面成就的经验总结和肯定性研究，不仅是对于文艺的真实

① “武汉鲁迅研究小组”，粉碎“四人帮”前后几年间根据中央文件建立的研究机构，该组组长为当时中共湖北省委宣传部副部长陈扶生，副组长为黄曼君、易竹贤。

性和倾向性相统一的规律的揭示，而且，对20世纪80年代初文坛盛行“歌德”风，也是一种针砭。

二是对作家独特文学道路、创作个性和艺术风格的重视和揭示。当时现代文学作家不仅沈从文、徐志摩、张爱玲等远未恢复文学史上应有的地位，即使是一些革命的进步的作家，因为他们在所谓主流作家中创作道路独特、艺术个性迥异，不符合主流文学某些“最高规范”的要求，也被视为边缘作家而不被重视，如萧红，如孙犁。再就是本书所写的沙汀了。正如本书所写，沙汀的文学道路更是甚为特别：他是在大革命时期便参加了中国共产党的老党员，抗战时期他与何其芳等人一起到延安，还随军转战晋西北，写过关于贺龙的报告文学和关于解放区战斗生活的中篇小说，但他却很快便从解放区回到了四川，以后一直蛰居家乡，全力写他熟悉的川西北乡镇生活，而且是以对现实黑暗的暴露讽刺为主的。正如王瑶先生在该书的“序”中所说：“书中还对一些有关创作的问题提到理论的高度进行了探讨，并且提出了自己的见解”，“艺术分析相当深入”等。这些都表明，本书在揭示沙汀作品人性的深度、风格的独特和艺术的圆熟上为左翼作家作品的评价提供了思想和艺术、内容和形式统一的范例。

三是本书注意到了研究方法的科学性。所谓科学性既是指的历史科学和历史哲学，又是指的文学理论、文学史和文学评论的交融。当然，这种对科学性的理解在当时并不是很明确。我之所以在这方面比较注意，是得益于参加唐弢先生主编的《中国现代文学史》的编撰工作。那时候，主持文科教材编写的周扬、何其芳等领导人以及主编唐弢、我所参加的抗战文学编写小组的组长王瑶等都再三强调文学史的历史科学的特征，如要将作家作品放在历史潮流中去考察、定位，要弄清它们的来龙去脉与前后左右的关系，不要急于作结论，要将观点寓于史的叙述之中，由史见论。这些方法论方面的见解给我非常深刻的印象，一直影响我以后的科研工作。

杜：您刚才说过，《论沙汀》仍然是作家个案的专门研究，所以，它应该侧重在“论”上，您又说在这部专著中注意到了研究方法的科学性，那么，它涉及史论关系的科学方法吗？如果涉及，它的史论关系的科学方法又有哪些特点呢?

黄:《论沙汀》一书因为属于史论结合"综合研究"的著作,是作家专论,因此较之一般的文学史,"论"的方面比较强,但也深受上面所谈"史"的方面影响。概括起来,本书在史论关系的科学方法上注意到了如下方面:

首先,注意到历史的原生态,回到历史的原初语境。在这方面,本书很重视历史资料的原始性和完整性。无论是沙汀的作品文本、文学活动,还是对作家作品最早的读解和研究,大多找到了最初发表的刊物、版本,考证时间,寻绎出作家活动和彼此交往的本真情况。除了查阅书刊资料以外,还通过访问作家获得资料。所谓史料的完整性则是指要深入到各历史阶段政治文化、文学思潮、作家群体和文本世界的原生态活动环境与发展演变的背景中去。特别是要构思虚拟的原生态场景,研究者要回到特定的历史时代和历史氛围中,以"了解的同情"的态度去感受、理解作家作品独特丰富的心灵内涵。譬如,沙汀最初写《俄国煤油》等身边琐事的作品受到鲁迅的批评后,转而写如《法律外的航线》这样"大潮流冲击圈"内题材的作品。而他这时被称为文坛新人的同时,其对生活的浮光掠影的反映和印象式的写法又使他自己都感觉不像是写小说,茅盾在公开发表评论对其作品进行肯定性评价以后,还写了一个字条通过周扬转交给沙汀,说不同意他的写法,指出他作品的缺陷。恰好沙汀这时因母亲去世回家乡一趟,当时四川农村仍触目惊心地存在的"中世纪式的黑暗统治"震撼着他,调动起他最熟悉的川西北农村生活的积累。以后,又随着时代的发展,将不断翻新的政治要求与文化内涵渗透到他最得心应手的题材中去,终于写出了像《在其香居茶馆里》、《淘金记》这样的名篇来。

其次,注意到了历史的视界与阐释者的视界的融合。本来,沙汀作为一位走着自己独特道路的左翼革命作家,对他的存在的理解就不可能是纯客观的,而只能是一种过程和关系,是主客体的交融和统一。而在历史的发展中重新提出问题,对这些问题的答案的构造就不可能停留在历史视界内,必然加进提问人的视界,从而进入视界融合、重新构造文本的过程中。

而且，问题有不同的提法，更会有许多不同的可能的答案，因此也会有许多不同文本的构造，《论沙汀》一书对这种阐释关系很重视，比较详细地引述了鲁迅、茅盾、周扬、侍桁、周立波、卞之琳、李长之、冰菱（路翎）、杨晦等人在各个历史时期对沙汀的不同的甚至是相反的评价，使视界的融合不断进入新的视界，从而不断引入新的阐释和意义。

再次，注意到了当下语境对历史的“激活”。上面，无论是回到历史的原生态，还是重视视界融合的阐释关系，都还只是“史”的研究。“史”的研究是研究工作的前提和基础，不是它的全部。“史”的研究要推动“论”的发展，“论”的阐发和发展则更有利于“史”的激活和深层把握。我在上面提到的在20世纪八九十年代现实主义回归浪潮中对现实主义理论的探讨，人道主义和审美自主主义浪潮中对人性和审美理论的探讨，都对沙汀“史”的研究起到了激活和推动的作用，这样也就可以使沙汀研究介入当下的文艺思潮，从而大大增强研究工作的现实感。

杜：我们知道，您学术之路的第一重境界：传统理论在回归中出新，是以《论沙汀的现实主义创作》为主的阶段；第二重境界：新潮视野在开拓中交融，是以《中国现代文坛的“双子星座”——鲁迅、郭沫若与新文学主潮》（以下简称《“双子星座”》）为主的阶段。20世纪80年代是欧洲文艺思想重新对我国文学及文学理论产生较大影响的时期，并催生了诸如寻根文学等本土文学的创作走向，这些变化影响了您所说的新的理论和观念的产生吗？还有，就您所说的新的理论和观念是怎样在《“双子星座”》中得到体现的呢？

黄：《“双子星座”》一书概括起来有如下几个特点：

一是从文学观念来看，重视现实主义、浪漫主义与现代主义共生交融，重视由此引发出的文艺学术研究的新视角。文学观念的新变与新的问题的提出、敞开与应答密切相关。而这种新的问题意识的产生，一方面是新的现实实践萌生了新的事实，而这种新的事实又难以用旧的观念和旧的理论去解释，因而发现了这些观念和理论的缺陷。正是把准这些缺陷，新的理论超越陈规、进行新的建构才有着力点和凝聚点，新的观念和理论才能得以激活。80年代中期，创作上出现了现代派文学、寻根文学、先锋文学、市民文学等多元新潮文学，反映在文学观念和创作方法上则是以存在主义为哲学基础的现代主义思潮与方法的出现。新的文艺实践促使文学研究、文学史研究中新的问题的提出。我用浪漫主义与象征主义、表现主义相结合的观点研究郭沫若"五四"时期的诗歌创作，写出了《论〈女神〉中象征性形象的创造》、《表现·创造·变形——郭沫若诗歌艺术新论》、《郭沫若"寄托小说"新探》等文。用现实主义与浪漫主义、现代主义的结合揭示鲁迅前期文艺思想的丰富性和复杂性，写出了《"深切"表现·"遵命文学"·悲剧风格——鲁迅前期的现实主义文艺观》、《鲁迅论创作思维的特征》等文。这些论文突破了我在80年代初单纯的现实主义视野，给予了浪漫主义、现代主义与现实主义同等重要的地位。

二是在人的哲学范畴中，打破谈"人"色变的禁区，充分重视人的主体的丰富性和复杂性，这也可使文学和文学史的研究别开生面。上世纪80年代初期，以社会反思、伦理反思和女性文学为代表的"人的文学"观和人道主义文学思潮对政治文学的概念进行了冲击和消融，中期关于人物性格组合论与文学主体性问题的讨论更深化和扩展了"文学是人学"的理论命题。这些探讨对于我研究现代文学史的人物和文学现象如何注重人的主体性问题有很大的启示。如在《论鲁迅创作思维的特征》一文中，从作家主体来说重视鲁迅"真诚地，深入地，大胆地看取人生并写出它的血和肉来"的主体精神。从作品人物主体来看，本文认为鲁迅重视人物性格发展的内在逻辑，用鲁迅的话说，作家写人物，往往"令人难以放下笔。一气写下来，这人物就逐渐活动起来，尽了它的任务"。关于郭沫若的几篇，如《人·泛神论·浪漫主义艺术》、《论郭沫若前期浪漫诗学主体的复杂性和独特性》、《论郭沫若前期强调精神主体的文化观和泛神论思想》等篇，仅从标题上就可看到，这里论述的是人、人的主体、浪漫诗学主体，强调的是精神主体、灵感爆发状态的主体、显示着复杂性和独特性的主体。关于创作灵感的系统论述等在郭沫若研究中都是比较独特的。

三是从学术的多维视野来看，多学科的综合是理论上融通、研究上出新的重要条件，这也是我的学术研究能勃发生机的一个重要因素。我80年代初研究沙汀等作家的时候，学术视野大多停留在现实主义、艺术风格、文学的地方色彩等单纯的文学理论的传统范围内。而在《“双子星座”》一书中则注意了多学科的复合视角，在关于郭沫若的几篇论文中这种特点较为清楚。如郭沫若的注重个体、情感的主体性的泛神论思想，将斯宾诺莎的机械唯物论的泛神论与康德的强调人的主体性的浪漫诗学哲理交融起来。郭沫若诗歌中的总体象征、深层暗示等特征所显示的表现、创造、变形的现代美学观念，论《女神》的创作灵感时所运用的现代心理学理论等。特别是《自然科学的时代精神与郭沫若的泛神论思想》一文更从自然科学的历史发展来看郭沫若泛神论思想的形成与特征。此文论述了从19世纪中叶自然科学的三大发现到20世纪初以量子力学与相对论为代表的物理学大革命如何影响了郭沫若的运动观、物质观和时空观，当时科学哲学中诸如“电子有自由意志”之类否定因果律的非决定论观点如何影响了他的诗歌中“天问”式的怀疑精神和忧患意识。

杜：刚才您说到，从微观局部到宏观整体的转变或微观与宏观的结合是从《“双子星座”》开始的。我们也了解，您学术之路的第三个阶段“整体研究于建构中解构”，是以《现代化视野中的中国20世纪文学》等论文为主的阶段。而您真正自觉地、成熟地运用，并达到以“现代性”为中心，宏观的、体系性的、多学科的研究高度也是始于那个时候。宏观整体研究很讲究自己的切入视角，您的宏观整体研究在这方面有什么特点呢？

黄：我以为，我的宏观整体研究在这方面有如下一些特点：

一是从世纪性现代精神文化的高度进行中国现代文学史论的思考和建构。这里，涉及文化的现代转型，文学的现代化、现代性问题，也是我进行文学整体研究的一种角度和视野。我对现代性的看法有如下几点：首先，我将文学的现代化、现代性看成一种关系，一种过程，一种当下世界仍在持续着的历史演进。我在1996年下半年写的《“现代化”视野与现代文学“新”的特质》(发表于《中国现代文学研究丛刊》1997年第1期）一文中说：“只要中国现代化的过程仍在继续，中国现代文学‘新’的特质仍会发展。因此，在这个意义上说，用20世纪中国文学的概念还不如用中国现代文学的概念。因为前者无法概括中国文学现代化未来发展的全过程，而后者的‘现代’概念则可与社会和文学现代化过程相适应。”后来，我们华中师范大学中国现当代文学博士点提出以“现代中国文学”的概念，与“古代中国文学”的概念相对应，来代替过去中国近、现、当代文学分离格局的提法。应该说，这种提法是与20世纪中国文学的概念有所不同的。其次，现代化或现代性虽然在思维模式上强调人的主体性和理性精神，在社会运行模式上强调合法性、科层化，是具有确定价值的现代普适性概念，并确有解放的功能，但现代化、现代性决不是一种僵化的总体性历史元叙事，它提供一种新的总体性视角，它具有反思性与多元性，以它为轴心，可以辐射出一幅幅多重话语的精神地形图。再次，自从现代化和现代性诞生以来，几乎是如影随形，出现了反思现代性的种种思潮，如审美现代性及种种反现代性思潮，特别是后现代思潮，但它们并非回归到前现代的境况中去。它们并不超越或颠覆现代性，只是提出现代化和现代性中的问题，以期更新与发展现代化和现代性。毋宁说文学的现代性正存在于现代性与种种反思现代性思潮的张力场中。最后，由于中国的现代化或现代性是一个以现代生产力、经济发展、社会现代转型为中心内容的，包括革命在内而不排斥革命的综合分析模式，因此，作为中国现代化进程一个组成部分的中国文学的现代化，它由古典形态向现代形态的转变，必然受到中国现代化独特历史进程的制约和推动，同时又反映着中国现代化历史进程，涵纳着中国现代化历史主题的独特内容。

二是在现代性的视野中突出诗性、诗学、文化，注重“诗、思、史”的关系和结构，在三者统一逻辑链条上展开对文学现象的探究与论述。这种理论思路与理论自觉最明显地表现在上面提到的我关于新文学传统和新文学经典的几篇论文上。与对新文学的现代化和现代性的理解相一致，我对中国新文学传统的论述，有如下两个特点：首先是与过去大多从政治意识形态上来看待新文学传统（如“五四”新文学传统、左翼文学传统、“延座”以来的革命文学传统等）不同，现在的研究则是将这个传统作为一个现代性的整体，以现代性在中国的发生发展为线索，将其形成、发展的过程分为转型、构型和定型三个阶段加以论述，回答了新文学有没有传统？如果有，它是如何从中国古代文学中转换和蜕变过来的？它形成的条件和特征是什么？有什么必然性和意义？从而论述了现代化大叙事对于研究新文学传统的作用和局限。其次是也与过去新文学史撰写缺乏自觉的传统意识不同，现在的研究在论述中将文学史学与传统学相结合，既与文学史学相联系，从文学传统独特的读解系统与阐释空间，研究传统被继承革新的历史过程；又与传统学相联系，揭示出中国新文学传统与古典文学传统相区别的基本资质，从而确定新文学传统的特殊范型。

与新文学传统紧密相联系的是关于新文学经典的诞生、延传与阐释、读解问题，因为新文学传统之所以不同于古典文学传统，它的新的“卡里斯玛”特质主要就表现在新文学经典上。我在两篇关于经典的论文中对于20世纪新文学经典进行了概括的论述。这里的论述以突出精神文化与“诗性转向”的思、诗、史关系结构为线索，从精神意蕴、审美诗性与史的定位等三个方面对文学经典的含义进行了界定，认为文学经典是以诗性为核心的思、诗、史的结晶。以对经典的界定为基础，论述中揭示出中国20世纪新文学经典化复杂的历史变动与阐释中的新文学经典世界，并对“思”的诗化与实用理性化的不同倾向进行辨析，展示出思、诗、史关系的不同组合带来的经典之间、经典阐释之间以及新文学史之间的类型区分与矛盾冲突局面。

三是在现代性的总体框架内不回避革命性问题，并对革命性在文学现代化中的作用进行了比较新颖的、充分的肯定性的阐述。长期以来，学术界在“革命话语”这个问题上大都是采取了简单批判的态度，似乎中国现代文学的问题多多，根子就在于“革命”的意识形态与主流的理论话语对文学艺术的介入和伤害。在90年代，我主编的国家社会科学基金重点项目《毛泽东文艺思想与中国文艺实践》[①] 时很难找到编写人员，好不容易书在

① 黄曼君主编：《毛泽东文艺思想与中国文艺实践》，华中师范大学出版社，2002年。

90年代末写好了又找不到地方出版。华中师范大学出版社独具慧眼愿意出版，又不得不从原稿的80万字删削到50万字。书出版后无人写评论，也无法组织评论。从书中抽写的论文不易发表，尤其是权威刊物。因此获奖也难。我个人也因主编此书受到某种非议甚至在一些场合受到冷落。直到2003年12月在华中师范大学召开的“毛泽东文艺思想与中国20世纪文学理论批评国际学术研讨会”上与会者人手一册，一些人翻阅了此书又听了大会有关阐述此书精神的许多发言，才给予了高度评价，特别是对于我所写的“绪论”部分。现在看来，从我和胡亚敏同志对此书的主编工作以及全书的内容来看，我们对毛泽东文艺思想以及有关的“革命话语”是以认真的科学分析的态度进行了现代诠释的。因为从我个人来说，我从80年代开始研究现代性问题时起，我就是把“革命性”作为“现代性”的一个“题中应有之意”来加以关注和讨论的[①]，例如，我认为，仅从新文学的精神内涵来看，一方面，现代化涵盖了革命化；却不能取消革命化；另一方面，革命化推动了现代化，却不能替代现代化。

如上所述，我注意了对文学史论的宏观把握与整体建构，在某种程度上以总揽全局的视角，基于一定的历史观念与逻辑结构，对一个时段文学及文化进行了多方位的观照。这种总体性大叙事便于建构某种历史理论和解释框架，通过对复杂的史实和关系的把握，梳理文学史书写的脉络，概括规律、总结经验。但是，这种整体性大叙事的问题在于：一则它所提供的是关于历史本质的定义观念，而且往往是观念先行，先入为主，有着趋于同一性的决定论色彩。因此从事这种整体性大叙事研究，很容易忽视个性化的经验性、体验性小叙事探讨，从而失去文学史书写的丰富性和多样性；再则在对史实的把握上因为思维和视野总在宏阔高远的领域转悠，因而很容易忽视历史原生态的把握，忽视第一手史料的发掘，同时缺乏“点”的深入和突破，也容易导致科研质量大而化之平庸的缺陷。

杜：现在我们来探讨您学术之路的第四重境界，您的归纳是“范式

① 黄曼君主编：《毛泽东文艺思想与中国文艺实践》，华中师范大学出版社，2002年。

‘层累’于多元中开放”，这一阶段是以什么为主的阶段呢？无论是古今还是中外，文学的研究范式都是在不断地推陈出新。对研究的新旧范式，您说过它们的转换是在“层累”中开放的，这话该怎样理解呢？

黄：“范式‘层累’于多元中开放”的阶段是以专题著作《新文学传统与经典阐释》① 为主的阶段。

20世纪中国新文学研究历来存在着革命化、现代化与审美个体化等多种范式。我在深感整体大叙事研究的缺陷而孜孜于具体小叙事并进行实际操作时，总在时时提醒自己不要忘记大叙事宏观整体把握的重要性；同时还要求自己看到多种研究范式的综合效应。也就是说，新文学研究范式的转换，不是一个替代另一个，一个兴起来，另一个被废掉。新旧范式的转换像“层累地”造成古史那样，各个范式由于彼此交融，互动互渗，各自愈到后来愈得到丰富和发展。基于这样的理解，我这一阶段所进行的具体作家作品和文学现象的研究，在注重实证体验的同时，也注意了思想理论的概括，眼界较之过去要开阔得多。这些成果都集中在《新文学传统与经典阐释》一书中。此书出版后，《文学评论》、《人民日报》等报刊都发表了专门评论并给予了较高的评价。

杜：您有一个观点是“在注重实证体验的同时，也注意了思想理论的概括”，能结合您的著作具体谈谈吗？

黄：好，下面，以我本阶段的代表著作《新文学传统与经典阐释》作一些介绍和阐发。

如在“新文学成果的经典性特征”部分，这里展示的鲁迅、郭沫若与闻一多等人不仅是“五四”新文学经典诞生的标志，而且其经典性特征的深远影响笼罩整个20世纪，乃至指向未来。我们从中可以看到，中国现代文化在知识、价值、意识形态、审美等方面的分殊发展，经过维新改良运动特别是“五四”新文化运动和文学革命的洗礼，出现了新的内容和形态，促成了新文学经典的形成和诞生。“五四”新文学的精神模式作为一个整

① 黄曼君：《新文学传统与经典阐释》，湖北教育出版社，2005年。

体，它的追求个性解放和生命价值的主体意识，自我反省与文化反思相交融的理性精神，反迷信反盲从反依附的科学态度和学理意识，改造国民性的启蒙主义、关心民众的平民主义、投身改革与革命的参与激情，以及文学回归自身、进行语言文体变革的形式追求和新的艺术精神的觉醒等，都是富有新的时代特色和超越精神的经典形态与模式。正是在“五四”精神模式的“意义空间”中，出现了鲁迅、郭沫若等“开山”的新文学大师和经典。他们的作品确实呈现出文学经典在思想内涵、精神意蕴和审美品格上所必需的新锐性和前卫性，原创性与独特性，丰富性和多义性，超越性与恒定性。虽然鲁迅、郭沫若等人进行创作的艺术方法、体裁样式不同，艺术风格、气质个性各异，体现文学经典的方面和程度都不一样，但他们作为语言艺术大师，他们的作品作为文学经典所具有的异乎寻常的、能够产生不朽艺术魅力的“卡里斯玛”特质，却是大多数新文学研究工作者所认可的。我们以鲁迅为例。从本书的鲁迅研究可以看到，鲁迅在精神意蕴上，他对人的自信与希望是与对人的解剖与批判结合在一起的，进化论的观点是与历史的悲剧感甚至荒诞意识结合在一起的。从鲁迅身上，不仅可以看到“民族魂”与“世界民”，“思想启蒙”与“政治救亡”，“形而上”与“形而下”等多种维度上的精神品格的交织，而且是一个有着自己独特的情感血肉、性格心理素质和思维方式的精神个体。他的对个体存在意义的追求与对国民性的改造、批判，以及执着于现实的民族危机感和政治参与意识相融合，使鲁迅具有真正现代型的深沉的历史悲剧意识和人类命运意识。从文学观念和创作方法上看，鲁迅是将浪漫主义、现实主义与现代主义糅合在一起的。他的浪漫主义与现实主义文艺思想与他的基于生命哲学的“一切皆流”、“一切都是中间物”的思想密切结合：执着于现在。他认为作家笔下的人物应该是“灵魂的拷问者”，作家也应是“犯人”。因此他有着“画出国人的灵魂”的杰出的人物创造，加以他的富于原创性的“画眼睛”、“写灵魂”的技巧等，这些都展示出他的重视个性和审美自由，将“酒神精神”与“日神精神”结合起来的新的审美意识和知识系统，特别是对人的精神的荒漠化的揭示更能与西方现代主义大师媲美而又自有特色。审美类型上有悲剧，也有悲剧性的崇高，有悲凉，也有悲凉中的焦灼，而且由此铸造出了“外冷内热”的独特的艺术风格。文学形式上，鲁迅竭力创造新形式，他的大多数小说从题目、体裁到风格、样式，几乎一篇有一篇新的形式。语言上，纯净的白话中交融着精确性、解析性、逻辑性强的欧化句法，又吸纳了饱和着文化意蕴而又精练含蓄文言文的特征。

再以沙汀为例。关于沙汀，这里的沙汀研究从两个方面弥补了20世纪80年代所写《论沙汀的现实主义创作》一书的缺陷和不足，一是从革命文化、民俗文化与审美文化三者的结合上探讨了沙汀创作中所体现的文化意识及这种文化意识与现实主义的关系，指出他的现实主义因为渗透着经过整合的鲜活丰厚的文化内涵，特别是渗透着川西北农村富于“泥滋味、土气息”的民俗文化风习，因而使其现实主义的革命的政治的要求为人性的审美的诗性意蕴所充溢，从而大大增强了作品的艺术魅力。二是运用了“艺术与视知觉”的观点，从审美心理描述的角度揭示了沙汀小说客观再现的特征。沙汀小说艺术再现的特征是在长期生活积累的基础上，在某种媒介的触发中，往昔的思维定式经过思维主体的作用而在创作过程中产生的定式效应，一种对世界的现实主义的艺术把握方式。

本书涉及台、港、澳地区及海外华文文学的有这一部分中的“余光中的现代诗学品格”、“赵淑侠的海外华人题材小说”等篇章。这些内容是本书以现代化为核心的、贯穿着新文学传统与经典阐释线索的整体构架的一个组成部分。要说文学现代化、现代性，余光中、赵淑侠生活往返于华洋之间，既有深厚的中国古代文化、古典文学的素养，又有对西方文化和文学的亲身感受与长期研究，这些都通过他们的艺术个性，创造性地转换与融合到他们的丰富多彩的创作内涵中。他们的文学活动与创作成就实际上构成了中国新文学传统的一个组成部分，他们的成就与中国大陆相互补充、相互影响、相互辉映。

本书也涉及了中国现当代文学学科的建设。这门学科新中国成立初开始的是中国现代文学部分。到20世纪50年代后半期，这门学科得以建立；但新中国成立后的当代部分因尚在发展中未能纳入到学科建设中去。50年代末60年代初，当代部分随着教材的编写与讲座性质课程的开设而逐渐发展。从80年代后半期开始，先是分成现代与当代两门课程，不久便由国家教委作为与文艺学、中国古代文学、汉语等一样的二级学科而定为中国现当代文学学科。这门学科在整个新时期发展都很快。仅从这门学科的教材和教学的内容来看，正如我上面所谈到的，总体范式的变化明显的就有三次：一是注重意识形态叙事的新文学史（包括现代与当代）；二是以文学的现代化为中轴的注重现代性、世界性和共同性的新文学史（即20世纪文学史观）；三是注重个体化叙事的新文学史（如各种体裁、题材和创作方法的新文学史）。“中国新文论学科性质问题”在论及新文论的学科性质时基本上采取的是第二种范式的框架，即从中国新文论现代品格的确立，它的转型和发展来论述新文论的性质和特点；但也不脱离政治意识形态，如在历史分期上就考虑到五四运动、中华人民共和国成立等重要政治背景。“新文学‘以美引真臻于善’教学体系刍议”与“‘20世纪中国文学’教学体系的阐发与运作”两个内容，无论是教学体系的建构，还是教学观念和内容、设计和方法的具体阐发；无论是伴随着知识体系传授的方法论引领和信息获取，还是通过教学进行的教书育人的实践，都既考虑到中国现当代文学学科本身的观念革新与方法革新，又考虑到现代信息社会中教师和学生知识结构的大幅度更新和思想观念、思维方式的变化。

杜：您能对自己近半个世纪的学术生涯作个总结吗？

黄：刚才从四个方面对我近半个世纪的中国现当代文学研究进行了反思和重构。这是一个历史的逻辑的发展过程。从纵向发展的时间序列上看，可以大致分为四个阶段，体现了我的学术之路的具体历史面貌；从横向的逻辑结构所展示的问题意识来看，是我对于时代的要求、审美的召唤的出于自我学术个性的一种应答。在这纵横交织的时空维度中，有经验，有教训，也有一些规律性的东西，不揣冒昧，贡献于同仁方家，以期求得新的理性升华。

杜：黄老师，今天和您一起回顾了您半个世纪的学术生涯，您也对自己近半个世纪的中国现当代文学研究进行了反思和重构。无论在哪个阶段，您都是以一种现代的视角去对学术研究作历史的传统透视，将时代感、历史感融合起来，使您的著作和研究都获得了一种理论的深度和时代的新的光彩。您为我们上了一堂生动的学术研究之课，相信您的观点和学术研究历程对广大青年学者会大有裨益。再次谢谢您接受我的采访！

（作者为华中师范大学文学院博士研究生）

文化人写真：黄曼君的文学人生

韩晓玲　等

（荆楚网2005年6月23日讯）6月18日是华中师范大学文学院黄曼君教授的70岁寿辰暨执教50周年庆祝大会的日子。他昔日的学生们从全国各地赶来，共同见证这位著名学者执着而浪漫的文学人生。

生活中的黄曼君是个性情中人。他随和幽默，富有情趣，将“以美引真臻于善”作为自己的生活态度。尽管许多年来，他的眼睛是1800度的高度近视加上白内障，视力近盲，他却仍以乐观之心感受生活之美，甚至笑言自己是“盲目”乐观。他说：“常怀爱心、善意，总在希望中，做自己喜欢和力所能及的事，轻松和幸福就会伴随着你。”这种诗性的人生态度同样体现在黄曼君长达半个世纪的文学研究与教学生涯中，是他永葆学术青春的“秘诀”。“文革”结束不久，黄曼君迅速重燃学术的火焰。他较早地突破文学研究中单一的政治、历史维度，而注重文学回归自身的审美维度。在对鲁迅和郭沫若的研究中，他以审美的精神、浪漫诗学的视角加以全新阐释，取得了重要突破，也奠定了他在现当代文学研究界的地位。上世纪90年代以来，他为华中师大文学院带来了第一个博士点，并带领研究团队追踪前沿动态，不断地向新的高度攀登。

令后辈学人惊讶的是，自2002年起，年近七旬的黄曼君又迎来一个学术春天，在打通古典、现代和东西方文学界限的基础研究领域连续发表了一系列重要论文。尤其在去年，他的学术创造力呈现新的爆发，多篇论文被《中国社会科学》、《文艺研究》、《文学评论》、《新华文摘》等全国社会科学领域的权威刊物发表或转载，并被誉为是2004年度对经典研究的“重头戏”。就在这个月，他又有一部近50万字的专著《新文学传统与经典阐释》面世。

在教学上，黄曼君注重情感投入、文本诵读及广博融通，将严格的学理逻辑态度和审美情感体验结合起来，展示出一个诗性的文学世界，深受学生喜爱。50年来，他桃李满天下，不少学生已成为各级学校的教学科研骨干。

半个世纪中，黄曼君不但赢得了学术界的尊崇，也结识了多位挚交。台湾著名诗人余光中便是其中一位，这次专门为黄曼君的70寿辰书写一副对联：“率性而行，风神何让魏晋；从心所欲，议论不拘古今。”

（作者为荆楚网记者）

黄曼君：桂子山上的浪漫背影

饶　超　党波涛

（《楚天金报》2010年11月24日讯）11月22日，华中师范大学文学院博导、中国现当代文学学科带头人、著名学者和诗人黄曼君教授因病辞世。黄曼君的离开，不仅是该校的巨大损失，也是中国现当代文学研究领域的巨大损失。黄教授有“中国20世纪最后一个浪漫主义者”之称，昨日，黄曼君的家人和学生对记者讲述了他生前令人难忘的往事。

从小展露文学天赋　创作激情到老不衰

1935年，黄曼君出生于湖南湘潭一个平凡家庭，随后前往美丽的湘西生活。在老伴陈菊先的记忆里，丈夫从小酷爱读书。“据说他4岁开始读书，当时年纪太小，还只能坐在大人怀里。”在湘西沅陵县的一所教会中学，黄曼君点燃了对文学和写作的兴趣。

中学时期，黄曼君就展露出惊人的文学天赋。“那时候他经常用笔名‘黄毅军’，在报纸上发表文章，还写了分析鲁迅小说《祥林嫂》的论文。”陈菊先回忆说。后来成为学者和诗人的黄曼君，也许从那时起就明确了一生的方向。对鲁迅、郭沫若等现代文学大师的研究，也成为他在学术领域建树最高的一部分。

中学毕业后，黄曼君来到华中师范大学读书，并于1956年毕业于该校中文系，从此留校任教直至终身。60年代是黄老师的一个创作高峰。那时候他到北京大学交流，作为著名学者唐弢和王瑶的助手，共同编写现当代文学教材。“30 多岁就跻身一流学者，只要提起现当代文学领域的好手，全国都知道华师有人！”华中师范大学文学院院长胡亚敏回忆恩师，依然难掩心中的自豪。

1993 年，国务院学位委员会批准黄曼君为博士生导师，他也成为华中师范大学文学院的第一位博导。他青年时代即投身现代文学研究，在鲁迅、郭沫若、沙汀等作家研究、新诗研究、思潮研究与 20 世纪文学理论批评研究等领域卓有建树。其人格性情令人钦佩，被称为“中国 20 世纪最后一个浪漫主义者”。

无论是学者还是诗人，一般都有自己的高峰和低潮。但在同事和学生眼里，黄曼君每隔 10 年就有一个创作高峰，直至辞世前他依然笔耕不辍。“80 年代他在北大讲课，钱理群就是当时的学生。90 年代他主攻文艺理论研究，奠定了在鲁迅研究和郭沫若研究等领域的地位。进入 20 世纪后，他依然精力旺盛。两年前创作的《老境》，被认为是他最好的诗作之一。”胡亚敏回忆说。

一生对美异常敏感　浪漫诗人钟情春天

黄曼君是位诗人，浪漫情愫渗透进他的生命，伴随他到生活的每个角落。黄教授爱美，并拥有发现美的眼睛，凡是接触过他的人都有此体会。李遇春是华中师范大学文学院现当代教研室主任，虽然不是黄教授的学生，但与他共事 8 年，其中一件事令他至今记忆犹新。

那是前几年的一个初春，当时他正从 8 号楼前面经过。突然被黄曼君叫停，他望着眼前的一片草地，神情陶醉地赞叹：“多绿的草地，生命力啊！”直到此时，李遇春才发现小草不知何时已发芽，他每天从此经过竟然没有发现，那一刻他被深深感动了。“生活中处处有美，只是一般人都视而不见。永远难忘黄老师当时张开双手无比沉醉的神情！”

在学生印象中，黄曼君无比钟情于春天。“春天里讲关于春天的诗，这是黄老师最开心的事。他曾搜集了古今关于春天的诗歌，在课堂上吟诵给大家。有时候他也现场作诗，并板书到黑板上，然后顽皮地问大家：‘我的诗写得不错吧！’”湖北经济学院副教授金立群是黄曼君的得意门生，回忆起导师往事，他眼中泛起了泪花。“黄老师一生热爱春天，诗歌里处处闪耀青春色彩。然而他70岁时创作的《老境》这首诗却是对生命的沉重思考，充满苍老气息，没想到几年之后他真的走了……”学生们谈起他的诗歌，忍不住潸然泪下。然而在这首诗的字里行间，“老渔夫”不屈服命运，昂然搏击“自然的杀手”，展现了黄老的风采，依稀看到了鲁迅的影子。

学问生活融为一体　走廊论学直到凌晨

作为学者的黄曼君，从未把论文和成果作为研究的目标，“他是追求真善美的人，所以能把学问和生活完美融为一体”。正因为有此胸怀，黄曼君有着难以想象的学术包容度。他的研究专长是中国现当代文学，但他对文史哲皆有兴趣，不仅关注学科理论前沿，还经常读书看报关注国内外大事。“他思想敏锐，知识结构与时俱进永不过时，还得益于他虚心学习不耻下问的做学问态度。”胡亚敏回忆导师。无论是师生还是朋友，无论是文学还是哲学，只要是他不懂的，他都随时随地虚心请教。黄曼君喜欢与人讨论交流，也欢迎别人随时打断发表不同意见，作为学界泰斗，能做到这点很不容易。

金立群就深刻记得，2002年他和导师一起到湖南参加学术年会。黄曼君本来准备了讲稿，但前一天听了别人的发言后，他觉得自己的发言需要改进，当晚就与金立群讨论心得。“我们就在宾馆的走廊里讨论，从晚上10点钟一直聊到凌晨2点，他对知识有着永不满足的渴求。”

“这世界可敬的人很多，但可爱的人不多，黄曼君先生是可敬又可爱的人。”华中师范大学文学院博导许祖华教授回忆说。他于1986年来到该校，与黄曼君共事20多年，对其学问和为人深有了解。“他把学问追求内化为生命需要，这种学术境界是他与一般学者的最大区别。”

所以，别人看来枯燥的学问，在他看来乐趣无穷，再苦再累也愿意。

陈菊先告诉记者，黄曼君读大学时家庭条件很苦，为了把津贴省下来买书和杂志，他仅制备了一套衣服。“每次换洗衣服时，只好躲进被窝看书。”长子黄念南回忆说：“以前夏天没有空调风扇，老爸经常光着膀子读书，不知不觉背上就爬满蚊虫。”

赤子之心恰似顽童　扶持后学竭尽全力

在学生眼中，黄曼君是一位和蔼可亲的老师。与他谈话没有一点儿压力，真有如沐春风的感觉。“我们私下都叫他‘老顽童’，因为他有颗赤子之心。”文学院硕士殷璐告诉记者。黄曼君喜欢跟年轻人在一起，也喜欢与大家讨论问题，课堂上还经常朗诵诗歌。“他摇头晃脑地唱着《四季歌》，也给大家演唱《月亮河》等外文歌曲，遇到新学的歌曲还复印歌词发给同学。”

身为著名学者，黄曼君的教学风格却非常随和。据学生金立群回忆，在他攻读硕士和博士期间，每天下午都到导师家里讨论学习。黄老师喜欢讨论，也欢迎学生随时打断，并提出质疑。他经常会从小说中挑出词句提问，如果学生回答对了他就非常高兴。“他是用这种温和的方法督促大家学习。”黄曼君以身作则，用人格魅力感染大家，虽然没有严厉的批评，在学习上要求却很严格。

去年 12 月的一天，大雪一夜之间降临江城。那时候黄老师的身体已经不好，大家都以为他不会来上课了。没想到，当同学赶到教室的时候，黄老师早已独自坐在教室里。“他戴着帽子和围巾，像个十足的‘潮男’。见有人走进教室，笑着鼓掌说‘热烈欢迎巾帼英雄’!”大家见他身体不好，都劝他回去休息。他见很多人没来上课，反倒和蔼地动员大家召集同学，不要辜负了清晨的大好雪景。

对于后学他极力推荐，对于学科现状他非常关心，即使在辞世前夕依然如此。胡亚敏告诉记者，凡是请他帮忙的学生，他都竭尽全力从不推托。就在去世的前几天，他还躺在病床上推荐学生。

8月26日，黄曼君的身体状况已经很差，但他还是参加了院里关于学科建设的研讨会。坐在台下的他精神很不好，原本只打算讲话5分钟，但站到讲台上他却突然判若两人。他对学科现状非常忧心，紧握拳头说："年轻老师要动起来，要动起来!"没想到这次讲话竟成为他的人生绝唱，同事们回想起来无不欷歔落泪。

大段背诵小说原文　超强记忆源自苦练

采访中，学生和同事无不佩服黄曼君的博闻强记和超强记忆力。文学院硕士王建雄告诉记者，有一次他在阅览室当助理的时候，黄老师前来借书。因阅览室里没有该书，他又陪同前往历史学院查看。黄老师在路上突然问道："你就是讨论课上写××文章的那位吧！文章写得很好。"王建雄大为感叹，讨论课上学生众多，没想到黄老师竟然清楚地记得他。"他的脑子里仿佛有一部人文社科类的图书署名索引，不论学生问起哪本书，他都能信手拈来，告诉你从何找起。"金立群回忆说。"背诵诗歌不算什么，黄老师连小说都能背诵。有次上课，他一口气背诵了鲁迅小说《故乡》里的一大段文字，在场学生无不折服。"

为此，记者特意询问了陈菊先老人：黄老是如何练成超强记忆力的？她告诉记者，黄老师原本有口吃的毛病。为了能流利讲课，他就在上课前一天备好功课，并全部背诵下来。长年如此，自然练就了超强记忆力。"他经常在家里摇头晃脑地背诵，记忆力完全来自后天勤奋。"

（饶超：《楚天金报》记者，党波涛：华中师范大学党委宣传部编辑）

生命永远在春天
——著名学者黄曼君因病去世

张志峰　党波涛

（人民网武汉2010年11月22日讯）记者从华中师大获悉，华中师范大学文学院博士生导师、中国现当代文学学科带头人、著名学者黄曼君教授因病医治无效，于2010年11月22日12时07分在武汉大学中南医院不幸去世，享年76岁。

黄曼君1935年生于湖南湘潭，华中师范大学教授、博士生导师。1956年毕业于华中师范大学中文系，留校任教至今。1993年国务院学位委员会批准为博士生导师，并为华中师大文学院带来第一个博士点，曾任中文系主任、华中师范大学文学研究所所长。

其学术研究的主攻方向为中国现当代文学和中国20世纪文学理论批评史。代表著作《论沙汀的现实主义创作》、《中国现代文坛的“双子星座”——鲁迅、郭沫若与新文学主潮》、《新文学传统与经典阐释》。主编《中国近百年文学理论批评史》、《中国20世纪文学理论批评史》等。

文学院分党委副书记冯圣兵说，黄曼君老师一直没有真正退休，一直工作在第一线，是文学院的二级教授。他经常参加各种活动，非常乐意与青年学生在一起，作报告兴趣高时，或吟哦诗词，或放歌一曲，情真意切，全场为之动容。在中国现当代文学研究领域，黄曼君可说是“路上谁人不识君”，作为华中师范大学现当代文学的领军人物，他以自己浪漫的讲课风格给数千名本科学子留下了深刻的印象。去年春天，黄曼君在某高校作关于亲近春天、激越诗情的讲座，倾倒在座学子。“最是一年春好处，绝胜烟柳满皇都”、“面朝大海，春暖花开”……怎知春光好？黄曼君建议用诗。他表示，把文学和春天相联系，体会文学中的自然、生态之美，是人们领悟生命的方式。他在现场背诵了二十多首诗，英文、俄文皆有，又高唱《北国之春》、《喀秋莎》和《两只蝴蝶》，让二十出头的学生们感叹，古稀之年怎会有这么好的记性，这么充满活力，黄曼君的回答是：让生命停留在春天。

（张志峰：《人民日报》记者，党波涛：华中师范大学党委宣传部编辑）

六十载教书育人　桃李满天下
——一代名师黄曼君谢幕

易　飞　等

（《湖北日报》2010 年 11 月 24 日讯）22 日中午 12 时 07 分，一位 76 岁的老人因病医治无效，悄然离去。他就是华中师范大学著名教授、文学史家、文学批评家，现当代文学研究和 20 世纪中国文学理论批评领域的杰出学者黄曼君先生。

1935 年 5 月，他出生于湖南湘潭。1952 年，考入当时的华中师范学院中文系，从此开始了他与华师长达近 60 年的缘分。1956 年毕业留校任教。同年加入中国共产党。20 世纪 60 年代，他参与主编中国现代文学学科的奠基之作《中国现代文学史》，由此崭露头角，并成为华师文学院第一个由国务院批准的博士生导师。

28 年前，他的第一部专著《论沙汀的现实主义创作》出版。这是中国现代文学研究界拨乱反正，使文学研究回归文学本体的重要成果。其后，他又在鲁迅、郭沫若研究中取得突破，其著作《中国现代文坛的“双子星座”——鲁迅、郭沫若与新文学主潮》更是在学术界引发广泛关注和重视，其提出的一些学术观点，已成为鲁迅、郭沫若研究中必加引用的经典论断。

20 世纪 90 年代以来，他开拓新的学术领地，在文学理论批评领域不断取得重要成果。他主编的《中国 20 世纪文学理论批评史》，填补了该研究领域的空白。他对中国 20 世纪文学理论批评多元互补、共生交融的基本格局的描述和论证，在今天仍然成为学术界的共识。

时光荏苒。在他生命的最后 10 年，他展现出了极为旺盛的学术创造活力。他提出了有关中国现代文学经典化研究的新命题，对新世纪语境中中国现代文学学科的发展产生深远的影响。在生命的最后时刻，他尤为关注中国现代文学语境中的古代文学资源的论题。

桂花低垂，南湖含悲。可一代名师生命的激情、睿智和“以美引真臻于善”的人生理念永远留给了我们。

（作者为《湖北日报》记者）

桂子山上少了一位浪漫诗人

张瑜琨　等

（《长江商报》2010 年 11 月 23 日讯，记者张瑜琨　实习生李欣　折然君　通讯员党波涛）华中师范大学文学院博士生导师、中国现当代文学学科带头人、著名学者黄曼君教授因结肠癌医治无效，于昨日 12 时 07 分在汉逝世，享年 76 岁。

昨晚，黄曼君的弟子周晓明回忆他与黄老 36 年的交情，“老师上了年纪后，仍然保持着一颗童心，对学生和后辈也非常有爱心”。

周晓明回忆，晚年的黄老深度近视，却又舍不得离开讲台，因此，备起课来就十分吃力，写字常常要贴着本子。讲课时更看不清备课本，所以成了名副其实的“背”课。

该校文学院分党委副书记冯圣兵介绍，在中国现当代文学研究领域，黄曼君作为华中师范大学现当代文学的领军人物，他不仅培养了近百名博士、硕士，还以自己浪漫的讲课风格给数千名本科学子留下了深刻的印象。

去年春天，黄曼君在某高校作关于亲近春天、激越诗情的讲座倾倒学子。“最是一年春好处，绝胜烟柳满皇都”、“面朝大海，春暖花开”……在现场背诵了二十多首诗，英文、俄文皆有，又高唱《北国之春》和《两只蝴蝶》，让学生们感叹，古稀之年怎会有这么好的记性，这么充满活力，而黄曼君的回答则是：让生命停留在春天。

黄曼君 1935 年生于湖南湘潭。1956 年毕业于华中师范大学中文系，后留校任教至今。1992 年，作为有突出贡献的专家，被批准享受国务院颁发的政府特殊津贴。1993 年被国务院学位委员会批准为博士生导师，并为华中师大文学院带来第一个博士点。

（作者为《长江商报》记者）

浪漫的文学大师黄曼君去世
——中国现当代文学研究领域“谁人不识君”

党波涛　等

(《武汉晨报》2010年11月23日讯) 昨日中午12时07分，华中师范大学文学院博士生导师、中国现当代文学学科带头人、著名学者黄曼君教授，因病医治无效，在武汉大学中南医院不幸去世，享年76岁。

黄曼君1956年毕业于华师中文系后留校任教，1992年被批准享受国务院颁发的政府特殊津贴。1993年国务院学位委员会批准为博士生导师，并为华师文学院带来第一个博士点。生前任文学研究所名誉所长、湖北省重点学科——中国现当代文学专业学科带头人、博士后流动站本学科负责人及国家级《精品课程》负责人。

文学院分党委副书记冯圣兵说，在中国现当代文学研究领域，黄教授可算是“路上谁人不识君”，《论沙汀的现实主义创作》、《中国现代文坛的“双子星座”——鲁迅、郭沫若与新文学主潮》、《新文学传统与经典阐释》等等，难以详列。

在冯圣兵眼中，黄教授的浪漫和激情也最让人感动，“他常参加各种活动，乐意与青年学生在一起，做报告兴趣高时，或吟哦诗词，或放歌一曲，情真意切”。

去年春天，黄曼君在中南民族大学作关于亲近春天、激越诗情的讲座，“最是一年春好处，绝胜烟柳满皇都”、“面朝大海，春暖花开”……黄曼君说，把文学和春天相联系，体会文学中的自然、生态之美，是人们领悟生命的方式。他现场背诵了20多首诗，英文、俄文皆有，又高唱《北国之春》、《喀秋莎》和《两只蝴蝶》，倾倒在座学子。那天黄老说：让生命停留在春天。54 年从教生涯中，黄曼君培养了近百名博士、硕士，也以浪漫的讲课风格给数千名本科学子留下深刻印象。

（作者为华中师范大学党委宣传部编辑）

华中师大著名学者黄曼君教授病逝

屈建成　等

（《武汉晚报》2010年11月23日讯，记者屈建成　通讯员党波涛）昨日，华中师大著名学者黄曼君教授因病医治无效去世，享年76岁。

黄曼君是湖南人，1956年他从华师毕业后，就一直留校任教至今，并为该校文学院带来第一个博士点。这个曾被余光中称之为“风神不让魏晋”的黄曼君，在中国现当代文学研究领域，可说是“路上谁人不识君”。黄曼君学术研究的主攻方向为中国现当代文学和中国20世纪文学理论批评史。代表著作有《论沙汀的现实主义创作》、《中国现代文坛的“双子星座”——鲁迅、郭沫若与新文学主潮》、《新文学传统与经典阐释》。半个世纪中，黄曼君不但赢得了学术界的尊崇，也结识了多位挚交，台湾著名诗人余光中便是其中一位。

有人称，黄曼君先生是中国20世纪的最后一个浪漫主义者。黄曼君是典型的性情中人，烂漫天真，具有名士风度。在黄老70大寿时，余光中专门为他书写一副对联：“率性而行，风神何让魏晋；从心所欲，议论不拘古今。”

武汉大学教授樊星回忆，黄曼君在学生之中如同“老顽童”，没有那种所谓的“师道尊严”的架子，有时还应学生要求一起唱歌说笑。

（作者为《武汉晚报》记者）

著名文学家黄曼君因病去世

赵 飞 等

（《楚天金报》2010年11月23日讯，记者赵飞　通讯员党波涛报道）昨悉，华中师大文学院博士生导师、中国现当代文学学科带头人、著名文学家黄曼君教授因病医治无效，于昨日中午12时不幸辞世，享年76岁。

黄曼君先生是湖北省重点学科中国现当代文学专业学科带头人、博士后流动站本学科负责人、国家级《精品课程》负责人。曾先后担任中国当代文学学会副会长、中国曹禺研究学会副会长、中国闻一多研究学会副会长、湖北省文学学会副会长、湖北省现代文学学会会长、湖北省社会科学联合会委员等多项社会职务。1992年便作为有突出贡献的专家，被批准享受国务院颁发的政府特殊津贴。

该校文学院分党委副书记冯圣兵回忆，黄老晚年退休后，仍一直坚持在第一线辅导学生，他非常乐意与青年学生在一起，在给孩子们做讲座兴起时，黄老甚至当场吟哦诗词，或放歌一曲，情真意切，常令全场为之动容。作为华中师范大学现当代文学的领军人物，他不仅培养了近百名博士、硕士，还以自己浪漫的讲课风格给数千名本科学子留下了深刻的印象。去年春季，黄老在某高校作关于亲近春天、激越诗情的讲座，倾倒在座学子。他曾在现场咏诵包括英、俄文在内的20多首中外诗词，并为学子们高唱《北国之春》、《喀秋莎》等歌曲，台下众多青年学子们纷纷慨叹，古稀之年的老人怎会有这么好的记性？这么充满活力？而黄老则笑答道：应让生命停留在春天。

（作者为《楚天金报》记者）

黄曼君教授遗体告别仪式举行

程秀莉　等

（《华中师大报》2010年11月24日讯，记者程秀莉　编辑曾艳）中国现当代文学学科带头人、我校文学院博士生导师、著名学者黄曼君教授因病于2010年11月22日在武汉逝世，享年76岁。

11月24日上午，黄曼君遗体告别仪式在武昌殡仪馆举行。湖北省人大常委会副主任蒋大国，湖北省文化厅副厅长李勇，湖北省作协副主席刘益善，武汉市作协主席董宏猷，民盟湖北省委员会副主委王耀辉，我校党委书记丁烈云，校长马敏，党委副书记何祥林，副校长杨宗凯、黄永林、黄晓玫出席了遗体告别仪式，部分原校领导、各职能部门、各院系负责人、教师、学生代表以及来自全国各地的专家、学者参加了告别仪式。大家来到黄曼君教授遗体前肃立默哀，向黄曼君教授遗体三鞠躬，并与黄曼君夫人及其他亲属一一握手，表示沉痛哀悼和诚挚慰问。

大厅庄严肃穆、哀乐低回。厅中央的鲜花翠柏丛中，安卧着黄曼君教授的遗体。大厅正上方悬挂着黄曼君教授的遗像，两侧挽联上写着“文章雄隽妙天下，才气纵横论鲁郭评沙汀阐释经典交友时贤；春风化雨泽杏坛，性情浪漫吟新诗唱妙曲滋兰九畹树惠八千”。大厅内外还摆满了挽联、花圈和花篮，寄托着各方人士对黄曼君教授的哀思。

北京大学、北京师范大学、复旦大学、吉林大学、西南大学、武汉大学、中国社会科学院、中国现代文学研究会、《中国社会科学》杂志社等社会各界发来了唁电，敬献了花圈。

黄曼君教授于1935年5月30日出生，湖南湘潭人，中国共产党党员。

1992年被批准为享受国务院政府特殊津贴专家。1993年被国务院学位委员会批准为博士生导师，为华中师大文学院第一个博士点的创始人。历任教研室主任、中文系主任、华中师范大学文学研究所所长和名誉所长、华中师大学术委员会委员、国家级精品课程负责人等。曾先后担任中国当代文学学会副会长，中国现代文学学会常务理事、名誉理事，中国曹禺研究学会副会长，中国闻一多研究学会副会长、名誉理事、顾问，中国闻一多基金会理事，中国鲁迅学会理事，中国郭沫若研究学会理事，湖北省文学学会副会长、顾问，湖北省现代文学学会会长，湖北省文艺理论家协会顾问，湖北省毛泽东诗词研究会顾问等。此外，亦曾担任湖北省社会科学联合会委员、湖北省社会科学院特约研究员等。

黄曼君教授学养深厚、治学勤奋，勇于开拓创新，在中国现当代文学多个领域或方向卓有建树，其中尤以三大贡献和成果蜚声海内外学界：其一，以鲁迅、郭沫若、沙汀研究为代表的中国现代作家作品研究。20世纪80年代初，黄曼君教授出版第一部专著《论沙汀的现实主义创作》，为“文革”结束后中国现代文学研究领域首批引人注目的成果之一。其后，黄曼君教授在鲁迅研究、郭沫若研究中不断取得新的成果，其著作《中国现代文坛的“双子星座”——鲁迅、郭沫若与新文学主潮》在学术界引发广泛的关注和影响。其二，以20世纪中国文学批评史为标志的中国现当代文学理论批评史研究。90年代以来，黄曼君教授与时俱进、不断开拓新的学术领地。他在20世纪中国文学史研究，尤其是20世纪中国文学理论批评史研究诸领域取得了一批重要成果。他主编的《中国近百年文学理论批评史》、《毛泽东文艺思想与中国文艺实践》、《中国20世纪文学理论批评史》等，作为国家社科重点项目或教育部重大项目，填补了上述领域或方向的空白。黄曼君教授对中国20世纪文学理论批评多元互补、共生交融的基本格局的描述和论证，已为当今学界普遍接受的共识。其三，以现代文学经典化问题和传统文学资源问题为聚焦点的专题研究。他关于中国现代文学经典化的研究，关于中国现代文学语境中的古代文学资源的研究，力图打通古今和学科疆域，从多重视角透视中国现代文学经典形成的特殊规律和价值，鞭辟入里地论证了中国现代文学何以形成伟大传统的问题。由此，对新世纪语境中中国现代文学学科的发展产生了深远的影响。仅在最后10年里，他就主持了2项国家级、3项省部级项目，在《中国社会科学》、《文学评论》、《文艺研究》等杂志发表论文60余篇，出版专著、教材、论文集6部，取得了令人瞩目的学术成果。

黄曼君教授更是一位把毕生心血献给教育、教学和学生的令人尊敬的名师。他在桂子山执教半个世纪之久，以学为尊、以生为本，是他孜孜以求的价值理念。新时期以来，他开设了十几门本科生、硕士生和博士生的课程，培养了近20位博士、百多名硕士以及其他众多不同层次的学生，获得10余项教学成果奖。直到去世，黄曼君教授还辛勤工作在教学一线，参加各类教研活动，承担各种教学任务，指导来自海外、境外的研究生。

（作者为《华中师大报》记者）

送别我的老师黄曼君[1]

王泽龙

2010年11月22日上午12点整，我们等候在中南医院内科大楼四楼重症监护室门外，这时一个护士打开隔离门，喊着：一床的家属！师娘、胡院长、我连忙迎上去，被告知，病人只有近20下脉搏了，我们三人赶紧进到监护室，看到一位女医生正在先生斑痕累累的胸口上做着有节奏的按压，希望能从死神手上把病人的生命夺回来（也许是在尽他们职业道德）。到了12点12分，负责的医生用寻求的眼光看着师娘，师娘正双手抚摸着先生早已经蜡黄的脸，喊着先生的名字哭开了；当医生又用无奈的眼光看着胡院长与我时，先生的心跳已经停止5分钟了。这时，我们一起看钟，确定先生的离世是12点07分。

24日9点半与先生告别时，他的18位博士一并站在他的灵柩旁为他送行。当我有时间细看花丛中他的遗体时，见到只有一个头被露在外面，衣服被全部遮盖了，这时我的眼泪禁不住奔涌而出。他走得那样匆忙，我们都没有为他好好作上路的准备，可怜我的老师！22日早上7点钟，我在先生书房和师娘一道为先生挑选遗像照片时，只见书桌上还摊开着一堆书，其中，胡风文集打开了还反铺着，他的工作是突然中断的，他时刻都准备回来继续写作。先生自己没有想到不会回不了家，从住院到离开我们，只有70天。

近一年来，先生消瘦得厉害，体重下降约20斤左右，我们觉得奇怪，

---

① 原载《中国社会科学报》2011年1月11日。

劝他去看看病，他总是说，每次在学校医院检查时，身体一切指标都正常，“三高”也无问题，他说自己得了忧郁症，因为他总感觉不舒服。医生也听他的话，把忧郁症的药开了一年给他吃。我们也觉得，他没有以前有精神，话也少了，最爱热闹的人，到集体活动时坐一会就想离开回家。我们这一些身边的学生，也是太大意，只是劝他少写作，少讲课，不要太劳累。也不大相信他的忧郁症。我们还开他玩笑，说忧郁症的人总想死，而先生你却是特别害怕死。一段时间先生一个人睡觉，害怕小偷，枕头下面还准备着家伙，我们劝你，万一遇到小偷，不要和小偷讲狠，经过讨论，改为放钱，放200元，你说太多，就放100元。——我们真是太大意，没有监督你早一些去大医院作全面的检查，被你的忧郁症迷惑了眼睛，当你的病被诊断为结肠癌时，已经悔之晚矣。

他每年都要坚持给研究生上课，70多岁的老人，每周讲一次课三个小时，他越来越感到比以前累了。他一辈子把讲课作为快乐的生活。每次讲课的前一天，他都要认真重新准备课，如果一次课没有讲好，他会一天不高兴。记得2006年的一天，他要为本科生讲选修课，我给他安排了8节课，没有想到第三次讲课前得了感冒，他要坚持去上课，结果爬到三楼就几乎走不动了，刚进教室，就要学生打电话给我。等到我到了8号楼的四楼教室，他才同意被学生扶到医院看病。我的老师爱上课，也爱名誉。他听说评全国名师要给本科生讲课，他想当全国名师。我的老师也是为名所累啊。其实，我的老师完全够格当名师，我们说下次评世界名师时，我们都选你，他说真的还可以当世界名师吗？连全国名师还没当上了呢。我想，在另一个世界里，凭他的才华，他一定会当上那个世界里的名师的。

我的老师把做学问看做生命的一部分，一天不看书写作，他就会觉得空落落的。人家在高级别的杂志发了好文章，他就羡慕，他就有紧迫感。自己在《中国社会科学》上发了文章，高兴得像中了彩票大奖，四处给学生、给同事打电话，要大家共享他的快乐。去年他75岁时，还在《中国社会科学》上发表了他的第二篇文章。他把学术作为快乐的事儿，做学问是他的游戏。其实，做学问是要耗费体能、心血与生命的。近三年先生先后拿到了两个国家课题，他的70多岁的身体与生命又被规划着。看他平时轻松，心理上能轻松得了吗？（我们何时能有一个自由宽松的学术制度，不要我们老老少少都去争项目、争经费呢）我们劝说过先生，但是我们没有理由阻止他去申请得到所谓象征着水平与能力的国家项目。去年，武大陆耀东先生去世，留下了他没有竣工的《中国新诗史》，我们的老师也留下了众多遗憾。武汉地区，现代文坛双星陨落，他们留给了我们宝贵的精神遗产，也留给了我们有关生命的感悟。

中国现代文学学科发展的缩影①

谢东升 袁 琳

文学史家、华中师范大学文学院博士生导师、中国现当代文学学科带头人黄曼君教授因病医治无效，于 2010 年 11 月 22 日不幸去世。我们在哀恸之余，重新瞩望先生的学术道路、精神品格，将其馈赠的丰厚精神遗产传扬下去，并谨以此表达沉痛的悼念之情！

在中国现当代文学研究和文艺理论领域，黄曼君先生声名卓著。先生的学术生涯始于50年代末，因参与唐弢、严家炎主编的《中国现代文学史》的编撰工作而知名。他的代表作有《论沙汀的现实主义创作》、《中国现代文坛的"双子星座"——鲁迅、郭沫若与新文学主潮》、《新文学传统与经典阐释》等，另主编《中国近百年文学理论批评史》、《中国 20 世纪文学理论批评史》等。这一系列分量厚重的学术论著，充分展示了先生深邃的史家眼光、丰沛的人文情怀，奠定了他在学术界的地位，也凸显了先生鲜明的治学品格。

黄曼君先生具有宏阔的学术视阈和新锐独到的学术眼光。黄先生学术主攻方向为中国现当代文学和中国 20 世纪文学理论批评史。从这两个领域来看，他既能研治文学史，又能融通文艺理论。这种深厚的知识底蕴，避免了一般文学研究格局狭小、条块分割的弊病，他能够把坚实的文学史知识和理论上的穿透融为一体，他的研究具有大气恢弘的学术气象。黄先生早期的第一本专著《论沙汀的现实主义创作》，不仅详细考察了沙汀艺术创

① 原载《文艺报》2010 年 12 月 1 日。

作的历程，对其艺术优长作了深入细致的解读，更从理论的层面，对当时学术界关注的热点——现实主义问题作了阐发，这种建立在扎实个案考辨和理论提升的学术路向，在他晚年的论著里依然可以追寻到踪迹。此外，以研究对象而论，黄先生不仅关注鲁迅、郭沫若等现代文学经典作家，更在古稀之年，较多关注新时期当代小说，在文化诗学的理论烛照下，作出了精到的艺术判断和解读。黄先生涉足的学术领域穿越了古代、现代、当代界限，熔铸古今中西文论话语，又瞩目港台地区，他和享誉华语文学界的诗人余光中结为莫逆之交，在学界传为佳话。

黄先生善于吸纳各种新理论、新思潮，保持了与时俱进的学术品格。从创作方法上的现实主义、浪漫主义、现代主义，到“创造性转换”、“经典传承”、“范式论”等新锐命题，他保持了浓厚的理论兴趣和敏锐的学术眼光，在不同时期都推出了颇有影响的学术成果。黄先生之所以能够在文学研究领域取得诸多丰硕的成果，是和他自觉的“方法论”意识分不开的。这在早期可能成为潜隐在研究之后的无意识追求，经过长期的学术实践，则化为一种自觉、严整的方法建构。他善于将研究对象置于具体的历史语境加以考察，做到了“辨章学术”与“考镜源流”的统一。用他自己的话说，就是注意到历史的原生态，回到历史的原初语境，“作家作品放在历史潮流中去考察、定位，要弄清它们的来龙去脉与前后左右的关系，不要急于作结论，要将观点寓于史的叙述之中，由史见论”。这种深邃的历史感，保证了文学研究的史学品格，重建了文学研究的历史文化维度，在多维视角的观照下，使文学现象、文学作品的考察推向深入。在研究格局上，黄先生的研究既以宏阔缜密的逻辑思辨见长，又不乏深入细致的个案考察，呈现出理性精神和审美感悟圆融的张力，最终臻于学术研究的上乘境界。

在学术方向上，黄曼君先生做到了由体验性研究向体系性研究、微观局部研究向宏观整体性研究、单学科研究向多学科研究的方向发展。源于深厚的理论素养，他是一位在研究中既能进入具体的问题场景探析，又有足够的理论底气对文学史乃至学术史进行思想穿透的一代学人。在单个研究对象上，以不厌其烦地多方搜求、考辨、爬梳资料，将学术工作建立在扎实可靠的资料基础上。另一方面，他又能对整个现代文学学科研究进行宏观反思，提出了文学研究范式转换、经典承传、传统文学资源的追寻等深远影响的命题，这些论域具有学术史、文化史的宏阔视野，也标示了黄先生从事学术研究达到的境界。

他致力于建构“诗、思、史”融通的文学研究范式。黄先生认为：“文学教育与研究中，以诗性为核心，做到诗、思、史的交融与结合，并化为一种生命存在方式，才能永葆学术青春。”这既是一种自我期待，又以其扎实的学术成果为这种文学研究范式作了注解。同时，黄先生还是颇具才情的诗人。他在从事学术研究之余，也进行诗歌创作。这种健全的文化人格，也熔铸到了他的学术研究中。他善于将严格的学理逻辑演绎和审美情感体验结合起来，较早地突破了文学研究中单一的政治、历史、文化的维度，而注重文学回归自身的审美维度。这种将学术和才情、生命打成一片的治学风格独具魅力。

黄先生一生以学术为志业，为快乐，在他的学生圈内流传着种种因他痴迷学术而造成的佳话。即使在70岁后，依然保持着旺盛的学术激情，自2002年起，七旬高龄的黄先生又爆发了令年轻学子瞠目的学术创造力，多篇论文被《中国社会科学》、《文艺研究》、《文学评论》、《新华文摘》等全国社会科学领域的权威刊物发表或转载。先生以自己一生献身于钟爱的学术事业，这种精进不息、死而后已的学术精神，也成为鞭策后学的精神动力。黄先生的学术道路，几乎浓缩了整个中国现代文学学科的历史进程，他以自己不竭的创造力实现着高远的学术追求，收获了丰厚优质的学术成果，也给后辈学人树立起执着精进、视学术为生命的精神品格。

（作者为华中师范大学文学院2009级博士研究生）

率真黄老师

樊　星

(《人民日报》2011年8月29日讯) 不知不觉间，黄曼君老师离开我们已快一年了。我们，作为他的学生，聚在一起时常常就情不自禁地想起他、谈起他。谈着谈着，就好像他又回到了我们中间一样，带着他那永远富有感染力的笑声……

还记得为他老人家做70大寿的宴会上，依然热情奔放、活力四射的黄老师在答谢之后不无得意地感慨了一句："我们家有一个不解之谜，你们猜猜是什么?"不等我们回答，他就自己解开了谜底："我怎么不老!"是啊，到70岁了，还那么风度翩翩，还那么朝气蓬勃，谈起学问来还那么兴致勃勃，聊起新鲜事物来还那么眉飞色舞！在前辈学者中，像黄老师这么活得快乐、活得率真的，好像还真不多。我们常常问他为什么能永葆青春，他的回答是："现在是知识分子真正能够活得快活的年代！我们这一代人，最好的年华是在被压抑的状态中度过的。现在，情况不一样了，当然要快快活活地生活!"在这一番话中，可以使人感受到一个老知识分子的复杂心情：既有对在那个政治运动频繁的年代里饱受压抑的感慨万端，也有终于赶上了好时代、要把失去的快乐补回来的爽快劲头。有了这样的比较作底子，他才总是那么精神饱满地写作、神采飞扬地讲课、知足常乐地生活。

还记得我听黄老师的课，是"郭沫若与浪漫主义思潮"。当黄老师在讲台上忘情地陶醉于郭沫若那些燃烧着"狂飙突进"激情的诗歌中，滔滔不绝地引用郭沫若的诗句时，我忽然觉得：黄老师多么像当年的郭沫若啊！常常处于精神亢奋、诗情洋溢的状态中，一谈起学问就兴奋不已，即使在生命的旅途中遭遇政治风暴、几经坎坷也始终不渝。是的，我记得德国哲学家费希特说过："你是什么样的人，你便选择什么样的哲学。"同理，一个学者是什么样的人，就会选择什么样的文学现象作为自己的研究题目。尽管黄老师也研究过鲁迅，可他的才情却是在研究、讲述郭沫若时才挥洒得格外淋漓尽致！

有一次，教研室开会，一位教授在谈到人心不古时感慨："'三年自然灾害'的时候，人们饭都吃不饱，搞起劳动来还不是精神抖擞！哪像现在……"这时，黄老师马上做出了反应："那还不是装出来的！饭都吃不饱，哪有力气搞事！"那份率真与犀利，至今如在眼前。我当时就感到：今天的人们在一往情深地回忆起那个饥荒年代的淳朴民风时，常常会忘记那个年代的深重苦难。事实上，那个年代的生活是很艰难的。黄老师有时会给我们讲过去的事情：一家人如何蜗居在一处陋室中，如何为排队买米买煤而操心，如何每天蹬40分钟的自行车上班，如何梦想着有一天能够在校内分到一间稍微大一点的房子……有过这样的压抑体验，才会在知识分子突然获得"第二次解放"（新时期之初，许多知识分子都曾经用这个词组表达自己被摘掉"资产阶级知识分子"的帽子以后的欣喜若狂）之时格外珍惜来之不易的大好时光。几年之间，由于勤奋写作，成果突出，职称解决了，住房解决了，黄老师能不"聊发少年狂"吗！他喜欢唱歌，喜欢跳舞，喜欢看电视剧，喜欢旅行，喜欢写诗，喜欢与年轻人交谈，甚至应邀给本科生开讲座时也喜欢以《九十九朵玫瑰》这样"时髦"的歌曲为题，使学术通俗化，并以此自得，而毫无"著名学者"的架子。他因此而永葆了学者的青春、诗人的个性，并赢得了普遍的尊敬。这，也很不容易啊！

由此使我想到，改革开放已经30多年了，在摆脱了政治高压之后，另一种高压又在扭曲着一些知识分子的个性。那，便是已经受到广泛谴责却依然难以改变的教学与科研的"行政化"、"世俗化"的压力。在这股很容易使知识分子"异化"为官僚或商人、市侩的浪潮中，如何才能保持住知识分子率真的个性、浪漫的精神气质，成为一个值得我们思考的问题。

在黄老师离开我们快一周年之际，我们正在筹备出一本纪念文集。记得多年前，我曾经与黄老师开玩笑道：“您有那么多有趣的传说，日后真可以编一本《新世说新语》的。”他笑了笑，若有所思。那神情，至今生动如在眼前。也许，应该将能否保持自己的个性作为衡量一个知识分子是否赢得了“真人生”的重要尺度。我们的生活应该也可以超越重重的表格、计划书的挤压，而显得丰富多彩一些。

一个点燃智光、拨动心弦的人
——记特等教学优秀奖获得者黄曼君教授[①]

唐　人

离上课还有15分钟，教室里已坐满了翘首盼望的学生，不用问，这又是黄曼君老师的课。教师们大都有个体会：要想获得80年代大学生们的赞誉，不是件容易的事。可是，黄曼君却每每获得这种“殊荣”。在前不久进行的教学评估中，爱挑剔的中文系学生又给了他最高的评估分。

有人说，听黄老师的课，就像在饱餐一顿香甜可口的“美味佳肴”；有人说，听黄老师的课，就像遨游在知识的海洋，珍珠宝贝使人目不暇接。难道他是神奇的魔术师？难道他有摄人心魄的法力？其实，他——

倾注了全部的心血

黄教授家来了客人，夫人陈菊先热情地招待着大家。“黄老师呢？”“在里屋”，顺着陈老师的手指，只见黄曼君手拿讲稿，口中念念有词地在屋子里来回踱着方步。

“怎么？黄老师还在背课。”

“他后天有84级的选修课。”

客人们觉得奇怪了，黄曼君是蜚声国内高等学府的中国现、当代文学学者，从78级学生开始，他连年担任本科生、研究生的教学任务。他的身影不仅出现

---

① 原载《华中师大报》1988年4月15日。

在桂子山的讲坛上，还出现在全国最高学府——北京大学的讲坛上，北京大学曾专门请他开设了一个学期的选修课。无论走到哪里，他都赢得了荣誉。作为一个经验丰富的老教师，对于他要讲述的课程内容，不说“倒背如流”，起码也是“滚瓜烂熟”吧！

“他呀，”夫人不无爱怜地说，“备课可认真了，上课前的一两天，总是心无旁骛，完全沉浸于‘角色’之中”。

不仅如此，客人们还惊异地发现，为了备好两节课，黄教授的案头堆满了参考书：从马克思、恩格斯的理论原著，到最新出版的国外新学科书籍。客人们叹服地说：“黄老师，您下的功夫太大了！”

黄曼君用手推了推眼镜，风趣地说：“为了给学生一颗知识的火星，教师当然应该从整个知识的海洋中吸取营养。”

人们似乎明白了，为什么他——

讲课如行云流水

他的声音在课堂上空回荡：有时，像奔腾的江河直泻千里，高亢激昂；有时，像涓涓的小溪轻轻流淌，浅唱低吟。有人说：“黄老师，您的讲课真像一名高超的演员在表演。”

黄曼君习惯地用手推了推眼镜说：“不见得吧，教师的讲课怎么能与演员的表演相比呢！”确实，教师的讲课与演员的表演既相同又不同。演员在演出的过程中，要完全进入角色，将自己化为剧中的人物；而教师在讲课之中却“须入乎其内，又须出乎其外”，“入乎其内，故有生气；出乎其外，故有高致”。

黄曼君十分注意讲课的节奏，同时也注意学生的反应和接受能力。站在三尺讲台之上，他能从台下一双双眼神之中，捕捉到学生对课堂讲授知识的反馈。根据这些反馈，他及时调整自己的讲课：有些内容，他讲得条分缕析、深入浅出；有些内容，他讲得经纬分明、一带而过。

说实在的，会教课的不一定真有学问，有学问的不一定能教好课。黄曼君的魅力就在于二者兼而有之。在对教材烂熟于心的基础上，他有一套引人入胜的演讲技术：良好的发音、明晰的声调、富有表情的手势、诙谐幽默的动作……

前人有云："大学之掌教，必望出众，才识兼优者，方膺此任。"苏联教育家苏霍姆林斯基也曾说："知识、学识、眼界，这都是教师享有高度威信的基础。"平心而论，黄曼君不是这样的人吗！中文系的师生们说，他——

堪称为人师表

中文系 84 级的同学们要举办个小型的"郭沫若研究"学术讨论会，几个学生在商量："我们请黄教授来指导吧!""恐怕不行吧，黄老师是阳春白雪，我们是下里巴人，他瞧得起我们这些无名之辈?"想不到，黄老师不仅参加了他们的讨论会，还从头到尾给他们进行了指导，同学们一个个感到获益匪浅。

近年来，黄曼君的教学任务很繁重，就以 1986 至 1987 学年度来说吧，他先后担任了中文系 84 级、当代文学助教班、现代文学助教班、研究生等四个班的任课教师。除此之外，他的科研成果也硕果累累：他单独撰写或与人合作的专著《论沙汀的现实主义创作》、《郭沫若作品欣赏》、《中国现代文学史》相继问世，近百万字的《中国近百年文学理论批评史》也正在紧张的撰写之中。

已过"知天命"之年的他，一天恨不得当成两天用，时间对于他是多么的宝贵啊，可是，对于学生的要求，他总是有求必应：他经常参加学生组织的"文艺沙龙"，师生们平等地交流意见；他经常与学生通报新书出版讯息，共同讨论某些畅销书的动态和原因；他经常指导、批改学生撰写的论文和作业，常常伴着孤灯通宵达旦……

手捧着"特等教学优秀奖"的大红证书，黄曼君竟一反常态，羞涩地说："我做得很不够，感谢老师和同学们对我的鼓励。"

（作者为《华中师大报》记者）

以美引真臻于善

——记文学院黄曼君教授①

李惊亚　邓　军　田　琼

七十年的人生风雨，半个世纪的大学教学生涯，教学科研成果累累，桃李满天下。走近黄曼君教授，一个美好和谐的诗性世界扑面而来，他于这种境界中学习和传播知识，点燃智光、拨动心弦，既提高了自己，又感染丰富了他人。

教学、科研的“诗性”把握

黄曼君教授长期从事中国现代文学和文学理论教学，而他的最大特点是对各种知识体系的研究和传授，能将它们置于一种“开阖”、“贯通”，注重感性审美、文学特征的诗性把握的境界。这不仅在科研上表现为注重作家作品、文学经典与人学、审美的现代转型等的研究，在教学上表现为注重情感投入、文本诵读及广博融通上，而且这种境界已经化为他的一种人生体验，一种人的存在方式。我们采访黄教授时，他多次说：“我半个世纪从事科研、教学，都是搞我钟情的文学，主要是文学研究，有时写写诗，还喜欢唱歌、唱戏，当然在学科发展上新台阶时，也要艰苦地拼搏，但总的来说是一种乐趣。不能设想，如果不这样，会是怎样一种活法!”正因如此，黄教授无论是搞教学或是科研，都将严格的学理逻辑态度与审美情感

① 原载《华中师大报》2005年6月10日。

体验结合起来，展示出一片片既深刻又真情的独特的文学世界。本科生说："听黄老师的课真是一种艺术享受!"专题讲座时，主持教授说："黄先生的讲座才是真正的文学讲座。"研究生发来电子邮件说："您是我见过的最有青春灵动之心的老师，我很喜欢您这样的老师!"校外反映亦然，如武汉大学将黄先生于去年12月作的讲座誉为"年终'大餐'"，有的研究生甚至说："这是我听到的最好的一次讲座!"重庆西南师大青年教师说："黄先生讲课出口成章、声情并茂。现在我才深深体会到背诵、朗诵新文学作品，在文学教学中的感染力。"重庆师大一位研究生听完讲座后，情不自禁地对文学院长和其他同学大声地说："学术要革命，教学也要革命，黄先生的讲座太感人了!"讲座后，相拥黄先生，要求签名留念的场面，更让人回味深长。

2004年—2005年：唱出"重头戏"

正是在这种文学世界中，黄教授细水长流、涵泳深味，独著和主编过多部专著，撰写过大量有影响的学术论文。在完成国家或部级课题后，进入古稀之年时，他的科研、教学呈现新的爆发。2004年，他有三篇论文，每篇都在万字以上，分别在《中国社会科学》、《文学评论》、《文艺研究》三家权威刊物上发表，另一篇学术评论在《人民日报》上发表，为《现代中国文学史》所写的一个两万多字的"导论"与读者见面。2005年6月，近50万字的专著——《新文学传统与经典阐释》出版。这一段时间，他还获得了武汉市政府颁发的社科研究成果一等奖和湖北省政府颁发的社科研究成果二等奖。

在教学上这一年半时间不仅担任了各门类专业课程，还在校内外、省内外开设不同专题学术讲座近20次，特别是于2004年以他为负责人获得了一项全国精品课程，这是他于1989年获得首届全国普通高校教学成果"国家级优秀奖"（单独一人获得）之后，又一次在教学上获得的最高成果。

这些成果影响广泛，如上述刊物上的论文，被认为是2004年度对经典研究的重头戏，刊登于《中国社会科学》2004 年第 3 期的《中国现代文学经典的诞生与延传》一文便由《新华文摘》与《中国人民大学复印资料》等 5 个杂志转载，同时被入选为《中国学术年鉴》2004 年卷。

学科建设上的和合与大气

以黄曼君等为首的中国现当代文学硕士点是新时期全国首批硕士点之一。黄教授早就是享受国务院特殊津贴的专家，1993 年，他被国务院学位委员会批准为博士生导师，并以他为首带来了我校文学院第一个博士点。当时这个博士点在全校各个学科和全国同一个学科的博士点中也分别是前 5 名和前 10 名之内的。20 多年来，在学科建设上，黄教授不仅自己带了 29 名博士生，30 多名硕士生，以他为负责人带了 3 名博士后，而且在整个博士点的建设中也是颇费心力，作出了很大贡献的。他在这方面工作的突出特点是，自己带头作出显著成绩，宽容、和合、大气，能够团结人，富有团队精神。其表现，一是他一贯认为这个博士点学科从纵向上看是几代教师和学者连续共同努力的结果，从横向上看是至少四个学科方向多向全面发展的结果；二是善于发现本学科成员特别是主要成员的长处、优点与特点。这个学科一些主要成员学术水平高，但大都个性强，各有自己独特的一套，黄教授很尊重他们，大家的和谐相处是“和而不同”、“兼赅众异”的兼和的和谐，是“生生不息”、“富有日新”的动态的和谐。大家反映：“黄老师时时与我们一起活动、工作，不仅不脱离我们，而且与黄老师在一起，我们感到心情舒畅。”不仅本博士点是这种反映，在文学院许多中、青年教师也持这种看法。正因如此，这门学科的发展虽然也经过一些曲折，但从硕士点到博士点，从湖北省重点学科到全国精品课程，总是不停地向新的高度攀登。黄教授以宽容、兼和、大气的诗性落拓胸怀，承认、尊重并善对人和事的客观复杂性和多样性，以达到学科长足发展的目的，这也正是“以美引真臻于善”的思想境界与精神品位的体现。

诗情画意抒写人生

年轻时的黄先生就爱好诗歌，但真正意义上开始写诗却是他67岁时的事情。

那是随文学院赴泰国旅游。在一家珠宝店，他旁观夫人及女性同行者们甄选珠宝，随即，一首仿卞之琳《断章》的新诗《宝石春》诞生了："……人说话/话说人/石破天惊乃有宝石现身……宝石装饰女人/女人装饰美景/依稀中重现靓丽的春。"后来写泰国独特一景"人妖"的《幻美之旅——赠合影"女郎"》，长达80行。在旅游船上，文学院的老师们便欣赏到了他热情洋溢的朗诵，接着又发表在《长江文艺》杂志上，更让同行们惊叹：原来严于治学的黄先生居然也是位作诗能手！

一年，他受邀湘西参加现代文学年会，回到阔别已久的故乡，恍然如隔世，遂作《湘西寻梦》："时光的隧道通向茫远的往昔/记忆的思缕牵入迷离的梦乡/……我看见/从文佳构，浑厚拙美，参透人性/织成晶莹的银色梦，宛如/苗家银饰，飞瀑高悬/映着变化万千、叆叇生辉的白云……"

黄先生性格温和不失豪放，写诗往往因美而生、因爱而发，字里行间充满温暖与希望。

"以美引真臻于善"——这正是黄曼君教授整整七十载教书、育人、生活的真实写照！

（作者为华中师范大学文学院学生）

黄曼君：名士风度

肖　画

（《楚天都市报》2005年6月16日讯）黄曼君，1935年出生于湖南。知名教授，享受国务院特殊津贴专家。1993年被国务院学位委员会批准为中国现当代文学博士生导师，为华中师大文学院带来第一个博士点。现为华中师大文学院文学研究所名誉所长、中国作家协会会员、中国闻一多学会副会长、中国郭沫若学会理事，湖北省文艺理论家协会顾问，以及华中科技大学、郑州大学等十余所大学兼职教授。他学富五车，著作等身。

烂漫天真

黄曼君先生是经国务院审批的博士生导师，教学上曾获得过由江泽民亲自颁发的奖项。十年前，董宏猷曾这样评价恩师黄曼君教授："黄先生具名士风度，是性情中人，在纷纭的世态中，他是不设防的。"寄身于学海万顷波涛之上，正是他的"不设防"，正是他的"孩子气"和"赤子之心"，先生消弭了所有的悬殊和焦虑，为学界敬仰。而今70高龄，还向孙女学唱《老鼠爱大米》，太多类似的烂漫天真，为其学者人生添了别样的神采。

老先生"不老实"，跟孩子似地爱给人取外号。华师大文学院某知名女教授是他早年的学生，一天偶遇，先生冷不丁对她喊"Hello，半个月亮!"女教授望望天，正艳阳高照，狐疑间，黄先生这才煞有介事地说："半个月亮——胖也！注意保持体形哦!"

东坡词曰："老夫聊发少年狂，酒酣胸胆尚开张。"黄先生不饮酒，但在酒桌上，往往端杯饮料即席兴发，或朗诵自创的诗歌，或吟唱拿手的小曲，人人不觉落箸停杯。黄先生的诗情和闲情逸趣如春事烂漫，却又可放可收，听的人还“流连”，他却早已“放下”，洒脱如怀素在《自叙帖》里的挥毫“狂来轻世界，醉里得真如”，其“思无邪”正是“七十而随心所欲不逾矩”。忘规矩有格局，浅分寸守尺度，一副山林闲花闲鸟的性子，真性情中人！

讲台明星

立于讲台50年，睿智修神，性情修形，抑扬多变，雄浑细腻。黄先生随境所需，豪放处如闺中女子初读辛稼轩的长短句，婉转处又如关东大汉初闻温庭筠的花间词。引众学生如“明星”般，追其行迹。

“Spring，the sweet spring，is the year’s pleasant king/then blooms each thing，then maids dance in a ring”（春，甘美之春，一年之中的尧舜/处处有花树，女子起环舞）一次学术讲座，听黄先生用英文流利朗诵全首托马斯·纳什的诗歌《春》，地道的美式发音，让人产生太多联想，这位俄语棒棒的先生，英语水平怎也十分了得。

黄先生早年在教会学校学过英语，因时代需要转学俄语。重捡英语是近年的事，为此没少受累。“You look so pretty today！（你今天真漂亮）”、“What a beautiful article！（好一篇漂亮的文章）”……先生之活学活用，为华师大一景。如今，他常和上小学的孙女比赛记单词，输了就自觉去买零食。

黄先生的周详更是有口皆碑。几年前受邀与海内外学者参加“余光中原乡行”，一次演讲之后，面对听众的“围追堵截”，他在询问对方的名字之后，凭其敏捷的文思，为每位读者提写下含对方姓名的诗句。百详有疏。一次讲座归来，一个学生发觉黄先生走路的声音不对，左脚威猛，右脚温柔，低头一看，原来一只脚上穿着棉鞋，一只脚上穿着皮鞋。黄先生一经提醒，忙惊讶问道：“刚刚没在讲台上走动吧？”那晚，黄先生徘徊在威猛与温柔之间，笑语欢声回到家。

台上玩月

初夜雨过，黄先生喜欢在校园散步。高花湿红，低枝翠绿，花叶上的残雨坠落，滴滴如佛寺夜漏。用他的话说："这时一草一木都带着灵气，和着氧气吸进去，不但醒脑，更能醒身，好多想不通的问题这时都能想通。"

皓月当空，人影举步随行，闻听天籁，背诵古诗词。《幽梦影》道："少年读书，如隙中窥月；中年读书，如庭中望月；老年读书，如台上玩月。阅历浅深，所得亦浅深。"先生不独赏月，亦喜观望自己的影子，几乎要凭这影子重新认识自己。

67 岁那年，黄先生赴国外旅游。异国的旅途漫长悠远，一路瓜地秧田，日影沙堤，繁华闹腾的街市，川流不息的人群。不见烦躁劳累，竟点燃了作诗的欲望。在一家珠宝店，旁观夫人及女性同行者们甄选珠宝时，一首仿卞之琳《断章》的新诗《宝石春》诞生了："…人说话/话说人/石破天惊乃有宝石现身……宝石装饰女人/女人装饰美景/依稀中重现靓丽的春。"在湘西边城胜地，先生作下《湘西寻梦》："……我看见/从文佳构，浑厚拙美，参透人性/织成晶莹的银色梦，宛如/苗家银饰，飞瀑高悬/映着变化万千、叆叇生辉的白云……"

去年夏天，我国著名少数民族舞蹈家杨丽萍的大型舞蹈《云南映象》在汉演出，钟情文艺的黄先生岂能错过，归来即赋诗："一个 S 型的经典造型/亮出夜空晶莹的北斗七星/一个翩跹翻飞的环舞/惊现旋转奔驰的团团星云……"

心明如镜

身为华师大文学院的学术带头人和博士生导师，黄先生为提高该校的学术声誉，为后辈的研究指点迷津，担负着重大的职责。他对学问的钻研愈老弥坚，对各种前沿课题倾注有加。而为了给自己的知识“保鲜”，时时召集自己的学生参与讨论，以包容心态与后辈学人平等对话，信心十足。因视力不好，每见他低头、弯腰，鼻尖几乎要碰到纸上，一个字一个字啃下去，那简直是折磨。

眼睛实在是个关乎个人学术生命的大问题！这些年黄先生四处打听救治良方，以期视力有所恢复，再扎扎实实做上十几年学问。年初，黄先生的双眼终于在武汉一家医院成功医治，遂将喜悦和感激成嵌名诗，献给主治大夫曾祥冰女士：“祥光映射云翳遁，冰聪慧照眼又明；回天有术叹巾帼，春暖深心宏愿升！”

依《人间词话》而言，黄先生从前观的是遮花之雾，而今赏的却是雾中之花，重尝“不隔”之味。黄先生却自嘲道，文学讲究含蓄有味，睹物观人讲究朦胧美，看得清了，这美就没了，恐怕再作不成诗了。身似菩提，心如明镜，随缘随喜是黄先生的本色，重新看清世界的喜悦也只有他自己最清楚。

（作者为华中师范大学文学院研究生）

五、纪念诗文

桂子山的思念（附一首）

——写给曼君先生

王泽龙

今年迟到的桂花开出的是清幽的冷香，
月色下的花径期待着一位
和他们邂逅的身影。
中秋圆月的清辉四处飘散，
满山再不见那位为他们抒情的诗人。
深夜里的清风用花香铺满千树的相思
在轻轻的梦寐里迎来了那熟悉的足迹。
他是桂子山的花神，
那满山飘逸的幽香就是他唱给我们的歌声。
他是花儿们的情侣，
每年都会用歌声打开片片心扉。
桂花飘香一年又一年，
桂子山有一个永远缠绵的不老思念。

2011年9月22日

注：这几天，整理着朋友们撰写的纪念曼君先生逝世周年的纪念文章，不禁心里生出一些忧伤。桂子山的桂花开了半个月了，我却没有了欣赏的兴致。倒是想到桂子山没有了曼君先生，少了一位真正的赏花人，桂子山消逝了一道生动的风景。写下这首诗，表达自己秋天的思念。

我亲爱的老师

——写给我病中的黄曼君老师

王泽龙

每一个人都会老去，
当我看到你上了呼吸机，干涩的眼里没有了泪滴，
我心头潮湿，迎接你无力的张望，我们相对默默无语。

你是最热爱生活的老人，
你最贪恋快乐时代的雨露阳光，
一双敲打智慧的手，满是针眼刺痛的蜡黄。

都说我的老师是一个老小孩，
65 岁开始写诗，他要让蓝天飘下彩色雨，
在湖南他的家乡，70 岁时当了一回“土家新郎”。

我说过他是 20 世纪最后一位浪漫派，
在书香文海里陶醉性灵，不停息的思考让你年轻，
身心的透支也让你漠视了该休养的生命。

我亲爱的老师，
握住你无力的手时，你是多么不愿松开，
我的老师啊，那一山的桂花香还在等你回来写诗。

2010 年 11 月 18 日

注：写完这首诗的第 4 天，即 11 月 22 日，曼君先生与世长辞。黄老师写有两首长篇情歌，每一首近百行，他都能完整背诵：一首是《彩色雨》，

在西南大学参加研究生答辩时，写给一位雨中为他打伞的女老师的；诗写完后，打电话给那位打伞人朗诵了他的新作，他说花了10多分钟的长途，不知是心疼他的话费，还是在炫耀他的浪漫杰作。另一首是在湖南师范大学参加学术会议期间到湘西旅游，参加土家族民俗游戏“拜堂”，一位女研究生当新娘，先生被推举当了一回新郎，有师娘在旁点头同意。开始此诗名为“梅开二度”，我们说太俗，建议他改为了“土家新娘”。写完此稿，抑制不住兴奋心情，打电话把我们几位博士叫到他家里。当时正是世界杯足球决赛，我们很高兴，正想找电视看。到他家，原来是要当我们面发表他的新作，听他朗诵这首得意之作，当然是师娘不在家。记得，快朗诵完时，突然有人敲门，他慌慌张张，急中生智，一把把稿子塞到了外套下，以为是师娘买菜回来了。结果虚惊一场，是我坐在靠门的位置，背着用手敲门吓唬他的。

他回来了
——答泽龙君诗

陈菊先

2010 年秋天，他走了。
风信说，他会回来，他正停留在春天的路上。
花信说，他快回来，他正赶路在夏季的途中。
2011 年秋天，沙沙响的树声传递着信息，说他回到了桂子山。

我走近他，他兴奋地说：“宇宙化育出人类，我又回到她的怀抱。”
我看见他正学着母亲：
让满山的桂树，满树的桂花，
朵朵金蕊，暗香飘动。

养眼沁心的桂子啊，他是谁？
他反哺人类，
他装扮四季，
他是桂子山上的花神。

2011 年 9 月 28 日

黄曼君先生墓前口占

周晓明

所有的热闹都已过去
而今你独自躺在这里

纵有青山九峰泉水三叠荷塘一池为伴
其实你心中依然孤寂

我知道你舍不得这个世界
这个世界也舍不得你

2010年12月19日

您像一颗不灭星

——悼黄曼君教授

张永健

您走了，像一首歌
一首永恒的歌，
仍在我们心中流传；
您走了，像一颗星
一颗不灭的星，
仍在我们胸中璀璨……

你围着鲁迅、郭沫若转，
郭沫若、鲁迅围着你转，
一篇又一篇研究鲁迅、郭沫若的鸿文
在你的笔下旋转，
一篇又一篇阐释经典的巨制
在你的笔下旋转，
旋转成一座座“双子星座”[①]
在当代学术的星空
闪光，发亮，光辉灿烂……

你围着男学生、女学生转，
男学生、女学生围着你转；

① 即黄曼君教授的专著之名《现代文学的“双子星座”——鲁迅、郭沫若与新文学主潮》。

一批又一批俊男靓女
在你的引领下旋转；
一批又一批硕士生、博士生
在你的引领下旋转；
旋转成一片芬芳的桃林，
在祖国的百花园中
闪光，发亮，青春烂漫……

你围着爱，围着美转，
爱与美围着你转；
一遍又一遍《走西口》①
伴着情哥哥、情妹妹旋转；
一遍又一遍“写春秋”②
伴着伟丈夫、奇女子旋转；
旋转成一条条爱的河流
在中华民族的情感史中
闪光，发亮，代代相传……

您走了，像一首歌
一首永恒的歌，
仍在我们心中流传；
您走了，像一颗星
一颗不灭的星，
仍在我们胸中璀璨……

（作者为华中师范大学文学院教授）

---

① 《走西口》为黄曼君教授喜爱的歌曲之一。

② “写春秋”即现代京剧《智取威虎山》杨子荣《打虎上山》唱段，为黄曼君教授身前经常表演的曲目之一。

先生走了，我心悲伤

黄永林

先生走了，
走得是这样匆忙！
　　案头的讲义还等待您去修改，
　　桌上的论文还等待您去酝酿；
　　学生的作业还等待您去批改，
　　学科的计划还等待您去商量；
　　将出的著作还等待您去清样，
　　约定的报告还等待您去演讲。
此刻啊，2010 年 11 月 22 日永难忘！
您含笑的面容竟成永别的肖像。
您叮嘱的话语竟成人生的绝唱！

先生走了，我心悲伤！
您的一切我们怎能遗忘！
第一次见到先生的时候，
那是三十年前的课堂。
　您纵论古今，评点屈庄，
　　　阐释经典，激情奔放。
　　　　　迷住了您的学生，
　　　　　赢得了热烈的鼓掌。

先生走了，我心悲伤！
您的一切我们怎敢遗忘！

第一次成为先生的博士，
那是二十年前的会场。
　您畅谈人生，描绘理想，
　　　哲理深邃，不同凡响。
　　　　　陶醉了您的弟子，
　　　　　引来了高度的赞赏。

先生走了，我心悲伤！
您的一切我们怎会遗忘！
最后一次看先生的时候，
那是十多天前在病房，
　您谈笑风生，乐观开朗，
　　　生死鸿毛，物我两忘。
　　　　　感动了您的病友
　　　　　获得了大家的赞扬。

先生走了，
走得是这样匆忙！
望着先生远行的背影，
我泪流满面极度悲伤！
我将双手举过我的头顶
十分虔诚地祈祷上苍：
先生一路好走，安详信步在天国的路上！
先生一切安好，开心生活在美妙的天堂！

当我们想您的时候，我们点一炷香，对着天堂朗诵着思念的篇章；

当您想我们的时候，您就举一杯酒，对着大地发出您快乐的歌唱……

先生走了，
走得是这样匆忙！
望着先生远行的背影，
我泪流满面极度悲伤！

注：2010 年 11 月 22 日中午，我在出差去北京的途中，获悉恩师黄曼君先生去世的噩耗，十分震惊，悲痛万分。在泪流满面时，我写下了这首小诗，以表达对先生沉痛的哀思。

您就是青春（附二首）

——给黄曼君先生

杨剑龙

当您吟起情诗之时
每一个细胞都溢出了
青春的气息
在您的眉飞色舞中
雨后的牡丹、芍药竞相怒放
如试衣镜前淑女绽开的笑靥
当您迈起轻松的舞步之时
每一根神经都跃动着
欢愉的笑声
在蓝天的七色彩虹上走去
拥着美丽的舞伴
走向伊甸园般的仙境
呵，您曾经告诉过我
五十岁时您才开窍
才想到追慕美与青春
那么，减去五十
您就是一位充满着青春气息的
翩翩少年
呵，青春就是您

呵，您就是青春！

2002年4月21日于新加坡国立大学

敬贺黄曼君先生七十寿辰

欣闻华中师范大学举办“黄曼君先生70寿辰暨执教50周年学术研讨会”，黄先生是我十分钦佩的前辈学者，其精警的见识与率真的个性为学界所公认，他为中国现代文学的研究与学科的发展作出了令人瞩目的成就与贡献。作为后辈学子的我本当前往祝贺，因会议期间身在香港，不能前往，特撰诗一首表达敬意和祝贺。

黄鹤楼头鹤安在，
化为君魂七十载。
吟诗可媲郭老神，
撰文能承沙汀脉。
放歌激越长江去，
弄舞潇洒仙鹤来。
桃李满园共祝寿，
青春永驻常开怀。

2005年5月15日于瞻雨楼

让生命留在春天
——悼黄曼君先生

金秋菊花泪亦淌，
黄鹤远去歌悠扬。
才华横溢名士风，
博闻强识率性郎。
吟诗作赋呈赤心，

种桃育李留华章。
深秋叶落展翅去，
春风吹时花更香。

2010年11月23日哀挽

（作者为上海师范大学文学院教授）

永远活在你的诗中

——写给黄曼君先生

张三夕

在初冬多云的一个中午，
你走了，走到一个你不愿意去的世界。
那里太冰冷，没有阳光和生机。
但我愿相信：
你的热情仍会表达，
你的光芒到处散发。
也许过度医疗过早结束了你的生命，
但你的激情早已播散在人间。

在初冬多云的一个中午，
你走了，留下太多的梦。
不久前与齐洲、华平去看望你，
你是那样的生动活泼，
你的言谈充满富有感染力的笑声，
你说做梦也梦到我们三人一起来。
唉！一切都已无情地逝去。
把你的梦留下来吧，
黄老师！

给我们一个梦中畅谈的机缘。

你是一个率真的人间歌者，
你的诗朗诵带给大家无尽的欢乐。
你曾经为我和夫人写了一首长诗，
却一直没有抄给我，
好在我还记得其中的三句。

对于我来说，
三句诗的情谊已经够我回味。
有诗的日子真好。
我愿用我的诗为你送行。
黄老师，
你永远活在我们心中，
也永远活在你的诗中。

2010年11月23日晨

（作者为华中师范大学文学院教授）

菊　诔（附二则）

赵国泰

心仪已在文中许，
哀思未移灵前鞠。
夜绕花展低吟处，
心香一瓣托黄菊。

附一

2010 年 11 月 23 日口占于黄曼君先师追悼会前夜，时余漫步于华师旧图书馆前菊展中。诗云“文中许”，乃指余所撰《教授与记忆》一文内，曾述及公之轶事。是文原载 1988 年 3 月 30 日《中国人才报》，后收入拙著《桂苑杂识》中。悲夫！公昨病逝于中南医院。闻耗，普丽华女士亟于午后代余趋赴博导楼黄府吊祭，略致奠仪并献花圈云。

附二

教授与记忆

（节选）

黄教授的怪圈

黄曼君教授口头、笔头功夫甚是了得，学界闻名。这自然颇赖记忆之力。然其一出此界，即入怪圈。

黄教授上街采买时，夫人必先开列一份采买清单，以便他按图索骥。

但他常常不是依循所指去了商场、菜场，而似乎一迈步便进入了自动程序的怪圈，去了书市场。这时，纵有眉目明爽的清单，也于记忆无补。结果携回的是为之痴迷的书刊，而非清单上之物件。

以前黄教授单身独居校园。有一次领了月薪，鉴于对梁上君子的警惕，将其匿于一个万无一失的地方。周末到了，该带月薪回家了。可想破脑壳，寻遍斗室，也了无踪影。仓促间，向校保卫科报了案。及至在另一周末清理其鞋时，触到厚墩墩的异物，当下从中搜出了曾由他亲手匿藏的月薪。

对上述现象能否作这样解释：兴趣决定了一个人的注意指向，而其他则处于注意的边缘，有时甚至是模糊的边缘。注意指向又形成独特的兴奋灶，这便是有所创造、有所成就的发端。

（作者为长江文艺出版社编审）

凝　望

——怀念恩师

毛正天

您离开的时候
正是风疾露重的秋
我的眼前
却有雪花在落
飘洒之间
展开一片清明
您这么仓促地远行
我极目远送
却欲见不能

您说我是一个散落在都市外的孩子
已经习惯了没有喧嚣的日出日落
给我的关爱就是到山里体会自然的节律
像长辈抱着孩子
数星星　看流云

那一年
您在橡皮舟上
踩着风的节拍跳舞
您抚弄江水的肌肤

如同波涛亲吻着礁岩
您说清江是多情的女子
您和她前生相约
才有今世的相逢
您说只要心溪潺湲
就能捉住她腾挪的衣衫
您说只要向水而行
就能穿越所有的浮华烟云
今天的清江依然潋滟
您可知她等您的百转千回?

您说喜欢齐岳山的雾岚
您要在这山雾之中
盖一处木屋
听涧泉悠唱　夏虫低鸣
您说您要温一壶热酒
和老友酣谈畅饮
您说您要仰首观天　俯首弄琴
乐而歌　伤而舞
懒得理繁世喧嚣　虚名聒噪
今天的月光已淋湿了山石
可否再寻到您踏过的足音?

女儿会上的土家姑娘
在岁月里踩着您的诗行老去
您说您要在她惊鸿的倩影里
把自己的青春喊醒
在今天的禾黍秋风里
她翩跹的舞步
缱绻的忧伤

是否还能让您从梦中惊醒
您动情的叹吟
可否穿透长夜的寂寞
让晨光熹微
星河渐落？

您的孩子
就在您温暖的抚慰中
长大变老
领悟您春风化雨的厚爱
无限无疆

当天空凝望大地
当江水泛起浪花
当流云浮过山峦
当眼眸漾着月光
我知道
您从来未曾离开
您就在这里
在山头
在水中
在云间
在我永世的凝望里

注：2000 年 6 月，恩师亲临恩施，除了讲学，更多的是理解体验学生生活的环境，登临齐岳高峰，漂流奔流清江，考察民风民俗，与“女儿会”共舞，这些情景历历在目，永远激励学生，温暖学生。

（作者为湖北民族学院文学院教授）

人生最贵师生情

董宏猷

一

江城十月正清秋，
丹桂飘香湖蟹熟。
举杯邀月传思念，
却报驾鹤逍遥游。

二

人生最贵师生情，
先生风采记犹新。
慷慨激昂说《呐喊》，
谈笑娓娓论沙汀。
黄陂办学地铺挤①，
长江放歌三峡行②。

① 当年到黄陂农村开门办学，黄曼君先生和我们班的同学们一起，在农家打地铺睡觉。
② 黄老师曾带我们到长航编辑《黄声孝诗集》。

难忘寿辰青春舞，
魏晋风骨耀古今[①]。

（作者为武汉市作家协会主席）

① 曼君先生七十大寿时，台湾余光中先生称其为魏晋风骨。

西行的云

喻大翔

从向培良的湘西
茶峒之树杪
从沈从文的沅陵
云中君之高髻
飘出一朵云

飘过田垄
飘过山峦
飘过江海
飘过天空

一朵嫣红
少女一样的嫣红
少男一样的嫣红
红头绳温柔的红
红兜兜梦想的红
红山茶灿烂的红
红辣椒奔放的红
乡土的红

纯粹的红
朝暾一般的红
青春一般
华年的红
一朵云起自田垄
一朵云飘过田垄

如果不是五月
那一朵带麦香的风

一朵火红
菊花一样的红
灯光一样的红
篝火一样的红
太阳一样的红
心脏一样的红
一朵云飘落桂子山
满山的桂花激动起来
嫦娥翩翩起舞
吴刚捧出浪漫的律动
所有的窗口流出歌声
所有的歌声召唤灵魂
一朵云
点燃了整座山冈
文学的生命之钟
听那丝丝的旋律
缠绕着鲁迅

缠绕着沫若
缠绕着沙汀
一行一页的只只惊鸿
不，一个国度的飞鹏

如果不是五月
那一朵带麦香的风

一朵橙红
桂花一样的红
稻粒一样的红
柿子一样的红
蜜柚一样的红
苹果一样的红
脐橙一样的红
喜悦一样的红
诗之红
思之红
史之红
观点之红
激情之红
总体化之红
文学经典之红
《老境》之红
无边秋光之红
飘过汉江
飘过长江

飘过北海
飘过太平洋
一艘渔舟停靠了大港
那橙红的浪花
洗亮了一个个秋收的梦

如果不是五月
那一朵带麦香的风

一朵紫红
婴儿一样的红
石竹一样的红
紫丁香一样的红
紫罗兰一样的红
紫珊瑚一样的红
高贵一样的红
永恒一样的红
梵高一样的红
高更一样的红
像木笔一样
您画在桂子山
画在一切画满紫色晚霞的天空
不必伤感
也不必遗憾
听
您的歌声又响起了：
长亭外

古道边
芳草碧连天
晚风拂柳笛声残
夕阳山外山
哦，漫游的云中君
我们每天与您道别
又每天与您相逢

这可是那年五月
一朵带麦香的风？

2011 年 10 月 19 日写于上海握竹斋

（作者为同济大学中文系教授）

请你转身告诉我

万琼兰

你是否完成了推石上山的任务
上帝赦免了你在人间的苦役
是哪一只仙鹤充当了你的座驾
带你飞离这千万重尘世
你到达的地方是否住满了灵魂
每个人都长着轻盈的羽翼
在那里，你是否见到了盼望已久的人
你们是否流下了久别重逢的泪水
是厌倦还是决绝
你对我只言未语就走了
你的床单干净洁白
你的窗外鸟儿安静
你的脸上漾着笑意
像睡着了一样，在那一刹那
死亡的瞬间和做梦一样朦胧
梦中，你是否又见到了那朵黑玫瑰
那个触发你诗情的姑娘
梦中，你是否又回到了童年的襁褓
少年的河边，月下的桂子山

这么快，我刚离开三个月
就再也见不到你了
多么悲伤，我刚想起你
就是提笔给你写悼亡诗
此刻，你在不为人知的地方
此刻，我拘役在尘世
虚度一个庸庸碌碌的午后
长江边，传来你离开的消息
像一束闪电劈进了日常生活
我猛然发觉：
不在纸页间，不在我之外
流逝就在我的身体周围
你是恩师，学富五车玉树临风
你不认识我，但你的水浸染过我
我是你目光之余的那片桂花瓣
那么多人都在想念你
我是众多泪水中的一滴
如果你转身，你会看见
河流依依不舍地绕着你的脚踝

（作者为华中师范大学文学院2006级学生）

悼恩师

梁笑梅

惊闻噩耗殒师尊，顿涌心潮缅博仁。
潇洒多才桃李茂，铿锵灼见翰葩新。
悲牵教苑哀黄鹤，痛涉诗园哭哲君。
乏计招魂唯叹惋，刍歌代恸继传薪。

（作者为西南大学新诗所副教授）

远去的背影

庄文永

十一月的天空
飘着冷冷的小雨
在灰色的烟雾里
老师　我看到您
远去的背影

老师　停一停脚步好吗
让我再看看你快乐的眼神
让我再陪您唱一支
生命无悔的歌　老师
您为何急急忙忙的走

十一月的天空
雨沉重地洒下来
风不断地吹　老师
天气好冷啊
带上这一件棉衣

我拉不住您的手　老师
您就这样头也不回地走

我伤心地望着您的背影
只好让眼泪捎去
我对您深深的怀念

（作者为澳门理工学院副教授）

风雪夜悼黄曼君师

柳忠秧

千里访学春风暖，
饮茶粤海歌岭南。
秋枫正黄说郭曹，
白雪清梅吟桂山。
潇湘赤子荆楚客，
玉树临风风骨曼。
断肠怀殇忆诗语，
浊酒祭洒铭真言。
天堂有泪哭不得，
人间无师不心欢。
有师一人心天阔，
无君百年终为憾。
痛兮痛兮东湖悲，
魂兮归来江城潸！
落花流水人去也，
天堂人间情何堪？

（作者为诗人、广东文化学会副会长）

夫子风流人最爱

夏向阳

不堪风雅久沉沦，岂做神州袖手人。
祭酒中原歌赋在，愿为故事扫积尘。
史家原本有诗心，沙鲁毛郭久浸淫。
追忆当年花发时，几支清曲几曼吟。

滋兰九畹蕙八千，聊寄浮生缀诗篇。
此去黄泉君慢慢，他乡无有奈何天。
谁言太上就忘情，何必文人论细行。
夫子风流人最爱，浅斟低唱弃浮名。

（作者为东风公司干训中心干部）

如父似友诗人心

彭 立

拜师江城闻湘音，
如父似友诗人心。
樱花树下话沫若，
桂子山头说沙汀。
神采何须让魏晋，
浪漫从不拘古今。
哀哉先生驾鹤去，
长使弟子泪满襟。

（作者为四川师范大学新闻传播学院教授）

银杏飘黄送我师[1]

扬　帆

夕阳照着初冬的城市
银杏飘黄　黄老师走了
心里有些堵有些失落
怅望天边彩云朵朵

做学生的日子并不多
三十年记忆却彩云朵朵
很少谈学问　只谈这个世界
多风多雨多烈日的故事

三十年的音容依旧
五十六十七十　岁月轮飞
现代文学是一穹新天
老师带学生数星斗

人是大写的　自然是永恒的
文学书写的是命运与精神

---

① 原载《威海晚报》2010年12月5日。

不一定逢山开路遇水架桥
委顿曲折　都是希望的光芒

七尺讲坛一定是桥
接引心灵到自由天空
厚厚的近视镜片同我们
一起望彻思想的流水飘风

老师的讲坛已经很高
每一次平常走进走出
这一次我却只有仰望
彩云高处　我的老师

潇洒的是你率真的是你
长河流水的是你　今天仰望
为师为文的天空
哪一颗星是你

（作者为长江文艺出版社编审）

念君诗五首

陈菊先

告慰亲朋

——曼君答谢

天地悠悠
生生不息
万物欣荣
我笑丛中

为学为人

——为曼君画像

心宁致远
爱满智溢
日明月辉
来去灿烂

宇宙子兮，归来！

你走了，你告别个体生命，化作宇宙生命，重上九天。

“春”也随你飘然而去。

“立春”之时，白雪飞舞，大地冰封，不见春幕拉开。

“雨水”之日，天空阴沉，难见万物破土勃发。

“惊蛰”到时，桃李未绽，鸟儿失语，未听见初响的春雷。

“春分”已过，寒冬滞留，全然不是仲春之景。

“清明”将至，暮春会降临人间吗？

3 月 30 日，天清日丽，我到了你的安息地。我欣喜，暮春驾临：繁花盛开，他们正拥着你派对起舞；百鸟欢吟，他们叙说，要唱着日月曲伴你香眠。天地钟灵要将你孕育，诞生出新的你。这次，你的名号为“宇宙子”。

人间爱你的人和天地一样爱你，拥你入怀中，贴在心口，亲你，抚摸你，你在绵绵的爱中茁壮成长。天空凭你飞，大海任你游，世界太空，你无处不在。

亲爱的宇宙子啊！我们期盼着你远游归来！

2011 年 3 月 31 日

神游①

——个体生命和宇宙生命

灵魂出窍与曼游
岳阳楼上议古今
洞庭湖边唱人生
君山斑竹诉衷肠

今生来世轮回转

---

① 2011 年 4 月 26 日至 28 日，华中师大文学院组织退休教工游岳阳楼景区。曼君生前讲春，唱春，颂春，生活在春天里。此次，我们仍一起畅游。

生死死生天行健
八百洞庭四剩一[1]
天荒地老话沧桑

浴月

万家灯火中秋月，玉兔清辉梦中人；
生死轮回月相随，飞镜何时照君归？

2011 年 9 月 12 日

① 昔日洞庭八百里，烟波浩渺美如画，今日洞庭萎缩，导游说只剩下 260 里。

黄曼君诗四首

黄曼君

一滴彩色雨[1]

阵阵豪雨，猛袭山城，笼罩住城郭、山峦，淋哑了市声，茫茫雨帘里，似有一滴彩色雨，孤寂盘旋，飘忽不定。

——题记

伞外，阴郁、冷涩
雨儿叮铃咚隆
条条湿藤缠身
透心儿烦闷
伞内，风和日丽
心花绽放
笑语融融
草儿青青
万物萌动

---

① 原载《新作家》2003年第5期。物理学家丁肇中在一次演讲中说，我所研究的量子力学要寻找的是什么呢？比如说北京下了一场雨，其中只有一滴雨是彩色的。我们的工作就是要把那一滴彩色的雨找出来。

还是早春
忽喇喇一阵大雨
伞内人儿似乎靠近
脸伴着脸儿说
肩并着肩儿行
秀发与领带一齐飘动
玲珑身儿
矫健步履
一同应和着心韵
似乎沟通了“灵犀”一点
似乎中了丘比特神箭一根！

派对，答辩室，报告厅
茶叙，酒会，联欢会
舞厅，卡拉 OK，校园小径
意外相逢
偶然邂逅
惟求有缘
贵在无心
刚才那阵大雨
不也有彩色一滴
透着惑人光影！
彩色诱惑
化为静夜幽情
我怎么竟没把她的脸儿看清？
只觉新月照眼
弯着一钩儿浅金

又如深谷幽兰
晃动着清香与柔嫩
我怎么竟没把她的声音听明?
只觉无数小天使
一路摇着银铃
又如撒把碎银
幻成漫天星云!
我怎么竟未认清她的身形?
只感觉池边秀柳,枝叶婆娑
苗条柔韧
又如湖面天鹅
雅洁、玉润
梦一般谧静!
我怎么竟没记住她的芳名
没留下 call number,
与任何联系的途径
就那么无言的告别
只任“暗香浮动”
怎能“人约黄昏”?

彩色雨滴
化为情感多棱镜

我怎么竟对他那么敏感
处处感到他的眼光
气息和声音
像一张密密丝网

剪不断也理不清！
我怎么这么在乎整个的他？
夏日湖山的浓绿与旺盛
金秋田野的丰实与多彩
冬天雪原的浑厚与纯洁
还有这一切后面
掩不了的初露生机的鹅黄
初放幼芽的嫩绿
那一颗春风拂熙的心灵！

面对他，我返视自己的青春
我还有美吗？
多少年已听不到这个声音
包括“他”，连例行“爱语”时
也没有说这类话的激情！
可他
却复活了我的心灵
他的眼光与关注
像一把刀
割开我与其他人（包括我的女伴）
我成了“独秀峰”
我成了维纳斯女神！

婚后的我
形体曲线拉直
心头波纹变皱
可他却引活了我身上的山山水水

我低头，他说：
“最是那一低头的温柔”
我羞涩
他说：“好比范柳原赞美白流苏”
那半透明青玉似的肤体
柔得月光光波似的垂首
我调皮一笑
他说是方鸿渐眼里
唐晓芙的娇柔笑靥
他有点放肆，真有点坏！
可刚才我为什么打开伞
伞内笑语伞外关爱
让那滴彩色雨不停地在前面闪烁？

叮铃铃，叮铃铃
惊醒梦中人
怅望窗外起伏山峦
脑中一片翠色森森
昨晚又一场大雨
雨中彩色引人思索深深
实验室的彩色雨滴
解析出
万古不变、颠扑不灭的
法则、真知、结论；
心灵感受的彩色雨滴
体验出
变动不居、仪态万千的

生命、美感和情性
鱼儿、鸟儿
岂能生活在纯净水、真空里？
江河湖海、天宇森林
清与浊、杂与纯、益与害
险恶的竞争
方能鸟飞鱼跃翱翔搏击
自由生存
如果有“围城”
我们呼唤绿叶葱茏
风光潋滟
自然生态的围城
大千世界的围城！
愿彩色雨滴化为彩虹漫天
不要打湿我现实的衣襟
却沁入我精神家园的心灵
黄昏时抬头看着那漫天的彩虹
很远也很近
有会心的微笑在生命里

幻美之旅

——赠合影“女郎”①

是远古母性社会的记忆，
孩提时代对母腹的依恋？

① 原载《长江文艺》2002年第8期。

还是生活的困窘，生存的挣扎，
险恶人生的欺骗？
亦或是对女性美的追寻，
对男性社会的厌倦？

你拉过科学巨人的手，
带着佛国“涅槃”的信念，
点起一场燃烧自己的大火，
痛苦着，希冀着，
在炼狱中熬煎；
搏斗着，坚持着，
在重组中蜕变。
看，新的声、色、光、影旋转闪耀，
幻美女身与真实悲剧同时显现！

像湄南河上的暴风雨，
只逞着一时的疯癫，
如是拉差雨林的繁花，
仅辉耀着短暂的美艳。
你的生命只有常人的一半，
你的青春又只有常人的一半的一半。
你被称为“人妖”，
“人”的一切的一切，
你失去的又何止一半？

我看到，
你们用男女的混淆，

冲破男女之大防！
用现代神话，
警醒僵滞与怠倦！
用酷烈的代价，
揭破人性的奥秘，
用静美与妖冶，
赢得观赏与赞叹！
你们取得了“胜利”，
你们创造了“灿烂”。

今夕何夕，
又逢“人”、“妖”联手共狂欢。
狂欢，狂欢，
蓝色摇滚，彩色光环。
生命深层的律动，
灵魂深处的震颤！
狂欢，狂欢，
乐声如潮，节奏强旺，
欲冲决一切隔阂与罗网，
将消除一切不幸和偏见。
狂欢，狂欢，
无数笑脸，极度欢乐，
岂能消掉你心头的愁云？
岂能抹干你眼中的泪涛？

深夜独步在芭堤雅[1]海滨，

---

① 芭堤雅：曼谷南方繁华的海滨城市，被誉为东方的夏威夷。

幻美之旅仍在伸延。
不信此身，
真在佛国心脏，世界大潮一端；
慈航普度，怎不化解人间悲剧？
文明精进，如何反致身心摧残？
偏又金寺座座，黄袍满眼，
文明硕果，与佛结缘，
到处是虔诚与谦和，
到处是崇高和圆满。
“小乘”[①] 教义，
自利、自度、自我解脱是真谛；
现代思潮，
自尊、自强、自我反省是关键；
而你，
殷勤卖笑，浑然不觉，
纵然绝美，却无内涵。
此情此景，
怎不叫人思虑重重，感慨万千！
问眼前大海，海涛阵阵，
望头上星空，神秘幽深。
解脱之途何在？
真美怎留人间？
“斯芬克司”之谜，
仍然费解梦难圆！

---

① 佛教有“小乘佛教”与“大乘佛教”之分。泰国佛教徒80%信“小乘佛教”，与中国佛教徒多信“大乘佛教”不同。

土家“新娘”

——从文“人性小庙”新景

最难忘王村[1]的花烛洞房，
乍见“新郎”，你惊讶稚气的目光；
揭开头巾，
白皙柔嫩的鬓角，
带着山野气息的芳香。
此武陵新景，
可入边城圣手美画廊？

拜谒从文墓[2]，石板路长长，
载着你，山寨吊脚楼飞出的凤凰。
一路上，秀柳迎风，
山鸟鸣啭，欢欣雀跃，
伴着我这两鬓斑白的“新郎”！
土家“新娘”指点乡俗，
映证从文佳构，
唤醒我五十年前湘西长大[3]的故乡情，
而今又喜拥武陵山水做“新郎”。

猛洞河水涨，
抢滩惊险同逐浪；

① 王村，湖西猛洞河畔一小镇。
② 沈从文墓，在湖南湘西凤凰县。
③ 笔者从1940年—1951年在湘西读小学、中学。

换装戏水，涌来一群“乡下人”，
饱啜山川灵秀，乡情浓酿。
你穿草鞋，戴斗笠，
着一身蓝花印染土布装。
葱翠山峦，碧透河水，
似乎一齐涌入、化为你秀色，
活脱脱，
一位俊俏村姑，
潇洒渔娘！

人们笑谈爱恋，婚外情，
那彩色雨，不可触摸的网。
你总似懂似疑，
睁大眼睛，茫然相望；
可谈诗、论美、说古道今，
你感悟新颖，
见解内行。
学苑精进不失山妹子本色，
翠翠、夭夭，
溶入了岳麓[①]的晚钟与书香！

从文山歌豪野粗犷，
引发我们“情话”意绵长。
我说，你多像这
满山花树，亮洁流泉；

① 岳麓山，湖南师范大学坐落在此，“新娘”读大学、研究生均在该校。

你说，那你就是
育树、载泉的大山。
树呵，泉呵，
复活了山的青春，
扮靓了山的形象；
山呵，梁呵，
哺育花们成长，
更时时呵护着它的“新娘”！

明知她已山花有主，
我早绿树成荫，
“梅开二度”纯属虚无幻象；
可这，
原始礼仪，花烛儿戏，
却让我再入从文湘西梦境，
激发游子“归家”的遐想！

愿时光定格在这古朴的
绿色天地，
让生命活水流淌在
无为的自然之乡。
听天籁声音，
那来自水晶宫的脆敏的旋律，
人与自然的交响；
看青春园舞
森林伴着鹿群自由奔跃，

高山大梁托起
攀岩跳涧扑向山巅的
小羚羊！

老境

明知道西行的云即将变成落照，
却要引吭高歌、赋诗长吟，
难道真能声透九霄、响遏行云？
那晚霞不会再向无垠的夜空长殒？

明明老年斑上脸，已到倦乌投林时候，
却那么倾情投入、婆娑起舞，
难道会再有生命的律动、灵魂的震颤？
或从年轻舞伴惊鸿的倩影里，
追索华年，将那逝去的青春召唤？

明明枝枯叶暗，晚桂也已吐出了最后一缕余香，
却要在枕边凉透的秋意中，
谛听磅礴浩瀚肃杀的秋声，
领略无边秋光的凛冽劲健！

明明手指僵慢了，老眼昏花了，
却要攀住电脑女神腾挪变幻的衣衫，
或是外语的复读，异国风光的遐想，
此生此世有多少急需弥补的遗憾！

明明一生的积累将有新的爆发、创获，
却血流迟滞了、心搏异常了、肌体蚀损了，
然而仍如搏海的老渔夫，
将手中渔叉一次次高举，
投向那迎面扑来的自然的杀手，
即使躺下也要将生命的渔舟驶回港湾！

2004 年 10 月初稿，2005 年 6 月修改

六、挽联唁电

挽 联

（排名不分先后）

才气纵横论鲁郭评沙汀阐释经典交友时贤文章雄隽妙天下
性情浪漫吟新诗唱妙曲滋兰九畹树蕙八千襟怀坦荡泽杏坛

戴建业（华中师范大学文学院教授）

是男子汉，何惧吟风弄月，夫子情圣；
有真性情，不惮露才扬己，先生至人。

於可训（武汉大学文学院教授）

滋兰树蕙为学术诸贤后劲
桂山烟雨问先生何地吟诗

温儒敏（北京大学中文系教授）

夺席谈经　公为中原祭酒
轻歌曼舞　世传大块文章

陈思和（复旦大学文学院教授）

赤子已去叹如今何处觅真人
诗文犹存感四时湘楚有英灵

李怡（北京师范大学文学院教授）

千载诗书沐后学，
满园桃李哭先生。

秦方奇（平顶山学院新闻与传播学院教授）

黄花浪漫，词里先生无心瘦；
秋水长怀，诗样师尊是圣君。

刘醒龙（武汉市作协主席）

东湖洒泪弟子怎忘教诲师恩浩荡

桂子顿首学界且思书业义理永存

苏春生（山西大学文学院教授）

五十年现代学术建树燕园识荆扬鲁播沙君正健

近百载理论批评治史桂山论诗落红飞绿穹亦空

吴福辉（中国现代文学馆副馆长）

高文留传　犹记随时诗兴　毕生讲学至终时　鹤发童心永不朽

当年问学　教泽感念之深　初冬惊寒来噩耗　高山失仰憾无穷

李今（中国人民大学文学院教授）

学识富厚，才见卓著，治现代文学兼文学批评，堪称勋业辉煌；

诗性澎湃，天性自然，为一代学者又学者诗翁，可谓当代真人。

朱寿桐（澳门大学人文学院教授）

撰春秋史，传五四风，领时尚气象，庄谐浑成大师矣

育栋梁材，结忘年交，通古今诗情，悲欣交集斯人矣

秦群燕（华中师范大学规划办主任）

七十六春秋多少浪漫情怀斯人已逝歌谁吟

半个多世纪无数传奇故事音容犹在情何堪

范军、黄晓玫（华中师范大学出版社社长、华中师范大学副校长）

笔耕一辈子，文论如山，叹残诗未编，暮年逢人悲老境

情定三生石，青春似火，盼芳草常绿，仙妹洒泪祭翁灵

李遇春（华中师范大学教授）

沙也鲁也郭也解悟经典执着文史学术

咏兮歌兮舞兮挥洒性情难舍浪漫人生

谭邦和（华中师范大学教授）

桂苑达人盛世献才艺唱曲赋诗跳舞音容宛在曼歌我和你

湖湘俊逸弱冠弄文学评郭论鲁播沙文章永存君别参与商

刘兴林（华中师范大学教授）

黄鹤西去，赤子何寻，桂花犹迷听曼语

白雪北宋，真人不在，弟子衔悲送君行

华师中文系 80 级

其一

鹤驾西去，世间真人性格几稀，曼语君容思智者

悲从中来，学界赤子情怀日少，茶肝酒胆奠先生

其二

先生已逝，名士风流成绝响

后学可哀，诗文寂寞抚遗篇

其三

驾鹤远游，浪漫诗魂留桂苑

振衣长行，铿锵风骨映华师

陈平骊（华师中文系 84 届学生）

唁 电

（排名不分先后）

华中师范大学文学院：

惊悉黄曼君教授仙逝，不胜哀感！黄曼君先生参与了中国现代文学研究会的创建，先后担任理事、常务理事、名誉理事，并兼任《中国现代文学研究丛刊》编委，为学会工作付出了无量心血。黄先生青年时代即投身现代文学研究，在鲁迅、郭沫若、沙汀等作家研究、新诗研究、思潮研究与20世纪文学理论批评研究等领域卓有建树，享有盛誉。黄先生教书育人，呕心沥血，为现代文学学术队伍的成长、壮大作出了重要贡献。先生虽已远行，但音容笑貌如在眼前，学术与创作生命之树常青。

请黄曼君先生亲人节哀顺变，保重身体！

——中国现代文学研究会

华中师范大学文学院：

惊闻黄曼君先生不幸逝世，不胜悲痛。黄曼君先生在中国现代文学研究领域成就卓著，他的逝世，是学界的重大损失。我谨代表南京大学文学院并以我个人名义对黄曼君先生的逝世表示深切哀悼并向贵院以及黄曼君先生的家属表示诚挚慰问！

——南京大学文学院　丁帆

华中师范大学文学院：

惊闻黄曼君先生辞世，我深表哀悼。黄兄在现代中国文学研究上颇多建树，蜚声中外。他的逝世是中国现代学术史上的一大损失。

——山东师范大学　朱德发

华中师范大学文学院：

从王泽龙教授刚刚打来的电话里得知，友人黄曼君教授，于今日中午因病溘逝，我不禁感到一种震惊与悲痛。黄曼君教授于中国现代文学和文学理论的研究，作出了不懈努力，成就卓然。自80年代初起，在鲁迅、郭沫若、闻一多、现代文学研究等学术会议上，我们相互认识，多次交往，他曾邀我到华中师范大学讲学，参加博士论文答辩，相互切磋学术。我们多次一道参加学术会议，参观游览，共同度过了很多难忘的时光。他是一个忠于自己专业，并能够不断开拓新境的优秀学者。他富有理性的思考和浪漫的激情，具有诗性的才华。我曾多次听到过他朗诵和背诵自己的诗篇，很长的一首诗竟一字不错，记忆让我惊讶不已，朗诵、唱歌里，充满了青春豪情和天真气质。他年逾六旬后，仍不断渴望突破自己，努力于探索学术研究新境界，攀登新高峰，且获得了喜人的学术成果。他竭尽全力培养学生，为造就一批批新的人才，付出自己诚挚的心与血。黄曼君教授的离世，中国现代文学研究界失去了一个辛勤的耕耘者，华中师大文学院失去了一位好师长，我们失去了一位热诚的友人。于此沉痛之时，谨愿黄曼君灵魂安息！亦恳转达望黄曼君先生的家属节哀，多加珍摄！

——北京大学中文系　孙玉石

对黄曼君先生的不幸逝世表示沉痛悼念，对黄先生家属表示诚挚慰问。黄先生一生献给了中国现代文学研究事业，取得了杰出成就，为中国现代文学研究作出了重要贡献。黄先生的不幸逝世是中国现代文学研究界的巨大损失。愿黄先生安息。

——中国海洋大学文学院　温奉桥

惊闻黄先生去世的噩耗，我们深表悲痛！

——河南大学文学院　刘进才

华中师大文学院胡亚敏院长及其他领导老师：

惊悉黄曼君先生去世，悲痛之至。黄先生是我国著名现代文学专家，也是我的老师，我谨代表中国传媒大学文学院，也以我个人名义学生身份，悼念黄老师，并向黄老师家属表示慰问。因我在外地开会，不能亲往武汉参加悼念活动，愿黄曼君先生安息。

——中国传媒大学文学院　张鸿声

斯人仙逝。沉痛哀悼。

——福建师大文学院　席扬敬挽

非常悲痛，祝黄老师一路走好！

——广州大学文学院　哈迎飞哀悼

《中国现代文学研究丛刊》及其同仁向黄老家人致哀，并请代献花圈为感。

——傅光明致谢

苏州大学文学院和现当代文学学科将发唁电过来。

——苏州大学　汤哲声

惊闻黄曼君先生去世，深感悲痛！黄先生的辞世是现代文学研究界的一大损失！请向黄先生家属、弟子转达我的哀悼之意，并请他们节哀顺变！

——南开大学文学院　耿传明

闻噩耗而色变，遂和李西建院长一起，匆拟唁电一通以表哀思，并请转达：

华中师范大学文学院暨黄曼君先生家人：

惊闻噩耗，悲从中来！黄曼君先生的逝世，是学术界的巨大损失！先生一生治学严谨，著作等身，见地非凡，影响广远，教书育人，桃李满园，堪为楷模！我院同仁同声哀悼黄曼君先生；学界深切怀念黄曼君先生；陕师大同仁感谢和追念黄曼君先生！愿华师大同仁及黄曼君先生家人节哀顺变，多多保重！

——陕西师范大学文学院

华中师范大学文学院：

惊闻我国著名学者黄曼君先生因病不幸逝世，深为悲痛，特致电表示深切哀悼。黄曼君先生一生精勤不倦，治学严谨，为中国现代文学的发展作出了重大贡献，他的不幸逝世是学术界的一大损失。请转达我们的深深哀悼之意并向黄曼君先生的家属表示慰问之心，望节哀顺变，保重身体。

肃此电达。

——河北大学文学院

黄曼君先生治丧委员会：

并陈菊先老师：

惊悉敬爱的黄曼君先生不幸因病逝世，不胜悲痛！谨在此表达我院师生及我个人最诚挚的哀悼！

黄曼君先生是我院兼职教授，也是我在华中师范大学中文系学习期间的指导老师，多年来，聆听先生诗情洋溢的教学和海阔天空的议论，先生的音容笑貌，至今记忆犹新！正是在先生的指导和引荐下，我得以步入中国现当代文学研究的大门！

先生的赤子情怀、高尚人格、敬业精神和学术追求以及对学生的无私关爱令弟子永远铭记在心，并将永远指引和鼓舞着我们更好地做人、从教和为学！

黄曼君先生永远活在我们心中！

特电慰问！

——中南财经政法大学新闻与文化传播学院长、教授胡德才

华中师范大学文学院：

惊悉黄曼君教授不幸逝世，深感悲痛。黄曼君教授是中国现代文学研究界卓有成就的前辈学者，他的离去，是中国现代文学研究领域的重大损失。对黄曼君教授的逝世，我们表示深切的哀悼，并请转达对黄教授家人的慰问。

——南京大学中国现代文学研究中心

华中师范大学文学院：

惊闻黄曼君教授病逝，深感悲痛！08 年黄先生在白洋淀的笑貌如在目前，歌犹在耳。谨通过贵院向黄先生家属表示深切哀悼。

——河北大学文学院　阎浩岗

华中师范大学文学院：

惊悉噩耗，山东师范大学中国现当代文学学科全体教师对黄曼君教授的逝世表示深切的哀悼！对于黄曼君教授的中国现代文学研究成就表示深深的敬意！望黄曼君教授全家及其弟子节哀、珍重！

黄曼君教授千古！

——山东师范大学中国现当代文学学科

惊闻黄曼君教授因病医治无效，于今日中午12时逝世，我们感到十分悲痛。黄曼君教授是中国现代文学学科建设史上第二代的著名学者，对中国现当代文学学科的发展作出了重要贡献，尤其是在郭沫若研究、中国现代浪漫主义文学研究、中国现代文学理论批评史研究方面，他取得突出的成果，在学术界享有盛誉。黄曼君教授的逝世，是中国现当代文学研究界的一大损失，我们在此表示沉痛的哀悼，请黄曼君教授的亲属节哀。

——武汉大学文学院

黄曼君先生治丧办公室：

惊悉黄曼君先生仙逝，非常震惊！

黄曼君先生是我国著名的文学批评家及文学理论批评史研究专家，也是为高校教育事业作出突出贡献的优秀专家。先生一生工作认真、学问严谨、为人坦荡、勇于创新、著作甚丰，在学界享有很高的盛誉。先生在鲁迅研究、郭沫若研究等方面有着独到的造诣，尤其是先生主编的《中国20世纪文学理论批评史》，准确系统地勾勒出了20世纪文学理论批评的世纪风貌，将20世纪中国文学理论批评上升到史的高度，极大地推进了中国现当代文学的批评和理论研究，该书已经成为中国现当代及文学理论学科的重要参考书籍。

黄曼君先生的逝世是我国中国现当代文学研究界的重大损失！祈望先生家属节哀顺变，保重身体！

黄曼君先生千古！

——河南师范大学文学院

得悉黄曼君同志因病不幸逝世，深为悲痛，特致电表示深切哀悼，并向黄曼君同志家属表示沉痛悼念和诚挚慰问。望忍痛节哀，保重身体。

肃此电达。

——咸宁学院人文学院

黄曼君先生治丧委员会：

惊悉黄曼君先生逝世，我们不胜悲痛，谨以至诚电唁。先生一生精勤不倦，奋斗不息，造诣之深世所公认，堪称品格高尚，博学多才的学术之辈。诚挚悼念先生之英灵：千年不朽，万古流芳！

——浙江师范大学人文学院中国现当代文学学科

黄曼君先生治丧委员会：

得悉黄曼君先生逝世，深为悲痛，特致电表示深切哀悼。先生治学严谨，造诣益邃，提携后学，培养了很多优秀人才，他的不幸逝世是学术界的一大损失。黄曼君先生千古！

——浙江师范大学人文学院

惊悉我国著名现代文学研究家、文艺理论家、诗人不幸逝世，谨表沉痛的哀悼和深切的怀念！

——复旦大学　朱立元、王文英

江汉大学人文学院全体师生深表哀悼！请家属节哀。

——江汉大学人文学院

华中师范大学文学院黄曼君先生治丧委员会：

惊悉曼君黄先生仙逝，不胜悲痛，谨向曼君先生家属和亲人表示诚挚慰问。曼君先生千古！

——华南师范大学文学院　袁国兴

胡院长并转黄曼君教授治丧委员会：

惊悉黄曼君教授不幸逝世，澳门大学中文系至深哀悼。本人特杜撰一联，不求工细，只以表后学敬仰之意：

学识富厚，才见卓著，治现代文学兼文学批评，堪称勋业辉煌；

诗性澎湃，天性自然，为一代学者又学者诗翁，可谓当代真人。

——澳门大学中文系主任　朱寿桐敬挽

悼曼君师

惊悉曼君师仙逝，不胜悲痛

廿五年前，有幸拜先生为师

两载教诲，几度重逢，音容笑貌，如在眼前

学术成就如山，学生遍布九州

先生你不该走，我们离不开你，中国最后一个浪漫派，武汉今夜悲凉

师母节哀顺变，我们还会去看你，也是看先生，先生永远活在我们心里

——弟子陈方竞、熊家良敬

沉痛悼念敬爱的黄曼君教授！

——广西师范大学文学院　雷锐敬挽

请黄老师一路走好！

——中国社会科学院文学所研究员　董之林

华中师范大学文学院转黄曼君先生家属：

惊悉黄曼君先生逝世，学界震悼。著名诗人余光中曾为黄老贺寿诗云：率性而行，风神何让魏晋；从心所欲，议论不拘古今。从此桂子山再也听不到那位高迈潇洒、魏晋风骨学者的歌声，莘莘学子痛失他们最敬仰的导师。黄老才华横溢，治学严谨，精勤不倦，终生痴心文学，其学术造诣之深世所公认。黄先生生前曾到我院讲学，提携后生，其情其景，宛在眼前。他的不幸逝世是我国文学界和学术界的一大损失！请转达我院的哀悼之意和向黄老家属表示深切慰问，并望节哀保重。顺致

敬礼

——洛阳师范学院文学与传媒学院

华中师范大学文学院黄曼君教授治丧委员会：

惊闻我国著名文学史家黄曼君教授不幸谢世，噩耗传来，全体教师无

不痛惜！

黄曼君教授是我们敬仰的学界前辈，其著作滋养了无数的后学；黄教授开朗达观的生活态度，也是我们学习的榜样。2008年黄教授来我校讲学授业，音容笑貌，记忆犹新。他的去世是中国现当代文学研究界的一重大损失，特此致电，深表悼念，并请向家属转达我们的哀思和慰问。

——河南大学文学院现当代文学教研室

华中师范大学文学院：

惊悉黄曼君教授不幸病逝。黄先生长年精研中国现当代文学，出版了大量论著，作出了卓越贡献。他的逝世不仅是华中师范大学的重大损失，也是中国现当代文学学科以及整个中文学科的重大损失。谨致沉痛哀悼，并祈家属节哀。

——复旦大学中文系

华中师范大学文学院：

惊悉黄曼君教授逝世，不胜悲痛！黄教授长期研究中国现当代文学，治学严谨，成果累累。他的逝世是中国现当代文学研究界的一个重大损失，谨此致以深切的哀悼！

——上海华东师大中文系　陈子善

华中师范大学文学院黄曼君先生治丧委员会：

惊悉黄曼君先生遽而仙逝，不胜悲悼，谨此表达本院同人的哀悼，并请向黄先生的家属转达我们诚挚的慰问，敬祈节哀。

——福建师范大学文学院

华中师范大学文学院：

惊悉黄曼君教授不幸辞世，甚为悲恸。黄教授是当代著名学者，他的逝世也是学界的一大损失。我们谨表示沉痛的哀悼，并请贵院转达我们对黄曼君教授亲属的慰问，望节哀顺变。

——苏州大学文学院

华中师范大学文学院：

惊闻黄曼君教授辞世的噩耗，深感悲痛。黄曼君教授研究中国现当代文学，成就卓著，是当代杰出学者，他的辞世是学界的重大损失。哲人其萎，哀悼同深。谨向你们和黄曼君教授的亲属表示诚挚的慰问，望节哀顺变。

——苏州大学文学院中国现当代文学学科

华中师范大学文学院：

惊悉黄曼君先生不幸逝世，深感悲痛。黄曼君先生在郭沫若研究领域卓有成就，中国郭沫若研究会特向你们并通过你们向黄曼君先生亲属表示深切哀悼。

——中国郭沫若研究会

华中师范大学文学院暨黄曼君先生家人：

惊闻噩耗，悲从中来！黄曼君先生的逝世，是学术界的巨大损失！先生一生治学严谨，著作等身，见地非凡，影响广远，教书育人，桃李满园，堪为楷模！我院同仁同声哀悼黄曼君先生；学界深切怀念黄曼君先生；陕师大同仁感谢和追念黄曼君先生！愿华师大同仁及黄曼君先生家人节哀顺变，多多保重！

——陕西师范大学文学院院长　李西建

华中师范大学文学院黄曼君教授治丧委员会：

惊悉黄曼君教授不幸逝世，噩耗传来，文学院全体师生深感悲痛！

黄曼君教授是我国著名文学史家、文艺批评家，多年来在学术界辛勤耕耘，著作等身，桃李满园，影响了几代学人。他的去世是学术界的重大损失，我们痛失了一位好老师、好长者，特此致电，寄托哀思。我们谨向贵院并通过贵院向黄曼君教授的家属表达沉痛的悼念和诚挚的慰问！

——河南大学文学院

华中师范大学文学院黄曼君教授治丧办公室转：

惊悉黄先生逝世，不胜哀悼。“中国最后一个浪漫主义者”的离去，让中国现当代文学界失去了一道最美丽的风景。黄先生学术成就卓著，品格高尚，素为我所敬仰。谨表示最深切的悼念。永远怀念黄先生对青年学者朋友般的关怀和精心培育。

——西南大学文学院　王本朝

华中师范大学文学院黄曼君教授治丧办公室：

惊悉黄曼君先生病逝，深为哀痛。黄先生为我国著名中国现当代文学专家，博士生导师。先生对中国现当代文学和中国20世纪文学理论批评史的研究，在海内外享有盛誉，黄先生性情真纯，诲人不倦，培养了一大批品学兼优的优秀学者，为我国教育事业和学术事业作出了重要贡献。他的去世，是我国中国现当代文学界和教育界的一大损失。黄先生生前对西南大学文学院及学科建设给予了非常多的支持和关心，与我院学人交谊至厚。伊人溘然长往，临风追怀，曷胜惘然。愿先生安息，请家属节哀。

——西南大学文学院

华中师范大学文学院：

惊悉黄曼君教授不幸仙逝，深为悲痛。先生高深的学术造诣，笃实的学风，学界有口皆碑。先生的辞世是学术界的重大损失。在此谨向你们和黄先生家属表示沉痛的哀悼和诚挚的慰问。

——暨南大学文学院

华中师范大学文学院：

惊悉黄曼君教授不幸仙逝，深为悲痛。先生高深的学术造诣，笃实的学风，学界有口皆碑。先生的辞世是学术界的重大损失。在此谨向你们和黄先生家属表示沉痛的哀悼和诚挚的慰问。

——暨南大学文学院中文系

华中师范大学文学院：

惊悉黄曼君教授不幸逝世，深为悲痛。谨向你们和黄先生家属表示沉痛的哀悼和诚挚的慰问。

——暨南大学文学院蒋述卓、王列耀、饶芃子

黄曼君先生治丧委员会：

惊悉华中师范大学文学院博士生导师、中国现当代文学学科带头人、著名学者黄曼君先生不幸病逝，湖南师范大学文学院师生、中国现当代文学学科全体同仁特向黄曼君先生致以深切的哀思，并向黄曼君先生的亲人和家属致以亲切的慰问！

黄曼君先生1935年出生于湖南株洲，生前十分关心和支持家乡的建设和发展，对湖南师范大学文学院尤其是中国现当代文学专业给予了极大支持和无私帮助。我们为有这样一位好老乡而感到骄傲和自豪，我们为失去这样一位好老师而感到震惊和悲痛。

黄曼君先生处事积极稳健，待人坦诚浪漫，著述丰厚，他的师德风范和学术成果将会永远影响我们，我们会永远怀念他。

黄曼君先生千古！

——湖南师范大学文学院

华中师大文学院黄曼君先生治丧委员会：

惊悉黄曼君老师因病不幸逝世，深感惋惜和悲痛！作为学生，我为老师的人格魅力折服，也为老师笔耕不辍的精神所激励！我们失去了一位率性而为、心襟坦荡的良师益友，母校华师和学术界也失去了一位特立独行的杰出学者！先生驾鹤西去，音容永留人间！

敬请陈菊先老师节哀并善为珍重。

——南京师范大学文学院　王晖

华中师范大学文学院胡亚敏院长转黄曼君先生夫人陈菊先教授：

惊悉黄曼君先生不幸病逝，深感悲痛！黄曼君先生的逝世使我们失去了一位好师长、好朋友。由于远在大洋彼岸，不能前来参加先生的告别仪式，特致函表达我们的哀思，请陈菊先教授及家人节哀！

——黄小群、张新于美国堪萨斯城

黄曼君先生治丧委员会：

惊悉黄曼君先生仙逝，甚为悲痛！黄曼君先生为中国现代文学研究作出了杰出的贡献，他的逝世是现代文学学科的重大损失。谨以此信表达对他的哀思。

——中国人民大学　高旭东

华中师范大学文学院暨陈菊先老师：

惊悉尊敬的黄曼君先生不幸辞世，谨致无限哀悼之意，并请陈菊先老师节哀保重。

先生之风，山高水长。深切缅怀黄曼君先生！

——香港　傅天虹
澳门理工大学　庄文永
北师大珠海分校　胡西宛

华中师范大学文学院：

惊悉黄曼君教授因病不幸仙世，深感悲痛和惋惜，谨以至诚电唁。先生学术造诣之高，个性之率真乃众口皆碑。对黄曼君教授的逝世，我们表示深切的哀悼，并请传达对黄教授家人的诚挚慰问。

——武汉高德信息产业有限公司

华中师范大学文学院：

惊闻黄曼君先生去世，我们感到十分悲痛！谨通过你们向黄曼君教授的家属表达我们诚挚的问候！

黄曼君教授在学术界享有盛誉，在教育界德高望重。他从教几十年硕果累累，桃李满天下。其影响不仅在华师，还在全省，甚至全国。我们黄冈师范学院文学院的老师大多聆听过黄老师的教诲，对黄老师那诲人不倦的音容笑貌记忆犹新，对黄老师那生命不息、著述不辍的学人风范感佩至深。

黄曼君教授去世，不仅是华师的重大损失，也是我们黄冈师范学院文学院的重大损失！我们愿继承先生遗志，积极执救，潜心治学，将黄教授的精神发扬光大。

愿黄曼君教授安息！

——黄冈师范学院文学院

华中师范大学文学院：

惊悉原华中师范大学中文系主任黄曼君先生不幸辞世，特向黄曼君先生致以深切的哀思和悼念，向他的家人和亲属致以亲切的慰问。黄曼君先生毕生从事教育和学术研究工作，为教育事业作出了重大贡献，他的逝世是学术界和教育界的重大损失。

黄曼君先生千古！

——江西师范大学文学院

附：七十寿辰寿联

贺黄曼君教授七秩华诞：

率性而行，风神何让魏晋
从心所欲，议论不拘古今

二〇〇五年六月十八日

余光中（著名诗人、香港中文大学教授）

贺黄曼君先生七十寿辰：

六月十八，黄师大寿；
虽云古稀，青春依旧；
咳唾成珠，文章锦绣；
栉风沐雨，情随神游；
鲁郭巴茅，亦师亦友；
雅俗共赏，三教九流；
春风桃李，弦歌作酒；
智者常乐，仁者无忧！

方宁（《文艺研究》主编）

“黄曼君先生70寿辰暨执教50周年学术研讨会”会议筹备委员会负责同志：您好！邀请函我已收到。不过，我因要赴北京开会，不能亲临恭贺，乞谅！现草留以下短言：

出类拔萃著述丰，
立德立言亦立功。
精彩绝艳难并能，

名踰金石为世雄。

恭祝黄曼君教授七十寿辰!

曹顺庆（四川大学文学院教授）

贺黄曼君师七十寿辰：

兼收儒释道

融合真善美

二〇〇五年五月十四日

王富仁（北京师范大学教授、汕头大学教授）

七、生平年表

黄曼君教授生平简介

华中师范大学文学院

黄曼君，1935 年 5 月 30 日出生，湖南湘潭人。中国共产党党员，华中师范大学文学院二级教授、博士生导师、中国现当代文学学科带头人。黄曼君教授于 2010 年 11 月 22 日 12 时零 7 分因病不幸逝世，终年 76 岁。

中学时代，黄曼君师从鲁迅先生的学生向培良，对文学产生浓厚兴趣，并开始发表作品。1952 年 9 月，黄曼君进入华中师范学院中文系学习。1956 年 8 月毕业留校任教，同年加入中国共产党。1962 年晋升讲师。此后曾作为知名青年学者被选拔到中国社会科学院文学研究所进修，师从唐弢先生，并参与了唐弢先生主编《中国现代文学史》的编写工作，在中国现代文学研究界崭露头角。1978 年晋升副教授，为全国首届招收中国现当代文学硕士研究生的导师之一，并于次年被国务院学位委员会批准为硕士生导师。1986 年晋升教授，1992 年被批准为国务院政府特殊津贴专家。1993 年被国务院学位委员会批准为博士生导师，为华中师大文学院第一个博士点的创始人。黄曼君教授历任教研室主任、中文系主任、华中师范大学文学研究所所长和名誉所长、华中师大学术委员会委员、国家级精品课程负责人等。黄曼君教授积极参加各种学界活动和社会活动，先后担任中国当代文学学会副会长，中国现代文学学会常务理事、名誉理事，中国曹禺研究学会副会长，中国闻一多研究学会副会长、名誉理事、顾问，中国闻一多基金会理事，中国鲁迅学会理事，中国郭沫若研究学会理事，湖北省文学学会副会长、顾问，湖北省现代文学学会会长，湖北省文艺理论家协会顾问，湖北省毛泽东诗词研究会顾问等；此外，亦曾担任湖北省社会科学联合会委员、湖北省社会科学院特约研究员、武汉市文联特约研究员、深圳市社会科学院特聘研究员、四川郭沫若研究中心学术委员会学术委员、中国作家协会会员，以及华中科技大学、中南财经政法大学、郑州大学、海南大学、惠州大学等大学兼职教授。

黄曼君教授学养深厚、治学勤奋，勇于开拓创新，在中国现当代文学多个领域或方向卓有建树，其中尤以三大贡献或成果蜚声海内外学界：其一，以鲁迅、郭沫若、沙汀研究为代表的中国现代作家作品研究。20 世纪 80 年代初，黄曼君教授出版其第一部专著《论沙汀的现实主义创作》，从审美、文化、历史多重视角对沙汀的现实主义创作特色进行了独特而深入的研究，为“文革”结束后中国现代文学研究领域首批引人注目的成果之一。其后，黄曼君教授在鲁迅研究、郭沫若研究中不断取得新的成果，其著作《中国现代文坛的“双子星座”——鲁迅、郭沫若与新文学主潮》在学术界引发广泛的关注和影响。其二，以 20 世纪中国文学批评史为标志的中国现当代文学理论批评史研究。90 年代以来，黄曼君教授与时俱进，不断开拓新的学术领地。他在 20 世纪中国文学史研究，尤其是 20 世纪中国文学理论批评史研究诸领域取得了一批重要成果。他主编的《中国近百年文学理论批评史》、《毛泽东文艺思想与中国文艺实践》、《中国 20 世纪文学理论批评史》等，作为国家社科重点项目或教育部重大项目，填补了上述领域或方向的空白。黄曼君教授对中国 20 世纪文学理论批评多元互补、共生交融的基本格局的描述和论证，已为当今学界普遍接受的共识。其三，以现代文学经典化问题和传统文学资源问题为聚焦点的专题研究。在最后 10 年中，黄曼君教授的学术生命不仅没有丝毫的减退，反而愈老弥坚、更加灿烂。他关于中国现代文学经典化问题的研究，关于中国现代文学语境中的古代文学资源的研究，力图打通古今和学科疆域，从多重视角透视了中国现代文学经典形成的特殊规律和价值，鞭辟入里地论证了中国现代文学何以形成伟大传统的问题。由此，对新世纪语境中中国现代文学学科的发展产生了深远的影响。黄曼君教授生命不息、学术耕耘不止。仅在这最后的 10 年里，黄曼君教授主持了 2 项国家级、3 项省部级项目，在《中国社会科学》、

《文学评论》、《文艺研究》等杂志上发表论文60余篇，出版专著、教材、论文集6部，取得了令人瞩目的学术成果。

黄曼君教授更是一位把毕生心血献给教育、教学和学生的令人尊敬的名师。他在桂子山执教半个世纪之久，以学为尊、以生为本，是他孜孜以求的价值理念。新时期以来，他开设了十几门本科、硕士和博士课程，培养了近二十位博士、百多名硕士以及其他众多不同层次的学生，获得10余项教学成果奖。直到去世前，黄曼君教授还辛勤工作在教学一线，参加各类教研活动，承担各种教学任务，指导来自海外、境外的研究生。

黄曼君教授的逝世，是华中师范大学的重大损失！是中国现当代文学界的重大损失！对于黄曼君教授的不幸逝世，我们深表哀悼！深感痛惜！

黄曼君教授千古！

（周晓明执笔）

黄曼君年表

黄海晴　陈菊先

1935 年　1 岁

5 月 30 日出生于湖南鄜县，学名黄曼君，小名成蛟、达达，曾用笔名毅军、黄毅军，祖籍湖南湘潭县株洲镇黄皮田。父黄鸿元，母胡杏元。

父亲黄鸿元从长沙著名的明德中学高中毕业后，考入邮政局邮务佐，分派到湖南山区小县开办邮局，先赴华容，到鄜县赴任期间，黄曼君出生。生活居所随父亲工作的调动变化。

有兄铁君，弟成平、成湘、成勋。

1936 年至 1940 年　2 岁至 4 岁

在泸溪，生活到四岁。

1940 年至 1946 年　5 岁至 11 岁

1940 年 8 月起，在茶峒读小学。1943 年 8 月起，在泸溪读小学。夏丏尊翻译的亚米契斯《爱的教育》是黄曼君童年时代的教科书，父亲总是动情地为他讲述里面的一个个故事，这一部伟大的爱的经典浸润了他的一生。

1946 年至 1949 年　11 岁至 14 岁

1946 年 8 月至 1949 年 8 月，在湖南沅陵朝阳中学读初中。这所教会学校里的唱诗班音乐，外籍教师纯正悦耳的英语口语，都是他人生的乐音。

1949 年至 1952 年　14 岁至 17 岁

1949 年 8 月至 1952 年 8 月，在湖南沅陵省立中学读高中。在这所中学，他曾受教于鲁迅的学生向培良，习作由此起步，在湖南报纸《湘西日报》以及《湖南日报》上发表诗歌、通讯、散文、评论文章三十余篇。

1950 年加入中国新民主主义青年团。

1952 年至 1956 年　17 岁至 21 岁

1952 年 8 月至 1956 年 8 月，就读于华中师范学院中文系。

1956 年 8 月，毕业留校任助教，同年加入中国共产党和湖北省工会联合会。同年任教研室副主任。

大学期间，在校院刊上发表《鲁迅先生笑了》、《学习鲁迅严于解剖自己的革命精神》等文章十余篇。

1956 年至 1958 年　21 岁至 23 岁

毕业留校不久，第一次上讲台，为本科毕业班 54 级上课 12 节。后又分赴湖北沙市、宜昌、恩施函授，对象为高中语文教师、教导主任、校长，每地五天，每天八节，计 120 节。是华中师范学院高等教育服务基础教育，突出师范特点，函授史上首批开拓者第一人。

教学五十多年，一直潜心致力于教学和科研。本科教学中，开过的课程类型层次多。涉及基础课的，如中国现代文学史；涉及选修课、专业基础课和专题研究课的，如郭沫若作品选讲或郭沫若与 20 世纪新思潮、沙汀的创作道路或沙汀与 30 年代文学、鲁迅研究与新文学的范式转换、世界浪漫主义文学的发展与中国新文学、读书指导等等，从实践中概括出“以美引真臻于善”的教学思想。该课题荣获国家级教学优秀奖。

1959 年　24 岁

第一篇正式论文《五四时代精神的号角——论郭沫若的〈女神〉在中国新诗史上的地位》发表，载《长江文艺》1959 年第 5 期。

《革命现实主义与新评书的形象世界——读长篇小说〈烈火金刚〉》，载《华中师范学院学报》1959 年第 1 期。

6 月 6 日，《谈诗的构思》，载《湖北日报》1959 年 6 月 6 日。

6 月 24 日，《动人心弦的历史剧——〈蔡文姬〉》，载《长江日报》1959 年 6 月 24 日。

12 月 24 日，《崇高的英雄性格——读冯德英新作〈迎春花〉》，载《长江日报》1959年12月24日。

本系本科教学和外地函授教学，计204节。

1960年　25岁

本系本科教学及本地和外地函授教学，计258节。

1961年　26岁

1961年，升为讲师。

5月，赴北京参加中宣部、教育部组织的高教文科国家级教材编写工作，为唐弢主编的《中国现代文学史》的编写人员之一，集中住中央党校。周扬等领导人专门组织王朝闻、吴组湘、何其芳、刘绶松等著名专家为青年编写人员授课。编写中，黄曼君挤时间研读美学和古典文论著作。

1962年　27岁

1962年，《反帝硬骨头精神的颂歌——〈甲午风云〉观后》，发表于《武汉晚报》。

9月，华中师范学院中文系集体编写的《中国当代文学史稿》由科学出版社于1962年9月出版，黄曼君为编写组领导小组成员，全书最后审订工作的主要参加者之一。执笔写了约五六节。

10月21日，《新颖别致发人深省——读晦庵的〈书话〉》，载《湖北日报》1962年10月21日。

1963年　28岁

师从唐弢，在中国社会科学院文学研究所进修。唐弢先生对其指导时，再三强调写好论文的重要性，那时（“文革”前）文学研究所对研究人员的一个重要要求是每年要扎扎实实写好一篇有分量的论文。

6月1日，与教师陈菊先结婚。

6月14日，《从赵树理的小说看文艺如何为农村服务》，载《湖北日报》1963年6月14日。

《〈创业史〉的长篇结构和人物描写》，载华中师范学院《科学研究论文集》1963年第1期。后收入《〈创业史〉评论集》，陕西人民出版社1980年7月出版。

1964年　29岁

在中国社会科学院文学研究所现代文学组继续编写教材。

《评田凯国的小说》，载《长江文艺》1964年第2期。

《开广的政治幅度，深远的历史高度》，载《长江文艺》1964年第5期。

1965年　30岁

本科教学120节。

参加农村“四清”。

1966年　31岁

大约2月，出席中南局第一书记陶铸在广东从化主持召开的中南地区高校优秀青年文艺工作者座谈会。

2月25日，大儿子黄念南出生。

1966年5月至1976年10月，在这长达十年的“文革”期间，工作之余，黄曼君除了对着曲谱学唱《样板戏》，翻阅《红楼梦》、《水浒传》、《西游记》、《三国演义》、《聊斋志异》和《基督山伯爵》等小说外，把精力主要放在研读马恩列毛经典原著和本专业的经典作品上，如《共产党宣言》、《国家与革命》、《法兰西内战》、《哥达纲领批判》、《劳动在从猿到人转变过程中的作用》、《反杜林论》和《德意志意识形态》等著作。精读完《毛泽东选集》一至四卷、《鲁迅全集》一至十卷。书上留下了他勾划、批注的思维印迹。

1968年　33岁

12月22日，小儿子黄海晴出生。

1969年至1970年　34岁至35岁

借调到湖北省委，在“湖北省中小学教材编写组”编写语文教材约两年。所编教材已被出版并选用。

1971年　36岁

1月，“文革”中第一批“工农兵”学员进校，黄曼君为其讲授“现代文学”。

5月，在湖北省均县国旗三大队、建始两地开门办学，计60节。

1972年 37岁

5月2日，结婚9年，第一次携妻儿回湖南益阳探望父母。1982年父亲过世时又回过一次。

1974年 39岁

6月12日，《应当重视电影〈武训传〉的讨论》，载《长江日报》1974年6月12日。

10月7日，74级“工农兵”学员进校，任年级组长和书记两年，除上课外，带全年级学工、学农、学军、开门办学，进行“教育革命”，编“十年文学”教材。

《学习鲁迅批孔的革命精神和斗争经验》，载《湖北文艺》1974年第1期。

《评瞿秋白的〈鲁迅杂感选集〉序言》，载《华中师范学院学报》1974年第4期。

《评〈水浒〉的儒、佛、道观点》，载《长江日报》1974年。

1975年 40岁

1975年，主持编写《鲁迅杂文选读》一书，由湖北人民出版社出版。此书编选了鲁迅文章二十篇，每篇均作了评细注释，写了分析解说文章，注意了普及性与学术性。

《谈李贽对封建卫道文艺思想的批刺》，载《解放军文艺》1975年第3期（与曾祖荫合写）。

《鲁迅论〈水浒〉和反投降派的斗争》，载《华中师范学院学报》1975年第3期。

校外课60节。

1976年 41岁

主持编写的《无产阶级文化大革命十年文学（1966年5月—1976年5月）》打印成书，未出版。

12月，在北京，访问沙汀、周海婴。到北京师范大学找杨占升、王德宽、郭志刚借书，到李文保先生处取《收获》复刊第一期。找小贾拿维C、装糖瓶和布票，碰上他们现当代教研室合影，教研室的老师们热情地拉黄曼君一起照，以上宾礼坐在第一排钟敬文先生旁。

1977 年　42 岁

1977 年至 1978 年，借调到中共湖北省委宣传部“湖北省鲁迅研究小组”任副组长，组长由宣传部副部长担任。黄曼君和易竹贤两人主编的《鲁迅论文艺》一书于 1979 年 1 月由湖北人民出版社出版。该书编选了鲁迅论文艺的重要文章如《摩罗诗力说》等十二篇，按文艺论点选取语录七百余条，文章和语录均作了注释，文章还作了详细题示，约 46 万字。

2 月 9 日，《斥姚文元对鲁迅的歪曲和攻击》，载《长江日报》1977 年 2 月 9 日。

2 月 22 日，《鲁迅斥政治流氓》，载《湖北日报》1977 年 2 月 22 日。

湖北人民广播电台讲座《不许“四人帮”破坏鲁迅著作注释、研究、出版工作》，载《湖北广播》1977 年增刊。

1977 年，打倒“四人帮”后第一个夏秋之交，黄曼君正在北京。与严家炎先生同去万寿路中组部招待所看望已从被拘押的场所出来的周扬同志。

1978 年　43 岁

2 月 28 日，《论郭沫若的诗集〈女神〉》，载《华中师范学院学报》1978 年第 1 期。

4 月，《试论小说创作的形象思维》，载《湖北文艺》1978 年第 4 期。

5 月，晋升为副教授。

《“愈老愈是红彤彤”——悼念郭老，读〈沫若诗词选〉》，载《长江文艺》1978 年第 8 期。

9 月，首批现当代文学硕士生入学。华中师范大学现当代文学硕士点是全国首批为数不多的被国务院学位办批准的硕士授权单位，是华中师范学院中文系历史上的第一个硕士点，也是武汉地区现当代文学学科第一个硕士点。同时批准黄曼君教授为该点硕士生导师。在硕士研究生教育中，黄曼君教授注重突出“理论思维训练，理论视野扩展，理论境界提升和第一手文献资料的阅读和研究”。为文学学科的研究生开设的课程为“中国 20 世纪文学理论批评史”。授课时，常有非文学专业的学生旁听。

10 月，任教研室主任。

10 月 31 日，出席在黄山举行的“鲁迅研究学术讨论会”。

12 月底至 1979 年 8 月底，在北京继续参加《中国现代文学史》（唐弢主编，第三册由唐弢、严家炎主编）的编写工作，为主要编写人员之一。此书的三卷本由人民文学出版社于 1980 年 12 月出版。1988 年 3 月，此教材在首届全国高校优秀教材评选中获优秀奖。

1979 年　44 岁

1 月 6 日至 18 日，在北京参加由教育部领导，由北京大学、北京师范大学、北京师范学院三校中文系中国现代文学教研室协作编写的《文学运动史料选》、《短篇小说选》、《新诗选》、《散文选》、《独幕剧选》等五种一套的《中国现代文学史参考资料》的审定。会议中，积极倡议并推动全国性学术团体——高校中国现代文学研究会成立，积极倡议创办《中国现代文学研究丛刊》作为研究会会刊，并参加了筹备工作。

2 月，《壮心不已颂诗情　黄钟长鸣奏新声——读郭老解放后的诗歌》，载《文学评论丛刊》中国科学出版社 1979 年第 2 期。

4 月，以《论沙汀的现实主义道路》为题给北京大学现代文学专业的研究生讲课。

4 月，应人民文学出版社邀请，在编辑人员进修班讲授鲁迅和沙汀专题，计 15 节。

5 月，王瑶先生著作《中国新文学史稿》由上海文艺出版社于 1982 年 11 月重版，重版后记记载：“但承北京大学孙玉石、乐黛云，华中师范学院黄曼君及鲁迅研究室王德厚四位同志热情协助，分别就第一至第四编详细校改了一次，于语句之间，略有增删，但体例框架，一仍其旧。”黄曼君校改部分于 1979 年 5 月完成。

7 月前，在北京参加由教育部组织的，中国人民大学林志浩教授主编的《中国现代文学史》书稿的审定工作。

8 月 6 日，高校中国现代文学研究会、北京出版社合编《中国现代文学研究丛刊》，来函邀请担任编委（1979—1984）。

9 月，住院，11 月出院。

10 月，高校中国现代文学研究会、北京出版社合编的《中国现代文学研究丛刊》1979 年第 1 辑在北京创刊，发刊词为黄曼君执笔。

12 月，开始着手撰写研究沙汀的专著。

1980 年　45 岁

3 月，加入湖北省作家协会。

7 月 12 日至 18 日，出席在内蒙古自治区包头市举行的首届中国现代文学研究会年会，被选为学会理事。

10 月，《沙汀“左联”时期对现实主义的探索》，载《中国现代文学研究丛刊》1980 年第 3 辑。

12 月，《鲁迅论创作思维的特征》，载《鲁迅研究》1980 年第 1 期。

新时期最初几年，黄曼君除读西方哲学人文思潮流派的一些代表作以外，还特别读了梯利、罗素著的《西方哲学史》、丹皮尔的《科学史》、施太格缪勒的《当代哲学主流》、巴勒克拉夫的《当代史学主要趋势》，黑格尔的《美学》等等。读书中注重与所从事的中国现当代文学的任务联系起来思考。

1981 年　46 岁

被选为湖北省文学学会副会长。

3 月，湖北省文学学会会刊《中国文学研究》创刊号出版，黄曼君任主编。

4 月 18 日，《抗战前期的文艺运动与创作概貌》，载《语文教学通讯》1981 年第 4 期。

7 月，《论沙汀创作的现实主义特色》，载《华中师院学报》1981 年第 3 期。

9 月 17 日至 25 日，出席在北京人民大会堂举行的，由中国社会科学院、中国文联和中国鲁迅研究学会联合举行的《纪念鲁迅诞辰百周年》学术讨论会，被选为中国鲁迅研究学会理事。

10 月，出席在北京举行的现代文学研究学会理事会。

《沙汀笔下真实而崇高的贺龙形象——兼评从〈随军散记〉到〈记贺龙〉的修改》，载《新文学论丛》1981 年第 2 期。

出席“湖北省纪念鲁迅诞辰100周年学术讨论会”，大会发言。

1982　47 岁

1 月，《论沙汀创作的现实主义特色（续）》，载《华中师院学报》1982 年第 1 期。

4 月，《关于文学教学中培养学生艺术感受能力的问题》，载《高教研究》1982 年第 2 期。

4 月，应北京大学中文系邀请，为中文系高年级学生、研究生开《沙汀研究》专题课一学期。在北京编教材和在北大讲课的一段时间里，王瑶先生多次跟黄曼君谈到，要多致力于写论文，有条件就出论文集。

5 月，《试论〈淘金记〉的思想和艺术》，载《中国现代文学研究丛刊》1982 年第 1 辑，北京出版社出版。

5 月 24 日至 6 月 1 日，出席在海南岛举行的中国现代文学研究会第二届学术讨论会，讨论会进行中，由各理事轮流主持会议。被选为学会第三届理事。

《扎根生活，创造真善美统一的文艺》（黄曼君　程文超），载《江汉论坛》1982 年第 5 期。

6 月，专著《论沙汀的现实主义创作》由长江文艺出版社出版。北京大学教授王瑶为该书作序，茅盾题写书名。著作出版后，《文学评论》（1983 年第 3 期）、《中国社会科学》（1983 年第 4 期）、《中国现代文学研究丛刊》（1983 年第 3 辑）以及香港《大公报》（1983 年 3 月 21 日）发表专门文章进行评价与推荐：“带一定的开创性质”，“提出了新的见解”，指出该书“总结沙汀的创作经验，对文学如何反映社会主义现实、如何在社会主义革命和建设中发挥作用，都有重大指导意义”。中国社科院文学所当代文学研究室著的《新时期文学六年》（中国社会科学出版社 1985 年出版）的“六年文学理论批评实绩”的“主要论著”之一中对本书进行了介绍与分析。该书还被载入1983年《中国文学研究年鉴》，获华中师范学院科研成果特别荣誉奖，湖北省1984年社科优秀成果二等奖。

10月，《评曹聚仁的〈鲁迅评传〉和〈鲁迅年谱〉》，载《鲁迅研究资料》第10期由天津人民出版社出版。

1981年下学期至1982年上学期，教学工作量1317学时，其他工作量712学时，工作量总计2029学时。获1981年—1982年度华中师范学院教学先进工作者奖。

1983年　48岁

3月，《丰富的辩证哲理，不朽的艺术形象——读〈凤凰涅槃〉》，载《中国现代文学研究丛刊》1983年第1辑。

《兴托新奇，立意不凡——地球，我的母亲的浪漫主义的特色》，载《写作》1983年第3期。

4月1日，受聘为中国作家协会湖北分会文学讲习所第一期教师。

5月27日，中国郭沫若研究学会成立，被推选为学会理事。

6月10日，《海外赤子思乡爱国的"恋歌"——〈炉中煤〉赏析》，载《语文教学与研究》1983年第6期。

6月22日至27日，出席在上海召开的中国现代文学研究会第三届理事会。

9月15日，《中国现代文学研究会第三届理事会会议纪要》，署名"曼君"，载《文学评论》1983年第5期。

11月，《论〈女神〉中象征性形象的创造》，载《中国现代文学研究丛刊》1983年第4辑。

1982年下学期至1983年上学期，教学工作量，计划1400学时，实际完成1781学时，超教学工作量381学时。教师工作总量，计划1600学时，实际完成2089学时。获1982年—1983年年度华中师范学院教学成果超产奖。

1984年　49岁

6月，《〈女神〉创作灵感试论》，载《文艺论丛》1984年第20期，上海文艺出版社。

7月10日，《新时代长征精神的象征——郭沫若诗歌〈骆驼〉赏析》，载《学习与实践》1984年第4期。

9月2日至8日，出席在哈尔滨举行的中国现代文学研究会第三次年会，被选为学会第四届理事。

9月《情思真挚，含蓄不尽的意境美——诗剧〈湘累〉赏析》，载《中国现代文学研究丛刊》1984年第3辑。

9月20日至26日，出席在大连召开的中国鲁迅研究学会第三届会员代表大会。

10月20日，《论郭沫若诗集〈女神〉》，载《湖北电大学刊》（语文版）1984年第5期。

11月9日，加入中国作家协会。

11月20日，《以“全部生命”表现崇高的美的诗篇——读郭沫若的〈太阳礼赞〉》，载《中学语文》1984年第11期。

12月，专著《论沙汀的现实主义创作》获湖北省社会科学优秀成果二等奖。

赴湖北作协讲课。

1983年—1984年，教学实际完成1426学时，教师工作总量2716学时。

1985年　50岁

1月，受聘为湖北省社会科学院特约研究员。

3月25日，《沙汀短篇小说的艺术技巧》，载《写作》1985年第3期。

3月15日，《飞瀑起浪花，重峦耸峰尖——〈屈原〉第五幕第二场赏析》载《中文自修》1985年第3期。

4月15日，《开创社会科学工作的新局面笔谈：开展学术上的自由探讨》，载《江汉论坛》1985年第4期。

4月15日至19日，出席在西安举行的，由中国郭沫若研究学会和陕西师范大学中文系联合召开的郭沫若历史剧学术讨论会。

4 月 20 日，《暴露抗战痼疾的讽刺艺术精品——〈在其香居茶馆里〉》，载《湖北电大学刊》(语文版) 1985 年 2 期。

5 月，《左翼文学创作方法问题略议》，载《中国现代文学研究丛刊》1985 年第 2 辑。

6 月 20 日，《历史剧〈屈原〉的思想艺术特色》，载《湖北电大学刊》(语文版) 1985 年第 3 期。

7 月，《在对照中捕捉生活的诗意——散文诗〈梦与现实〉赏析》，载《中学语文》1985 年第 7 期。

7 月，《山回水转破夔门——读郭沫若〈巫峡的回忆〉》，载《三峡文学》1985 年第 1 期。

7 月 20 日至 8 月 5 日，赴庐山暑期讲习班讲课。

8 月 1 日至 21 日，受中国现代文学研究会的委托，西北民族学院汉语系承办了现代文学第二届讲习班，参加讲习班的学员有全国 29 个省、市、自治区的 120 多所大专院校的 178 位现代文学研究者和教师。黄曼君受聘讲课。

9 月，主持首届高校“助教进修班”工作。其课程设置的改革在中文系教学课程设置上具有开拓意义。从文史哲大文科的课程设计进行全面规划，为综合培养高校教师，全面提高素质，开设了门类众多的跨学科、跨系的必修课和选修课，如美学、中国古代文论、西方文论、文艺创作心理学、比较文学、文艺批评方法论、西方哲学史、中国古代思想史等，既扎根于本专业，又跳出本专业，注重打基础，拓新内容，开阔视野。学员经过学习取得了很好的成果，在省级和全国性学术刊物或学报上发表了大量论文。

10 月，专著《论沙汀的现实主义创作》，获华中师范大学优秀科学研究成果特别奖，编号：85369。

12 月 15 日，受聘为华中师范大学研究生会暨《研究生报》编辑部“过去·现在·未来征文”评选委员会顾问。

《郭沫若创作道路简论》，载《湖北师范学院学报》1985 年第 4 期。

《以理趣、象征创意境——散文诗〈杜鹃〉、〈银杏〉赏析》，载《语文教学与研究》1985年第7期。

1986年　51岁

主持国家教委社科“七五”规划项目《中国近百年文学理论批评史》，项目批号：教高一司（86）038。

2月15日，《谈鲁迅世界观实现根本转变的主要标志》，载《中文自修》1986年第2期。

3月，《沙汀研究资料》与马光裕合编，《中国社会科学出版社》1986年3月出版。2009年4月，由《知识产权出版社》再版。

4月9日至15日，出席在昆明举行的中国现代文学研究会第四届理事会第二次会议。

5月30日，《论郭沫若前期思想人格本体建构的特征及复杂内涵》，载《华中师范大学学报》1986年第3期。

7月《学者功底，赤子情怀——〈墨湖诗钞〉序》，《墨湖诗钞》万立丰著，《语文教学与研究》编辑部1986年7月刊发。

9月，《郭沫若作品欣赏》（著作）由广西人民出版社1986年9月出版，该书是一部以新颖形式出现的研究郭沫若思想和创作的专著。此书选编了郭沫若在诗歌、戏剧、小说、散文等方面的代表作25篇，从美学、文艺学角度，抓住各篇独有特点进行剖析阐释，对其创作的诗意特征、独具风格以及时代精神进行了烛幽发微的探讨。书的前言、年表，则从郭沫若一生所接受的中国古典文化、外国文学思潮、旅居国外生涯等方面剖析，论述其文学创作上所走过的几个阶段的内在联系和变化，从而形成中国现代文学史上的郭沫若风格。对此，该出版社编发时称“是有见地的学术研究”。其中一些篇曾发表在学术刊物上。1989年，台湾海风出版社以《郭沫若》为书名重印此书。1990年又新出过一版。多家报刊发专文进行了推荐和评价。此书和其他作品欣赏丛书一起于1988年10月获全国第一届优秀教育图书一等奖。

10月，出席在武昌召开的“郭沫若史学研究”学术讨论会。

12月，《〈女神〉创作灵感试论》等四篇，获湖北省社会科学优秀成果三等奖。

12 月，《郭沫若〈女神〉研究系列》获华中师范大学优秀科学研究成果二等奖，编号：文 86026。

12 月，受聘为华中师范大学教学委员会文科主任。

12 月，《沙汀评传》，载《中国现代作家评传》第 3 卷，山东教育出版社 1986 年出版。

12 月，晋升为教授。

12 月，湖北文学学会鄂州文学分会成立，应邀出席开幕式。

《学习鲁迅，走历史必由之路》，载《中国文学研究》1986 年第 3 期。

1987 年　52 岁

1987 年，被选为湖北省中国现代文学学会理事长。

3 月，出席厦门大学主办的“华文文学研讨会”。

3 月，《〈女神〉创作灵感试论》获华中师范大学优秀科学研究成果奖，编号：文 0012。

9 月 15 日，《论郭沫若前期浪漫主义精神主体的复杂性和独特性》，载《中国文学研究》1987 年第 3 期。《中国文学研究年鉴》1988 年载入论文选摘。

10 月 17 日至 22 日，出席在成都举行的中国现代文学研究会第四届年会，被选为学会第五届常务理事并讲学。

11 月，《民族新文学性格的重塑和再造——浅议四十年代文学现代化、民族化的历史进程》，载《中国现代文学研究丛刊》1987 年第 4 辑。

12 月 30 日，获 1986—1987 学年度华中师范大学教学特等奖，编号：87003。在特等奖教学评估中获 96 的最高分。

1988 年　53 岁

5 月，《人·泛神论·浪漫主义艺术——郭沫若前期诗歌思想与艺术综论》，载《郭沫若研究》第 5 辑，文化艺术出版社 1988 年 5 月出版。

5 月上旬，在北京召开“中国郭沫若研究学会”会员代表大会。经无记名投票选举，黄曼君被选为“中国郭沫若研究学会”第二届理事会理事。

8月，在贵阳安顺全国语文讲习班作学术报告。

9月，《中国现代文学史》（陈安湖、黄曼君主编），华中师范大学出版社1988年9月出版。还编选了与之配套的《中国现代文学作品选》（4卷本）。该书在体例框架及内容上均有新的突破。

9月25日，《表现·创造·变形》，载《郭沫若学刊》1988年第3期。

10月10日，受聘为湖北省专业文学创作人员高级职务评审委员会委员。

11月，《论郭沫若前期强调精神主体的文化观泛神论思想》，载《中国现代文学研究丛刊》1988年第4辑。

12月30日，入选为中国鲁迅研究学会第四届理事会理事。

《在教学"对话"中拓开新路》，载《教与学》1988年第1期。

1989年　54岁

2月20日，《发展鲁迅研究三题》，载《鲁迅研究动态》1989年第2期。

4月3日，受聘为华中师范大学教学委员会委员、文科教学组组长，教委聘字第38号。

4月26日至28日，为纪念五四运动七十周年，湖北省中国现代文学研究会在荆州举办"回归与超越：全方位探讨'五四'文化精神"研讨会，主持会议，致开幕词。

5月5日，《"五四"新诗中"自我"的开放形态——从〈女神〉说开去》，载《学习月刊》1989年第5期。

5月，《自然科学的时代精神与郭沫若的泛神论思想》，载《中国现代文学研究丛刊》1989年第2辑。

5月27日，《回归中的超越——对"五四"文化精神的反思与辨析》，载《华中师范大学学报》1989年第3期。

5月，《"现代评论"派》（黄曼君、罗田），见《中国现代社团流派》，江苏人民出版社1989年出版。

6月25日，《创造性思维能力的培养与艺术情感感染力并重》，载《高教与人才》1989年第3期。

9 月 10 日，《新观念、新思维下文学教学总体探索》项目，获 1989 年湖北省普通高等学校优秀教学成果一等奖，鄂教奖字第 891017 号。

10 月 20 日，受聘为湖北省首届屈原文艺创作奖、金凤青年文艺奖评奖委员会评委。

11 月 2 日，《文学教学的总体探索》独著，获 1989 年中华人民共和国国家教育委员会普通高等学校优秀教学成果国家级优秀奖，证书编号为 (89) Y3201。

11 月 5 日，湖北省潜江县“曹禺著作陈列馆”落成，曹禺塑像揭幕，曹禺研究学会成立。黄曼君当选为曹禺研究学会副会长，致闭幕词。

11 月 14 日至 18 日，出席在苏州大学举行的中国现代文学研究会第五届理事会第二次会议。关于中国现代文学教学，黄曼君在大会上介绍了近年来教改的经验：以教学方法、教学观念的改革为切入点，建构现代性的现代文学教学体系。

11 月 30 日，出席湖北省专业文学创作人员高级职务评审会。

1990 年　55 岁

5 月 21 日，为纪念中国左翼作家联盟成立 60 周年暨鄂籍现代作家研究，湖北省中国现代文学研究会与宜昌师专联合举办湖北省中国现代文学第二届学术讨论会。主持会议，致开幕词。

6 月 7 日，在 1987—1989 学年度的教学工作中成绩显著，荣获华中师范大学教学成果荣誉奖。

6 月 30 日，《学界泰斗赤子情怀——王瑶先生祭》，载《荆州师专学报》1990 年第 2 期。

8 月 20 日，《湖北省中国现代文学研究会第二届学术讨论会》开幕词，载《宜昌师专学报》1990 年第 3 期。

8 月 20 日，《论现代鄂籍作家研究的意义、出发点和方法论问题》，载《武汉学刊》1990 年第 4 期。

9 月 5 日，《既稳健又拓新的小说发展态势——湖北省“双奖”获奖中、长篇小说漫评》，载《长江文艺》1990 年第 9 期。

1990年9月至1992年9月，出任中文系系主任。

10月，出席“姚雪垠文学创作六十周年”学术讨论会，作主题报告。

10月13日，《作家传记的新收获——吴福辉〈沙汀传〉述评》，载《文艺报》1990年10月13日。

11月，出席在杭州举行的中国现代文学研究会第五届年会。

11月15日，受聘为武汉高校第六届一二·九诗歌大赛评比委员会委员。

11月，在岳阳师专讲学。

11月，《中国现代文学“以美引真臻于善”教学体系探索》，载《中国现代文学究丛刊研》1990年第4辑。

《一部学术性与开拓性并重的小说史力作——评严家炎的〈中国现代小说流派史〉》，载《文艺理论与批评》1990年第5期。

1991年　56岁

4月20日，《鲁迅后期文学意识形态观探源》，载《湖南社会科学》1991年第2期。

4月，《新文学文体、文类史的新探索——〈新编中国现代文学简史〉序》(李德尧、王泽龙主编)，高等教育出版社1991年4月出版。

5月，入选《中国当代名人录》(中外名人研究中心编)，上海人民出版社1991年5月出版。

6月，入选《中外文学评论家辞典》，《中外文学评论家辞典》编写组编，吉林教育出版社1991年6月出版。

9月24日至28日，出席在北京召开的纪念鲁迅110周年诞辰学术讨论会。

9月25日，《西方思潮与鲁迅早期浪漫诗学——纪念鲁迅诞生110周年》，载《外国文学研究》1991年第3期。

9月27日，《鲁迅论文学意识形态性质的辩证内涵》，载《华中师范大学学报》1991年第5期。

11月20日，《鲁迅早期诗学——现代化与民族化的双向选择特征》，载

《鲁迅研究月刊》(纪念鲁迅诞生110周年学术讨论会论文选刊) 1991年第11期。

1992年　57岁

2月,《文学理论批评史方法论研究三题》,载《中国现代文学研究丛刊》1992年第1辑。

2月5日,《正确评价鲁迅,促进社会主义文艺的发展》,载《长江文艺》1992年第2期。

3月20日,《站在当代理性高度返观历史——评艾晓明〈中国左翼文学思潮探源〉》(黄曼君、周思明),载《鲁迅研究月刊》1992年3期。

3月,《爱心的呼唤,诗美的追求——〈少年维特身后〉读后》,载《灵犀集》,天津百花文艺出版社1992年3月出版。

5月10日,《中国现代文坛的"双子星座"——鲁迅、郭沫若与新文学主潮》,载《理论与创作》1992年第3期。

7月,事迹载入《中国文学家辞典》现代第五分册,四川文艺出版社1992年7月出版。

8月10日,受聘为湖北省文学创作人员高级职务评审委员会委员。

8月,《中国20世纪文学理论批评史方法论探讨》,载《武汉广播电视大学学报》,1992年创刊号。

9月,著作《中国现代文学的"双子星座"——鲁迅、郭沫若与新文学主潮》,华中师范大学出版社1992年9月出版。

对此书的反映:"这是一部很有学术价值和研究水平的书。具有独特性的见解,解决了一些学术界的难点。""前言,显示了作者治史的真识与品格,这一点尤为值得宝贵。"(孙玉石语)

对书中文章的反映:"涉及着关于郭沫若研究以及整个五四文学研究的一些重大问题……思考是深入而独特的……几乎每一个自然段都能给人启示……我真惊奇您对科学史与哲学史还有这样丰富的知识和清晰的论述,我是感到大开眼界的。"(刘纳语)

对《鲁迅论创作思维的特征》,王士菁说:"这篇文章是下过一番功夫的，对于研究鲁迅小说的创作过程或是对于当前从事短篇小说的青年作家们都是很有帮助的。”陈涌说：“你那篇有关鲁迅与形象思维的文章，才是真正经过研究的成果，我们很需要多一些这样的文章。”

对《应该实事求是地科学地评价鲁迅》，李何林说：“这是经过长期研究的成果，花了不少功夫。”沙汀说：“读此文后深感论证充分，对于曹著作造成的某种错误程度的混乱的澄清，必将发生有力的影响，我相信，大作发表后，必然会很快传之海外。您对曹的论点并未一概否定，这一点更加增长了文章的说服力。”

对《论〈女神〉中象征性形象的创造》一文，严家炎说：“论文角度新、有创见，我很喜欢这篇论文。”

上海文艺出版社对《〈女神〉创作灵感试论》一文的评价是：“此文第一次深入系统地总结了郭沫若诗歌创作灵感爆发现象，对当前创作很有意义。”

此书被载入1994年《中国文学年鉴》，并获中南地区大学出版社优秀图书一等奖，获湖北省社科优秀成果二等奖。

评论：①晓石：《开拓·沉实·创新——评黄曼君〈中国现代文坛的“双子星座”〉》，载《华中师大学报》1993年第3期。②吴健波：《稳健与拓新：一代学者的历史品格——读黄曼君〈中国现代文坛的“双子星座”〉》，载《中国现代文学研究丛刊》1993年第4期。③张永健：《鲁迅郭沫若研究的新视界——读〈中国文坛的“双子星座”〉》，载《鲁迅研究月刊》1993年第5期。

9月，受聘为华中师范大学文学院学科评定组委员。

10月1日，因为发展我国高等教育事业作出的突出贡献受到表彰，中华人民共和国国务院从1992年10月起发给“政府特殊津贴”（政府特殊津贴第19223603656号）。获“政府特殊津贴专家”荣誉。

11月，出席在北京召开的“郭沫若与中国现代文化的发展”国际学术研讨会。

11月15日，《论郭沫若前期浪漫主义艺术表现的特征》，载《文学评论》1992年第6期。

出席“武汉市纪念《延座讲话》发表五十周年理论研讨会”，在大会上发言。

主持国家社科基金“八五”重点（92AZW003）项目《毛泽东文艺思想与中国革命文艺实践》，项目批号：国基规字（92）4号。

事迹载入美国传记协会：《世界5000名人录》第二版，英国剑桥传记中心：《世界知识分子名人录》1992年版。

1993年　58岁

5月15日，《论沙汀小说艺术再现的特征》，载《文学评论》1993年第3期。

6月，主编的《中国近百年文艺理论批评史》（1895—1991）第一卷，系湖北省1993年重点图书选题，湖北教育出版社1993年6月出版。

7月23日，《作家文化心态综合研究的新成果——评龙泉明著〈在历史与现实的交合点上〉》，载《武汉大学学报》1993年第4期。

8月，《论沙汀的文化意识与现实主义创作》，载《中国现代文学研究丛刊》1993年第3辑。

8月10日，受聘为湖北省文学创作人员高级职务评审委员会委员。

10月25日至28日，出席在武汉大学举行的1993年“曹禺研究”国际学术讨论会。

11月25日，《毛泽东文艺批评观新探》，载《高师函授学刊》1993年第9期。

12月，国务院学位办批准华中师范大学现当代文学博士点，同时批准黄曼君教授为该点博士生导师。这是华中师范大学文学院学科建设史上的第一个博士点。黄曼君教授属于国评博导。国务院学位委员会发文编号：学位办「1993」60号。在博士研究生培养中，注重“思·诗·史”的创新研究，因人因题而异的培养。为文学专业的博士生开设“20世纪中国文论的转型研究”课程。

华中师范大学“中国现当代文学”学科在获得博士点之后，仍处于持续发展中，相继被评定为“省优长学科”（1997）、“省优势与特殊领域”（1999）、“省重点学科”（2003）、国家级精品课程（2004）、国家教学团队（2009）。黄曼君在其间是重点学科中国现当代文学专业学科带头人。

12月10日，《毛泽东的文艺本性论》，载《江淮论坛》1993年第6期。

12月，《毛泽东关于文艺本性问题的经典性阐发》，载《芳草》增刊1993年第12期。

1994年　59岁

1月，华中师范大学现当代文学博士点指导组负责人。

1月25日，华中师范大学第三届学术委员会委员，华师行科字（1994年）1号。

1月，《新文学先驱的文体选择——论鲁迅杂文文体精神》，李德尧著，黄曼君序，武汉人民出版社1994年1月出版。

4月，《论中国近百年文学理论批评史的性质、对象和范围》，载《回顾与前瞻——19—20世纪中国文学思潮讨论集》，河南人民出版社1994年出版。

5月2日至6日，出席在西安举行的中国现代文学研究学会第六届年会，黄曼君就文学理论和批评的研究作了总结性报告和发言。被选为学会第七届理事。

7月15日，《文化溯源与历史重构——评杨书案三部长篇历史小说新作》，载《文学评论》1994年第4期。

8月，《双重的智慧——梁实秋的魅力》序，广西人民出版社1994年8月出版。

8月，受聘为广西人民出版社东方魅力丛书编辑顾问。

8月，《从学术和情趣中迸发魅力——〈名士风流〉——胡适的魅力》序，广西人民出版社1994年8月出版。

10月，出席在武汉举行的《赵淑侠作品国际研讨会》并作大会发言。

12月10日，《文学史家的智慧和魅力——王瑶学术思想随笔三题》，载《黄淮学刊》1994年第4期。

12 月 28 日，受聘为湖北省文艺理论家协会顾问。

《新时期的中国现代文学理论批评研究》，载《中国文学年鉴》1994 年。

1995 年　60 岁

1 月，《现代文学理论批评研究的回顾》，载《中国现代文学研究丛刊》1995 年第 1 辑。

1 月 27 日，《现代民族文化品格的弘扬与铸造——赵淑侠海外华人题材小说论》，载《华中师范大学学报》1995 年第 1 期。

《现代都市小说纵横》序，载《湖北师范学院学报》1995 年第 2 期。

《中国 20 世纪文学理论批评总体特征》，载《中国文化研究》1995 年第 2 期。

3 月 25 日，《中国 20 世纪文学理论批评现代品格的确立与阐释》，载《海南师院学报》1995 年第 1 期。

4 月 30 日，黄曼君教授执教四十年暨 60 寿辰庆贺会在华师科学会堂举行。多家报刊媒体报道。

6 月，《人与自然：一曲瑰玮交响乐章——评十四岁的森林》，《未来》第 29 期，江苏少年儿童出版社 1995 年 6 月出版。

6 月 3 日，《中国现代文坛的“双子星座”——鲁迅郭沫若与新文学主潮》，荣获湖北省首届社会科学优秀成果省级（著作类）二等奖。

9 月 26 日，受聘为郑州大学中文系兼职教授并讲学。

9 月 27 日至 10 月 2 日，在郑州出席由郑州大学、中国社会科学院文学研究所主办的“赵淑敏作品国际研讨会”。

10 月 18 日，受聘为湖北省第三届屈原文艺创作奖、金凤青年文艺奖评委会评委。

10 月 6 日，《重读中学现代文学课文的思考》，载《语文教学与研究》1995 年第 10 期。

11 月，受聘为《语文教学与研究》杂志社顾问。

11 月，受聘为湖北省学位委员会学科评议组成员。

12 月 4 日，出席在咸宁温泉举行的“95”湖北省文学研讨会。

12月12日至17日，受香港“九五”国际语文教育研讨会筹委会主席简宏达（John L. CLARK）邀请，出席由香港教育学院、香港大学课程学系、香港大学英语中心、香港应用语言学学会、香港中文教育学会举办的“国际语文教育研讨会”。演讲题目为《大陆“转型期”中学现代文学教材的新视野和新解读》。

12月25日，《中国现代文学流派论》，载《海南师院学报》1995年第4期。

《中国20世纪文学理论批评的总体特征》，载《中国文化研究》1995年夏之卷，被《中国文学年鉴》1996年载入论文选摘。

1996年　61岁

1月，出席在广东湛江举行的全国“20世纪文艺理论的回顾与展望”学术讨论会。

1月19日至21日，出席在广州暨南大学举行的“第一届全国文艺学博士点学科建设研讨会”。

1月22日，出席文艺学全国学术研讨会。

2月25日，《新文学与大众文学的交融：〈郑振铎与民间文艺〉序》，载《通俗文学评论》1996年第1期。

5月10日至12日，出席在石家庄举行的中国现代文学研究会第七届理事会第二次会议暨学术讨论会，就关于现代文学的性质和特征演讲。

6月20日，《20世纪中国文学理论批评的现代品格与当代文学思潮》，载《学术研究》1996年第6期。

6月25日，《中国现代文学流派》辅导提纲，载《高等函授学报》1996年第3期。

6月，《创化演变、历久弥新的知青文学创作》，载《我们曾经年轻》，武汉出版社1996年6月出版。

7月，《中国现代文学流派》（主编），《长江文艺出版社》1996年7月出版。

8月，应邀赴武夷山参加“96第二届全国语文教师征文大赛暨四项全能评比学术交流会”作学术报告。

8 月，《一部思、诗、史交融的小说力作——评〈松花江的浪〉》（黄曼君、吴小华），载《赵淑敏作品国际研讨会论文集》，郑州文心出版社 1996 年 8 月出版。

9 月，《论鲁迅早期浪漫诗学》，载《空前的民族英雄——纪念鲁迅 110 周年诞辰学术讨论会论文选》，陕西人民教育出版社 1996 年 9 月出版。

9 月 9 日，执教 40 年，华中师范大学特授予荣誉证书。

9 月 10 日，受聘为武汉市文学艺术理论研究所文艺理论研究员。

主持国家教育部“九五”社科规划项目：《中国 20 世纪文学现代品格论》，项目批准号：96JAP750.11－44042。

9 月 27 日，《文学教学改革的跨世纪建构——“20 世纪中国文学”教学体系的阐发与运作》，载《华中师范大学学报》1996 年第 5 期。

10 月 10 日至 13 日，首届“全国高阳学术研讨会”在华中师范大学隆重举行，出席该研讨会开幕式。

12 月，受聘为国家教委“九五”重点教材评审委员，出席在天津南开大学召开的国家教委“九五”重点教材评审立项会议。

《〈有中国特色的文艺理论与新文学的发展〉与李俊国的对话》，载《学术研究》1996 年第 3 期。

《月是故乡明——试论梁实秋散文的思想积淀》，载《华中理工大学学报》1996 年第 3 期。

1997 年　62 岁

1 月，受聘为闻一多基金会理事。

1 月 16 日，《中国 20 世纪文学理论批评的总体特征》，获湖北省首届文艺论文二等奖。

2 月 25 日，《母亲文化：深沉激越的“寻根”浩歌——读岳恒寿的中篇小说〈跪乳〉》，载《江汉大学学报》1997 年第 1 期。

2 月，《文坛姐妹行》，载《神州学人》1997 年 2 月。

3 月，《中国近百年文学理论批评史》（1895—1990）（主编），湖北教育出版社 1997 年 3 月出版。

评论：①王岳川：《百年文艺理论的足迹——评〈中国近百年文学理论批评史〉》，载《人民日报》1997 年 10 月 5 日。②朱立元：《百年〈通观〉读〈中国近百年文学理论批评史〉》，载《深圳特区报》1997 年 9 月 22 日。③张岩泉：《世纪梳理全景观照——〈中国近百年文学理论批评史〉读后》，载《文艺报》1997 年 7 月 22 日。④沈谦：《当代文学的脉动—谈黄曼君主编〈中国近百年文学理论批评史〉》，载《台湾“中央”日报》1997 年 7 月 16 日。⑤刘安海：《评〈中国近百年文学理论批评史〉》，载中国现代文学研究丛刊 1998 年第 2 辑。

3 月，《“现代化”视野与现代文学“新”的特质》，载《中国现代文学研究丛刊》1997 年第 1 辑。

4 月 16 日，受聘为国家教委中南高师师资培训中心、华中师范大学文学院文学研究所“20 世纪中国文学与理论批评高级研讨班”主讲教师。

4 月 30 日，《精神家园共建：世纪之交的价值重构与文化选择》，载《中国文学研究》1997 年第 2 期。

4 月 22 日至 26 日，在武汉主持由华中师范大学主办的“20 世纪中国文学与理论批评国际学术研讨会”。担任会议主席，致开幕词，以“现代化视野中的中国 20 世纪文学”为题作主题报告。

《在现代化高潮中焕发社会主义文艺的生命力——学习毛泽东、邓小平、江泽民关于文学艺术的经典论述》，载《河北师院学报》1997 年第 4 期。

5 月 25 日至 27 日，出席暨南大学第一届文艺学博士论文答辩会。

7 月 27 日，《现代化视野中的中国 20 世纪文学》，载《华中师范大学学报》1997 年第 4 期。

被转载或摘录：①人大复印资料《文艺理论》1997 年第 9 期转载。②《北京大学学报》1997 年第 5 期摘录。③《新华文摘》1997 年第 5 期摘录。④《高等学校文科学报文摘》1997 年第 6 期摘录。⑤《中国语言文字资料信息》1998 年第 1 期摘录。

8 月 15 日，《全景观照世纪梳理——〈中国近百年文学理论批评史〉》(黄曼君、张岩泉)，载《南方文坛》1997 年第 4 期。

10 月 15 日，《闻一多：中国诗学现代化的先驱》(黄曼君、王杰)，载《闻一多研究集刊 8 辑》1997 年第 1 辑。

11 月 1 日，受聘为华中理工大学兼职教授。讲学：九十九朵玫瑰。

11 月 10 日，被国务院学位委员会聘请为申请博士和硕士点通讯评议专家组成员。

11 月 25 日，《论台港澳文学对大陆文学的互补价值》(黄曼君、喻大翔)，载《湖北大学学报》1997 年第 6 期。

11 月 22 日，华中师范大学学术讲座，题为《跨世纪的诗神——世纪之交的文化特质和思想品格》。

12 月 2 日，参加福建师范大学中文系国家文科基地中期检查。

12 月 30 日，在华中师范大学学位与研究生教育工作中成绩突出，授予先进指导教师荣誉称号。

出席在武汉举行的湖北省现代文学学会、鲁迅学会 97 年学术年会。

12 月，《短篇叙事文体的“现代性”建构》，载台湾《中国现代文学理论》(季刊) 1997 年 12 月。

12 月，主持完成国家教育部“九五”重点教材立项项目：中国 20 世纪文学理论批评史，发文号：教高［1997］16 号或教育厅［1997］2 号。

年内，先后应邀赴南京师大、福建师范大学、集美大学、华侨大学、厦门大学、泉州师专等校讲学。

1998 年　63 岁

出任华中师范大学文学研究所所长。

1 月 5 日至 12 日，访问香港学术界和文艺界。5 日，赴香港中文大学讲学。10 日，赴香港理工大学讲学，主讲 90 年代中国内地的文学与文化。

1 月 18 日，“20 世纪中国文学教学体系”荣获华中师范大学 1994—1997 学年度优秀教学成果奖一等奖。

1 月，《从武汉作家的创作看现代化高潮中的文学变革》，载《芳草》

1998年第1期。

2月18日，受聘为湖北省学位委员会学科评议组成员。21日，参加第二次湖北省硕士学位学科点专家评审会，受聘为文学组召集人。

4月6日，《艾青的艺术世界》序，华中师范大学出版社，1998年4月出版。

7月，出席在太原举行的中国现代文学研究会第七届年会暨讲习班。

8月24日，出席在新疆乌鲁木齐—伊犁的“鲁迅与当代中国”学术研讨会。

10月，《台港澳及海外华人散文名家名作鉴赏》序，华中师范大学出版社1998年10月出版。

11月12日，受聘为湖北省第四届屈原文艺创作奖、金凤青年文艺奖评委会评委。

12月10日，《中国近百年文学理论批评史（1895—1990）》（黄曼君主编），湖北教育出版社出版，获普通高等学校第二届人文社会科学研究成果奖著作类，中国文学三等奖。中华人民共和国教育部，教社政证字（1998）第254号。

12月21日至23日，出席暨南大学、深圳大学在深圳联合主办的“第二届全国文艺学及相关学科建设研讨会”。

12月，入选中国鲁迅研究学会第四届理事会理事。

12月底，主持召开“香港女作家韦娅、吴建芳作品研讨会”。

年内，先后应邀赴华中理工大学、湖北师范学院、湖北农学院、荆州师专等校讲学。

1999年　64岁

1月9日，《文艺创作要富于时代精神》，载《人民日报》1999年1月9日。

3月10日，《中国当代短篇小说文体的“现代性”演进》，载《南方日报》1999年3月10日。

3月11日，《环环相扣的情感纠葛——评电视连续剧〈命运〉》，载《文化报》1999年。

3月，事迹载入《湖北省社会科学界名人》(第2卷)，湖北社会科学联合会编，湖北人民出版社1999年3月出版。

4月9日，《中华脊梁式的母亲形象》，载《湖北日报》1999年4月9日。

4月30日，《谈韦娅的儿童诗创作》，载香港《纯文学》(复刊) 1999年第12期。

5月23日，《毛泽东文艺思想的“活的灵魂”》在湖北省《社会发展与文艺创新》理论研讨会上被评为优秀论文。

7月3日，受聘为中国作家协会鲁迅文学院少年作家班武汉洪山教学基地常年顾问。

7月21日，出席《重庆与20世纪中国文学研讨会》，西南师范大学学者林005号树命名为黄曼君树。

7月23日，应邀赴四川师范学院讲学。

9月20日至23日，在武汉出席“99”闻一多国际学术研讨会，受聘为学术委员会委员，以《闻一多现代人格精神和现代学术品格》为题演讲。

10月8日，“重庆与中国文学”名家笔谈：《反思的诗神文化的交响——重庆与40年代中国文学的现代化进展》，载《涪陵师专学报》1999年4期。

10月20日，《评〈鲁迅文化心理结构解析〉》，载《鲁迅研究月刊》1999年第10期。

10月，《中国现代文学与宗教文化〈序〉》，华中师范大学出版社1999年10月出版。

10月28日，受聘为深圳市社会科学院特约研究员。

10月29日，出席在广州举行的“中国当代文化发展与客家文化”研讨会。

11月25日至30日，应马来西亚华文作家协会邀请，出席第三届世界华文微型小说研讨会并演讲。

12月，《现代视野中的中国20世纪文学》获湖北省第二届文艺论文一等奖。

12月8日，受聘为鄂州大学兼职教授。

12月8日，受聘为华中师范大学新诗研究中心顾问。

12月20日，《比较文化视野中的文艺经典话语——毛泽东文艺思想与中外文化的继承借鉴关系》，载《学术研究》1999年第12期。

华中师大学术讲座：中国90年代文学基本特质。

2000年　65岁

1月16日，《毛泽东文艺思想的现代性观照》，载《南方日报》2000年1月16日。

2月20日至27日，赴港澳指导博士研究生研究博士论文的选题和写作。

2月，《中国现代文学作品选》（戏剧、电影文学）（黄曼君、许祖华、童秉国主编），华中师范大学出版社2000年2月出版。

3月，《中国现代文学作品选》（小说）（黄曼君、许祖华、童秉国主编），华中师范大学出版社2000年3月出版。

3月，《中国现代文学作品选》（诗歌、散文）（黄曼君、许祖华、童秉国主编），华中师范大学出版社2000年3月出版。

3月14日，参加傅炯业作品研讨会。

3月29日，《半个世纪文艺经典话语的“现代性”重读》，载澳门《九九学刊》2000年第1期。

4月1日，受聘为武汉市文联文研课题招标评审小组评委。

4月6日至19日，应湖北省广播电视局邀请赴美考察访问。

4月24日，《对现代诗学的理论观照：读龙泉明、邹建军著〈现代诗学〉》，载《文艺报》2000年4月24日。

5月13日至15日，出席在重庆举行的中国现代文学研究会八届二次理事会。

6月30日，《文艺经典话语的多维立体观照——〈毛泽东文艺思想的丰富内涵及其与中国文艺实践的关系〉》，载《海南师范学院学报》2000年第2期。

7月5日至7日，出席由暨南大学主办的“20世纪文论史建设研讨会”。

7月5日，《用新视野考察中国文学发展——读新著〈中国现代文学史1017—1997〉》，载《光明日报》2000年7月5日。

8月2日，出席在长白山举行的由中国郭沫若研究会和吉林大学联合主办的“郭沫若与20世纪中国思想文化”学术研讨会。

9月，《反思与超越——20世纪中国文学与理论批评国际学术研讨会论文集》(主编)，华中理工大学出版社2000年9月出版。

9月12日，中国现代文学研究会秘书处通告：经中国现代文学研究会第八届理事会第二次会议，以无记名投票，入选为“王瑶学术奖评奖委员会专家库”专家。

10月6日至9日，主持在武汉由华中师范大学主办的《余光中暨香港沙田文学国际学术研讨会》。担任会议主席，致开幕词，以“余光中现代诗学品格论”为题作主题报告。

10月18日至21日，应澳门中华诗词学会邀请，赴澳门出席“中国古典诗词研究与吟赏国际研讨会”，作专题演讲。

11月8日，受聘为湖北省文艺理论家协会第二届理事会顾问。

11月17日，《晓苏作品评论：〈人性三部曲〉》，载《文艺报》2000年11月17日。

11月18日，出席湖北省文艺理论家协会第二次会员代表大会。

12月15日至19日，应香港中文大学文学院院长郭少棠邀请，出席由香港中文大学文学院在香港主办的第一届“新纪元全球华文青年文学奖”颁奖礼活动。

《毛泽东文艺思想的丰富内涵及其与中国文艺实践的关系》，载《海南师范学院学报》2000年第2期。

《闻一多现代学术品格论》，载《华中师范大学学报》2000年第2期。

华中师大学术讲座：现代化与中国20世纪文学。

2001年　66岁

1月，应邀出席“新世纪语文教育与语文教师培训国际学术研讨会”开幕式并作为嘉宾讲话。

2月1日，《余光中与香港沙田文学略论》，载《写作》2001年第2期。

2月20日，《论毛泽东文艺思想的现代性特征》，载《西北大学学报》2001年第1期。

3月25日，《中国20世纪文学理论批评的历史.逻辑进程（上）》，载《三峡大学学报》2001年第2期。《人大复印资料·文艺理论》2001年第9期全文转载。

4月18日，《生命的赞歌，本色的魅力——影片〈开着火车上北京〉观后》，载《光明日报》2001年4月18日。

4月23日，受聘为湖北经济电视台顾问，湖北经济电视台后改为湖北电视台经济频道。

5月，受聘为第二届“新世纪”杯全国中学生作文大赛终评会评委。

7月，受聘为“教育部人文社会科学研究项目评审专家库专家”。

7月，《韦娅创作评论集》（主编），香港21世纪人文出版社2001年7月出版。

7月9日，《现代文论的新视野——党的文艺思想对现代文论的开拓性贡献》，载《长江日报》2001年7月9日。

7月10日至13日，在南京出席由南京大学中国现代文学研究中心主办的“中国现代文学传统”国际学术研讨会，以《中国现代文学何以形成新型传统》为题演讲。

7月15日，《中国现代文学何以形成新型传统》，载《福建论坛》2001年第4期。

被转载：①《人大复印资料·中国现代、当代文学研究》2001年11期全文转载。②《新华文摘》2001年第12期全文转载。③《当代作家评论》2002年第2期全文转载。获湖北省第三届文艺论文一等奖。武汉社会科学优秀成果一等奖。

7 月 23 日，《一部富有创见和文采的新著——〈评浪漫主义与 20 世纪中国文学〉》，载《武汉大学学报》2001 年第 4 期。

7 月 27 日，《中国共产党文艺指导思想的逻辑发展与现代观照》，载《华中师范大学学报》2001 年第 4 期。

7 月，暑假，携妻、子、孙赴株洲白官镇扫墓。

9 月下旬，出席由中国社会科学院文学研究所《文学评论》编辑部与浙江师范大学人文学院联合召开的“中国现代文学研究学术生长点”的研讨会。会上，主张要用多元开放的、综合的眼光来开掘本学科的生长点，注意从形象史、心态史、语言史、形式史、女性主义文学史、阅读史、文学关系史、中西文学关系比较史、文学制度史等方面来研究、描述文学史，避免单一、僵化和绝对化的观点。他还提出了将启蒙现代性与审美现代性加以糅合；力图在诗、思、史的结合中寻找生长点的思路。会后应浙江师范大学人文学院邀请讲学。

9 月 25 日至 29 日，出席在绍兴举行的“纪念鲁迅诞辰 120 周年学术讨论会”。

10 月 8 日，《现代化视野中的中国 20 世纪文学（系列论文）》，荣获湖北省社会科学优秀成果（1994—1998 年）二等奖。

10 月 30 日，赴山西长治晋东南师范专科学校讲学，并聘任为晋东南师范专科学校兼职教授。

11 月 17 日，《世俗精神、民间话语、艺术狂欢——党的文艺思想对现代文论的开拓性贡献》，载《文艺报》2001 年 11 月 17 日。

11 月，赴山西太原山西师范大学讲学。

11 月 18 日至 20 日，出席上海大学主办的“全球化与中国现代文学研究转变”国际学术研讨会。以“全球化语境与现代文学史书写的新格局”为题演讲。

12 月 29 日，《幻美·青春·生命〈春江花月夜〉简论》，载澳门《九九学刊》2001 年第 12 期。

《浪漫主义与中国 20 世纪文学》，载 2001 年《中国文学年鉴》论著评介。

《余光中现代诗学品格论》，载《华中师范大学学报》2001 年第 2 期。

被摘登或全文登载：①《新华文摘》2001 年第 8 期论点摘登。②台湾《蓝星诗学》2001 年第 10 期全文登载。

2002 年　67 岁

1 月，《中国 20 世纪文学理论批评史》上下册（主编），中国文联出版社 2002 年 1 月出版。

评论：①周思明：《穿越世纪隧道的宏伟工程——读黄曼君主编的〈中国 20 世纪文学理论批评史〉》，载《深圳特区报》2002 年 7 月 14 日。②张德明：《文学理论批评世纪风貌的准确勾勒与系统阐发——评〈中国 20 世纪文学理论批评史〉》，《华中师范大学学报》2002 年第 5 期。③魏天真：《为现代中国的文学理论批评传神写照——读〈中国 20 世纪文学理论批评史〉》，见《经典话语的现代性观照》，中国文联出版社 2004 年 11 月出版。

1 月，《论闻一多的现代人格精神》，见《闻一多国际学术研讨会论文选》，武汉大学出版社 2002 年 1 月出版。

1 月，《飘扬的旗帜——中国共产党文艺方针政策论纲》序，《长江文艺出版社》2002 年 1 月出版。

3 月 21 日，华师文学院举办“2002 年人文科学系列讲座”，应邀主讲“全球化语境与新文学书写的现代性问题”。

3 月 25 日，《中国 20 世纪文学理论批评的历史、逻辑进程》（下），《三峡大学学报》2002 年第 2 期。

《文学史书写的多义性》，载《浙江师范大学学报》2002 年第 2 期。

《诗歌文体论稿》序，载《中国文史出版社》2002 年第 3 期。

4 月，受聘为第三届“新世纪”杯全国中学生作文大赛终评会评委。

4 月 12 日，《中国 20 世纪文学理论批评史》一书，一套两册，珍藏于“逸夫苑”特设的“桂子山”文库。

4 月 15 日，受聘为湖北民族学院文学院客座教授并进行讲学。

4 月 20 日至 21 日，出席在新加坡举行的，由新加坡国立大学中文系和日本东京大学文学部中文系联办的“第一届中国现代文学亚洲学者国际学术会议”，会议主题为“越界与跨国：中国现代文学研究的区域视角与多元探索”，在会上作演讲。

5月1日，《文艺经典现代性言说——纪念毛泽东〈在延安文艺座谈会上的讲话〉发表60周年》，载《长江文艺》2002年第5期。

5月24日《毛泽东人民本位文艺观——纪念毛泽东〈在延安文艺座谈会上的讲话〉发表60周年》，载《长江日报》2002年5月24日。

6月，出席《湖南师大中国现当代文学学科重点学科建设座谈会》。

7月25日至7月31日，出席在湖北神农架举行的，由华中科技大学主办的“现代中国文学的中国古代文学资源”学术研讨会。担任圆桌主持人。

7月，《火浴的凤凰，恒在的缪斯——余光中暨香港沙田文学国际学术研讨会论文集》(黄曼君、黄永林主编)，湖北人民出版社2002年7月出版。

8月，《用生命拥抱文化——中华20世纪学者散文的文化精神》序，人民文学出版社2002年8月出版。

8月，《余光中宏阔多面的现代“诗学体系”》，载香港《香江文坛》2002年8月。

8月，第一届中国现当代文学博士后进站。任中国现当代文学博士后指导小组负责人。

10月，《毛泽东文艺思想与中国文艺实践》，华中师范大学出版社2002年10月出版。

评论：李岚：《现代视野下的综合与创新——评〈毛泽东文艺思想与中国文艺实践〉》，见《经典话语的现代性观照》，中国文联出版社2004年11月出版。

10月20日至23日，出席在湖南长沙举行的“中国现代文学研究会第八届年会”。

11月27日，《郭沫若前期浪漫诗学的现代性观照》，载《华中师范大学学报》2002年6期。

被转载：《人大复印资料·中国现代、当代文学研究》2003年第3期转载。

11 月，出席“郭沫若与百年中国学术文化国际论坛”，以“郭沫若前期浪漫诗学的现代性观照”为题演讲。

12 月，受聘为全国学位与研究生教育评估专家，进入数据专家库。

2003 年　68 岁

1 月，《中国现代文学何以形成新型传统》（单篇），获湖北省第三届文艺论文一等奖。

1 月，为华中师范大学文学院教育硕士研究生作学术报告：全球化语境与中国现代文学新型传统。

2 月 15 日，《火中凤凰，纪实史诗——文献电视片〈新四军〉观后》，载《人民日报》2003 年 2 月 15 日。

《荒诞形式下的生命激情的爆喷——推荐刘庆邦的〈嫂子与处子〉》，《新作家》2003 年第 2 期。

3 月 28 日至 30 日，出席由武汉大学中文系主办的“当代大学生诗歌创作”学术研讨会。

4 月 7 日，《胆略·深情·智慧——评电视连续剧〈中原突围〉李先念形象的塑造》，载《光明日报》2003 年 4 月 7 日。

4 月，应邀赴洛阳师范学院、信阳师范学院讲学。

6 月，《现代汉语与中国现代文学》序，中国社会科学出版社 2003 年 6 月出版。

7 月 22 日，《激情澎湃的生命之歌——评大型乐舞〈钟鸣楚天〉》（黄曼君、金立群），载《人民日报》2003 年 7 月 22 日。

7 月，悼念田中济先生，见《田中济纪念文集》，山东画报出版社 2003 年 7 月出版。

8 月 15 日，《在反思中重塑民族新文学品格——略论 20 世纪 40 年代中国文学思潮的反思特征》（黄曼君、王泽龙），载《江汉论坛》2003 年第 8 期。

8 月，《〈执守·反拨·超越——七月派史论〉》序，中华书局　2003 年

8 月出版。

8 月 21 日，出席在武汉华中师范大学主办的“学习‘三个代表’重要思想促进学校跨越式发展工作研讨会”。

9 月 12 日，出席在福州举行的“2003 海峡诗会——余光中‘原乡行’系列活动”。

9 月 27 日，《现代·反思·延异——胡风与七月派现代性重读》，载《华中师范大学学报》2003 年第 5 期。

11 月，武汉大学 110 周年校庆文学院举办系列讲座，应邀前往作学术报告。

12 月 25 日至 28 日，在武汉主持由华中师范大学主办的“毛泽东文艺思想与中国 20 世纪文学理论批评”国际学术研讨会。担任会议主席，致开幕词。

12 月，《中国现代文学何以形成新型传统》(单篇)，获武汉市第八次社会科学优秀成果一等奖。

2004 年　69 岁

1 月 9 日，在 2003 年度华中师范大学履职考核中评为优秀等次。

1 月 21 日，《回到历史的原初语境——关于胡风文艺思想研究的再思考》，载《文艺研究》2004 年第 1 期。

3 月 19 日，在武汉梦天湖山庄参加语文教学与研究 2004 年理事会年会暨 2003 年度三优颁奖会。

4 月，《悼念黎智同志》，见《闻一多研究集刊》(总第 9 辑)，武汉出版社 2004 年 4 月出版。

5 月 10 日，《中国现代文学经典的诞生与延传》，载《中国社会科学》2004 年第 3 期。

被转载或摘录：①《新华文摘》2004 年第 14 期转载。②《人大复印资料·中国现代、当代文学研究》2004 年第 7 期转载。③《文艺理论研究》2004 年第 3 期摘录。入选 2004 年《中国学术年鉴》学术成果栏目，当选为“年鉴”2004 年度文学学科优秀论文。

5 月 30 日，《乡愁后面的“重峦叠嶂”——写在九卷本余光中集出版之际》，载《人民日报》2004 年 5 月 30 日。

6 月，应邀赴暨南大学、惠州大学讲学。

7 月 15 日，《回到经典，重释经典——关于 20 世纪中国新文学经典化问题》，载《文学评论》2004 年第 4 期。

被转载或摘录：①《人大复印资料·中国现代、当代文学研究》2004 年第 9 期转载。《人民日报》2004 年 8 月 24 日文论集萃。入选 2005 年《中国文学年鉴》论文摘要。

8 月 9 日至 16 日，在哈尔滨出席由哈尔滨师范大学主办的“世纪之交的文学境遇与对策学术研讨会”。应哈尔滨师范大学邀请讲学。

8 月 21 日至 23 日，出席在武汉大学举行的 2004 年闻一多国际学术研讨会。任“中国闻一多研究会”副会长。

9 月，《现代中国文学史》绪论，湖北教育出版社 2004 年 9 月出版。

9 月，应邀赴西南师范大学中国新诗研究所主持苏州大学 2001 级博士生论文答辩。

9 月 19 日至 23 日，出席在重庆由西南师范大学中国诗学研究中心、中国新诗研究所主办的“首届华文诗学名家国际论坛”会议，以“文化与诗歌”为题作演讲。19 日晚做客西南师范大学文学院“名师讲坛”，以“回到经典，重释经典”为题作学术报告。

9 月 23 日，应邀赴重庆师范大学，为中国现当代文学专业研究生作了题为“关于新文学经典化问题”的学术讲座。

10 月 28 日，《中国现代文学何以形成新型传统（系列论文）》荣获湖北省第四届社会科学优秀成果二等奖。

11 月，中国高校国家精品课程中国现当代文学项目负责人。项目编号：152073。

11 月，《经典话语的现代性观照（毛泽东文艺思想与中国 20 世纪文艺理论批评国际学术研讨会论文集）》（黄曼君、毛正天主编），中国文联出版社 2004 年 11 月出版。

12月18日，受聘为湖北民族学院学科建设专家委员会委员。出席在武汉举行的湖北民族学院学科建设研讨会。

12月23日，应武汉大学研究生会邀请在“百家论坛”作讲座。《楚天都市报》报道：文学经典闪耀着“思”的光芒，蕴藏着“诗”的内涵，传递着“史”的价值。讲座给同学们带来一场文学经典的年终大餐。

《一部反抗异化的现代史诗——评扬帆的〈国风〉》，载《新作家》2004年第2期。

《〈百里碑〉的艺术魅力》，载《新作家》2004年第10期。

2005年　70岁

1月，受聘为《文学教育》杂志顾问。

4月2日至3日，出席由武汉大学文学院主办、北京大学中文系协办的中国现当代文学博士生培养研讨会。

4月4日，受聘为第二十二届全国大学生樱花诗歌邀请赛创作组评委。

4月7日至4月9日，出席由华中师范大学主办的“贺敬之文学创作国际学术研讨会”，作主题发言。尔后，应协办单位汉口学院邀请讲学，以“贺敬之：一种新型的文学经典”为题作学术报告。

4月11日，应华中师范大学“摇篮文学社”邀请，以“诗要多元——关于春天的诗”为主题，作人文讲座。

4月16日，应邀为武汉图书馆“名家论坛”作关于经典的讲座。

5月10日至22日，受聘为湖北省新增博士、硕士学位授予单位立项评估专家，出席授予单位评审会。17日下午，对武汉体育大学申博立项工作进行实地考察。晚会上，现场赋诗，盛赞该校旧貌换新颜：“龙腾虎跃，云蒸霞蔚，运动健儿的摇篮；气象万千，蕴藉丰厚，体育文化的丹田。”

6月，《新文学传统与经典阐释》，湖北教育出版社2005年6月出版。

评论：①王进：评黄曼君《新文学传统与经典阐释》，载《文学评论》2007年第1期。②黄海晴：《诗性的烛照与栖息——评黄曼君先生的〈新文学传统与经典阐释〉》，载《中国文学研究》2005年第3期。③金立群：《新文学经典化的学理探讨——评〈新文学传统与经典阐释〉》，载《人民日报》2005年11月13日。

6月，《现代中国文学学科和课程创新体系研究》（排名第二）获2004年华中师范大学教学成果奖一等奖。

6月10日，《贺敬之诗学品格论》（黄曼君、李遇春），载《文艺研究》2005年第6期。

6月18日，黄曼君70寿辰暨执教50周年庆贺会在华中师范大学桂苑宾馆一楼多功能厅举行。湖北电视台、武汉电视一台，湖北日报、长江日报、武汉晚报、楚天都市报等媒体作了报道。著名作家刘醒龙以作品《圣天门口》相赠祝贺黄曼君教授70寿辰暨执教50周年。

6月25日，受聘为湖北省毛泽东诗词研究会顾问。

6月29日，出席湖北作家刘醒龙作品《圣天门口》座谈会。黄曼君评价："《圣天门口》恢复了自五四以后就逐渐在文学中消失了的科学精神。"

10月，《现代中国文学学科和课程创新体系研究》（排名第二）获湖北省高等学校教学成果奖一等奖。

10月，《中国现代文学经典的诞生与延传》获第五届中国文联文艺评论奖理论文章一等奖。

11月10日，《"视界融合"中的生命之流——中国20世纪新文学现代品格的动态考察》，载《华中师范大学学报》2005年第6期。

12月8日，《中国现代文学经典的诞生与延传》，获第四届湖北文艺论文奖一等奖。

12月26日，受聘为四川省教育厅人文社会科学重点研究基地——四川郭沫若研究中心学术委员会学术委员。

12月，《毛泽东文艺思想与中国文艺实践》（主编），获武汉市第九次社会科学优秀成果奖优秀奖。

《文学经典的言说与解读》，载《文学教育》2005年第2期。

受聘为华中师范大学文学研究所名誉所长。

2006年 71岁

1月，在2005年度文化精品创作生产中成绩优异，荣获湖北省文化精品生产突出贡献奖。

1月9日至11日，出席由汕头大学文学院、汕头大学新国学研究中心主办的“中国左翼文学国际学术研讨会”，为主持者之一，并以“30年代文艺论争的新解读”为题演讲。

3月17日，应邀为华中师大文学院“桂子山人文论坛”作了题为“文学经典意识的培养与研究”的学术报告。

3月25日，《闻一多文化诗学论》，载《东岳论丛》2006年第2期。

4月14日至16日，出席在深圳“青春世界”度假村举行的，由暨南大学中文系、深圳大学文学院联合举办的“第五届全国文艺学及相关学科博士点建设研讨会”，为主持者之一，作大会发言。应邀会后赴深圳大学讲学。

4月18日，受聘为海南大学兼职教授。19日晚在海南大学人文传播学院讲学。

4月20日，赴海南师范大学文学院讲学。

6月8日，《韦启文的新符号》，载《文艺报》2006年6月8日。

6月30日，在2005年度华中师范大学履职考核中评为优秀等次。

7月20日，出席在武汉大学举办的“闻一多殉难60周年纪念暨国际学术研讨会”，为主持者之一，并作大会发言。被选为“中国闻一多研究会”副会长。

8月，《美丽的交汇——〈余光中诗艺研究〉》序，西南大学出版社2006年8月出版。

8月17日至20日，在杭州玉皇山庄出席由复旦大学、浙江师范大学举办的第三届“中国文学古今演变研究学术研讨会”，为主持者之一，作大会发言。

9月，为2004级本科生选修课《中国现代文学经典研究》上导论课

4节。

9月8日，在五十年的教学科研生涯中，为华中师范大学的改革与发展作出了突出贡献，华中师范大学授予荣誉证书。

9月20日，《关于中国新文学源流的思考：对古今文学“对话”的一种现代传统观范式的考察》，载《河北学刊》2006年第5期。《人大复印资料中国古代、近代文学研究》2007年第2期转载。

10月14日，出席湖北省文艺理论家协会、《文艺新观察》编辑部举办的“任蒙散文艺术座谈会”。

10月30日，《中国20世纪文学理论批评教程》入选“十一五”国家级教材规划项目。

10月，受聘为中国现代文学研究会第十届理事会名誉理事。

12月，受聘为湖北省文艺理论家协会第三届理事会顾问。

2007年　72岁

1月15日，《闻一多殉难的文化意义解读》（黄曼君、梁笑梅），载《徐州师范大学学报》2007年第1期。

2月8日，《中国现代文学经典的诞生与延传（系列论文）》获湖北省第五届社会科学优秀成果二等奖。

2月，事迹载入《湖北哲学社会科学概览》（湖北省社科联编）“部分专家学者”一章中。湖北人民出版社2007年2月出版。

2月15日，《开拓文化散文的多维空间——任蒙散文融合诗、史、思的文学意义》，载《文艺报》2007年2月15日。

2月25日《余光中诗的价值》，载《人民日报》2007年2月25日。

3月1日，《一本有趣的写作书——读晓苏的〈文学写作系统论〉》，载《写作》2007年第5期。

4月17日，受聘为华中师范大学武汉影视工程学院特聘教授，讲学。

4月20、27日，5月11、18日，为武汉市委党校“市管干部专题培训班”授课，计四讲。

5 月，《中国现代文学经典的诞生与延传》（单篇），获武汉市第十次社会科学优秀成果奖一等奖。

5 月 10 日，应华中师范大学政治学院邀请作学术讲座。

5 月 24 日，赴武汉江汉大学讲学，以《春天的诗　生命的诗——关于生态文艺批评三题》为题作学术报告。讲完之后，听讲学生踊跃提问，黄教授一一回答了大学生如何增强文学素养、如何看待 80 后的诗歌和文学创作等问题。

6 月 15 日，个人承担的《中国 20 世纪文论现代转型研究》获准为国家社会科学基金项目，批准号 07BZ063。

6 月，《反思重构中探寻：我的学术之路》，载《东方论坛》2007 年第 3 期。

7 月，《教学团队的建设与研究范式的转换》，载《现代中国文学论丛》（第一辑）2007 年 7 月。

8 月 7 日至 10 日，出席在武汉（后移至咸宁九宫山），由华中师范大学与中国社会科学院《文学评论》编辑部主办的“现代中国文学学科观念与方法”学术研讨会，任会议主席并演讲。

9 月 24 日，《毛泽东文艺思想与中国文艺实践》、《新文学传统与经典阐释》各一册入华中师范大学图书馆馆藏。

10 月，受聘为中南财经政法大学兼职教授。

10 月，《中国 20 世纪文学现代品格论》（主编）出版，武汉大学出版社 2007 年 10 月出版。

11 月 30 日，聘任为中国现当代文学教授二级。

12 月 14 日，出席“暨南大学中文系八十周年系庆系列学术讲座”，作学术报告“文学经典意识的培养”。

12 月 19 日，赴中南财经政法大学讲学。

受聘为“湖北名师评审会”委员，出席评审会。

主持完成的国家级“十一五”规划教材：《中国 20 世纪文学理论批评教

程》送出版社。

2008年 73岁

1月28日，《世纪相伴话沧桑——现代视野中中国新文学传统多重话语综议》，载《厦门大学学报》2008年第1期。

被转载或摘登：①《高等学校文科学术文摘》2008年第2期摘登。②《人大复印资料中国现代、当代文学研究》2008年第5期转载。

2月5日，《80年代文学恒在的魅力》，载《文艺报》2008年2月5日。

4月14日，应邀赴湖北孝感学院讲学。

4月18日至22日，在开封出席由中国社会科学院文学所、河南大学举办的“改革开放30年与中国文学研究”学术研讨会。会后应河南大学邀请讲学。

4月23日至25日，赴洛阳师范学院和平顶山学院讲学。

4月30日，《春天的诗　生命的诗——关于生态主义文艺批评三题》，载《江汉大学学报》2008年第2期。

4月，《中国现代诗歌意象论》序，中国社会科学出版社2008年4月出版。

5月8日，《开辟网络小说研究的新门径——评苏晓芳〈网络小说论〉》，载《文艺报》2008年5月8日。

5月12日，做客“华中师范大学百年求索·名师讲坛”作学术讲座，呼吁珍爱生命与自然。

6月13日，应湖北省作家协会邀请作学术讲座。讲题：“文学经典的言说、传播与创新”。

7月15日，评《中国现代诗歌意象论》（王泽龙著），载《文学评论》2008年第4期。

7月15日，《作家生活的多维格局——参与抗震救灾伟大斗争的启示》，载《文艺报》2008年7月15日。

9月1日至6日，受日本郭沫若研究会邀请，出席在日本福冈九州大学由日本郭沫若研究会主办的“纪念郭沫若留学日本九州大学90周年，郭沫若研究国际学术研讨会”，在大会上演讲。

9月10日，华中师范大学人事处颁发年度考核优秀证书：在2007年年度考核中评为优秀等次。

10月，《中国现当代文学》国家级精品课程建设（排名第一）获华中师范大学优秀教学成果奖特等奖。

10月13日至16日，出席在河北大学及白洋淀举行的中国现代文学研究会第十届理事会第二次会议。

12月17日至19日，应澳门大学社会科学与人文学院邀请赴该校讲学。讲题：“文学经典的魅力”。应邀参加澳门大学、澳门文化局、澳门中国比较文学学会承办第三届澳门文化论坛“华人移民文学与中华文化传播”学术研讨会，会上，黄曼君作了题为“中国特色文化的凸显与华人移民文学的新取向”的演讲。出席澳门理工大学“澳门新移民文学文化论”项目审查工作。

参加武汉大学文学院“长江学者”初评工作。

为本科新生开讲座一次，讲题：“春天的诗，生命的诗”。

为全校研究生开讲座一次，讲题：“关于生态文艺批评三题”。

2009年　74岁

3月10日，《郭沫若：浪漫主义文心与诗论》，载《湖北社会科学》2009年第3期。

3月，受聘为湖北省广播电视总台新闻综合广播“人文百家”大型系列节目顾问。

3月17日，应邀赴中南民族大学讲学，作“关于生态文艺批评”的学术报告。楚天都市报报道：《别把大好春光锁在精神荒漠——黄曼君：季暖正宜读春诗》。

4月，《主脑凸现，开掘深广——评〈“和”的走向与反向——谭恩美长篇小说中的伦理思想研究〉》，载《外国文学研究》2009年第2期。

4 月 23 日至 25 日，出席在北京大学，由北京大学和北京大学 20 世纪中国文化研究中心举办的“‘五四’与中国现当代文学”国际学术研讨会，作大会发言。

5 月 8 日，出席共青团华中师范大学文学院委员会举行的“读中华经典·做博雅青年”诗文诵读大赛晚会。

5 月 20 日，《一种动态和谐的生态审美存在——“五四”精神光照下中国现代文学的诗性构想》，载《河北学刊》2009 年第 3 期。《中国社会科学文摘》2009 年 10 月摘登。

7 月 10 日，《中国现代文学语境与古代文学资源》，载《中国社会科学》2009 年第 4 期。

9 月 26 日至 29 日，出席在武汉（后移至清江），由华中师范大学与中国社会科学院《文学评论》编辑部主办的“中国现当代文学研究六十年国际学术讨论会”，任会议主席并演讲。

9 月 30 日，《世纪笔耕迎大庆——中国现当代文学研究 60 年概观》，载《海南师范大学学报》2009 年第 5 期。

9 月，《中国 20 世纪文论现代转型的多重视域》，见《华中学术》第一辑，华中师范大学出版社 2009 年 9 月出版。

9 月，《〈中国现代文学的身体阐释〉》序，中国社会科学出版社 2009 年 9 月出版。

10 月 15 日，《中国古代文论的基本特征及其现代转换》，载《长江大学学报》2009 年第 5 期。

10 月 16 日，接受武汉电视台《都市写真》采访录像“文学汉军”60 年。

11 月，《中国现当代文学》国家级精品课程建设（排名第一）获湖北省高等学校教学成果奖二等奖。

11 月 20 日至 22 日，出席在武汉举办的“闻一多诞辰 110 周年纪念暨国际学术研讨会”。

12 月，个人承担的《现代化与中国 20 世纪文学》课题，立项为教育部社会科学研究后期资助项目。项目批准号：09JHQ041。

12 月，《中国现当代文学史与论——黄曼君自选集》，华中师范大学出版社 2009 年 12 月出版。

事迹收入武汉作家特刊《文学汉军 60 年　1949—2009 武汉作家成就展》一书。

2010 年　75 岁

1 月，*The modern context and ancient resources of Chinese literature*，载 *Social Sciences in China* February2010。

事迹载入《中国作协会员辞典》（1949—2009），作家出版社 2010 年 1 月出版。

2 月，到广州过春节，度寒假，与朋友聚，游名胜，开学前夕返校。

3 月至 4 月，全面校改教育部社会科学研究后期资助项目《现代化与中国 20 世纪文学》，定稿后，嘱咐陈菊先按要求打印五本送社研处。书稿在陈菊先处搁置至今未送出。

5 月 29 日，与妻赴上海。30 日，与在上海工作的博士们相聚，博士们为黄老师过 75 岁生日。接着去“世博”，参观三天。6 月 2 日晚乘火车返汉。

5 月，《〈非凡女性——陈香梅的人生与写作〉》序，花城出版社 2010 年 5 月出版。

6 月至 9 月 12 日前，集中精力撰写《中国 20 世纪文论现代转型研究》一书，已写出 11 万字。

9 月 13 日，因血红素低，校医院叮嘱要住院检查原因。

9 月 14 日，放下正在写的书稿，如常人一样走进武汉中南医院，因肚子有痛感住进消化内科。能和病友及其家属聊天、唱歌。能到一楼自己就餐。入院前，心、肺、肝、肾和甲状腺功能正常，血压、血脂、血糖正常。

11 月 12 日，2010 级全体博士生到医院看望黄先生，问黄先生几时出院给他们上课。黄先生得知他们要来，特别叮嘱家人把相机带来。这是黄先生告别博士生讲台的一张合影。

11 月 22 日，在中南医院离世。

12 月，《中国 20 世纪文学理论批评教程》（主编），华中师范大学出版社 2010 年 12 月出版。

2011 年　身后

1 月，《图本郭沫若传》（黄曼君、王泽龙、李郭倩著），长春出版社 2011 年 1 月出版。

10 月，《中国现代文学史》（黄曼君、朱寿桐主编），2011 年 10 月 17 日送审，交武汉大学出版社陶宏蕴主任。

12 月，《现代化与中国 20 世纪文学》(独著)，已完成，拟于 2011 年 12 月送审。

《中国 20 世纪文论现代转型研究》(独著)，已撰写 11 万字，可送审，时间待定。

（黄海晴　陈菊先编）

后　记

黄曼君先生是去年 11 月 22 日中午离开我们的。为了纪念他，我们与华中师范大学出版社共同策划编辑了这部黄曼君先生逝世周年纪念集。纪念集中的作者有曼君先生的同辈学者，像严家炎先生，就是 60 年代与他一起参加中宣部组织编写的《中国现代文学史》教材的同事。那个年代严家炎先生与曼君先生都不到 30 岁。这部由唐弢、严家炎主编的教材是 20 世纪七八十年代大学中文系最权威的专业教科书。这部纪念集中的大多数作者是他的学生，有 50 年代他留校时教过的，像曾祖荫先生，和他的年纪不相上下，曼君先生那个时候是位年轻、帅气、有才华的老师。他从 1978 年开始招收研究生，到 2010 年他所带的硕士、博士研究生近百位，这次他的大多数研究生为纪念曼君先生撰写了文章。也有不少作者未曾授业曼君先生门下，但无不对他发自内心的崇敬。

每一篇文章都深情地记录着曼君先生学术与人生的生动影像。曼君先生给大家的印象，正像戴建业教授称道的那样：黄老师治学有才，为人有趣。像黄曼君老师这样才趣俱佳而又清澈如水的学者，在当下中国的学术界可谓“稀世珍宝”。在如今中国的学术界，黄老师虽然未能绝尘免俗，但他也从不假装超然脱俗。正因为黄老师敢以本色示人，我们才觉得他有趣，才觉得他可爱，才觉得他可亲，才觉得他可敬。

在学者、朋友们的追念中，曼君先生可敬可爱的形象一次又一次复现在脑海里。他是我们每一个人的朋友，是桂子山一个永远具有现代学者魅力的偶像，是现代文学研究领域第二代学者的优秀代表。

这部纪念集中的“学者风范”，主要收集的是有关回忆与评述曼君先生的学术研究和教学成就的文章；“师生情缘”汇集的是他的硕士、博士研究生回忆追随曼君先生求学问道时的心得体会；“性情风采”是学者们与曼君先生交往的生活记录与印象扫描；“新闻报道”收录的是曼君先生70寿辰与去世后新闻媒体的有关报道；“纪念诗文”采集的是写给曼君先生70寿辰与去世后的诗歌，也选载了他生前的四首有代表性的诗作；“挽联唁电”是曼君先生去世后追悼活动期间有关学术机构与学界友人发来的唁电与挽联(可惜有部分没有保留下来)；“生平年表”中的“生平”是由周晓明教授代写，以文学院名义发布的，“年表”由曼君先生夫人与他的二公子合作完成。纪念集的几个专题分类，是为了方便编辑阅读，内容上有不少是交叉的，并没有明显的区分。

曼君先生纪念集的编辑出版，得到了华中师范大学出版社范军社长、段维总编的大力支持，得到了华中师范大学领导与文学院领导的热情关心，在此表示由衷的感谢！纪念集由黄曼君先生纪念集小组策划、协助组稿，黄永林教授做了大量组织与协调工作。稿件的编辑过程中，曼君先生夫人陈菊先教授给予了许多协助，访问学者王海燕副教授帮助做了大部分稿件的整理工作，最后由王泽龙教授统稿定稿。纪念集中的遗漏或不足之处，敬请读者批评指正。

王泽龙

2011年10月21日